理财学院

实战技术精解

郭延明／著

中国宇航出版社
·北京·

图书在版编目(CIP)数据

实战技术精解／郭延明编著．－北京：中国宇航出版社，2011.1

(理财学院)

ISBN 978-7-80218-836-5

I.①实…　II.①郭…　III.①股票－证券投资－基本知识　IV.① F830.91

中国版本图书馆 CIP 数据核字（2010）第 215904 号

责任编辑 田方卿　　**装帧设计** 03 工舍

出版发行 中国宇航出版社

社　址 北京市阜成路 8 号　　**邮　编** 100830

(010)68768548

网　址 www.caphbook.com/www.caphbook.com.cn

经　销 新华书店

发行部 (010)68371900　　(010)88530478(传真)

(010)68768541　　(010)68767294(传真)

零售店 读者服务部　　北京宇航文苑

(010)68371105　　(010)62529336

承　印 三河市君旺印装厂

版　次 2011 年 1 月第 1 版　　2011 年 1 月第 1 次印刷

规　格 787 × 960　　**开　本** 1/16

印　张 21.25　　**字　数** 290 千字

书　号 ISBN 978-7-80218-836-5

定　价 36.00 元

前　言

每个进入股市的投资者，无不是想通过低买高卖获得收益。在股市里找到一条发财致富的成功之路，更是人们梦寐以求的事情。和做任何其他事情一样，要想在投资领域获得成功，不是一件轻而易举的事。瞬息万变的股海，到处是激流险滩，资本大鳄出没无常，极其凶险，稍有不慎，中小投资者就会损失惨重。中小投资者投身股市，必须掌握一些防身护体的本领，学会抄底逃顶的技巧。在入市之前，要对行情的未来走势和个股涨跌作出正确的判断，要做到这些，就必须对行情走势进行认真细致的分析。

市场分析分为两大派别——基本分析派和技术分析派。相对于基本分析而言，技术分析对投资者的要求较低，所以更容易得到中小投资者的青睐。股市里众多“股神”用几条线，几个指标，就可以“战胜”市场的传奇神话，使很多人认为炒股是有“捷径”的，一旦得到成功的“绝招”，便拥有了打开财富大门的金钥匙。于是，大家对所谓的“股神”、“高手”、“专家”顶礼膜拜，希望得到炒股致胜秘笈，实现自己一夜暴富的梦想。

曾几何时，人们对充斥于市场的各类技术分析软件和技术分析书藉如获至宝。然而经过一段时间的股市实践之后，投资者发现成功并不像原来想象的那么简单，当初被吹得天花乱坠的炒股秘笈不但没有让他们获利，反而让他们亏损累累，有些甚至血本无归。于是，众多“股神”被无情地请下神坛，最终销声匿迹。

然而，在股市中失败的投资者，很少从自己的身上找原因，不是埋怨所谓的“股神”忽悠人，就是认为技术分析根本就是“骗人”的，在股票操作中毫无用处，最终放弃了技术分析。另外一些人虽然对技术分析坚信不移，但在久无收获之后，也认为技术分析高不可攀，不是凡人能掌握的，于是将其束之高阁。随着机构投资者的不断壮大，附庸风雅的“价值投资者”，对技术分析更是斥之以鼻，不屑一顾。在中国股市，技术分析经过广大股民十多年的热捧之后，近年来出现了逐渐降温的迹象，其处境越来越尴尬。

到底什么是技术分析，技术分析在股票投资过程中到底处于什么样的地位？本书和读者分享一下在研究和运用技术分析方面的心得，以便解除大家心中的疑惑。初看这些内容，大家可能觉得这些都是无用的“大道理”，但是当大家反复琢磨并结合实战进行反思之后，相信会对技术分析有一个全新的认识。诚能如是，则本书的价值就得到彰显了。

目　录

第一章　正确认识技术分析

第一节　什么是技术分析

一、技术分析是工具

技术分析是指利用统计分析的方法，从交易品种过去发生过的价格、时间、成交量等历史数据中找出共性和规律性，用以判断未来运行趋势，从而决定交易方向的工具。

既然技术分析是一种分析工具，那么就没必要对此产生神秘或者迷信的想法，它和其他的分析工具一样，想用的时候拿来用就是了。

技术分析方法很多，比如常用的K线、均线、形态、指标、波浪理论、周期理论……这些方法如同兵器架上陈列的十八般兵器，看起来眼花缭乱，大家可以随意拿起一件来耍两下，但是要用到得心应手，游刃有余，或者是人器合一的境界，非下一番苦功夫不可。否则，再好的兵器也如同烧火棍，弄不好还会伤了自己。

股市如战场。精通几件兵器，远比赤手空拳更有战斗力。但仅仅会使用武器还不够，对于每次战役展开的背景、战场环境、对手强弱多寡，大家也要有清晰的认识。要在保护自己的同时克敌致胜，防身术、进攻术缺一不可。如果只会使用一种武器，战场上显然很难应对。大家必须在平时下大功夫，多掌握几样本领，虽不能做到十八般武艺样样精通，至少也要在精通几件兵器的基础上做到触类旁通，这样才有可能在刀光剑影、血雨腥风的战场上，抓住稍纵即逝的战机消灭对手，同时很好地保护自己。

技术分析方法如同兵器。兵器是没有好坏之分的，所谓枪扎一条线，棍扫一大片，尺有所短，寸有所长。面对不同的敌人，处于不同的环境，就应该选择不同的兵器。面对手持长枪和数量几倍于自己的敌人，一只峨眉刺显然派不上大用场；你的链子锤玩得再好，在荆棘丛生的树林里，也无法施展。面对不同的行情，不同的市场环境，不同的行情运行阶段，投资者要选择合适的分析方法和恰当的技术指标，这样才能做到因地制宜，起到四两拨千斤的作用。很多人使用某种技术分析方法分析市场的时候，有时觉得很有效果，但用得时间长了，不但不能帮助赚钱，甚至还会反受其害。出现这种情况的时候，人们往往不从自己身上找原因，而是抱怨指标失灵，技术分析无用。其实这是没有理解股市的真谛：和万事万物一样，股市运行是有规律的，但也是变化莫测的，没有完全一样的行情，没有一成不变的趋势。股市的变化是永恒的，唯一不变的就是变化本身。用不变的方法去应对变化的行情，就好像用同一个兵器迎战不同的敌人。用同一个战术去面对不同的战役，怎么可能取胜呢！

有了好的武器，只是取得胜利的条件之一。孙子曰：兵者，诡道也。面对瞬息万变的股票市场，投资者在参战之前，必须考虑到多种可能，制定面对意外情况的应对策略。在交手的过程中，争取在最合适的时机手握最合适的武器，使出最拿手的招术，迅速出手，克敌制胜。

二、技术分析是科学

从本质上讲，技术分析是统计科学、概率科学。既然技术分析是科学，那么就要用科学的态度来看待技术分析。在分析大盘和个股的时候，要把赚钱、亏损等功利的念头丢掉，把主观愿望放在一边，心无旁骛地根据技术分析结果进行操作，做到不乐观，不悲观，只客观，把股价的波动完全作为一个“科研课题”去研究，从中寻找股市的运行规律。

科学的态度就是探究各种分析方法应用到投资行为中是否有效。投资者不仅要知其然，还要知其所以然，不仅要知道分析工具的用法，更要清楚这些分析方法和指标的来龙去脉，这样才能从根本上把握这些指标和信号传递出来的信息，从正确的视角出发，真正理解市场行为。

很多投资者也学习过技术分析，但只是知道了指标和技术的一些用法，对深层次的问题没有作过深入的研究，这样得到的东西只是皮毛。虽然这些人下的功夫可能也不算少，但却总是在“得道”之前半途而废。还有的人懂得了一招半式，就自以为天下第一，从此可以笑傲江湖，于是对即将到来的危险掉以轻心，最终遭到市场的惩罚。

虽然本书介绍的是技术分析方法，但并不排斥基本分析。相反，这里还要强调“基本面决定技术面”。为什么本书不讲解基本面分析技巧呢？问题是，基本分析对投资者的要求太高，需要投资者掌握高深的财会金融知识，深刻地理解财政法规及其政策，了解各行业的发展现状和未来趋势；要能看懂上市公司的财务报表，了解公司高层的经营思想，知道上市公司的产品是否有竞争力，未来几年的成长性如何，现实的和潜在的竞争对手实力如何等。对普通投资者而言，这些要求实在过于苛刻，即便是专业人员，也不敢说就能完全掌握。就连投资机构的研究员，在基本面分析中也会出现失误，普通投资者要弄懂这些问题，更是难上加难。

相比较而言，技术分析对投资者的素质和能力要求不高，内容也不如基本分析那么复杂。只要大家掌握了正确的方法，有信心，有耐心，有恒心，肯下功夫认真学习，然后根据市场特点及行情变化，及时调整和改进分析方法，做到尊重市场，顺势而为，就可以在股票市场中获得收益。

保持一个良好的心态，也是在股市里获利的重要前提。技术分析需要投资者善于思考，反复实践，同时能够战胜人性中的贪婪、恐惧等弱点，以平静的心态客观、超脱地面对市场变化。不管市场发生了什么情况，这种情况对大家是有利还是有弊，都要做到既不过于兴奋，也不喋喋不休地抱怨，要尊重市场的选择，永远对市场充满敬畏之心，永远向市场这位先生学习。投资者可以通过技术分析的手段去了解市场，认识市场，从市场中发现规律。利用规律，要顺势而为，而不是逆势而动。要想办法适应市场，而不是一味地想着战胜市场。

三、技术分析的研究对象

技术分析是一种预测科学，但这种预测不是凭空臆想，而是建立在对历史数据的统计、计算和总结归纳的基础之上的。技术分析解决的问题是以什么价格买（卖），在什么时间买（卖）。

目前所能接触到的所有技术分析方法，无不是对过去发生过的价格、时间、成交量的总结和归纳，从这几方面入手，探寻股市的内在规律。也就是说，技术分析研究的对象无非以下三个维度。

1. 横轴：时间——包括年、月、周、日、小时等（阴历、阳历、自然日、交易日）。

2. 纵轴：价格——寻找支撑、压力，探索价格之间的比例关系。

3. 三维：成交量——分析资金进出，寻找主力行为的蛛丝马迹。

为什么要从这些方面入手呢？这要从技术分析存在的意义谈起。

第二节 技术分析的合理性

技术分析的合理性，源于大家经常听到的三大假设。

1. 市场行为包含一切信息。

2. 价格按照趋势运动。

3. 历史会重演。

一、市场行为包含一切信息

市场走势和股价的波动，是市场买卖双方博弈的结果。由于A股市场不是完全有效的市场，因此，市场参与者得到的信息是不对称的。市场中的“先知先觉者”，总是会早于广大中小投资者获得信息。机构投资者因为拥有广泛的信息来源和强大的研发实力，能够更早地洞察市场运行的方向，但是机构投资者也有劣势。船小好掉头的中小投资者，在操作上有很强的随意性，他们的买卖行为对股价波动的影响不大。机构投资者由于掌管的资金量非常巨大，他们的买入和卖出行为，一定会在市场上表现出来，这种市场行为就是对市场背后基本面变化的反映。所以，分析市场行为的变化，及时作出顺应市场趋势的判断，就能做到趋利避害。

当然，市场有时也会犯错误。但是，在市场出现错误的时候，散户投资者不能确定是市场错了，还是我们自己的判断错了。这时，投资者应该尊重市场的选择，在真正的拐点来临之前，不要和趋势做对，不要低估市场的智慧，高估自己的智商。

由于市场行为包含一切信息，那么投资者就可以单纯地依靠技术上的买卖信号进行交易，或短期炒作，或波段操作，或长期投资。因为无论是上市公司基本面，还是整个市场环境的变化，都会在股价波动即市场行为中反映出来，投资者只要依靠技术上发出的买卖信号交易即可。

二、价格按趋势运动

技术分析认为，一旦市场趋势形成，市场将沿趋势方向运行下去，直到趋势发生逆转。特别是当基本面不甚明朗的时候，市场参与者更看重趋势。事实上，一个趋势如果形成，一般的力量很难改变它。所以，在趋势形成的时候，做个趋势投资者，往往会收到事半功倍的效果。

趋势是市场运行的方向，一旦趋势发生逆转，投资者的最佳策略就是立即调整思路，作出与原来趋势相反的操作，千万不要逆势而动。华尔街有句名言：永远做趋势的朋友。这句话值得投资者认真铭记。

三、历史会重演

不管研究 K 线、均线、形态、技术指标，还是波浪理论和周期理论，都是根据历史数据归纳和总结出来的，其分析基础都是基于历史。通过对历史数据的反复分析和观察后，投资者会发现，当某个信号出现后，市场的运行状态将从混沌转向清晰，价格往往会呈现出某种规律性的涨跌运动。做技术的目的分析就是利用这种规律，等待市场再次出现同样的信号时能果断出手。

历史会重演是技术分析的重要假设之一，否认了这一点，就相当于否认市场是有规律的，技术分析也就失去了意义。有人认为，市场的未来发展是不可预知的，市场完全是在随机漫步。这种说法很难让人信服。

首先，经济发展是有规律的，股市作为经济发展的晴雨表，必然要反映这一规律。

其次，金融市场的参与主体是人，人类是大自然的产物，其行为方式、心理变化都会受到自然和社会的影响，自然规律和社会规律就一定会在关键时刻发挥作用。

再次，人类本身的心理活动和情绪变化也是有规律的，作为心理活动的外在反映——市场行为，也一定会遵守这种规律。比如，人们按某种方法操作获得成功之后，当下次同样的市场条件来临时，人们还会按照同样的方法去操作，这就会对市场价格产生影响。当然，历史有时会惊人地相似，但一定不会简单地重复，所以在研究技术分析的时候，大家也要与时俱进，不要拘泥于原来的固有分析模式。

第三节　确立军规，不胜不战

掌握了技术分析方法之后，投资者并没有万事大吉，因为这只是迈向成功的第一步。只有做到了知行合一，才能百战百胜。

股市里充满了太多的诱惑，作为有七情六欲的普通人，在金钱的博弈中，很难做到气定神闲，不为所动。如果仓促应战，必然会头脑发热，阵脚大乱。情绪的波动会影响交易行为，作出错误的决策，使手中的武器变成摆设。所以投资者在入市之前，一定要做好投资计划，不管出现什么样的情况，都有相应的措施来应对，不打无准备之战。只有这样，才能做到运筹帷幄，决胜千里，在股市中成为大赢家。

一、严守纪律，执行计划

研究技术分析方法，其目的是在实战中加以运用。当市场出现了预期的交易信号，就应该按之前的计划果断出手，迅速出击。在信号出现之前，就要像一个猎手那样潜伏起来，静静地等待时机来临。在股市中生存，要严格遵守操作纪律，严格执行交易计划，决不能主观臆断，随意操作。

二、保存实力，不胜不战

“成功的投资，关键有三条，第一是保证本金安全，第二还是保证本金安全，第三是严格执行前面两条。”这句话说的就是保存实力的重要性。投资者买入或持有一只股票，唯一的理由就是因为它要上涨，否则就坚决持币。很多投资者明明知道自己手里的股票还会下跌，但只是由于被套而舍不得尽早出手，导致损失不断扩大。

三、多理由买进，少理由卖出

虽然技术分析有很多优点，但不可否认的是，几乎所有的技术分析方法都不同程度地存在着误区和这样那样的缺陷，单凭一种方法，很难得出正确的结论。所以在买进股票的时候，要尽量多找几种依据，宁可错过，也不做错。而出于安全的考虑，在卖出股票的时候，则要坚决果断，只要发现一条卖出的理由，就要立即退出。

四、知错必改，及时止损

投资实践中经常可以发现，同样一种技术形态，同样的指标数值，其后的股价表现有时候却反差很大，甚至截然相反。为什么会出现这样的现象呢？这就是技术分析所谓的概率，即技术分析的结果并不是100%正确，只是正确的概率高一些罢了。这里再次强调，技术分析只是一个参考，不可对技术分析过于迷信。发现决策错误，或市场没有按照技术信号提示的方向运行，就要坚决撤出，及时止损。要想在股市中获得成功，投资者既要有险中求胜的勇气，也要有壮士断腕的决心。

五、只在好的股票上运用技术分析

这里虽然讲的是技术分析方法，但很多时候投资者并不知道哪些个股的基本面好一些，所以在同时出现同样的买进信号时，大家应该尽量去买基本面好的股票，这样会更加可靠。在基本面好的股票上反复使用技术操作方法，会获得最大的收益。即使短线有“卖丢”的可能，但只要做好跟踪，后面还会出现买进的信号，及时跟进就不会错失好股。

随着时间的推移，一些传统的技术分析手段、技术分析方法和操作技巧均已广为人知。当众多中小散户看到这一信号而做同样的操作时，主力会反其道而行，他们或是借市场之手，坐享大众拉抬的乐趣，或是趁人们头脑发热，从容派发筹码，令大多数人成为被套一族。另外，随着机构投资者队伍不断壮大，参与市场的主体已经发生了重大的变化，市场行为也会有所不同。在这种情况下，投资者必须勤于学习，与时俱进，切不可自以为掌握了一些技术，或者利用原来的技术分析方法有些收获，就不思进取，固步自封。如果是这样的话，那么你将会被市场无情地淘汰。

说了这么多，大家应该对技术分析有了较为清晰的认识了吧！如果还没有认清技术分析的真谛，建议大家多读读以上内容，只有把这些问题想通了，才会更好地应用本书讲解的分析技巧。

第二章 K 线分析

第一节 认识 K 线

一、K 线的由来

K 线又称蜡烛线和阴阳线。最早的 K 线出现在 17 世纪的日本幕府时代。早在公元 16 世纪下半叶到 18 世纪中期，日本正在从藩主割据的战国时代走上统一的道路，饱经战乱的人民终于过上了安定的生活，各种商业活动也开始兴旺起来。当时，日本的主要粮食作物——稻米的交易十分火爆，18 世纪初期，甚至还出现了具有期货合约色彩的“大米库券”。上川河口的酒田港出羽地区，是当时日本重要的稻米产地和交易中心，为了记录米价的交易情况，米市里的人们就发明了蜡烛线，即我们今天看到的 K 线。最初人们把它作为“图示”，来直观地反映米价的涨跌行情。

当时有个叫本间宗久的人，对使用蜡烛线来研究稻米交易价格走势产生了浓厚的兴趣，经过潜心的钻研，他发现不同的 K 线形态和组合，对稻米价格的变化具有一定的指示意义，可以借此来预见未来价格的涨跌。他把自己总结出来的这些经验用于稻米交易的实践中，获得了极大的成功，成为轰动一时的传奇人物，这更坚定了他钻研蜡烛线的信心。1755 年，本间宗久完成了《黄金泉——三猿金钱录》这部奇书。由于本间宗久出生的酒田港就是后来的山形县酒田市，人们为了纪念他，就把他的理论称为“酒田战法”。这是世界上最早的有关 K 线技术的书籍。

西方国家也发明了很多技术分析方法，但更多的是冷冰冰的数据，而蜡烛线（阴阳线）这种蕴含东方智慧的分析方法，对于记录市场中的价格变化显得更生动、直观、立体，即使你没有亲临市场进行交易，也可以通过研判蜡烛线的语言信息和价格运行规律，对买卖双方的情况了然于胸。

二、K 线在技术分析中的地位

打开大盘和个股的 K 线走势图，无数根红红绿绿的 K 线宛如一个个跳动的音符，演奏着一部部迷人的乐章。这一根根看似简单的 K 线，无不代表着多空撕杀的战斗场景。大到人世间的天灾人祸，国家经济的起伏涨落，小到一个企业的胜败兴衰，企业经营高转低回，以及市场内众多炒家的进退争斗，庄家设置的圈套陷阱，都会通过 K 线反映出来，这就是人们常说的 K 线语言。

K 线这种特殊的语言，在阴阳交错之间，把股市中或大开大阖或波澜不惊的多空争斗故事向你娓娓道来。如果你读懂了这些语言，就可以悟出股市中的价格涨跌规律，这个规律就是决定股市发展方向的“道”。

《周易·系辞》里有句话：一阴一阳之谓道。K 线（阴阳线）正是通过“阴线”和“阳线”来反映价格的涨跌的。从这个角度看，阴阳之道用在股市上是恰如其分的。“阴极生阳，阳极生阴。”中国传统的这种阴阳观，对客观地看待股市也具有很大的指导和借鉴意义，放到股市里，就是“没有只跌不涨的股市，也没有只涨不跌的行情”，“跌多了要涨，涨多了要跌”。这些都是股市里最基本、最朴素的道理。眼前的上涨可能正在孕育着下跌的风险，今天的下跌也是在为明天的上涨创造机会。“在阴为无阴，阴以之生；在阳为无阳，阳以之成。”阴阳之间相生相克的关系，在股市里表现得淋漓尽致。

从表面来看，K 线似乎很简单，以至于很多人对此不屑一顾，转而去研究更高深、更复杂的技术分析方法。但是大道至简，K 线技术的“简”就是返璞归真，无论多么复杂的市场信息，最终都可以通过 K 线表露无疑。

不管你是初学者，还是资深投资者，都应该重视K线的学习和研究。投资股市就是投资未来，既然你选择了股市，就是选择了预测，否则就会一直跟在市场的后面，只会解释现象，终究不懂内在的缘由。K线就像易经卦象中的“爻”，阴线阳线即是阴爻阳爻，阴线阳线不同的排列次序和组合，都有着不同的含义，也揭示着不同的未来。可以毫不夸张地说，如果看懂了K线，你就预知了未来，就会成为真正的股市赢家。

在目前所知的分析方法中，K线分析最为直接和快捷。形态需要一段时间才能走出轮廓来，指标或多或少需要有历史数据作为计算依据，波浪理论和周期理论则需要更长的时间跨度才能进行分析。K线则能反映市场多空双方每时每刻的一举一动，可以让大家对价格的变化及时地作出反应。

K线理论也是其他技术分析方法的基础，比如后面讲解的形态分析，形态就是由众多K组成的；技术指标的计算因子，无非是一个或几个交易周期的开盘价、收盘价、最高价、最低价等，而这些价格正是构成K线的最基本要素。因此，K线分析是技术分析殿堂的基石，打牢了K线分析这一基础，对于学习技术分析的人来说，就可以认为成功了一半。

三、如何画K线

把某一日（也可以是分钟、小时、周、月、季、年等时间单位，以下讲解如果没有特别说明，均以日为周期）的开盘价和收盘价连接起来，画出一个长方格，方格部分就是K线的实体。再把当日的最高价和最低价以一条直线连接起来，并穿越实体部分，最高价到实体上沿的部分叫上影线，实体下沿到最低价之间的线段叫下影线。最后，给K线涂上颜色，收盘价高于开盘价的用红色表示（有的软件K线实体显示为外框为红色的空心格），叫做阳线（如图2－1左）；收盘价低于开盘价的K线用蓝、绿或黑色表示（不同软件颜色会有不同），就是阴线（如图2－1右）。这样，一根完整的K线就画好了。K线实体的长短反映多

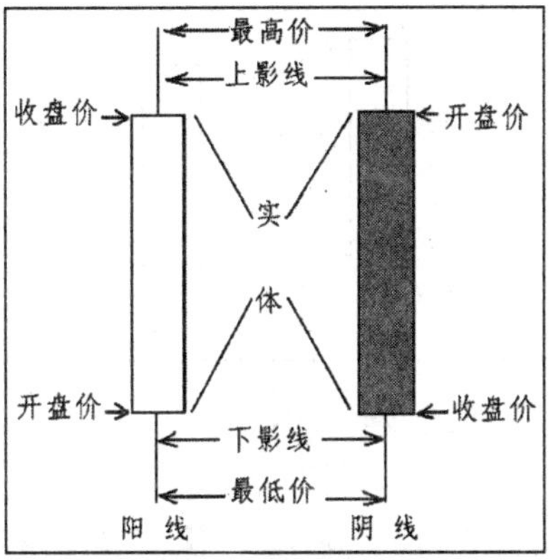

图 2－1

空力量的强弱，上下影线的长短反映阻力、支撑力度的大小。

当然，有些 K 线并不像刚才介绍的那么标准，很多时候会有些变形，比如收盘价等于开盘价，实体长度远远小于上下影线，只有上影线或只有下影线，全天维持一个价格等，这些 K 线统称为特殊 K 线。

第二节　单根 K 线

一、大阳线

（一）　大阳线的定义

大阳线（如图 2－2：①－④）是指收盘价大大高于开盘价的阳线。大阳线可以是开盘价即最低价，最高价即收盘价，即光头光脚长阳线（如图 2－2：①），也可以是带上下影线的长阳线（如图 2－2：②－④）。

那么，究竟多大的阳线才称得上是大阳线呢？这里没有十分严格的规定，要看具体情况，不能一概而论。对于中小盘个股来讲，用相对较少的资金量，就可以轻易地影响其价格，因此日常交易中股价波动较为剧烈。对于这类股票，收盘价比开盘价高出

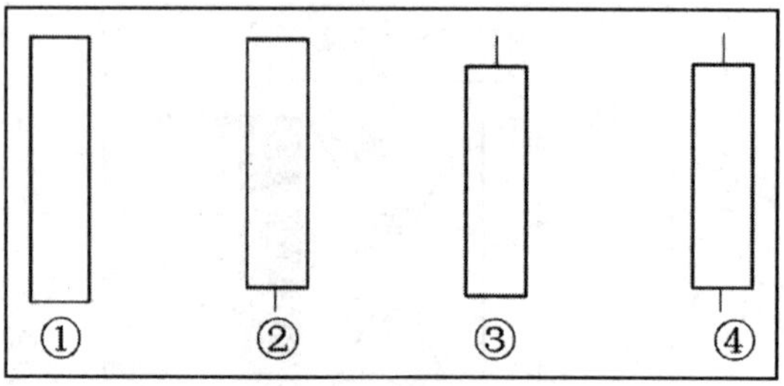

图 2 - 2

6% 以上的阳线，可以称为大阳线。像工商银行（601398）、中国石油（601857）之类的巨无霸，股价相对稳定，很少出现剧烈波动的情况，出现较大单日涨幅的机会不多，所以能达到 4% 的涨幅，就已经是很难得了。对于此类个股，可以将收盘价比开盘价高出 4% 以上的阳线称做大阳线。对于指数而言，常态下波动的幅度更小，特别是随着中国资本市场越来越成熟，指数震荡的幅度会慢慢收窄，收盘价比开盘价高 3% 以上的情况相对比较少见，这一幅度之上的阳线，即可以称做大阳线。大家在广播电视中也可以听到“道琼斯指数重挫2%（暴涨2%）”的说法，可见，在成熟市场，指数波动超过 2% 就已经算是非常态了。

（二） K 线市场含义

1. 光头光脚长阳线：股价从开盘起，多方一路高歌猛进，即使盘中可能会有反复，但开盘价始终没有失守（没有出现下影线），主动权完全被多方控制，多空双方的力量对比呈一边倒之势。多方长驱直入，摧枯拉朽，空方则节节败退，让出领地。直至收盘，空方基本没有得到丝毫喘息的机会，多方也没有遇到任何真正的阻力（没有出现上影线），最终多方大获全胜。

2. 带下影线的长阳线（如图 2 - 2：②）：股价虽然一度跌至开盘价之下，但下跌的幅度很小，之后被买盘强力拉起，最终以全天最高价收盘，多方完胜。

3. 带上影线的长阳线（如图 2 - 2：③）：开盘后股价一路

拉升，但盘中遇到了小小的阻力，部分区域（上影线部分）得而复失，最终股价以次高点报收。

4．带上下影线的长阳线（如图 2－2：④）：股价全天保持强势，不过空方的力量已略有显露，虽然 K 线实体仍为阳线，但从下影线部分的一度翻绿和上影线部分遇到的阻力，已经可以看出空方的蛛丝马迹。

（三）　实战意义

大阳线反映市场中多方占居绝对的主导地位，这一点确定无疑。但同样是一根长阳线，其出现的位置不同，表达的市场意义也不尽相同。

1．如果大阳线出现在市场底部，一根绝地长阳可能正式宣布下跌波段结束，而且阳线实体越长，同时成交量越大，多方反攻的信号也就越强烈。在这种情况下，股价可能迅速脱离底部区域，在形态上形成尖底。操作上投资者可以及时跟进。

需要说明的是，以大阳线形式确认的底部，必须要有成交量放出，其可信度才高，说明有大资金强力介入该股。事实上，在大多数情况下，主力介入一只股票时，股价并不一定要在绝对低点，而是在前期下跌过程的尾声阶段已经悄悄入驻，并通过反复震荡、打压，以吸纳更多的筹码。在底部出现放量的大阳线，说明主力已经按捺不住做多的欲望，准备发动进攻了。相反，如果没有量能的配合，即使在底部拉出长阳线，也很可能是主力的诱多行为。比如大家经常看到尾盘突然有力量拉抬股价，但之后还会有更低的价格出现。

例 1：2008 年 10 月 28 日，凌云股份（600480）开盘后一路放量走高，当天股价以涨停报收。一根绝地长阳，宣布持续 18 个月的调整已经结束，新一轮行情正式展开。之后该股震荡上行，股价在 18 个月后还创出了历史新高。股价在底部启动时的那根长阳线，也成了历史大底的标志（如图 2－3）。

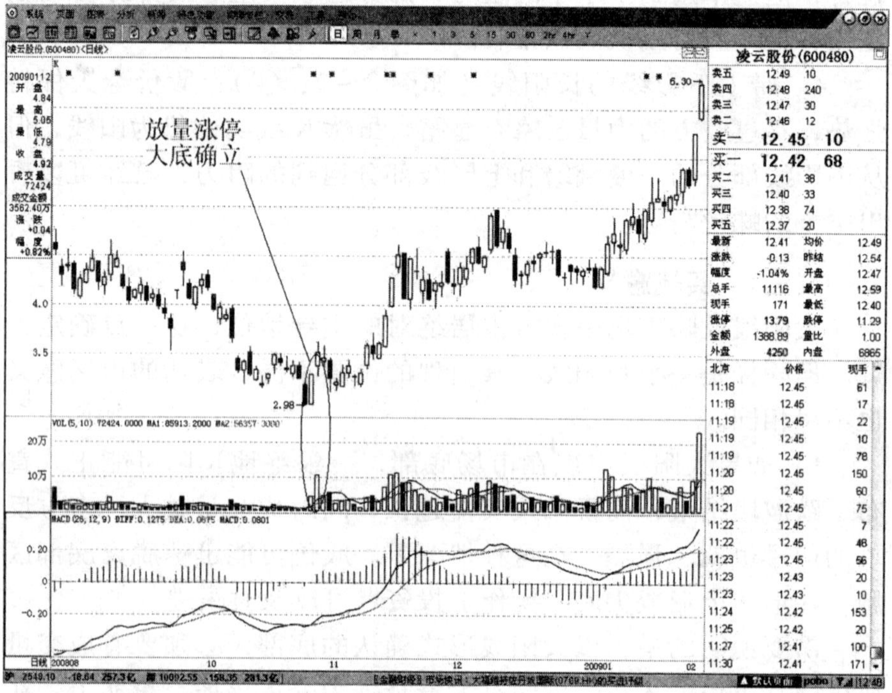

图 2－3

例 2：2002 年 1 月 23 日，沧州大化（600230）一改此前连续下挫的颓势，收出一根带下影线的光头大阳线，股价以涨停报收，量能放大到以前的两倍以上，见底迹象十分明显。之后该股股价一路走高，短线跟进者获利颇丰（如图 2－4）。

不仅个股如此，大阳线的市场意义在大盘指数上也同样有效。

例 3：2002 年 6 月 6 日，上证综合指数经过了前期的单边下跌之后突然发力，收盘大涨 4.05%，一根近半年以来最大的阳线，给市场带来了活力。此后不久，市场迎来了戏剧性的 6.24 行情（如图 2－5）。

图 2－4

图 2－5

2. 股价经过一段时间的盘整之后，突然出现一根长阳线，股价迅速冲出盘整平台，这通常是新升浪的开始，是买进信号。

这时的量价关系很重要：突破平台的当天及接下来的几个交易日，成交量应该有所放大，但最好是温和放大，而不是突然急剧放大。因为股价如果是真的突破，那么在前面的整理平台中，主力应该已经吸足了筹码，所以突破时的压力已经很轻。没有放出过分的量能，说明主力的控盘能力较强，对股价收放自如，后面的拉升会比较轻松，上涨的持续性也会很好，股价涨升的空间将更加可观。相反，如果量能放得过大，一方面说明市场抛压很重，后面的上涨会遇到重重阻力，另一方面也有可能是主力刻意对敲，人为做大单日成交量以吸引跟风盘，随后反手做空，制造假突破的多头陷阱。

遇到这种情况时，操作上可以以突破时大阳线的1/2处作为止盈或止损的参考，不破则继续持有，尽享新升浪的收益。一旦跌破，说明主力在精心搭建的平台里策划的是如何撤退而非进攻，此时散户应坚决卖出。

例1：2010年4月8日，新华百货（600785）拉出一根长阳线，股价奋力冲破整理平台，同时放量较为温和，突破信号十分强烈。接下来几个交易日，股价始终处于长阳线的上方。若在突破时及时介入，短线获利空间十分可观，资金使用效率也能大大提高（如图2－6）。

例2：2009年6月30日和7月1日，辰州矿业（002155）连拉两根长阳线，一举突破前期震荡箱体，新的上涨波段就此拉开序幕。虽然之后股价出现了震荡，但回调的最低点仅为长阳突破时第二个大阳线的1/2处，接下来股价一飞冲天（如图2－7），走出了一波可观的上涨行情。

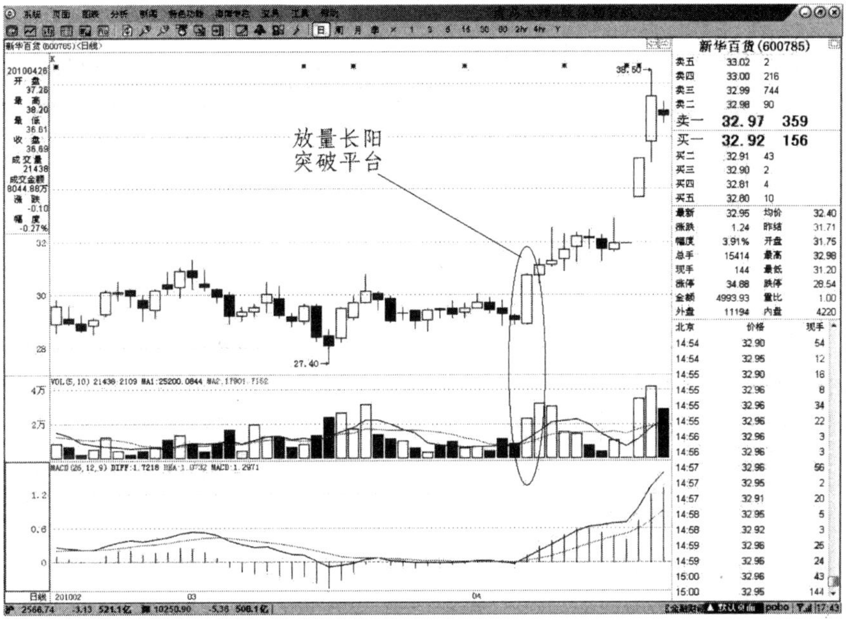
新华百货(600785)
放量长阳
突破平台
38.50
27.40

图 2－6

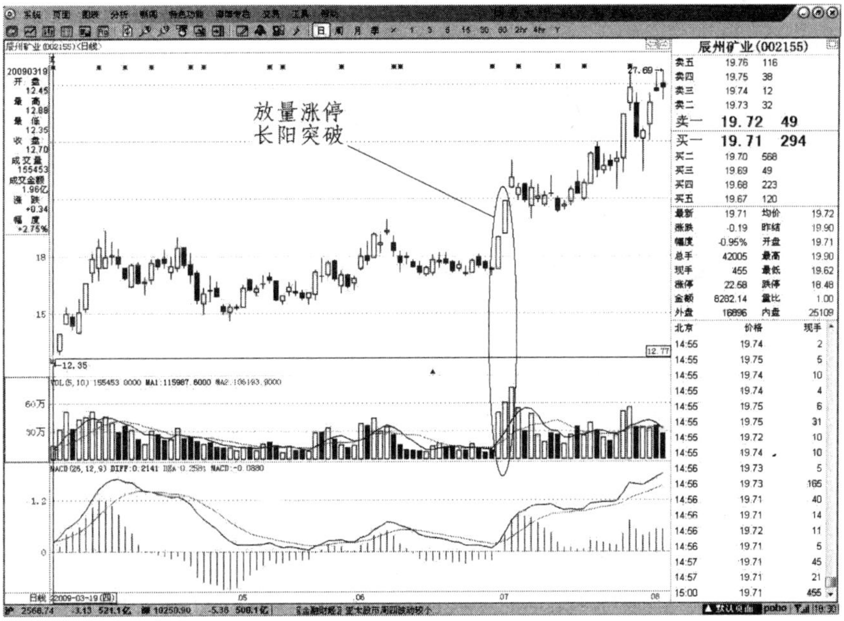
辰州矿业(002155)
放量涨停
长阳突破
27.69
12.35

图 2－7

3．如果是在股价已经有了很大涨幅之后，仍然连拉长阳线，那么后期即使股价还会上涨，也可能是多方最后的疯狂，或者是为了吸引买盘入场接货。此时成交量一般比前期明显放大，说明主力手中的筹码开始松动。为避免高位被套，投资者不宜过分追高。止盈止损点可设在最后一根大阳线的 1/2 处。即使出现大阳线时没有放出大量，也应谨防股价回落，若破掉关键点，则应立即出局。

例 1：2010 年 3 月 25 日，经过了此前一段时间的强势整理后，武汉控股（600168）连拉长阳线，股价奋力涨停，同时成交量急剧放大。但在接下来的几天里，股价不但没能延续上涨的势头，反而大部分时间在第二根长阳线的 1/2 以下运行，并呈现放量滞涨的现象，此时投资者应果断卖出。其后的结果是股价返身向下，一路单边杀跌，投资者若回避不够及时，损失将极其惨重（如图2－8）。

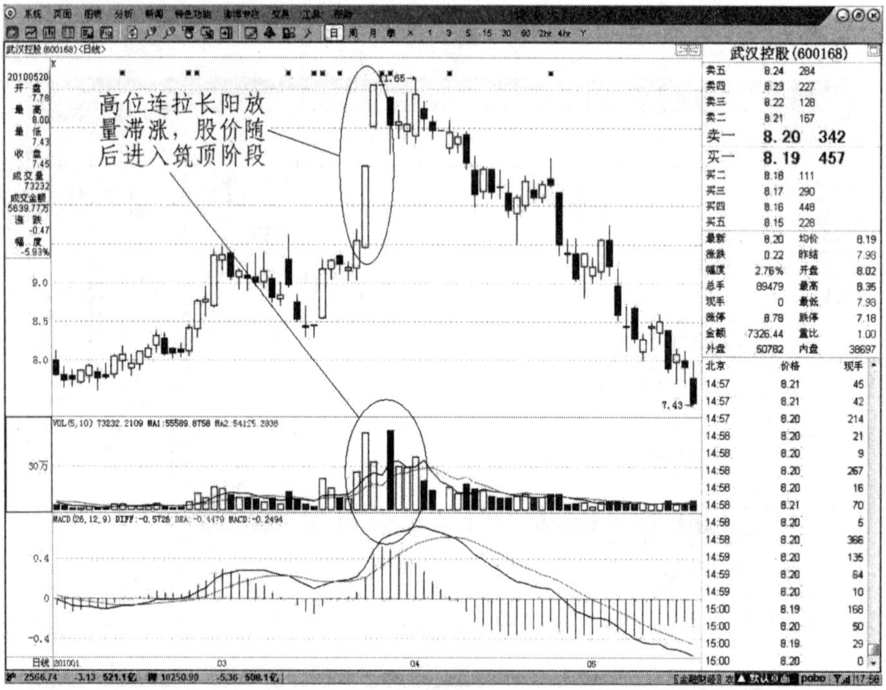

图 2－8

例 2：2010 年 1 月 18 日，大龙地产（600159）高位拉出放量长阳线，不过此时股价已处于最后的拉升阶段，之后的量价关系显示上涨乏力。大家可以看到，在长阳之后，股价连续三天强势整理，不破大阳线的中间位，此时继续持股也未尝不可。但当股价跌破长阳线的 1/2 处时，则应毫不犹豫地坚决卖出，否则将在短时间内损失近 40%，令人追悔莫及（如图 2－9）。

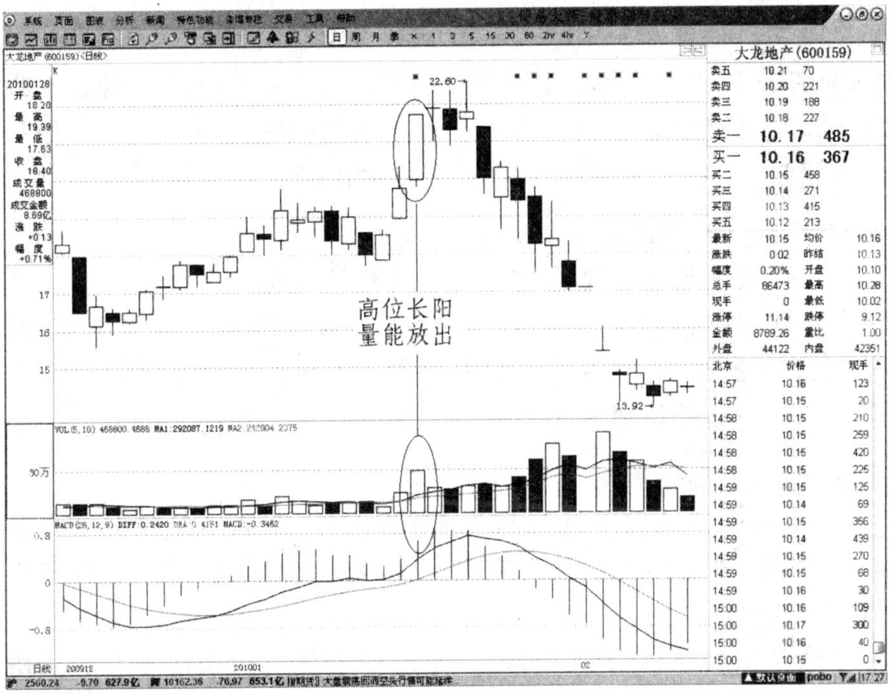

图 2－9

二、中阳线

（一）　中阳线的定义

中阳线（如图 2－10）是指收盘价高于开盘价的 K 线，但高出的幅度小于大阳线。中阳线可以是略带上下影线的阳线，也可以是开盘价即最低价，并以最高价收盘的光头光脚阳线。图 2－10中①－④为按多方力道大小顺序排列的几种中阳线。

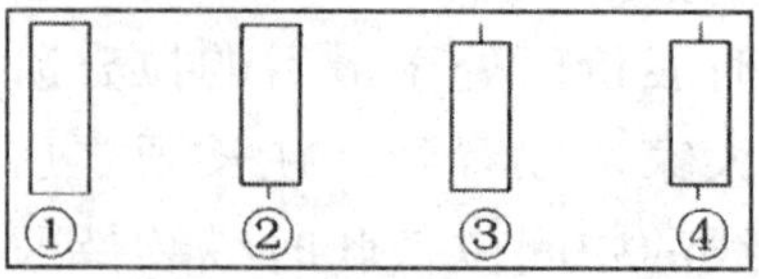

图 2－10

和大阳线一样，多大幅度的阳线算是中阳线，也没有十分明确的规定。通常对于中小盘个股来说，收盘价高出开盘价 3% ~ 6% 的阳线称做中阳线，而平时波动幅度不大的超级大盘股，收盘价高出开盘价 2% ~4% 的阳线，就可算是中阳线了。对于指数而言，1% ~3% 的涨幅称做中阳线更为恰当。

（二） K 线市场含义

中阳线的市场含义是，在多空交战的过程中，虽然多方仍然绝对占优，但进攻的力度与大阳线相比明显偏弱。从表面上看，市场的主动权仍然掌握在多方的手中，但多方的进攻已显得较为谨慎，后市若不能继续收阳，空方则可能卷土重来。

（三） 实战意义

1. 中阳线的实战意义与长阳线类似，只是多方攻击的力量有所减弱。中阳线大都出现在上升趋势的延续过程中，适合多头做趋势投资时参考。

通常情况下，处于上升趋势中的中阳线，往往伴随着成交量的温和放大，上涨放量、回调缩量的震荡上行最为健康。如果上涨无量，说明买盘不够踊跃，上升的趋势恐难以保持。

例：在 2009－2010 年的行情中，永鼎光缆（600105）走出了狭长的上升通道。该股在上涨过程中，中阳线比比皆是，而且每次出现中阳线的时候，成交量均能略微放大，但放量又不十分夸张，反映出主力极佳的耐心和极强的控盘能力，因此上升趋势也得以长时间延续（如图 2－11）。

图 2 – 11

2. 中阳线若在摆脱盘局时出现，从 K 线看股价可能表现得不温不火，不像大阳线那样显山露水，但这可能正是大幅拉升前的预热阶段。就像即将离开发射架的火箭，要积蓄足够的能量，之后才能逐渐加速，一飞冲天。如果成交量不能有效跟进，那么此时的中阳线很可能只是盘局中的普通 K 线而已，不具有突破的意义。

例：2007 年 3 月 26 日，上港集团（600018）股价突破盘整平台，以中阳线报收，量能同步放大，之后股价连拉长阳，短线涨幅可观。这里的中阳线，只是告诉大家股价已经有了向上突破的意愿，后续动作才是决定方向的关键（如图 2 – 12）。

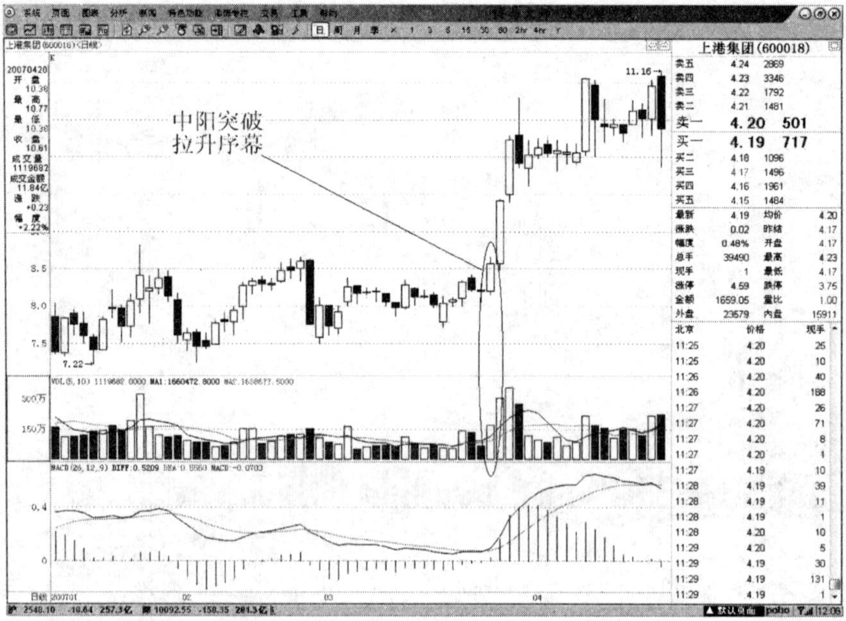

图 2－12

3. 中阳线如果出现在持续下跌之后，可能预示着市场将会出现转机，但由于力度较为有限，K 线性质不甚明显。如果成交量能随之放大，尚可给予一定的关注，但若是无量的中阳线，对操作的参考意义则很小。所以，单凭一根中阳线，一般无法得出市场见底的结论，需要配合其他信号来综合判断。

例：中青旅（600138）于 2008 年 10 月 13 日和 2008 年 11 月 7 日分别收出一根中阳线，但前者价升量平，只是下跌过程中的反弹而已，属于下跌中继阳线。后者则伴随着成交量的放大，之后量能更是逐渐放大，标志着股价真正见底，之后股价将会止跌回升。（如图 2－13）

图 2－13

从此例可以看出，中阳线对市场的指示意义不很强烈，需要配合以后讲到的 K 线组合、指标、均线等其他分析方法来进行综合研判。

三、小阳线

（一）　小阳线的定义

小阳线（如图 2－14）是指收盘价略高于开盘价的阳线，但高出的幅度较中阳线小。小阳线可以有上下影线，也可以没有。

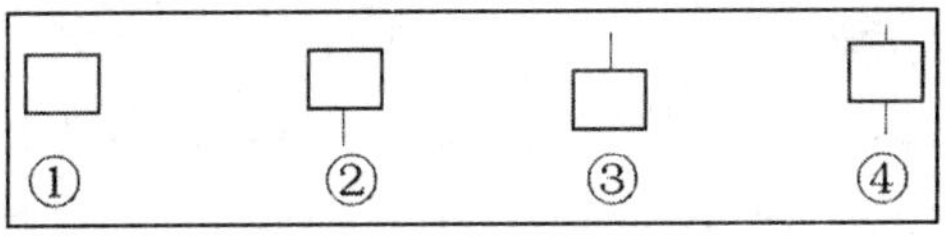

图 2－14

顾名思义，小阳线就是长度小的阳线。那些股性比较活跃的中小盘股，收盘价高于开盘价3%以下，就可称为小阳线。就大盘股而言，一般幅度在2%以下的阳线，可以视为小阳线。而对于波动更小的沪深指数，把1%以下幅度的阳线定义为小阳线较为合适。

（二） K线市场含义

K线收出小阳线，说明多方略微占优，但优势明显不足，随时会遭到空方的反扑。同时也说明多方发动大规模进攻的条件不足，若要获胜，还需要进一步聚集做多的力量。

（三） 实战意义

1. 单根小阳线的市场意义并不大。通常小阳线出现在市场盘整或趋势的中继阶段，所以在操作中，应观察盘整结束后市场的突破方向，然后根据市场的选择相机而动。在大的上升趋势中出现的小阳线，一般为上涨中继，经过整理后，股价还会继续向上突破。

例1：2007年7月12至18日，双良股份（600481）连续收出多根小阳线，而股价并没有明显的上涨。此时的K线已形成一个整理平台。当市场做出向上突破的方向性选择时，股价进入快速拉升阶段，操作上应及时跟进。（如图2－15）

例2：2009年2月3日和4日，处于大上升通道中的中储股份（600787）连续出现两根小阳线，随后略作整理便向上突破，股价一路飙升。这里的小阳线是股价加速拉升前的空中加油（如图2－16），意味着后期股价还会继续大幅上涨。

例3：2010年3月到5月，莱钢股份（600102）出现了明显的下跌趋势，股价呈平台、破位、再平台、再破位的逐级下台阶走势。在每个平台整理过程中，均有多根小阳线出现，但这些都是下跌中继小阳线，丝毫没有改变下跌的趋势（如图2－17）。

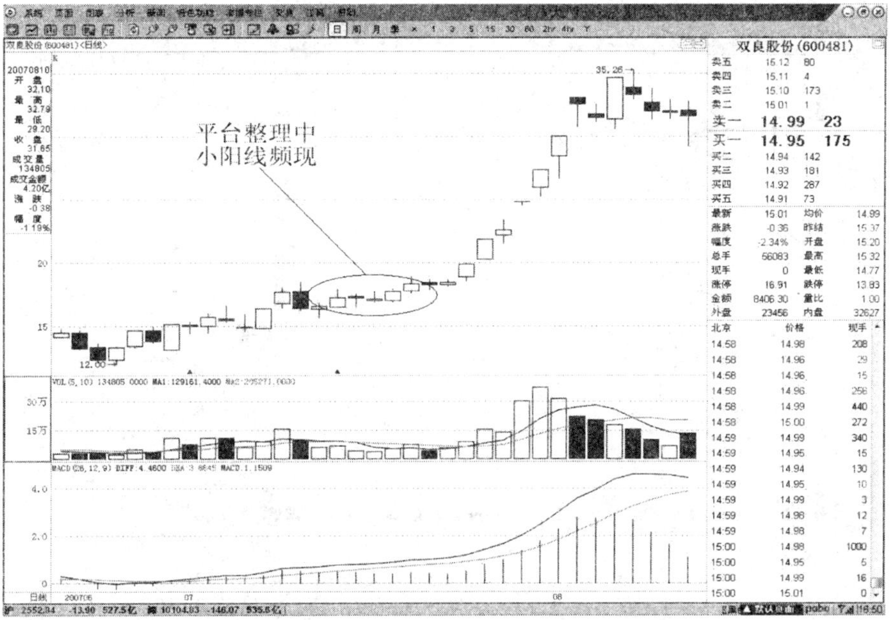

图2－15

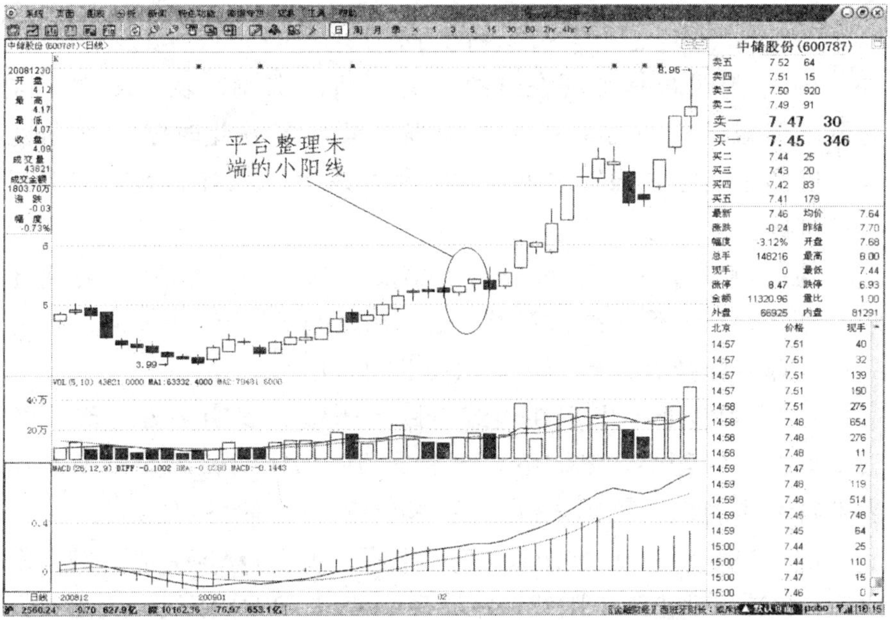

图2－16

图 2－17

2. 小阳线若是出现在连续上升行情的末端，表示多方上攻力量已经减弱，空方力量正在加强。虽然多方此时略占微弱优势，但实际上已成强弩之末，空方稍微发力，原有的上升趋势就会被打破。

例：2007 年 5 月下旬，上港集团（600018）经过了前期连续大涨之后，股价在高位盘整，连收几根小阳后上冲不果，主力只得选择放弃拉升，减仓出局（如图 2－18）。

3. 小阳线如果出现在连续下跌的末端，表明多方已经开始尝试抵抗，但若要转势，还需要带量的中阳线或长阳线以及其他底部特征来确认，否则久盘之后，仍有再下台阶的可能。

例：2008 年 11 月 5 日和 6 日，丰原生化（000930）在一波下跌之后，接连出现止跌小阳线，之后逐步放量，以中阳线、大阳线向上突破，前期的这些小阳线则为变盘前的蓄势阶段（如图2－19）。

上港集团(600018)
12.10
高位小阳线频
现，股价欲振
乏力，将见顶
6.82

图 2－18

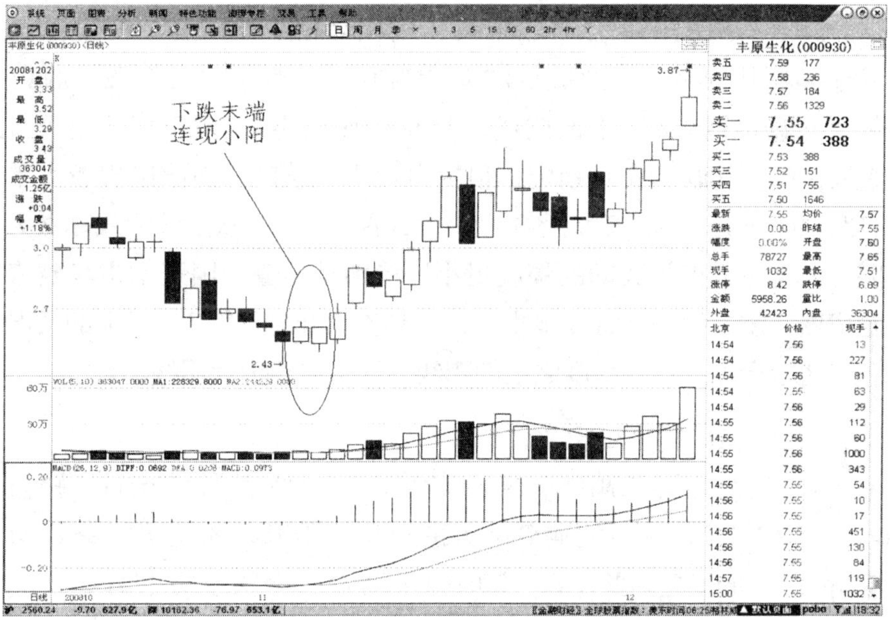
丰原生化(000930)
3.87
下跌末端
连现小阳
2.43

图 2－19

四、大阴线

（一） 大阴线的定义

大阴线（如图2－20）是指收盘价远远低于开盘价的阴线。大阴线可以是开盘价即最高价，以最低价收盘的大阴线，即光头光脚长阴线（如图2－20：①），也可以是略带上下影线的阴线（如图2－20：②－④）。示意图按空方力道由大到小的顺序排列。

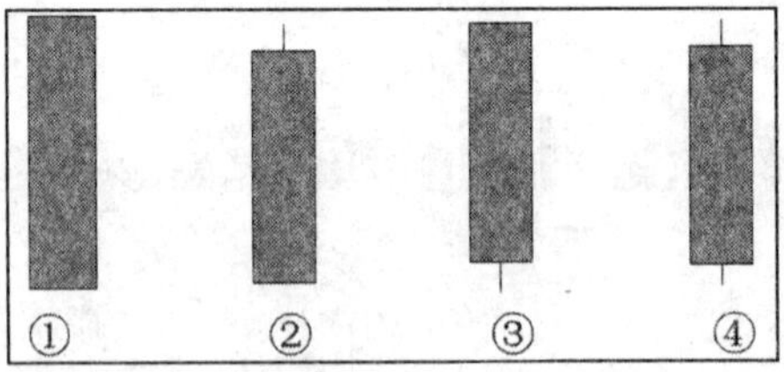

图2－20

和大阳线一样，对于大阴线的跌幅，也没有十分严格的规定。对于一般的中小盘个股来讲，用相对较少的资金，就可以轻易地影响其价格，因此股价波动较为剧烈。对于此类个股，收盘价比开盘价低6%以上的阴线，即可称为大阴线。对于那些超级大盘股，由于其股价相对稳定，很少出现剧烈波动，因此出现较大单日跌幅的机会不多，因此将收盘价比开盘价低4%以上的阴线称做大阴线。常态下指数波动的幅度更小，特别是随着中国资本市场越来越成熟，震荡的幅度将逐步收窄，收盘价比开盘价低3%以上的情况相对比较少见，这一幅度之上的阴线，即可以称为大阴线。

（二） K线市场含义

1. 光头光脚长阴线：从开盘起，股价便遭到空方的一路打压，虽然有时盘中可能遇到多方的反抗，但开盘价空方始终没有失守（没有出现上影线），市场的主动权完全被空方掌控，多方几无还手之力。空方则不断扩大战果，步步紧逼，直至收盘，空方获得全面胜利（没有出现下影线）。

2．带上影线的长阴线（如图2－20：②）：股价先涨后跌，虽然一度反弹至开盘价之上，但随后被卖盘迅速打压，以全天最低价收盘，空方完胜，早盘买入者悉数被套。

3．带下影线的长阴线（如图2－20：③）：股价开盘后一路下挫，盘中虽然遇到了多方的顽强抵抗，部分区域（下影线）得而复失，但空方仍旧掌握着市场的绝对主动。

4．带上下影线的长阴线（如图2－20：④）：K线实体仍为长阴，但多方的力量已略有显露，开盘初期的上影线及收盘前的下影线，都反映出多方正在抵抗空方的打压，只不过反攻的力量还过于单薄，尚不足以抵御空方的攻势。

（三） 实战意义

1．大阴线反映空方占据绝对的主导地位，但其出现的位置不同，市场意义也不尽相同。如果大阴线出现在股价已经完成了一段时间的持续上涨之后，一根放量长阴可能宣布涨升过程正式结束，下跌波段拉开帷幕。在这种情况下，阴线实体越长，市场转势的信号越强烈。高位收出大阴线，股价随后可能出现连续杀跌的走势，操作上应立即出局。

需要说明的是，以大阴线形式确认的顶部，要有成交量放出，其可信度才高，这说明大资金正在夺路而逃，坚决离场。股市中，主力在一只股票上建仓，往往要经过初步建仓、打压吸筹、洗盘、拉升等多个环节。整个前期过程，主力看起来犹犹豫豫，谨小慎微，但在出货阶段，主力却往往异常果断，毫不拖泥带水。这一点值得中小投资者好好学习。

当然，有的时候虽然股价走出了大阴线，但成交量却没有放大，这说明主力并没有真正出局，有时甚至是刻意而为的诱空行为。比如，大家经常看到尾盘突然出现打压，但之后还会有更高的价格出现。

例 1：2010 年 1 月 11 日，中信证券（600030）经过反复震荡走高后，收出了一根高位跳空放巨量的大阴线，这是一个非常强烈的卖出信号。之后股价从 35.49 元一路跌至 25.90 元才勉强止跌，其间没有出现任何像样的反弹。下跌过程中做了一个整理平台后，再度破位下行，股价跌至 20 元之下，这种惨痛教训值得汲取（如图 2－21）。

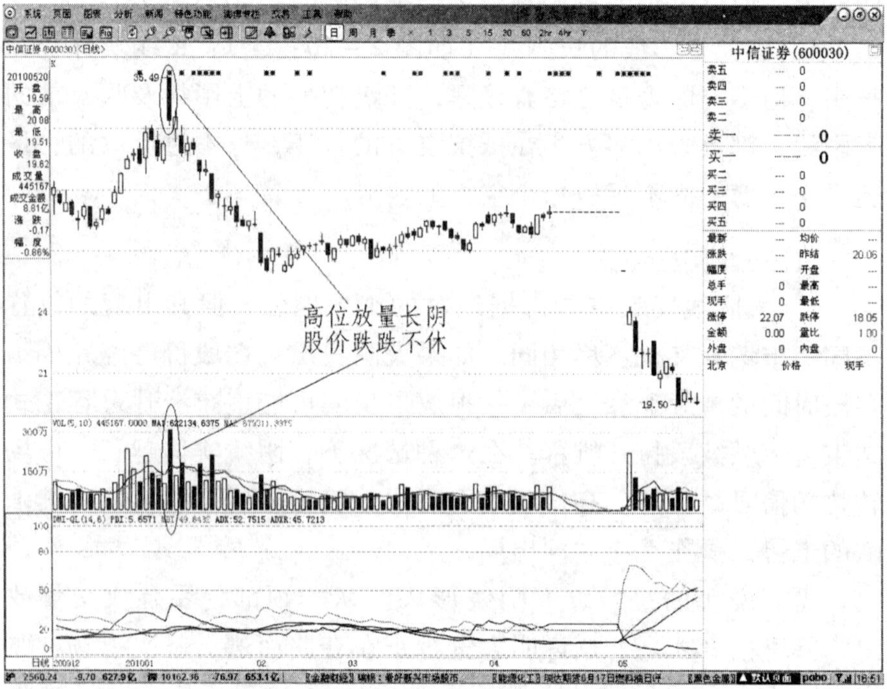

图 2－21

例 2：太原刚玉（000795）经过连续拉升后，2010 年 4 月 23 日在高位突现长阴。虽然前期股价的涨幅并不太大，但创出的阶段天量表明主力出货较为坚决，随后股价单边下跌（图 2－22）。遇到这种情况，操作上应与庄家同时出局。

2. 如果股价处于大的盘整平台末端，某日股价突然大幅下挫，收出一根长阴线，这根长阴有时会覆盖此前一段时期的 K 线，形成破位之势，同时成交量急剧放大，这将是一波加速暴跌的开始，而且前期的累积涨幅越大，其可信度越高，操作上应果断出局。

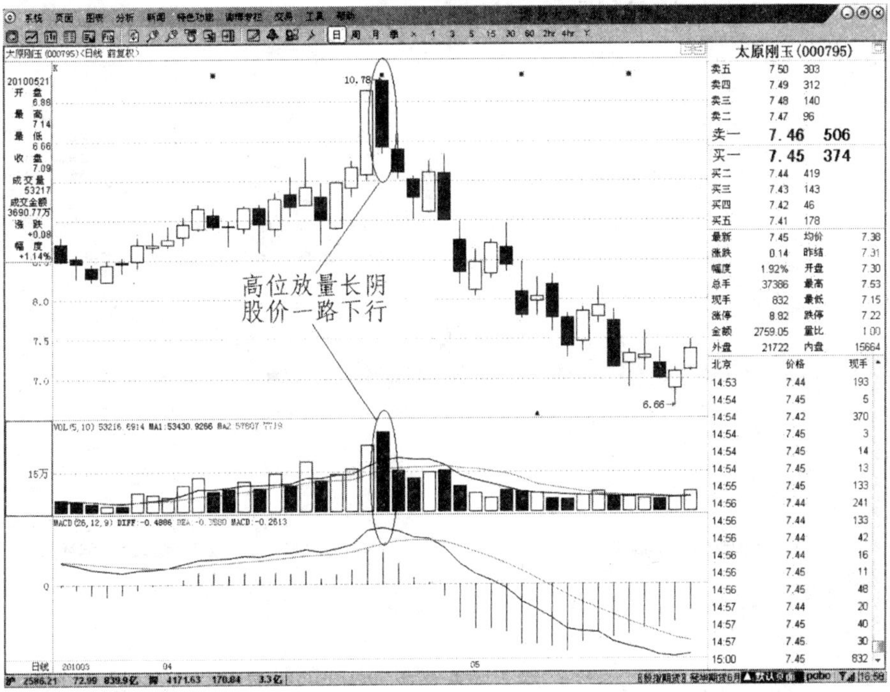

图 2－22

例 1：高金食品（002143）的股价经过了近两个月的平台整理后，2010 年 5 月 6 日突然下跌，一根长长的阴线覆盖了此前两个月时间的所有价格，显示主力出货态度极其坚决，同时说明此前的放量阳线是主力的诱多行为（如图 2－23）。

该股这种长阴走势，也被称做“断头铡刀”，即股价在高位震荡盘整一段时间后，突然选择向下突破，且杀跌动作极其凶猛，大有迅雷不及掩耳之势，同时成交量明显放大，K 线以长阴报收。遇到这种情况，操作上的第一反应就是卖出。

严格意义上讲，判断断头铡刀还有一个条件，即一根长阴线

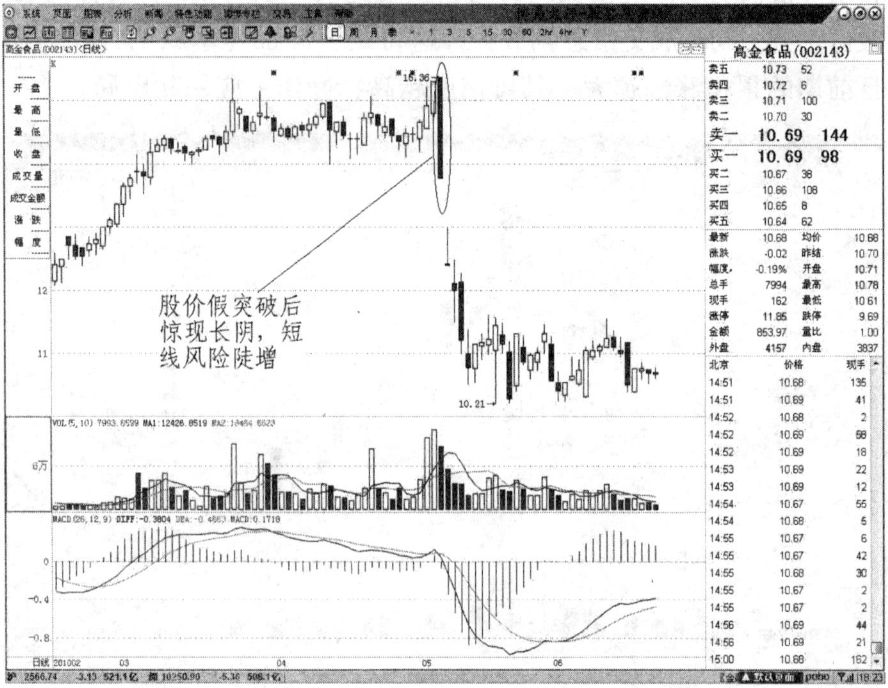

图 2－23

跌穿多条均线，通常指 5 日、10 日、20 日甚至 30 日均线，即让中短期时间内买进股票的人全部快速被套。接下来伴随着主力继续杀跌出货，市场上的止损盘也会蜂拥而至，股价形成崩盘的走势。由于出现断头铡刀之前，股价要经过一个空间不大但时间较长的盘整阶段，因此中短期均线自然会趋于走平和缠绕，各条均线比较接近。一根长阴下来，必然会刺穿这些均线。

有的时候，市场主力为了迷惑散户投资者，以便更顺利地抛出筹码，会在盘整平台的末端做一个向上的假突破，诱使投资者跟进，然后反手做空。所以在操作上，投资者要密切注意平台整理的变局，最好将平台的下沿设为止盈或止损点，一旦放量跌破，则坚决离场。

例2：2010年4月28日，利尔化学（002258）的股价在整理平台末端大幅高开，做出向上突破的姿态，但随后主力反手做空，最终以长阴报收。之后股价更是跳空低开连拉阴线，主力出货意图明显。在这种情况下，股价跌破平台时，投资者应果断出局（如图2-24）。

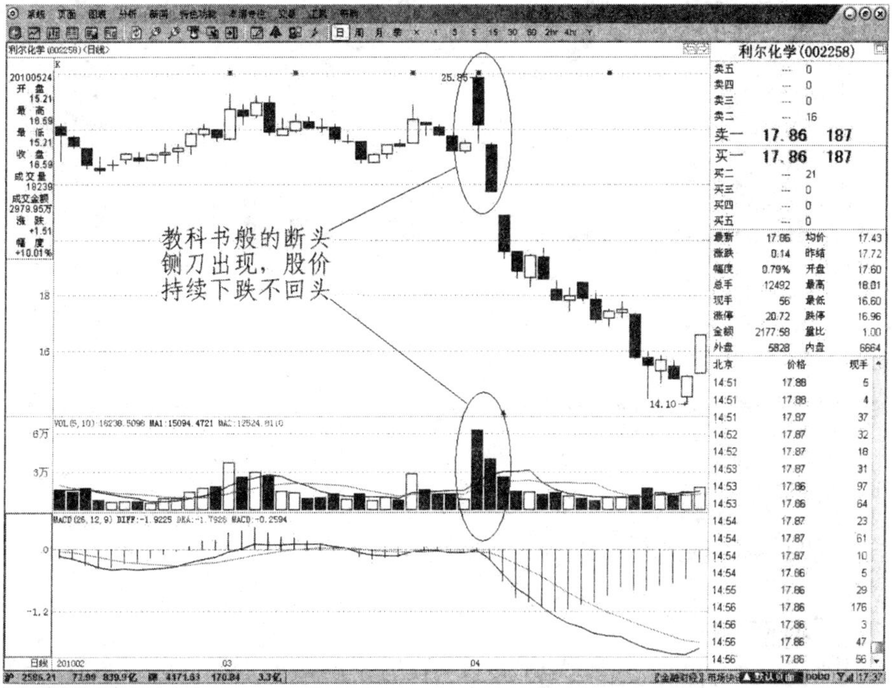

图2-24

3. 经过几轮杀跌后，股价已经接近底部，这时出现连续加速下跌的长阴线，需要密切注意盘面的变化。一般情况下，临近见底前的最后一跌越狠，后面的反弹力度往往也越大。此时要结合其他技术分析手段，随时准备进场抄底。

例：2009年8月31日和9月1日，本已“跌无可跌”的德豪润达（002005）突然连杀两根长阴，从量能上看恐慌盘再度涌

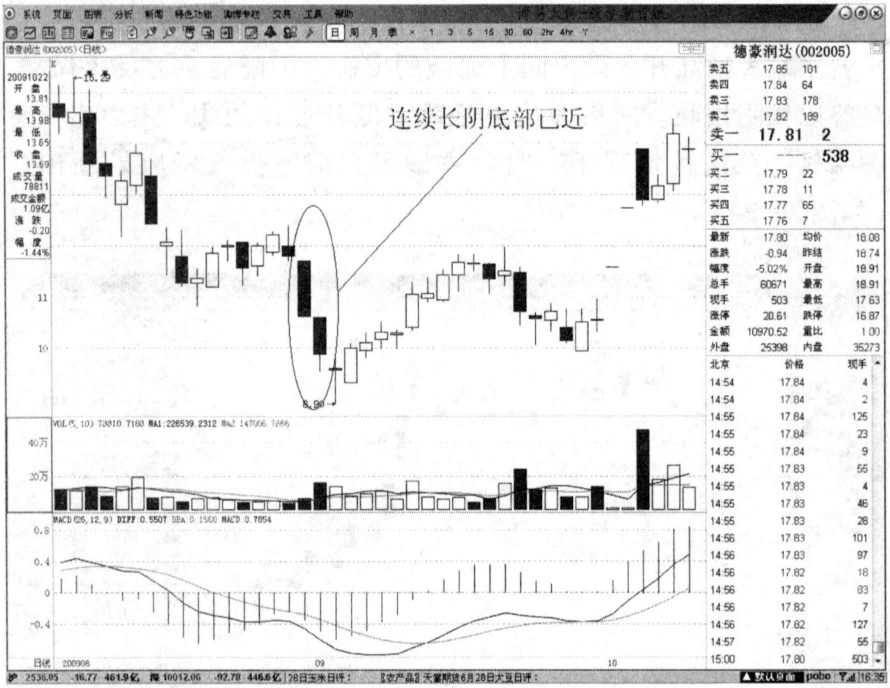

图 2－25

出，股价随即见底（如图 2－25）。

五、中阴线

（一） 中阴线的定义

中阴线（如图 2－26）是收盘价低于开盘价的 K 线，但 K 线的实体小于大阴线。中阴线可以是略带上下影线的阴线，也可以是开盘价即最高价，并以最低价收盘的光头光脚阴线（如图 2－26：①－④）。示意图按空方力道大小的顺序排列。

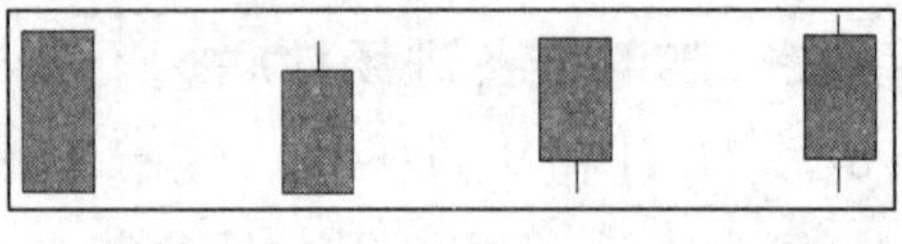

图 2－26

和中阳线一样，对于中小盘个股，通常把收盘价低于开盘价3%～6%的阴线称做中阴线。而平时波动幅度不大的超级大盘股，收盘价低于开盘价2%～4%的阴线就可算中阴线。对于大盘指数而言，把1%～3%幅度的阴线称做中阴线更为恰当。

（二） K线市场含义

在多空交战的过程中，虽然空方势力绝对占优，但杀跌的力度与大阴线相比明显偏弱。表面上看，市场的主动权仍然掌握在空方手中，多方也没有组织起像样的反攻，但空方的进攻已显得较为谨慎。后市若不能继续打压，多方则可能卷土重来。

（三） 实战意义

1. 中阴线的实战意义与长阴线类似，都代表空方得势，只是中阴线反映出空方攻击力量有所减弱。中阴线大都出现在下跌趋势的延续过程中，适合空头做趋势投资时参考。一般而言，出现中阴线的同时，成交量很少有明显的放大，所以迷惑性较强。

例：2008年3月6日、7日和8日，广宇发展（000537）均收出中阴线，虽然成交量没有放大，但低开后的阴跌走势，如温水煮青蛙般使持股者越套越深。投资者前期若不能断然离场，后面股价的加速下跌，会快速放大投资损失。从这个角度看，中阴线给出的信号不如大阴线明确，但趋势一旦形成，其隐藏的杀伤力同样不可小视（如图2－27）。

2. 中阴线如果在摆脱盘局时出现，说明跌势起初可能不温不火，不如长阴线那样显山露水，市场心态也少有恐慌，但这可能只是下跌的开始，投资者应在股价跌破平台的第一时间斩仓出局。

例：2010年4月13日，亚通股份（600692）收出一根中阴线。表面看似乎是正常的股价调整，但后面的杀跌极其惨烈，股价从破位当天的最高价13.05元，一路跌至7.63元方得到喘息之机。可见只要技术上出现破位，就不要存有侥幸心理，果断卖出应是第一选择（如图2－28）。

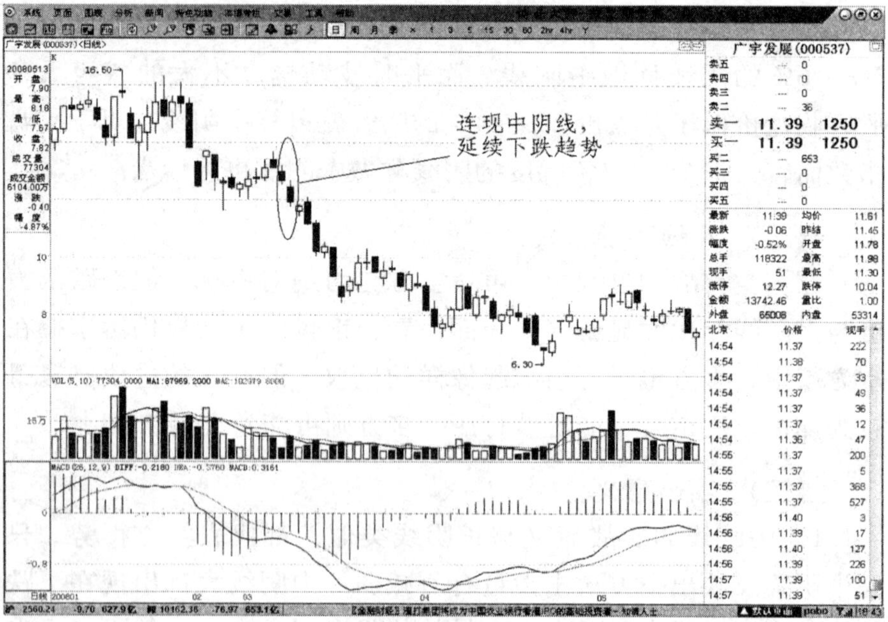
广宇发展(000537)
连现中阴线，
延续下跌趋势
16.50
6.30
卖一 11.39 1250
买一 11.39 1250

图 2－27

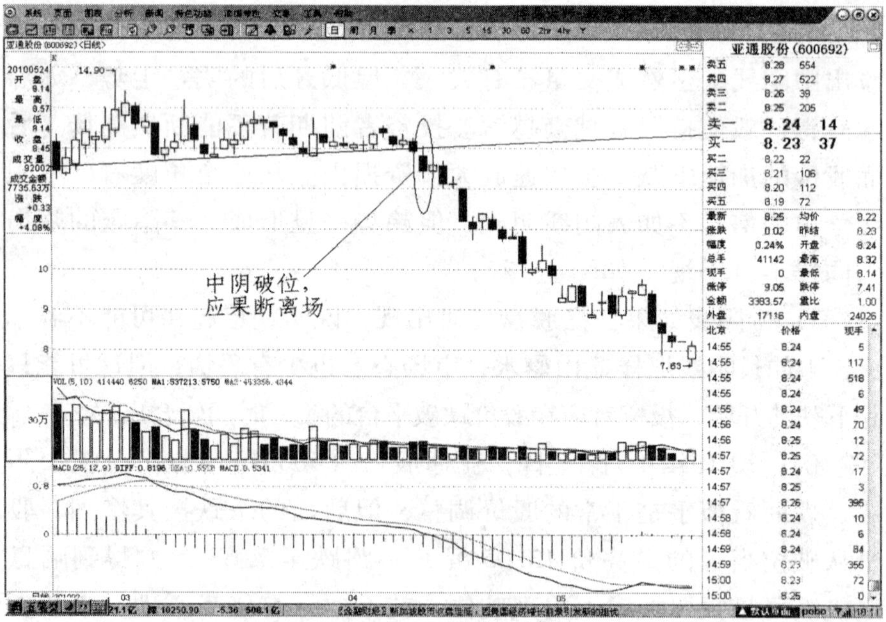
亚通股份(600692)
中阴破位，
应果断离场
14.90
7.63
卖一 8.24 14
买一 8.23 37

图 2－28

六、小阴线

（一）小阴线的定义

小阴线是指收盘价略低于开盘价的阴线，其 K 线实体的长度比中阴线要小。

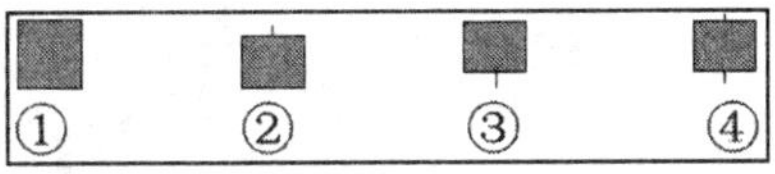

图 2－29

顾名思义，小阴线就是长度小的阴线。那些股性比较活跃的中小盘股，收盘价低于开盘价 3% 以下的阴线，可称为小阴线。就大盘股而言，一般幅度在 2% 以下的阴线，可以视做小阴线。而对于波动更小的沪深指数，把收盘点位低于开盘点位 1% 以下的阴线定义为小阴线，则更为合适。

（二）K 线市场含义

收出小阴线，说明空方略微占优，但力度明显不足，随时会遭到多方的反扑。同时也说明空方若要取得明显的胜利，还需要进一步聚集做空的力量。

（三）实战意义

小阴线经常出现在市场的盘整或中继阶段，单根的小阴线市场意义并不大。

1. 小阴线若是出现在连续上升过程的末端，表示多方上攻力量已经减弱，空方力量正在聚集并逐渐加强。虽然总的来看，上升趋势依然保持，但此时多方已成强弩之末，空方稍微发力，原有的上升趋势就会被打破。

例：2010 年 4 月，百大集团（600865）股价在高位明显滞涨，虽反复试探上攻，均无功而返，此时 K 线图上收出多根小阴线。既然久攻不下，多方选择放弃应在情理之中，后期走势已不

图 2－30

乐观（如图 2－30）。

2. 小阴线若出现在盘整阶段的末端，意味着市场将面临选择方向，无论突破的方向是向上还是向下，前期的小阴线均可视做涨跌前的蓄势或原有趋势的中继。

例：2010 年 4 月 14 至 16 日，以及 2010 年 4 月 22 至 26 日，中联重科（000157）均连收小阴，但由于股价处于大的下跌通道当中，所以这些小阴线只是下跌中继，后面仍存在较大的调整空间（如图 2－31）。

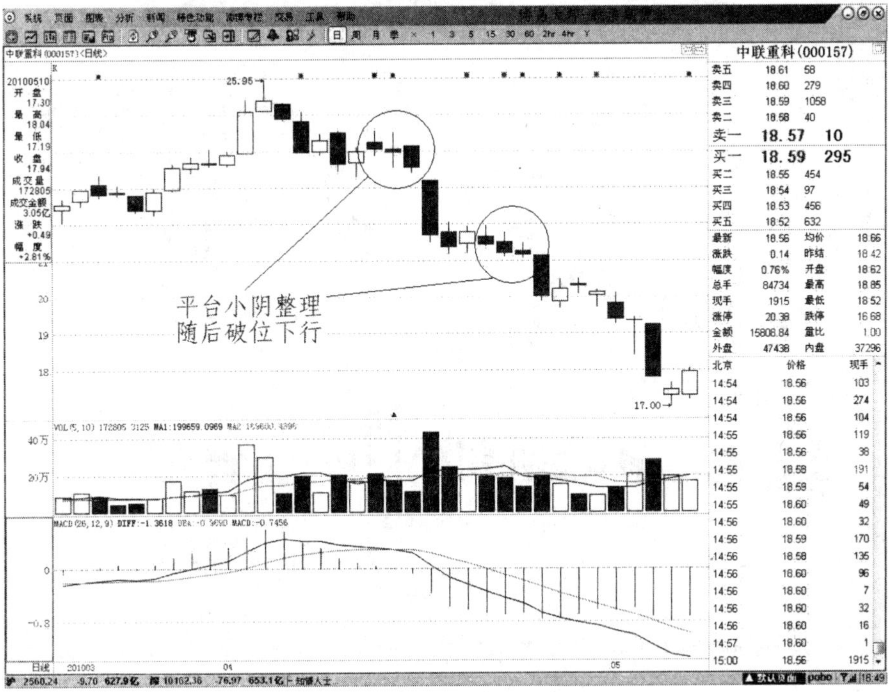

图 2－31

3．小阴线若是出现在连续下跌过程的末端，表示市场做空力量已明显不足，杀跌动能几近衰竭，市场转势或就在眼前，多方随时会卷土重来。

例：2010 年 3 月下旬，云南白药（000538）频频收出小阴线，同时伴随着成交量萎缩，表明下跌动能已十分有限，而且在这段时间里，当出现阳线时量能有所放大。上涨有量，下跌缩量，是股价即将上涨的征兆之一，一旦后市出现放量的突破长阳，应视做底部整理结束的信号（如图 2－32）。

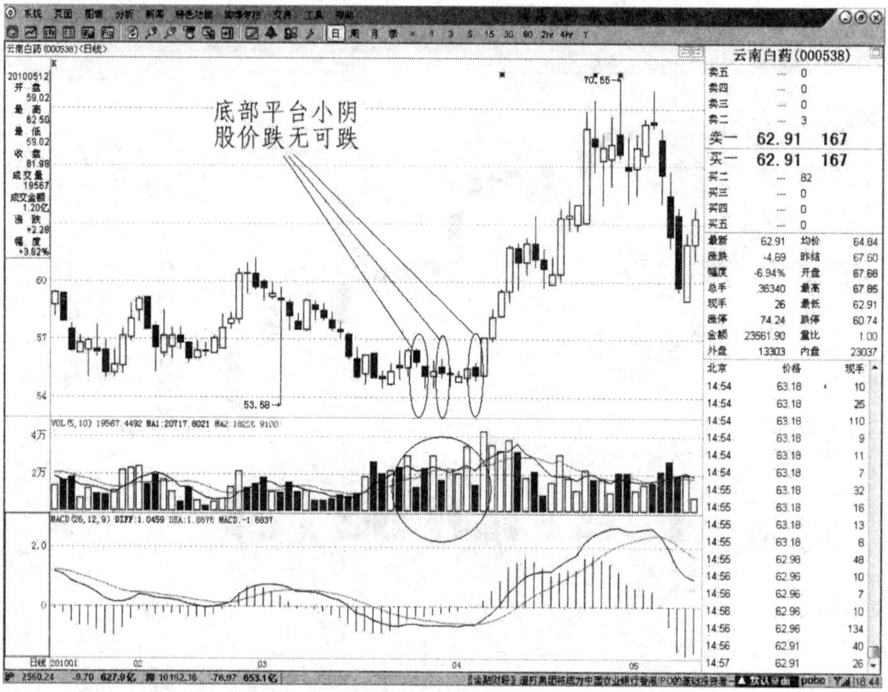

图 2－32

七、锤头线

（一） 锤头线的定义

锤头 K 线由一个较短的实体和一个较长的上影线或下影线组成，实体部分为光头或光脚。光头的锤头称为正锤头（如图 2－33：①－②），光脚的锤头称为倒锤头（如图 2－33：③－④）

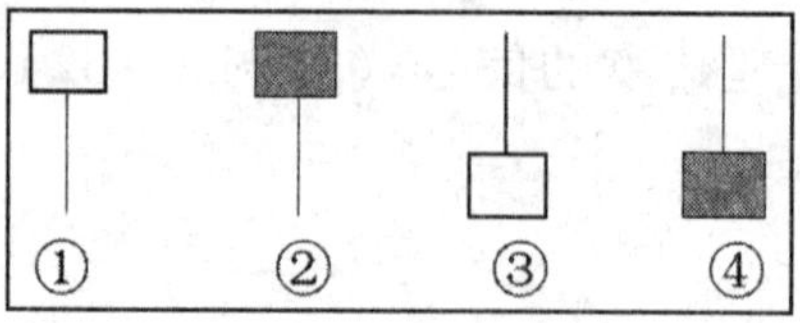

图 2－33

（二）　正锤头线的市场含义

正锤头的市场含义是，开盘之后，在空方的凶猛打压之下，多方节节败退，几乎毫无还手之力，股价出现深幅下挫。当空方力量渲泄之后（有时是放松警惕），多方重整旗鼓快速反击（有时是尾市偷袭），股价不仅收复了失地，还略微胜出，以光头小阳实体报收，（如图 2－33：①）。如果反击力量稍弱，也可能以次低点收盘（如图 2－33：②），K 线收出光头小阴线。这种 K 线从外形上看，实体部分像个锤头，下影线就像锤柄。其共同特点是 K 线实体较短，下影线较长，下影线一般为 K 线实体的两倍或两倍以上。

（三）　锤头线的实战意义

1．表面上看，正锤头 K 线的下影线较长，说明股价下档支撑力度较强，后市理应看涨或看平，但实际情况并非如此。

长长的下影线反映出多空双方的遭遇战已经打响，正锤头若出现在股价的高价区，即上涨波段的后期，则很可能是行情将要结束的征兆。此时多方已为强弩之末，多翻空的力量已在聚集，空方稍一发力，多方的防守便会露出破绽。此时的锤头也叫吊颈线、上吊线，更有人形象地称之为“吊死鬼”，其危险程度可见一斑。

若出现阴锤头，或下影线很长，市场转势的要求就越发强烈。特别是次日若股价大幅低开或收出阴线，就更加印证了市场已经见顶，下跌行情正式开始的判断。一旦出现这种 K 线，投资者要提高警惕。

例 1：2009 年 7 月 28 日、8 月 4 日和 8 月 5 日，上证综合指数短期内收出三个“吊死鬼”，之后果然见顶回调。后来多方虽然反复多次组织反攻，直到次年 4 月仍在进行不懈的努力，但均未能再创新高，最终只得全面放弃，多方于 2010 年 4 月中旬缴械投降，随后股价一路下挫（如图 2－34）。

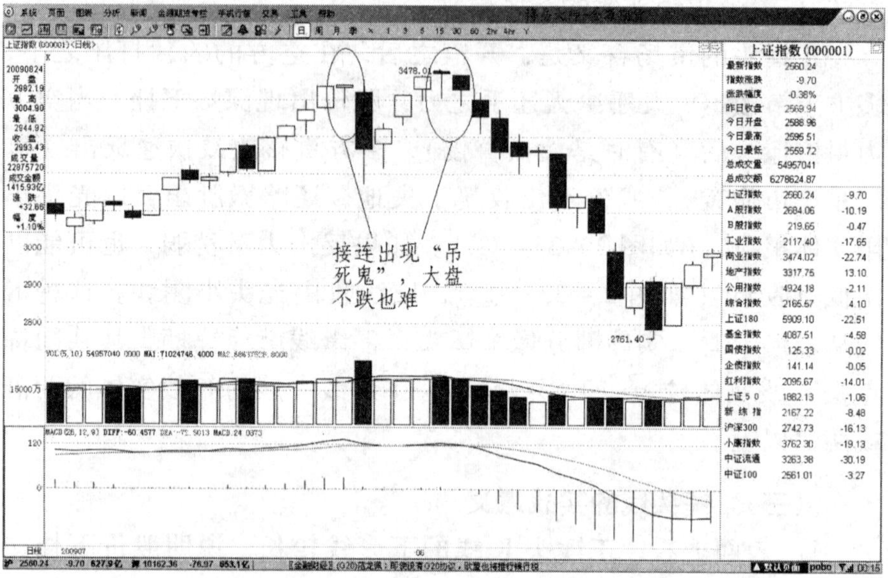

图 2－34

例 2：2009 年 7 月 31 日和 8 月 3 日，中国联通（600050）收出两个阳锤头线，之后股价阴跌不止，原来做多的力量销声匿迹（如图 2－35）。

2. 正锤头出现在一段下跌行情之后，这可能是市场探底回升甚至反转的征兆。不过，在极端行情中，即使看到下影线很长，也不见得股价出现了最低点。在熊市真正结束之前，多方的任何反抗，都会招致空方更猛烈的回击，锤头 K 线中出现的最低点很快就会再现，甚至有可能继续跌破。操作上，一旦股价跌破正锤头线的最低点，持股者应割肉出局，等待更低价格的出现。

例 1：2008 年 11 月 7 日，黄山旅游（600054）收出了一根带长下影线的锤头线，次日股价大幅高开，并以中阳线报收。之后股价一路走高，量能温和放大，阶段性大底就此产生。（如图 2－36）

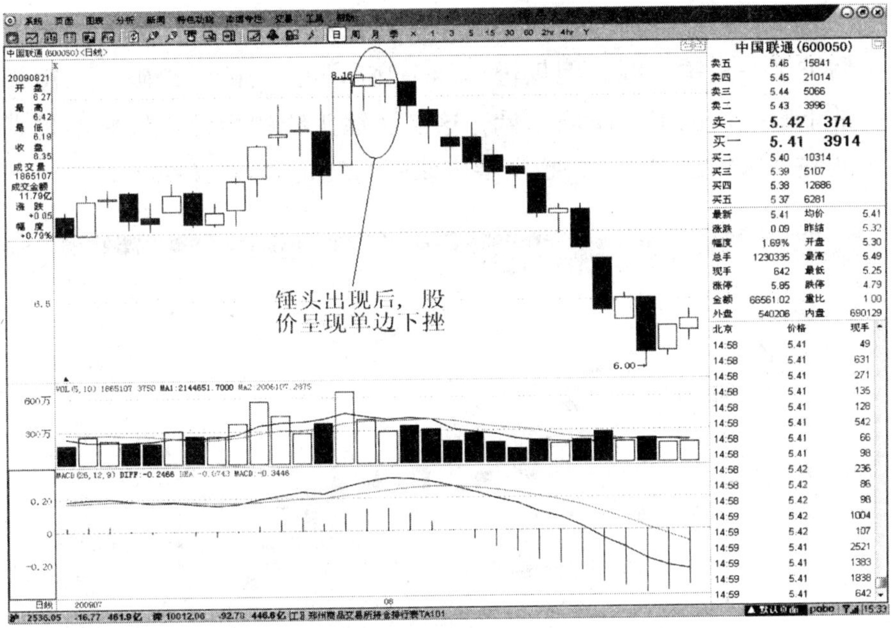
中国联通(600050)
8.16
锤头出现后，股
价呈现单边下挫
6.00

图 2－35

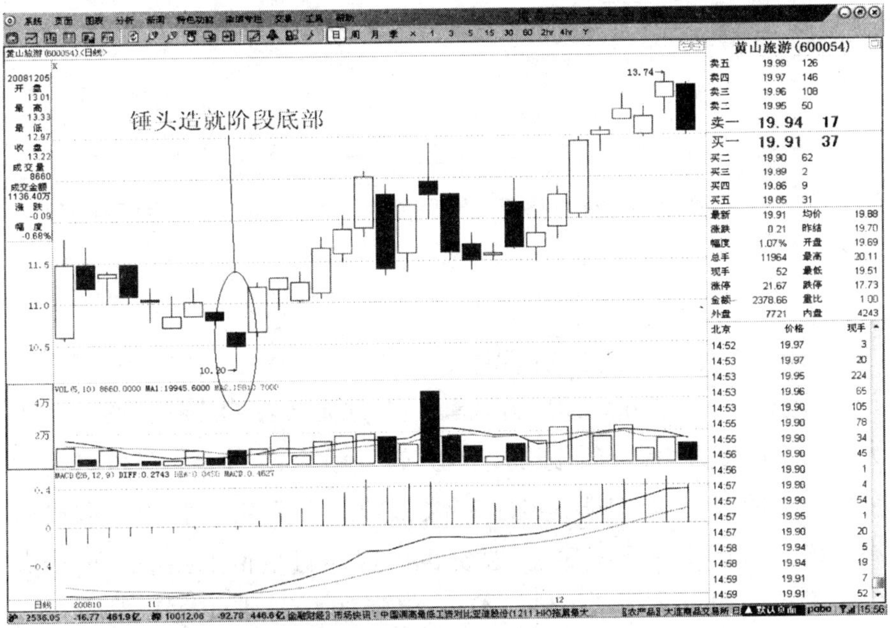
黄山旅游(600054)
13.74
锤头造就阶段底部
10.20

图 2－36

例 2：仍然以黄山旅游为例。2008 年 5 月 21 日，该股在 K 线图上留下了一只锤头线，但仅过了四个交易日，股价就跌破了该锤头线的下影线，创出了阶段新低，这说明锤头线的最低点位并不是真正的底。遇到这种走势，投资者应该果断出局（如图2－37）。

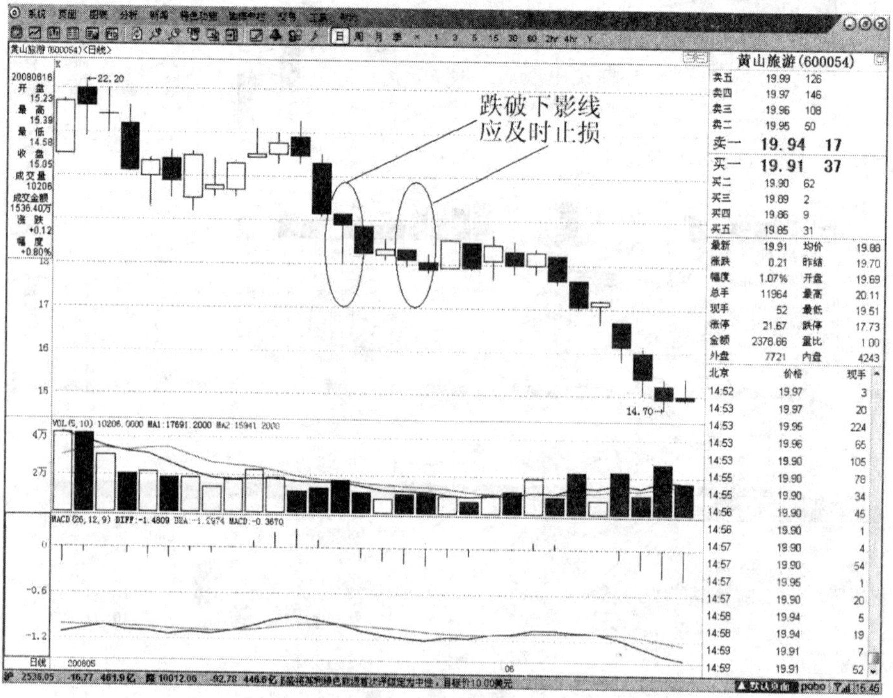

图 2－37

（四） 倒锤头线的市场含义

开盘之后，多方立即展开攻势，空方无奈收缩战线，股价一度大涨。之后多方力量有所减弱，空方转而杀个回马枪，股价迅速收复失地，收盘时以光脚小实体 K 线报收，多方略微胜出，即光脚小阳线（如图 2－33：③）。股价也可以当日最低点报收，K 线收出光脚小阴线（如图 2－33：④）。二者的共同特点是 K 线实体较短，上影线较长，上影线一般为 K 线实体的两倍或两倍以上。

（五）倒锤头线的实战意义

虽然倒锤头线长长的上影线似乎告诉人们市场卖压沉重，但如果出现的位置不同，其实战意义也不尽相同。

1. 当倒锤头出现在行情的顶部，说明市场抛压极为沉重，后市看跌。此时的倒锤头也叫“射击之星”。

例1：2003年1月21日和2月13日，沧州大化（600230）各收出一根带有长上影线的倒锤头线，同时成交量也明显放出。虽然多方也作出了上攻的努力，无奈上方抛压过重。成交量的放出，说明有机构在借股价上涨之机兑现利润，而且卖出行为较为坚决。在上影线区域买进者，将成为被套一族（如图2－38）。

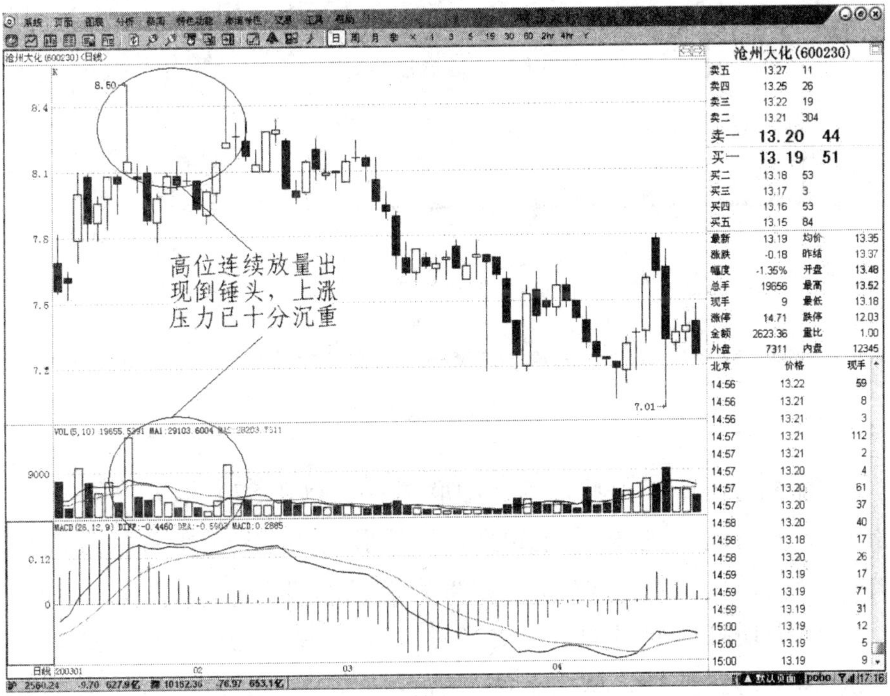

图2－38

例 2：2002 年 4 月 30 日和 6 月 28 日，华新水泥（600801）分别收出了倒锤头线，之后股价均出现了幅度较深的下跌。在这里，空方表现得极有耐心，平时并不和对手纠缠，待股价被多方推高后，再集中优势兵力精准出击，令多方防不胜防，最后不得不放弃进攻（如图 2－39）。

图 2－39

例 3：2010 年 4 月 6 日，中联重科（000157）收出了一根放量的倒锤头线，抛压开始显现。随后股价从 26 元左右的最高价单边下挫，直到跌破 17 元，方得到喘息的机会。（如图 2－40）

当出现高位放量的射击之星后，投资者应先行离场。如果对该股确实情有独钟，认为上涨过程尚未结束，后面还有较大的上升空间，那么宁可在后期股价突破倒锤头线的上影线后追进，也比一直持有安全。因为一旦判断失误，将失去最好的卖出机会，日后还会蒙受更大的损失。

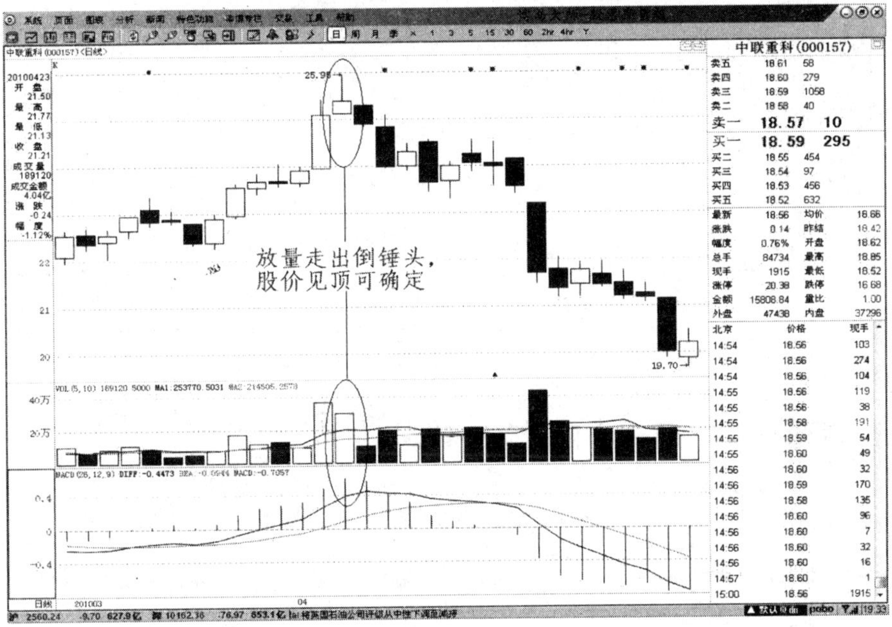

图 2－40

2. 倒锤头线出现在行情的底部时，说明市场多方已经开始组织试探性反攻，虽然当天没能保住战果，但先头部队已经摸清了敌情，为接下来的全面进攻作好了准备。

例 1：2005 年 12 月 6 日，沧州大化（600230）收出一根无量的倒锤头线。通过这次试探，多方发现市场压力很小，接下来股价反复向上拓展空间，三个月时间股价大涨近 80%（如图 2－41）。

例 2：2008 年 11 月 6 日，经过长期下跌之后，ST 洛玻（600876）收出了一根倒锤头线，同时成交量也萎缩到了近期的地量，之后股价连拉十一根阳线，短线获利十分可观（如图 2－42）。

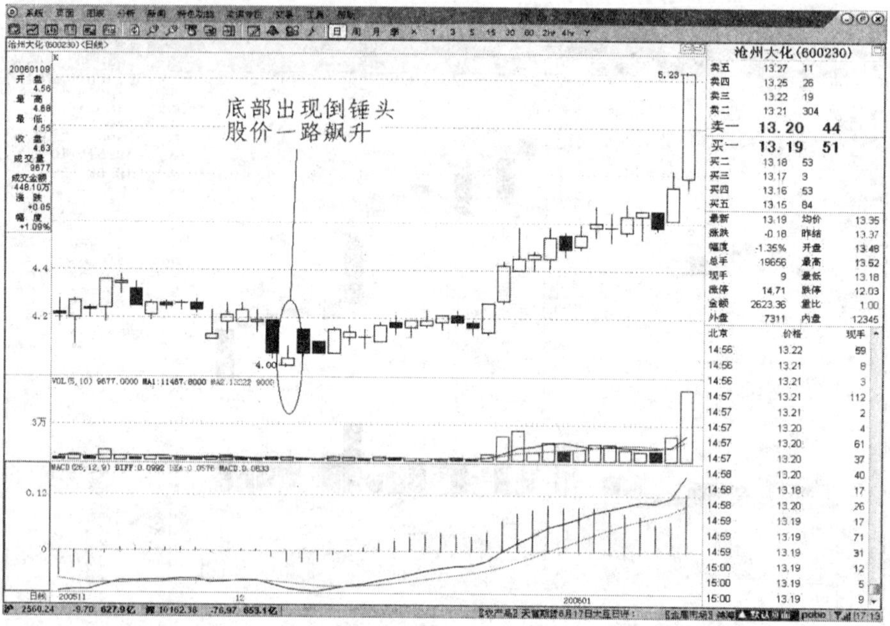

图 2－41

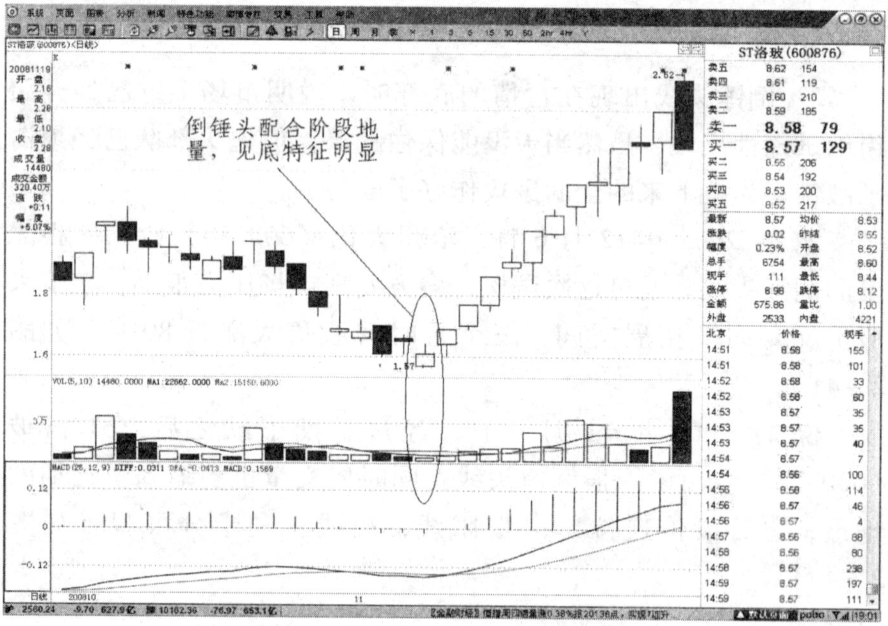

图 2－42

3．还有一种倒锤头线，出现在股价连续杀跌甚至连续跌停之后，且量能明显放大。这时出现的这种 K 线具有一定的迷惑性，表面看似乎是有人介入抢反弹，但由于前面连续的无量跌停，使主力自己也无法全身而退，放量正是庄家出货的良机。对于这种连续无量跌停后出现的倒锤头线，操作中投资者应避免盲目抢入。

例 1：1998 年 11 月 20 日，轻纺城（600790）在几根低开阳线之后，突现“倒锤头”K 线。成交量异常放大，此时主力趁机全面出货，之后股价一路下挫。该股的这种出货模式后来被多家机构效仿，在很多个股上如法炮制，不明就里的散户以为是有大资金在“底部”吸筹，介入后损失惨重（如图 2－43）。

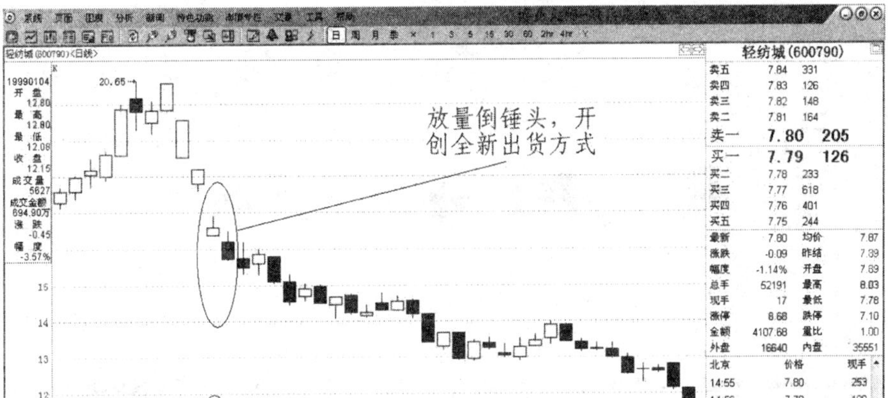

图 2－43

例2：＊ST 明科（600091）连续跌停后，2010 年 5 月 6 日突然打开跌停，K 线收出倒锤头线，成交量随之放大。普通中小投资者以为是庄家在低位抄底，纷纷跟进，哪知这是机构骗线出货。此后，股价连绵不断地下跌，跟进的投资者深套其中（如图 2－44）。

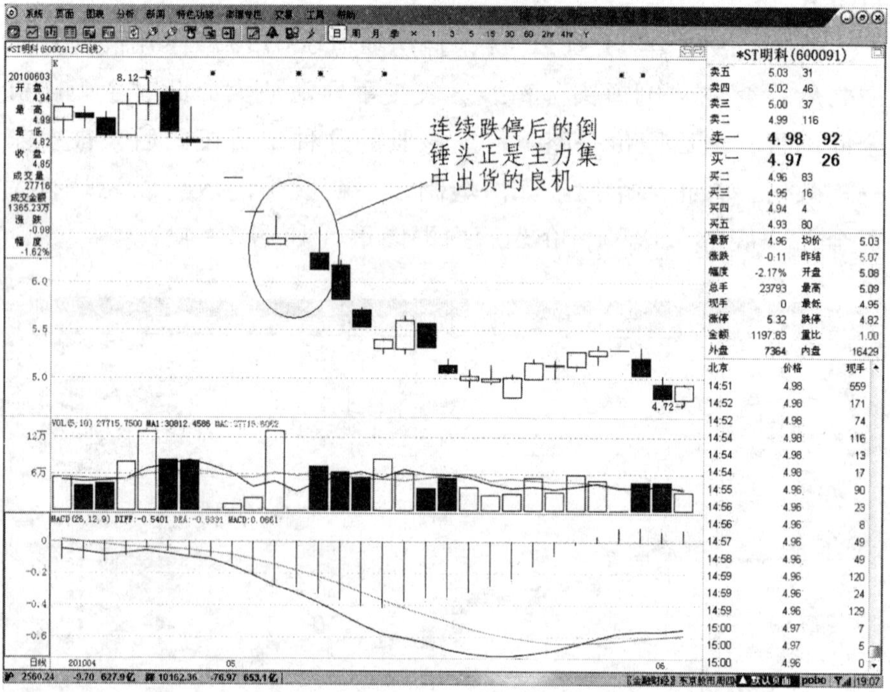

图 2－44

从单根的倒锤头线来看，长长的上影线说明市场压力不小，在下跌过程据此买入，存在一定的风险，所以控制风险显得十分重要。在依据倒锤头线进行操作的时候，投资者切记要将倒锤头线的最低点作为止损点，若跌破则立即退出。

八、星线

（一） 星线的定义

星线又称十字星，其收盘价等于开盘价，上下影线同时存在，但上下影线均不可过短。标准的十字星收盘价等于开盘价，上影线与下影线等长（如图 2－45：①）。如果开盘价与收盘价相差不多，即 K 线实体部分非常短，同时有较长的上下影线，也属于星线之列（如图 2－45：②－③）。

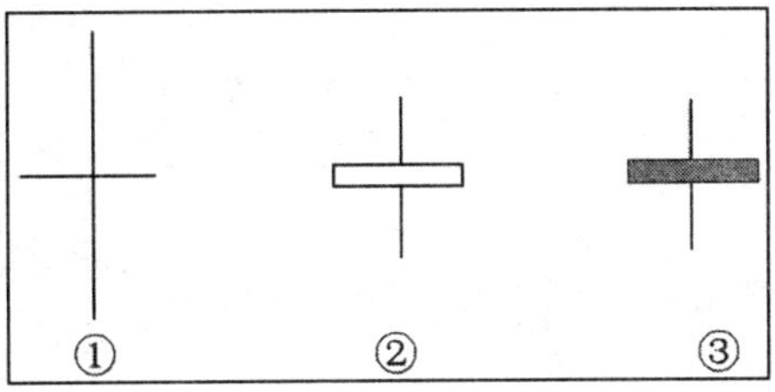

图 2－45

十字星可分为阳十字星和阴十字星，收盘价比昨日收盘价高为阳十字星，收盘价比昨日收盘价低为阴十字星。

（二） K 线市场含义

股价或指数开盘后，多空双方围绕开盘价展开争夺，攻防互不相让，股价表现为上下震荡，最终股价以开盘价报收，多空双方难分高下，只得择日再战。上下影线的长短，反映多空双方交战的激烈程度。

（三） 实战意义

1. 星线是比较常见且值得高度重视的 K 线。如果在一段明确的上涨和下跌趋势之后，出现了呈长上下影线的十字星，这可能是市场即将转势的信号。高位的十字星叫做黄昏之星，低位的十字星叫做早晨之星。若同时成交量配合放大，其可信度更高。很多时候出现星线时，成交量并没有出现异常，但操作上投资者

也要给予重视，视盘面变化随时作出反应。

例1：2010年5月12日，南风股份（300004）收出了一根带长下影线的十字星K线，早晨之星初露端倪。之后股价一路走高，从36.60元起步，直到57.40元方止住涨势。依此信号买入者，获利颇丰（如图2-46）。

图2-46

例2：2007年9月10日，华东电脑（600850）在底部出现了十字星，随后股价震荡走高，26个交易日累计涨幅超过100%，早晨之星再显威力（如图2-47）。

例3：2008年1月3日，中视传媒（600088）大幅跳空高开，股价全天剧烈震荡，成交量异常放大。当天该股以十字星报收，黄昏之星就在眼前，股价见顶信号十分明显（如图2-48）。

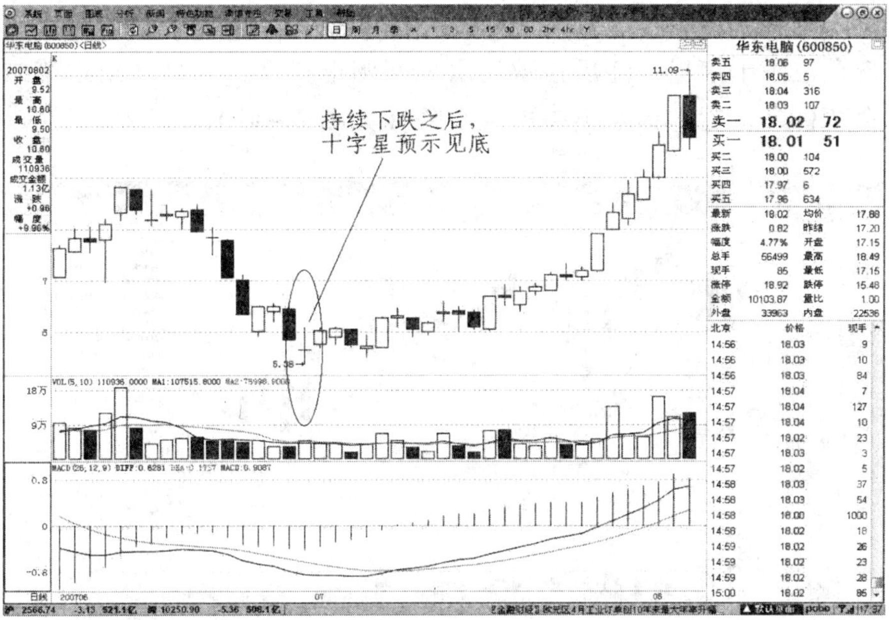

图2-47

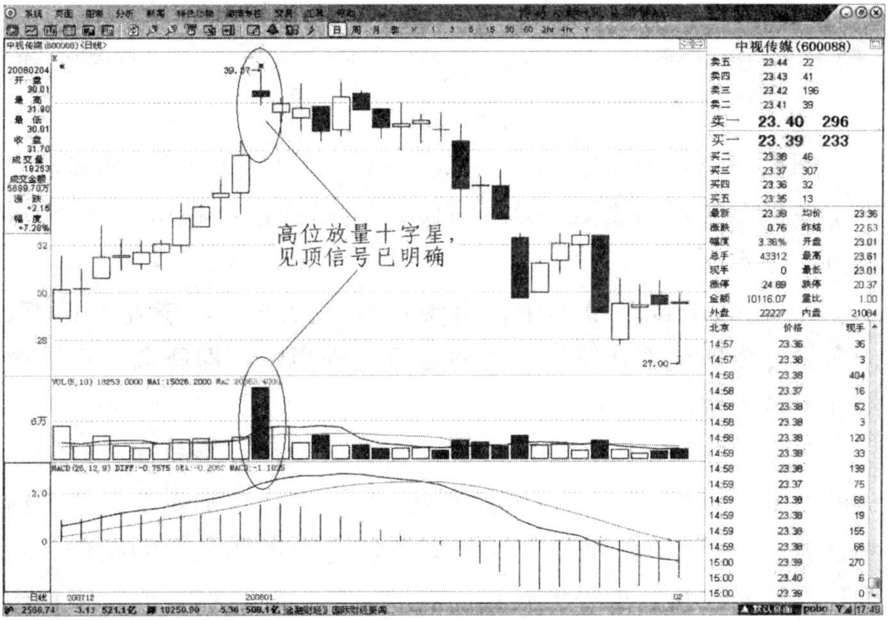

图2-48

例 4：2002 年 3 月 21 日和 4 月 30 日，上证综合指数两次出现高位阴十字星，随后指数均出现回调走势。特别是在出现第二个黄昏之星后，指数更是连续下跌（如图 2－49）。

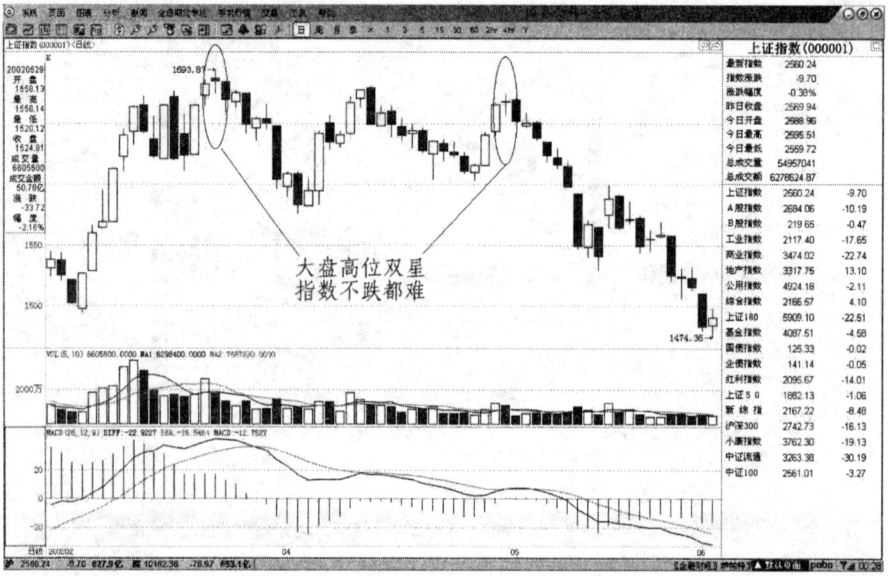

图 2－49

例 5：不仅中国股市如此，2010 年 4 月 26 日，道琼斯指数收出了一根十字星，之后指数从 11000 余点快速下跌至 9700 余点（如图 2－50）。

2. 在一个常态市场中，出现重大拐点的频率毕竟并不高，十字星更多地出现在原来趋势的运行过程当中，即所谓的上涨中继和下跌中继。

例 1：图 2－51 是 2007 年上证指数 K 线图。在这次超级大牛市的上升通道中，十字星 K 线频频出现，但这些都属于上涨中继的性质。由此可见，仅凭十字星并不能得出市场见顶的结论，较为稳妥的做法是，如果没有其他信号出现，要观察一下十字星出现后一两天内的股价变化。

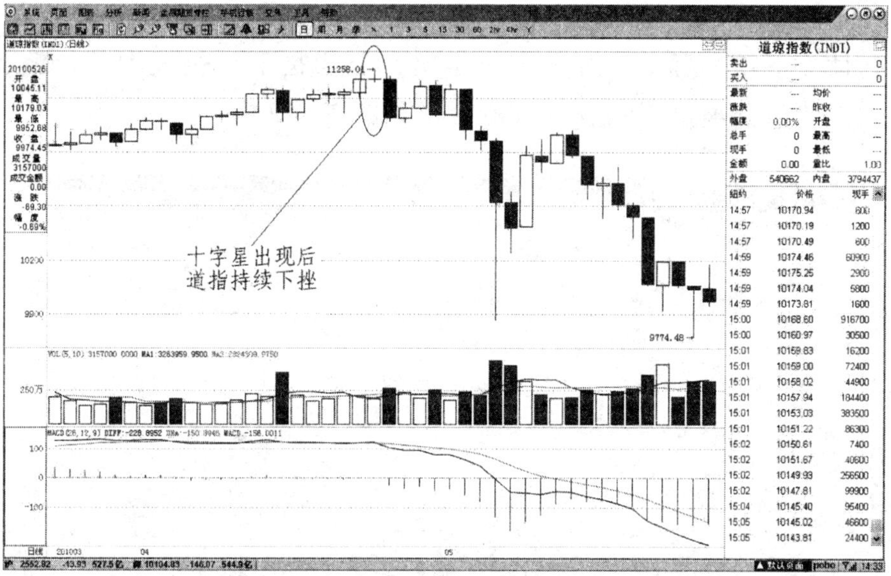
道琼指数(INDI)
11258.01
十字星出现后
道指持续下挫
9774.48

图 2－50

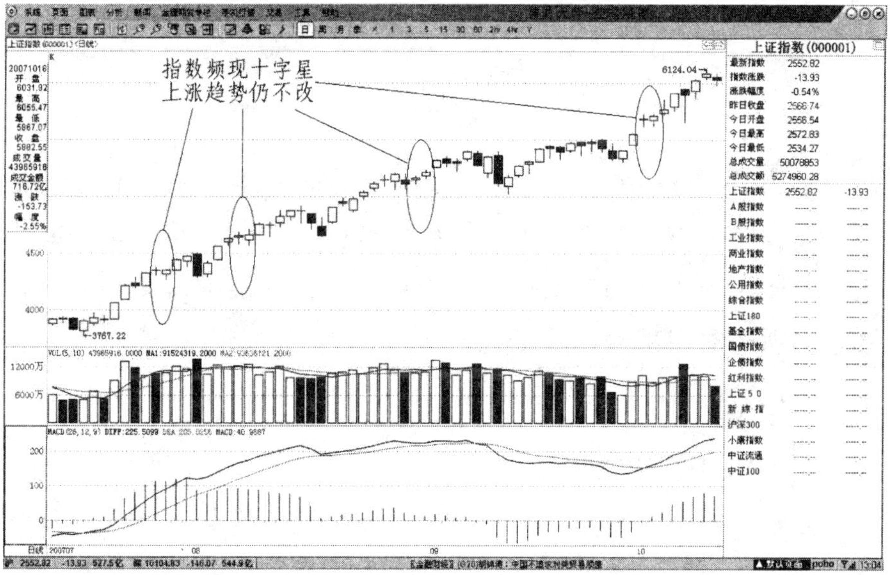
上证指数(000001)
指数频现十字星
上涨趋势仍不改
6124.04
3767.22

图 2－51

例2：2010年4月中旬开始，上证综合指数走出了一段下跌行情，下跌过程中多次出现十字星，但均是下跌过程中的过渡，之后股价都被更低的点位所覆盖（如图2－52）。

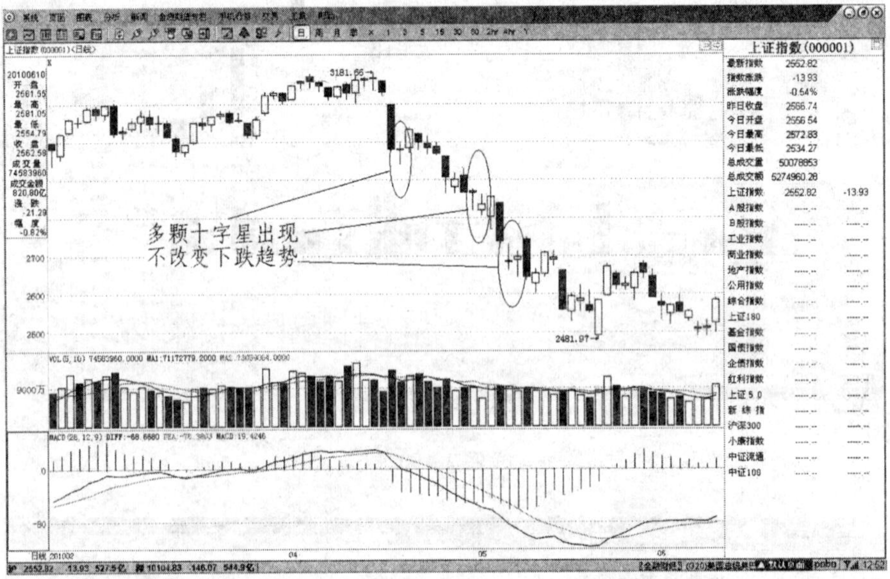

图2－52

应用十字星时需要注意：高位出现放量十字星，应及时出局，只有股价再创新高，方可追进；低位出现十字星，可及时介入，但要以十字星的最低点为止损点，这样才能够既从容逃顶抄底，又能有效地规避风险。

九、T字线

（一） T字线的定义

T字线是指收盘价与开盘价相同或十分接近，但下影线较长，没有上影线，就像英文字母“T”的K线。按收盘价格与开盘价格比较，T字线可以分为阳T字线与阴T字线两种。以最高价收盘的为阳T字线（如图2－53：①－②），以次低价收盘的称为阴 T 字线（如图 2－53：③）。T 字线的形态和正锤头线相似，只不过正锤头线有实体，而 T 字线则没有或基本没有实体。

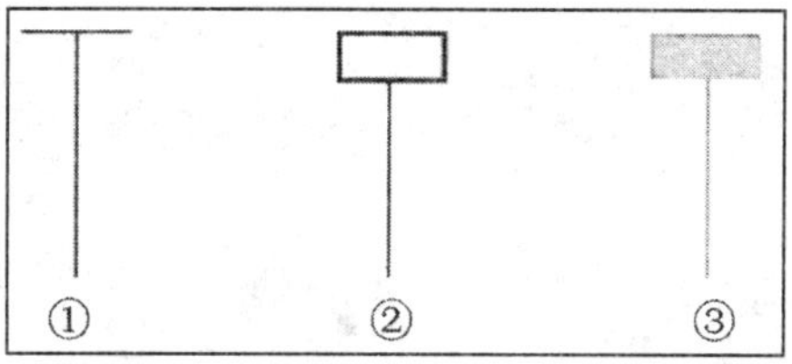

图 2－53

（二） K 线市场含义

股价开盘后曾一度遭到打压，全天大部分交易都在开盘价之下（下影线部分）完成，但收盘时多方收复失地，虽然盘中空方一度取得优势，但当日最终仍以最高价（即开盘价）收盘。

（三） 实战意义

市场收出 T 字线，说明虽然开盘后市场抛压明显（下影线较长），但收盘时多方力挽狂澜，成功收复失地，有时甚至还略微扩大了战果，因此后市可继续看涨，有人也称 T 字线为多胜线。比如某只个股突发重大利好（此时大势不好效果更佳），股价大幅高开甚至以涨停价开盘，随后受大势影响，部分资金趁利好兑现，但这正给了主力资金一次继续收集筹码或洗盘的机会。待抛盘消化殆尽，一旦出现放量急拉，这可能是多方的扫盘动作，投资者可果断跟进，股价不久有可能会被巨大的买单重新封住涨停。

1. 如果 T 字线出现在底部区域，说明承接盘已初露峥嵘，极有可能是股价见底反转的信号。实战中，要注意将 T 字线的最低点设为止损点，若股价创出新低，一定要果断离场观望。

例： ＊ST 中房（600890）经历了一年多的长期下跌之后，2008 年 11 月 6 日收出了一根 T 字线，当天也是＊ST 中房的历史

图2－54

最低价。之后该股震荡走高，反复上行，股价最大涨幅超过5倍（如图2－54）。

2. 如果T字线下影线过长，且出现在股价连续攀升之后，则要提高警惕。从表面看，这种K线似乎显示买盘依然较强，但从中也可以看出，盘中的卖盘一度大量涌出。收出的下影线很有可能是主力"骗线"，投资者应严防主力拉高出货。有时长下影线只是在收盘前的瞬间多方突然发力使股价高收，遇到这种情况，投资者更要谨慎，此时的T字线意义与"吊死鬼"类似。

例1：中科英华（600110）股价连续攀升后，2006年6月1日收出了一根T字线，而这天便出现了该股这一波段的最高价。

图 2－55

随后股价全面崩溃，仅用了 13 个交易日，该股从 10 元几乎以自由落体的方式跌至 5.42 元（如图 2－55）。

例 2：2002 年 6 月 24 日，赣粤高速（600269）以涨停开盘，随后抛盘汹涌而出，成交量急剧放大。次日该股惯性高开，略做冲高便放量回落，之后股价进入了绵绵阴跌的下降通道之中（如图 2－56）。打开当天的其他个股 K 线图，同样的 K 线形态比比皆是，这就是著名的 6.24 行情。

图 2－56

十、倒 T 字线

（一） 倒 T 字线的定义

倒 T 字线即⊥形线。标准的⊥形为收盘价等于开盘价（没有实体），上影线较长，但没有下影线，就像倒置的英文字母“T”（如图 2－57：①）。按收盘价与昨日收盘价相比，高于昨日收盘价则为阳倒 T 字线，若与昨日收盘价相同，昨日是阳线，那么今天则为阳倒 T 字线，昨日为阴线，今天则为阴倒 T 字线。收盘价低于昨日收盘价，则为阴倒 T 字线。当然，大家不必完全拘泥于倒 T 字形 K 线的定义，对于那些实体非常小，没有下影线，上影线较长的 K 线，也可视同倒 T 字线（如图 2－57：②－③）。

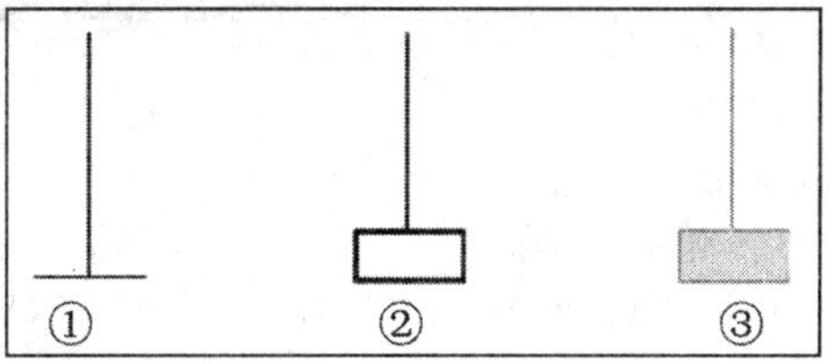

图2－57

（二）　K线市场含义

倒T字线开盘价与收盘价相同或相近，当日交易大都发生在开盘价之上，即上影线部分，而以当日最低或次低价收盘，表示多方虽一度大举上攻，且收盘时也力保前开盘价不失，但很明显，此时空方的力量不容小视，多方已经遭遇到了强大的对手。

（三）　实战意义

1．股价开盘后曾一度上冲，表示多方仍在为进一步扩大战果而努力，只是此时空方力量已逐渐强大，市场抛压沉重，因此后市发展对多方不利，有人也称之为空胜线。如果倒T字线的最低价与昨日相比跌幅不大，表明多方尚有重整旗鼓的能力。如果倒T字线出现在高位区域，极有可能是股价见顶的反转信号。

例：2008年3月4日和6日，振华科技（000733）均以倒T字线报收，显示上方抛压沉重，股价也因此构筑了一个中期头部（如图2－58）。

2．若倒T字线的最低价为跌停板价格，则后期走势极不乐观。特别是当某只个股出现突发利空，股价大幅低开或以跌停开盘，随后打开跌停震荡反弹，给人一种利空出尽的假象，实际上却有可能是主力借拉高之机悄悄出货，诱骗中小散户跟风抢反弹，待买盘大量涌出后，主力顺势抛出筹码，股价不久即可能会被巨大的卖单重新封住跌停。遇到这种情况，操作上投资者应在上影线部分择机出局。阴倒T字线还有个俗称叫“墓碑线”，从其名称即可见其凶险程度。遇到这种K线，投资者一定要更加谨慎。

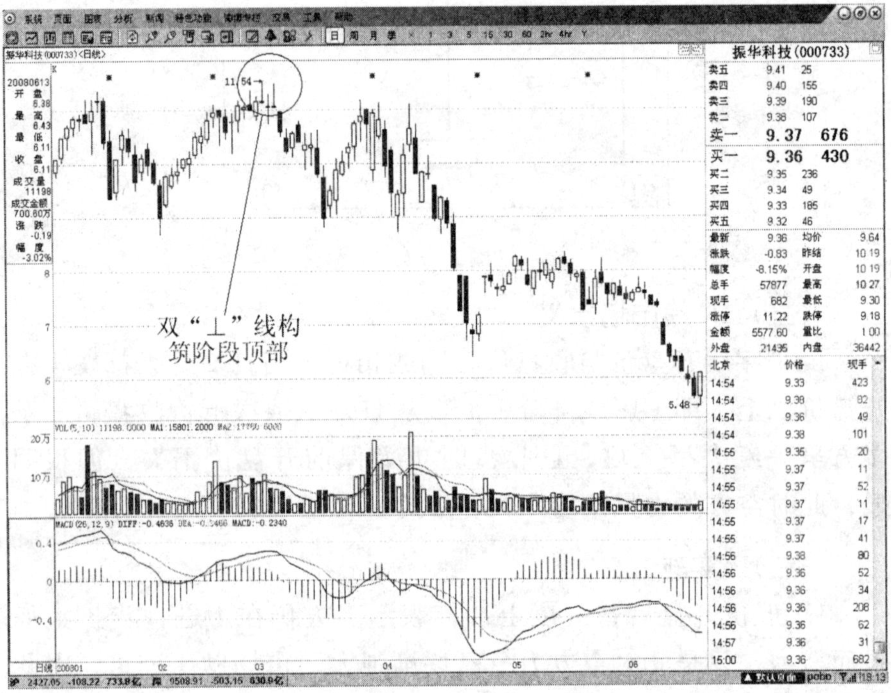

图 2－58

例 1：2005 年 4 月 22 日，方大炭素（600516）跳空以跌停开盘。在当天的交易过程中，跌停板曾被打开，股价也一度反弹至前一天的最低价处，似乎是在修复“非理性”下跌。但是在吸引到一些买盘后，主力反手做空，不计成本地抛出筹码，使股价重新跌停，全天以倒 T 字线报收。次日，该股全天跌停，将 22 日的介入者死死套住。隔日主力故伎重演，再现 22 日的倒 T 字线，不同的是此时股价相对已“低”。主力通过这种方式吸引到了更多的补仓盘和抄底盘，所以成交量明显放大。接下来的走势表明主力已借倒 T 字线完成了主要的出货任务，最终全身而退（如图 2－59）。

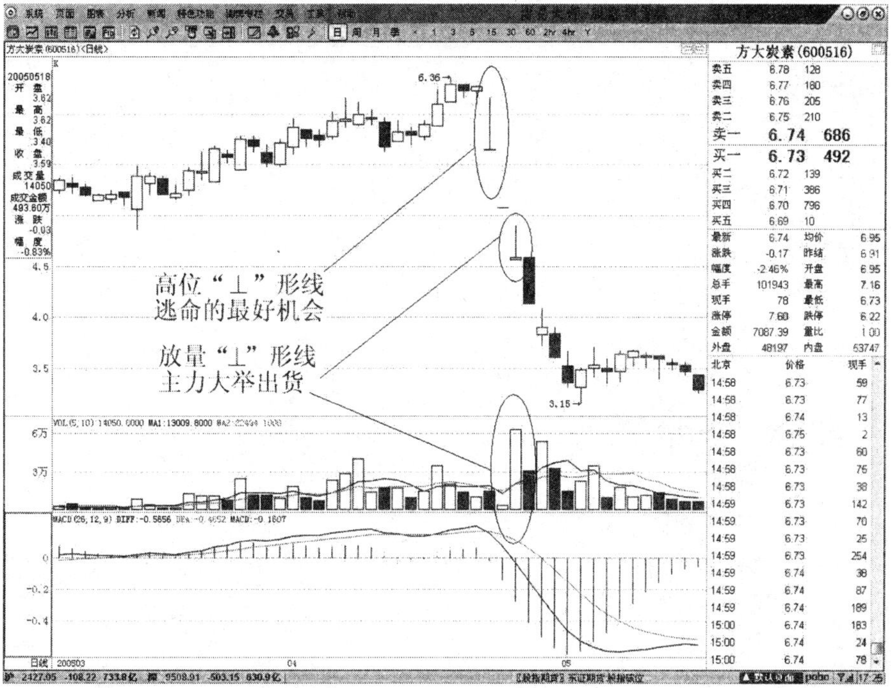

图 2－59

例 2：2001 年 9 月，著名庄股 ST 银广夏（000557）的基本面越发恶劣。主力见无力回天，终于选择了放弃，长期搭建的高位平台瞬间崩塌，股价呈自由落体式下跌。在连续出现 11 个跌停板之后，从 9 月 26 开始的 4 个交易日里，股价虽仍以跌停价开盘，但之后均被大单买盘托起，成交量急剧放大，但之后无不返身向下，重回跌停。主力借盘中拉升之机，已减持了大量筹码（如图 2－60）。

值得注意的是，虽然倒 T 字线的市场含义和倒锤头线基本一致，但出现倒 T 字线后，股价见底的实例却十分罕见。相反，出现倒锤头线当天即见大底的现象，在股市中却较为普遍。

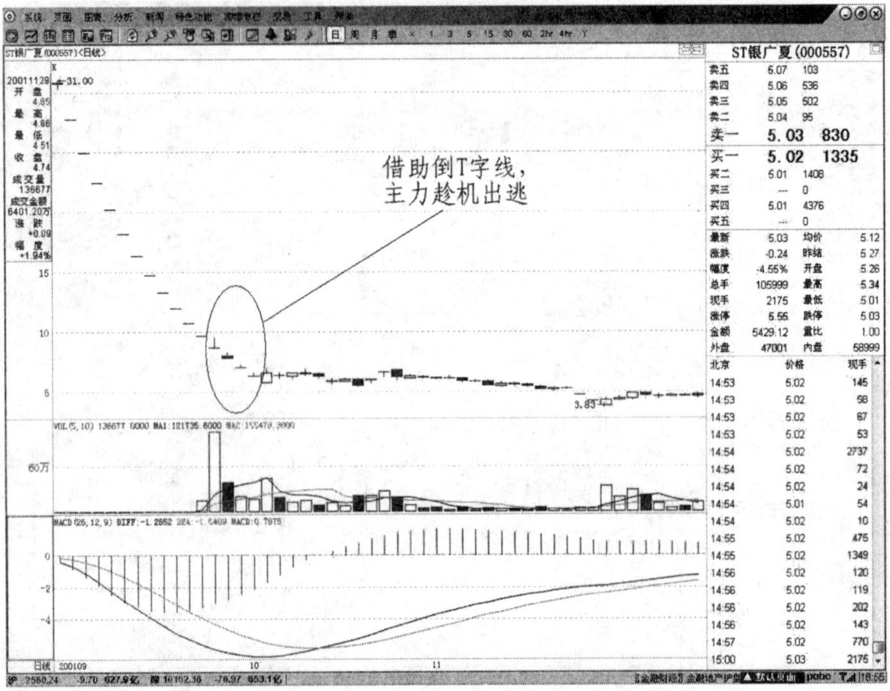

图 2－60

十一、一字线

（一） 一字线的定义

一字线在交易期间只在一个价位成交，即开盘价、收盘价、最高价、最低价四个价位完全相同（如图 2－61）。

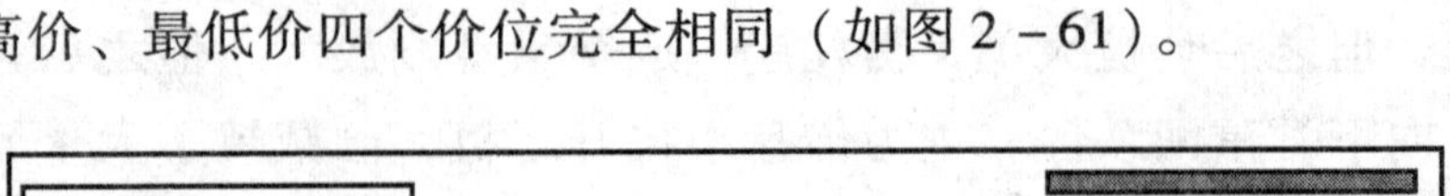

图 2－61

（二） K 线市场含义

正常情况下，股票价格是波动的。整个交易日以一个价格成交，不是交投极其清淡，就是出现了涨停、跌停等极端行情。

（三）　实战意义

从历史上看，因交易冷清出现一字线的情形，至今还从来没有发生过。较为常见的一字线，全部都是因突发重大利好或利空，股价以涨停价或跌停价开盘，并且股价全天封死涨停或跌停价格。

有时出现一字线之后，股价会出现连续涨停或连续跌停。若股价前期没有很好的表现，突然公布重大利好出现涨停一字线，可在次日或第三日打开涨停的时候果断介入。如果后期涨停期间的成交量很小，投资者可以继续持有，待不能涨停且成交量急剧放大时可顺势出局。相反，在连续下跌后首次打开跌停的时候，投资者绝对不能盲目买进，即便持有这类股票，也要逢反弹出局。

例 1：从 2007 年 2 月 28 日起，ST 金泰（600385）创出了连续 42 个涨停的历史记录，其中连续 28 个交易日以一字线收盘，直到 2007 年 8 月 17 日，才在盘中瞬间打开涨停，不过激进者在打开涨停时若敢于买进，仍有 10 个涨停的获利机会。当然，像该股这样的表现，股市中很难遇到，这里也不建议在股价涨幅已十分巨大时还去追高，毕竟控制风险是第一位的。本例只是从技术上说明出现一字线后股价可能出现的变化（如图 2－62）。

例 2：＊ST 思达（000676）股价在连续出现 13 个跌停后，2005 年 6 月 28 日终于打开跌停，同时成交量急剧放大。主力借散户抢反弹之机大肆出货，盲目买进者损失惨重（如图 2－63）。

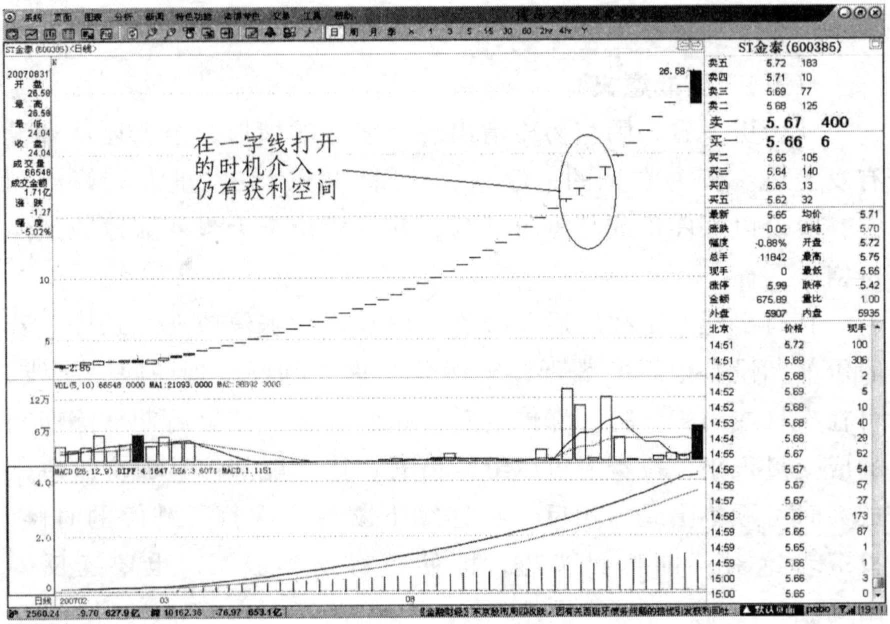
ST金泰(600385)
在一字线打开
的时机介入，
仍有获利空间
26.58
2.86

图 2－62

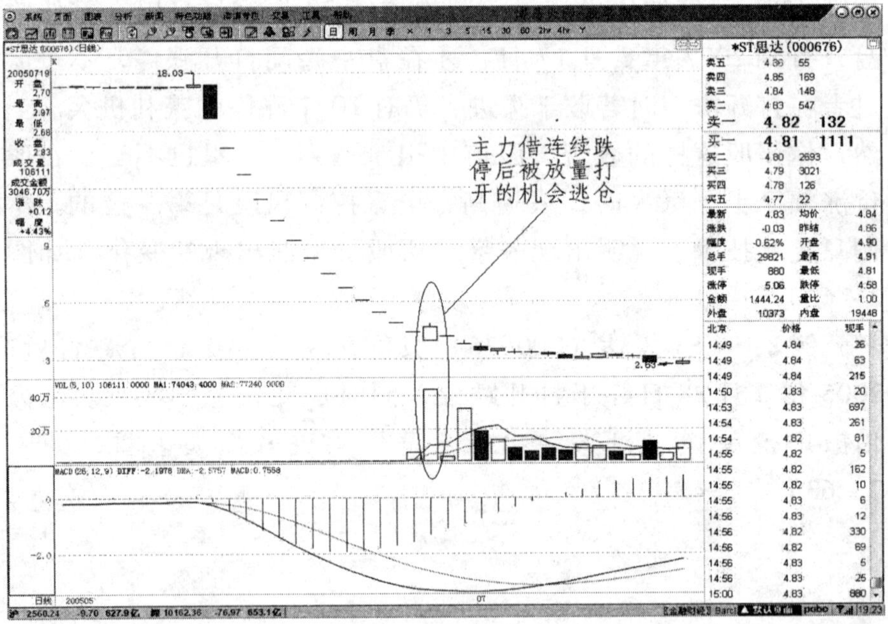
*ST思达(000676)
18.03
主力借连续跌
停后被放量打
开的机会逃仓
2.63

图 2－63

第三节　双日 K 线组合

股票市场十分复杂，行情瞬息万变，投资者必须综合各种方法，才能作出近似正确的判断，正所谓看大势者赚大钱。运用 K 线也是如此，除少数情况可以通过单根 K 线分析出主力的意图外，大部分情况下，投资者必须要研究多根 K 线的组合，通过两根、三根甚至一组 K 线，在阴阳交错的 K 线组合中找到股价波动的规律，从而对股价的未来发展作出判断。因此，深入研究 K 线组合，比学习单根 K 线更有实战意义。

下面介绍常见的两根 K 线组合的市场含义及其实战应用技巧。

一、插入线

插入线有两种类型，一种是阳线插入阴线（如图 2 – 64：①），另一种是阴线插入阳线（如图 2 – 64：②）。

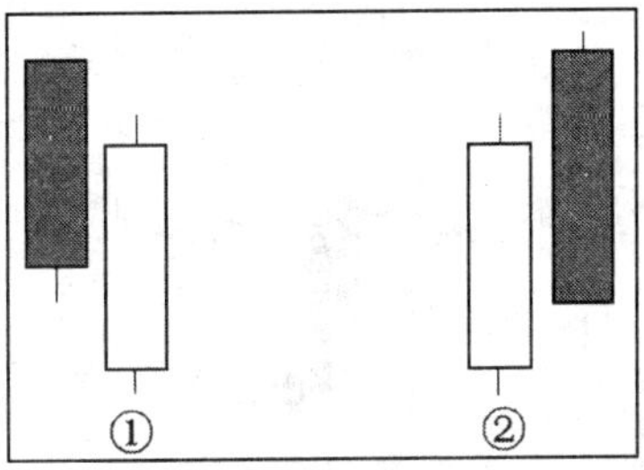

图 2 – 64

（一）　阳线插入阴线

1．K 线组合定义。阳线插入阴线也称曙光初现，是指股价于某日收出长阴线或中阴线后，次日跳空低开，股价下探回升或低开高走，不仅回补了当天的缺口，还深入前一天阴线实体的内部，但收盘价尚未高于前一日阴线的开盘价。

2．K 线市场含义。阳线插入阴线的当天，股价开盘之初，股价仍在延续前一日的弱势，表现为跳空低开。但这种低开往往是股价的最后一跌。在做空动能释放后，多方的力量已经聚集并适时发动反击。截至收盘，多方已经拿下了前一天阴线实体的部分领地，市场趋势由此面临转机。

3. 实战意义。阳线插入阴线一般出现在一段下跌走势的末端，此时阳线实体越是深入前一日的阴线实体，表示多头的力量越强。如果成交量同时放大，是短线看涨的信号，所以这种 K 线组合也被称为曙光初现或拨云见日。需要提醒的是，既然称之为曙光初现，就不能完全断定股价已经见底，只有在接下来的行情中，股价不再创出新低，方可确认走势出现反转。否则，这根阳线就只是下跌过程中的一个单日反弹，此时出现阳线反而是卖出的机会。

例 1：2008 年 4 月 2 日和 3 日，兰州黄河（000929）走出插入线 K 线组合，同时 3 日的长阳线也伴随着成交量的明显放大，之后股价震荡走高（如图 2－65）。

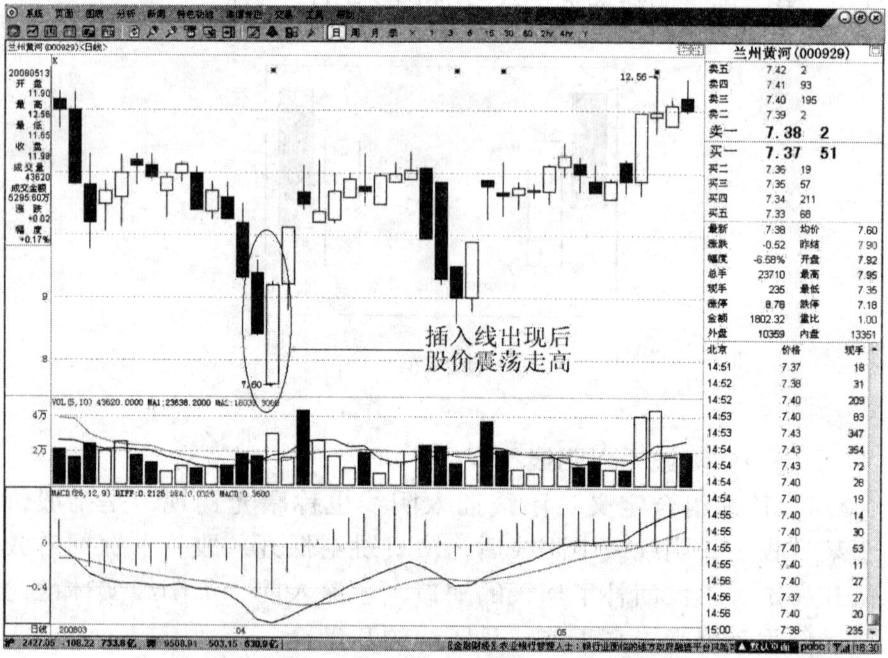

图 2－65

例2：上证综合指数2008年经历了将近一年的狂跌之后，2008年10月28日大幅低开，创出1664点的新低。此后，在买盘的推动下，股指不仅回补了当天的跳空缺口，还深深地插入了前一天的阴线之内，在K线图上留下了曙光初现的K线组合，中国股市由此走出一波上升行情，表明中国经济在全球率先走出了金融危机的阴霾（如图2－66）。

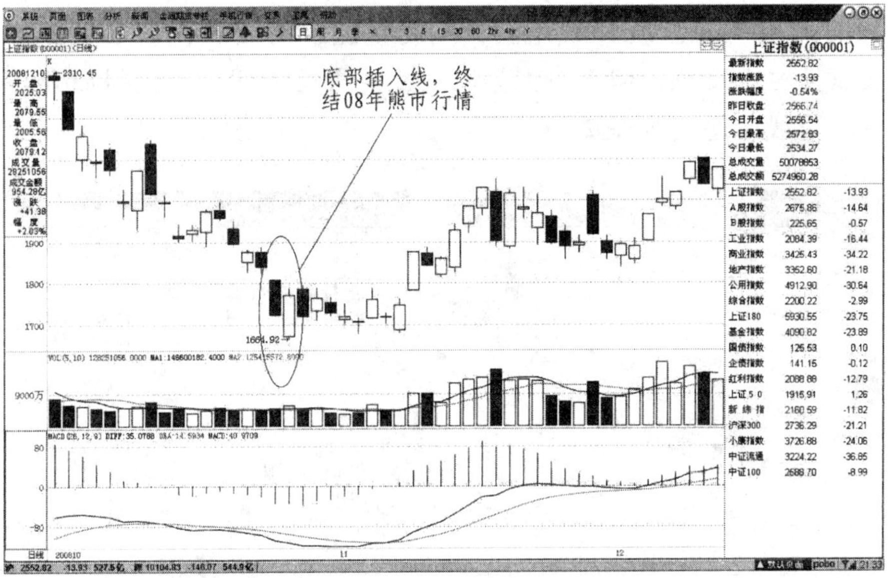

图2－66

（二） 阴线插入阳线

1. 线组合定义。股价于某日收出长阳线或中阳线，次日跳空高开后，股价冲高回落或高开低走，不但回补了当天的缺口，还深入前一天的阳线实体，但收盘价尚未低于前一根阳线的开盘价。这种K线组合俗称乌云盖顶。

2. K线市场含义。股价在前一天的长阳之后惯性高开，但好景不长，此时多方继续进攻已力不从心，空方顺势杀出，股价随之迅速下挫。

3．实战意义。在一段上涨走势的末端，一根高开阴线的实体已深入前一日阳线的实体内部，幅度越深，表明空头的力量越强，此时要小心上涨波段已经终结，至少预示着山雨欲来。股价能否在这里真的见顶，还需进一步观察，并配合其他方法进行分析判断。如果短线再创新高，则此根阴线是上涨过程中的正常回调或洗盘。

例1：华东电脑（600850）连拉8根阳线之后，2007年5月22日出现乌云盖顶K线组合，同时量能也持续放大。之后多方虽试探二次反攻，但无奈大势已去，主力无力回天，只得放弃防守，全线溃退（如图2－67）。

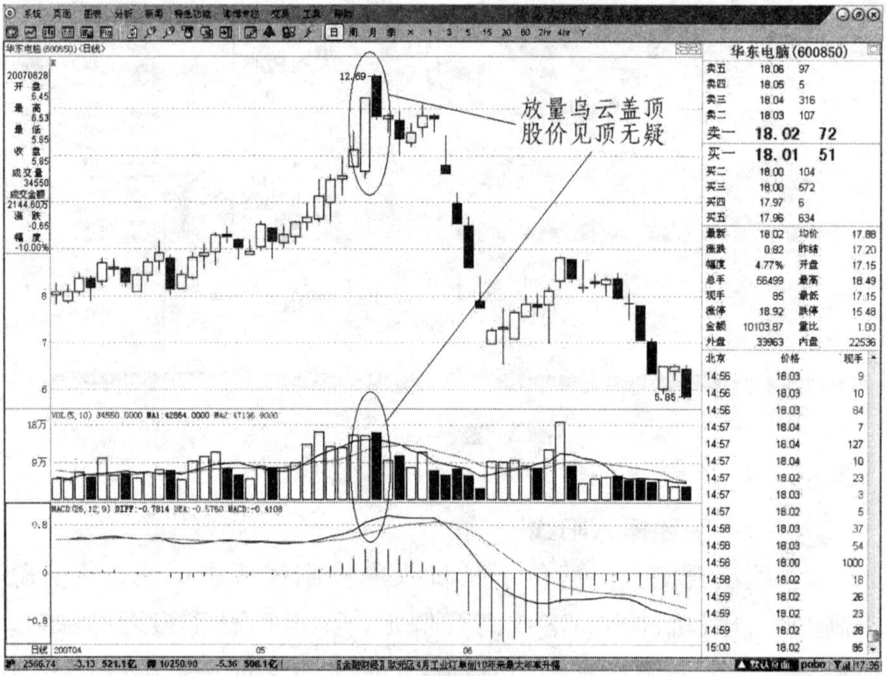

图2－67

例2：2010年4月2日，凤凰股份（600716）的股价突然突破整理平台，放量涨停。4月6日，该股继续大幅高开，似乎上涨势不可挡，由此也吸引了大量买盘纷纷跟进。但好景不长，局势风云突变，当日股价从高位一路俯冲直下，收盘时不仅补掉了当天的跳空缺口，还将 4 月 2 日的长阳抹去近半，K 线图上留下了乌云盖顶的 K 线组合。出现长阴线的当天，成交量比前一个交易日放大了近一倍，说明有主力在拉高出货。之后该股一路杀跌，基本没有出现反弹，直到股价折半后方才暂时止跌。没能在高位及时出逃者，将会蒙受巨大的损失（如图 2－68）。

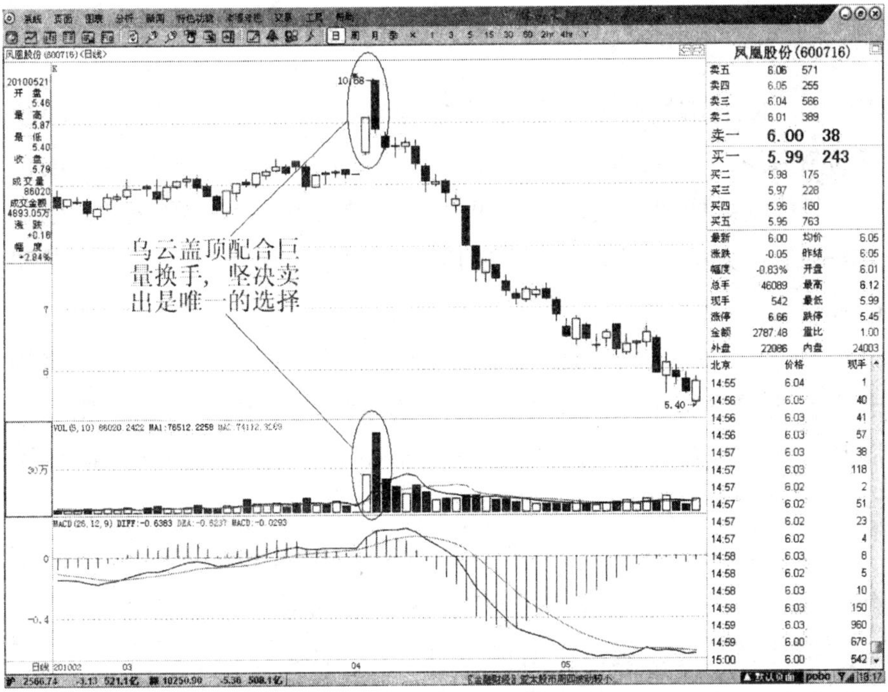

图 2－68

二、包容线

（一）阳包阴、阳包阳

1. K 线组合定义。无论某日收出阴线或阳线，次日股价均跳空低开于前一日最低价之下，随后股价探底回升或低开高走，收盘价高于前一日的最高价，即以一根大阳线将前一日的K线全部包容（如图2－69：①－②）。

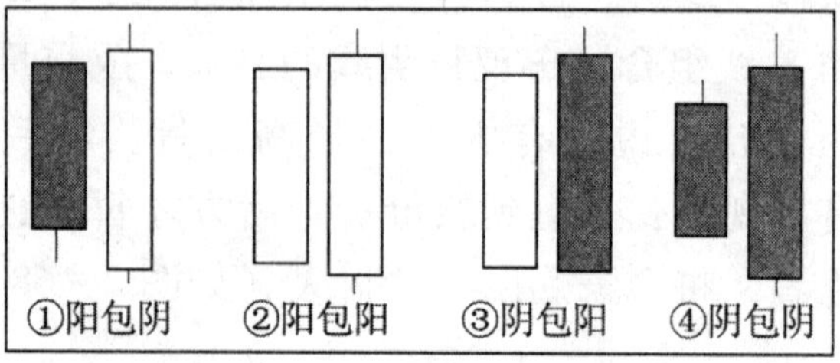

图2－69

2. K线市场含义。股价出现连续下跌，市场笼罩在一片恐慌的气氛之中。在又一个创出新低交易日（收阳收阴均可）的次日，股价延续弱势，惯性低开于前一日最低价之下，但随后早已销声匿迹的多方突然现身，打得肆虐多时的空方措手不及，多方趁机扩大战果，收盘时一举将前一日的K线全部吞没，从而大获全胜。

3. 实战意义。阳包阴和阳包阳都是看涨的K线组合。这种走势表明多方力量极为强劲，阶段低点甚至行情的底部可能已经探明，后市继续上涨的概率极大。操作上可及时跟进，止损位设在第二根K线的最低点。

例1：2010年5月21日，ST宇航（000738）出现包容线组合，即一根长阳包容了前面三天的交易价格，见底信号十分明确。若及时跟进，短线收益颇丰（图2－70）。

例2：2007年7月6日，上证综合指数收出一根长阳线，将前一天的长阴线全部吞噬，同时成交量也温和放大，新的一波上升浪就此展开，大牛市得以延续（如图2－71）。

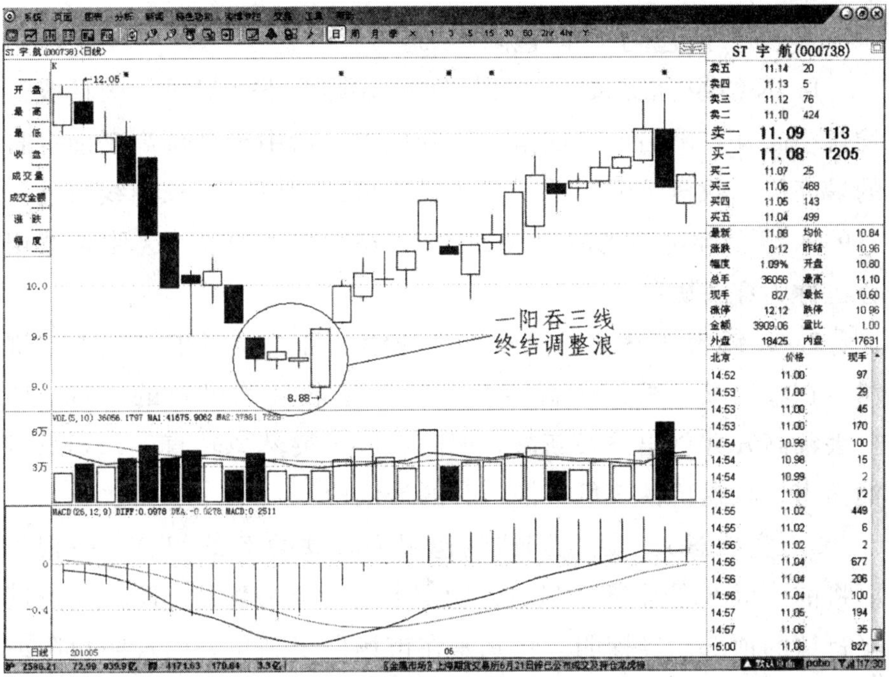
ST 宇航(000738)
12.05
一阳吞三线
终结调整浪
8.88

图 2－70

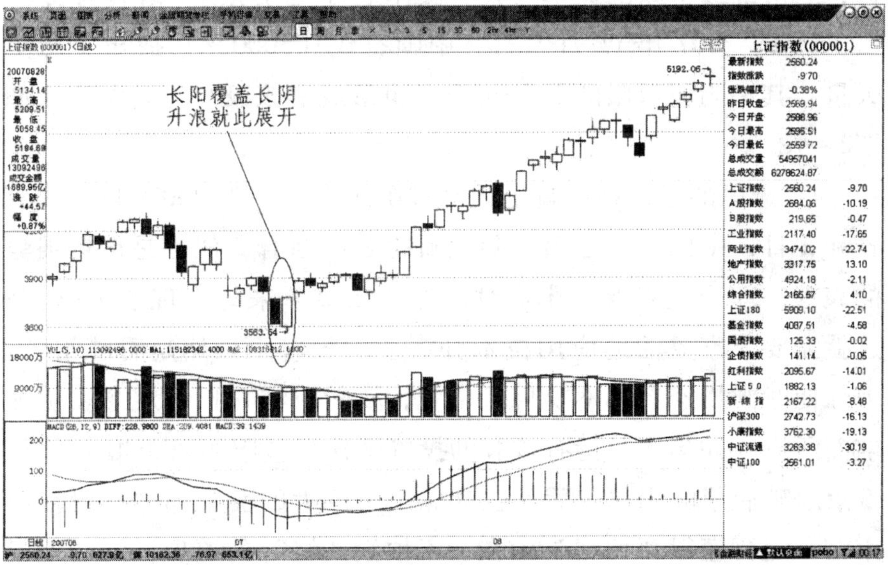
上证指数(000001)
5192.06
长阳覆盖长阴
升浪就此展开
3563.54

图 2－71

（二） 阴包阳、 阴包阴

1. K线组合定义。无论某日收出阴线还是阳线，次日股价均跳空高开，随后冲高回落或高开低走，盘中最高价高于前一日的最高价，收盘价低于前一日的最低价，即以一根长阴线将前一日的K线全部包容或覆盖（如图2－69：③－④）。这种K线组合也称为穿头破脚。

2. K线市场含义。股价出现连续上涨，此时市场内人气沸腾。在收出又一根创出新高K线（收阳收阴均可）的次日，股价大幅高开并创出波段新高，但随后股价突然急转直下，卖盘汹涌而出，收盘价甚至低于前一日的最低价。

3. 实战意义。阴包阳或阴包阴为看跌的K线组合。一根长阴将前一根K线全部吞噬，说明空方力量极为强劲，阶段高点甚至行情的顶部已经探明。特别是在市场处于高位，出现阴包阳或阴包阴的K线组合时，若成交量明显放大，说明主力正全力出逃，后市继续下跌的概率极大。操作上可及时抛出，落袋为安。

例1：2007年11月5日，中国石化（600028）放出了历史天量，其一阴包双阳的K线组合，也形成了该股的历史大顶（如图2－72）。

有意思的是，在出现上述阴包阳组合之前的2007年11月1日和2日，中国石化走出了阳包阳的K线组合，似乎是市场强势的表现，理论上应该看涨才对。为什么接下来却出现了大跌呢?这就需要大家灵活地应用技术分析了。阳包阳虽然是看涨组合，但任何时候投资者都不要盲目乐观，要随时有止损的观念。正如前面所讲，如果当时持有该股的投资者在阳包阳的第二根K线最低点跌破后果断出局，后面也就躲过了巨大的套牢损失。身在股市，一定要懂得“留得青山在，不怕没柴烧”的道理，深刻地了解市场存在的风险。

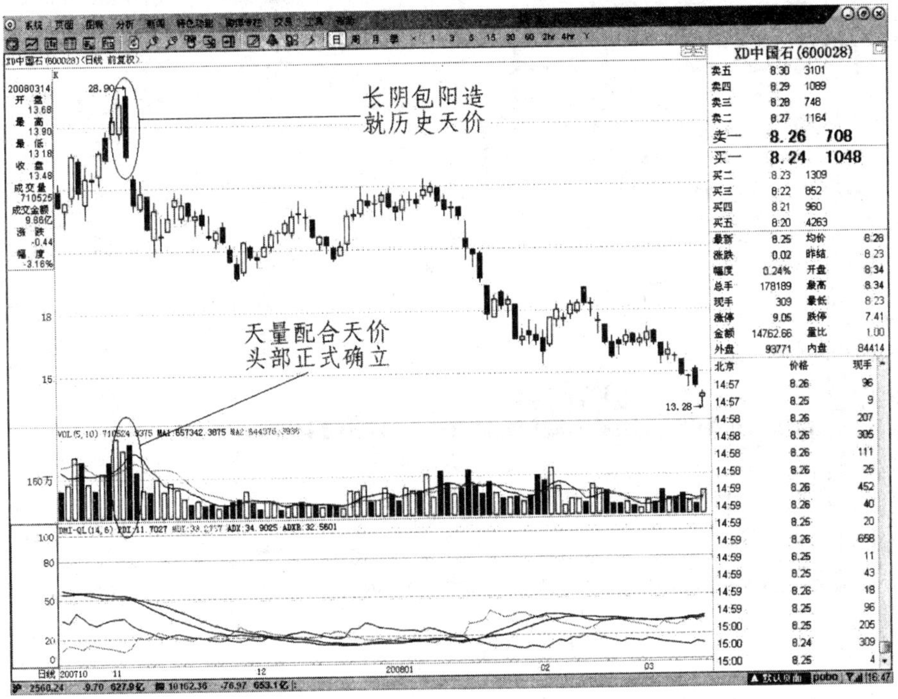

图2－72

例2：2010年4月29日，鄂尔多斯（600295）大幅高开后返身下杀，一根长阴线吞没了此前十多个交易日的K线，见顶信号十分明显。操作上除顺势出局外，别无选择，否则结果只能是牢套（如图2－73）。

用覆盖线判断市场转势，成功的概率较高。出现覆盖线的当天，如果能够伴随着成交量的放大，则转势的可能性大增。操作上应该顺势而为，低位的阳包阴要迅速跟进，高位阴包阳则要果断卖出，不要拖泥带水，以免日后酿成巨大的损失。

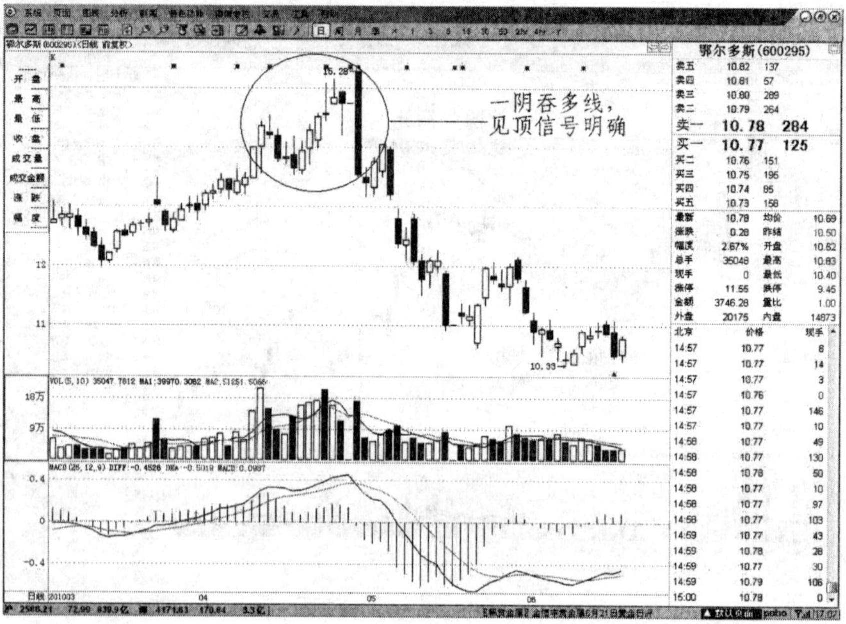

图 2－73

三、孕育线

（一） 阳育阴或阳育阳

1．K 线组合定义。某日 K 线收出大阳线或中阳线，次日股价全天在前一日 K 线实体之内小幅波动，可以收阳也可以收阴（如图 2－74：①－②）。

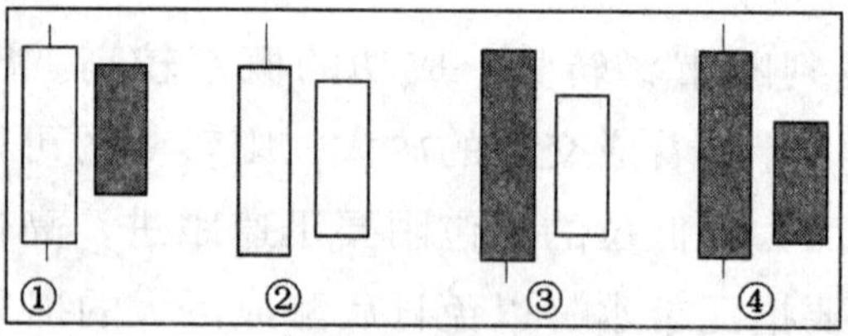

图 2－74

2．K 线市场含义。某日 K 线以中阳线或大阳线报收，次日股价没能延续涨势，全天在前一日阳线实体内部窄幅震荡，收阳收阴均可。虽然仅凭这种K线组合，尚不能断定是转势信号还是上升途中的正常回档，但毕竟是上升遇阻或上涨动能渐减的征兆，应谨防股价调头向下。

3. 实战意义。如果前期股价涨幅不大，孕育线的出现可以视做正常的股价回调或主动蓄势。但是当图表上出现高位阳育阴或阳育阳K线组合时，则要十分小心，因为孕育线见顶当天的杀伤力并不大，且带有一定欺骗性，投资者容易麻痹大意。实战中，可以将孕育线组合中第一根阳线的最低点设为止盈点或止损点，一旦跌破先行离场。

例1：2010年4月14，深桑达（000032）拉出高位长阳。4月15日，股价低开低走，但始终没有低于14日的低点。之后股价震荡反弹，但尾盘仍以中阴线报收，K线组合呈现阳育阴。虽然当天股价跌幅不大，但次日新低出现，原则上应作卖出处理。接下来股价虽然有所反弹，但始终无力创出新高，震荡下行成了后期的主趋势（如图2－75）。

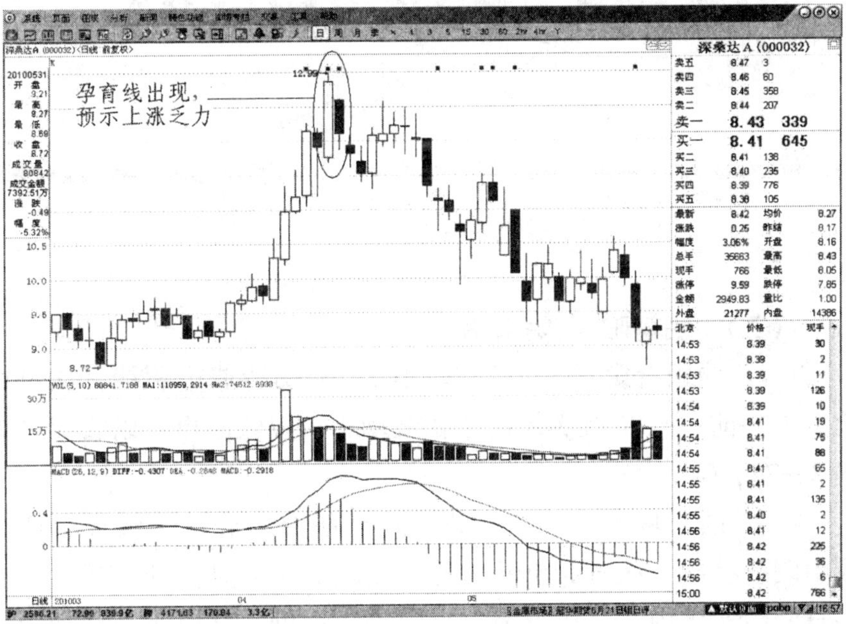

图2－75

例2：2010 年 4 月 27 日、28 日，南宁百货（600712）走出了高位孕育线 K 线组合，随后的单边下跌让人领教了这种图形的威力（如图2－76）。

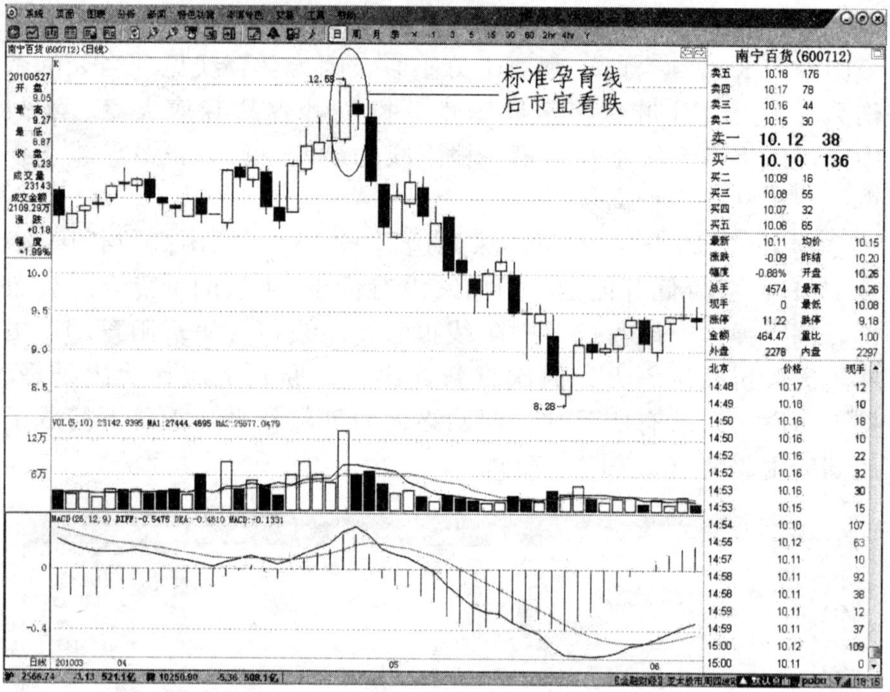

图 2－76

（二） 阴育阳、 阴育阴

1．K 线组合定义。某日 K 线收出大阴线或中阴线，次日股价全天在前一日 K 线实体内小幅波动，可以收阳也可以收阴（如图 2－74：③－④）。

2．K 线市场含义。在一波下跌行情中，某日 K 线以大阴线或中阴线报收，次日股价并未能延续跌势，而是高开之后，在前一日阴线实体内部窄幅震荡，收阳收阴均可，这说明下跌动力已消耗殆尽，市场转机正在酝酿。

3．实战意义。如果前期股价跌幅不大，阴育阳或阴育阴的出现，可以视做下跌途中的喘息，之后股价仍将延续跌势。若是在经历了一轮较大幅度的下跌之后，图表上出现了低位阴育阳或阴育阴的K线组合时，则要准备入场。虽然仅凭这种K线组合，尚不能断定是转势信号，但这毕竟是下跌动能渐减的征兆，一波新的上升浪可能即将展开。由于这种K线组合带有一定的不确定性，投资者容易判断失误，实战中可以将孕育线组合中第一根阴线的最低点设为损点，一旦再创新低则先行离场。

例1：2009年9月29和30日，威华股份（002240）走出标准的孕育线K线组合，一根收在长阴实体内的缩量小十字星，说明股价已经到达了多空转换的临界点。之后该股连拉阳线，股价震荡上行，短短两个月的时间内，股价涨幅超过50%（如图2－77）。

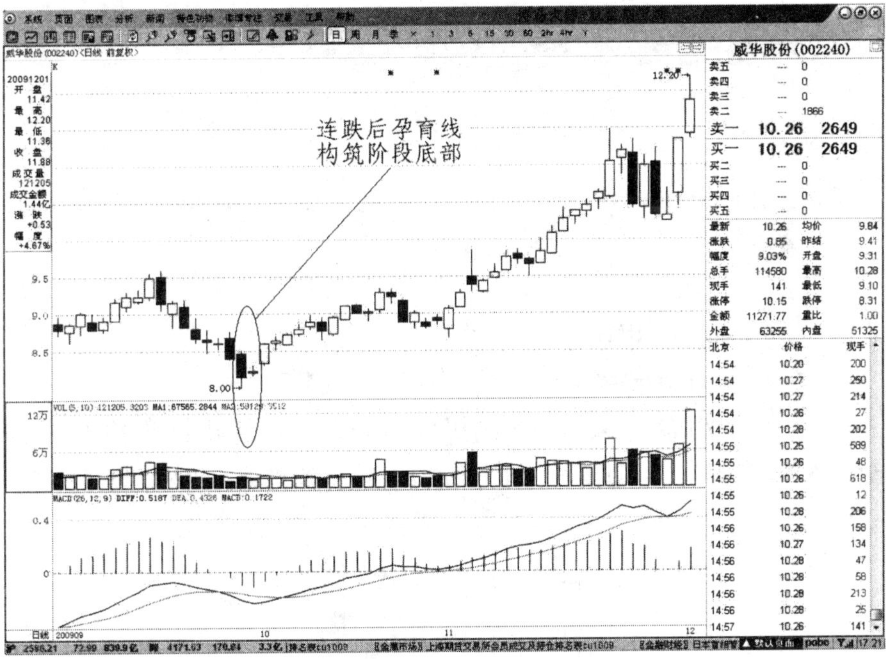

图2－77

例 2：2009 年 9 月 29 日，中视股份（600088）在连收四阴之后，再度收出一根中阴线。30 日，该股股价全天在前一日的 K 线实体内窄幅波动，形成孕育线 K 线组合。第二天该股便高开高走，一波涨升行情由此展开（如图 2－78）。

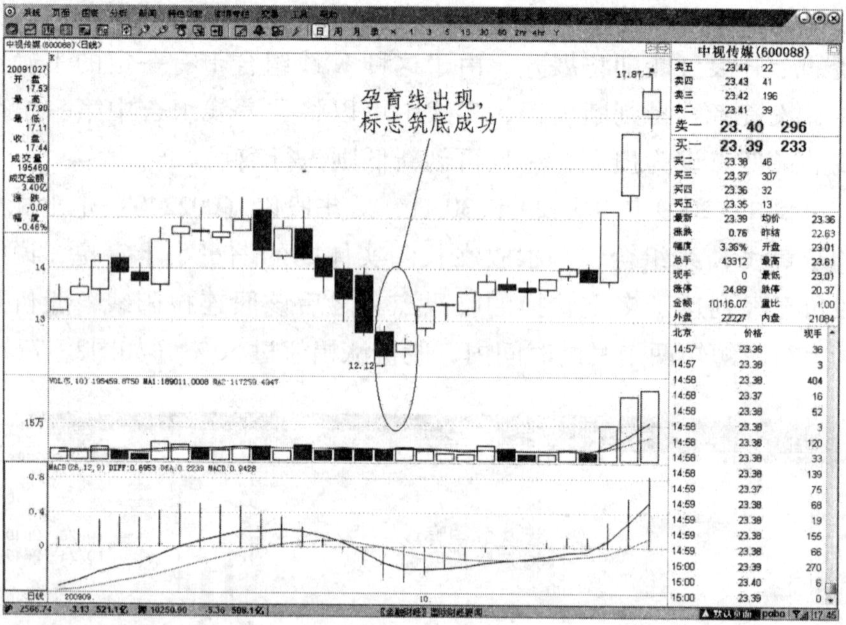

图 2－78

四、并列线（并蒂线）

（一）并列阳线

1．K 线组合定义。并列阳线由两根开盘价和收盘价基本相近，K 线实体长度基本相当的阳线组成（如图 2－79：①）。

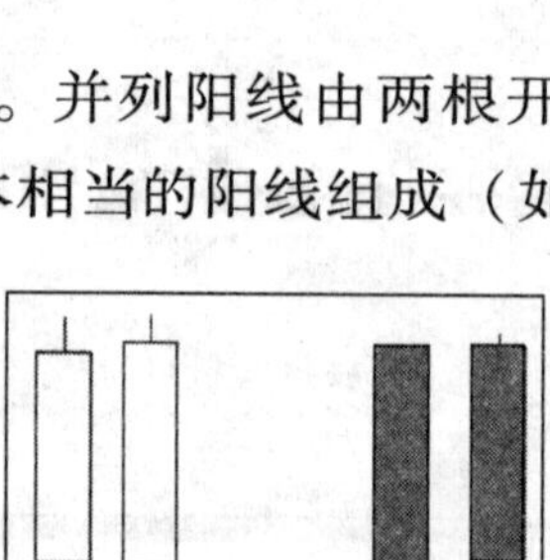

图 2－79

2．K 线市场含义。某只股票某日收出一根阳线之后，次日低开于前一天的开盘价处，股价经过一天的波动后，收盘价又十分接近前一天的收盘价，当日的阳线如同复制了前一天的阳线。

3．实战意义。通常情况下，并列阳线的市场意义并不强烈，所以仅凭这样的 K 线组合，得不出看涨或看跌的结论。特殊情况下，当出现并列阳线的时候，投资者还是可以捕捉到主力的动向的。比如，当股价处于上升通道中，某日出现了向上跳空的并列阳线，这是市场强势的特征，可视做买进信号。但是，如果股价处在下降通道中，出现低开且缺口不补的并列阳线，说明市场反弹动力偏弱，是趁机卖出的信号。

例：2009 年 10 月，潍柴重机（000880）在连续三个涨停之后进入了强势整理阶段。10 月 30 日，该股跳空高开，收出放量中阳线，次日又以一根和 30 日中阳并列的中阳线报收。并列双阳的 K 线组合不仅强化了前期缺口的支撑作用，也进一步确认了市场的强势特征，是一个中线买进的机会（如图 2－80）。

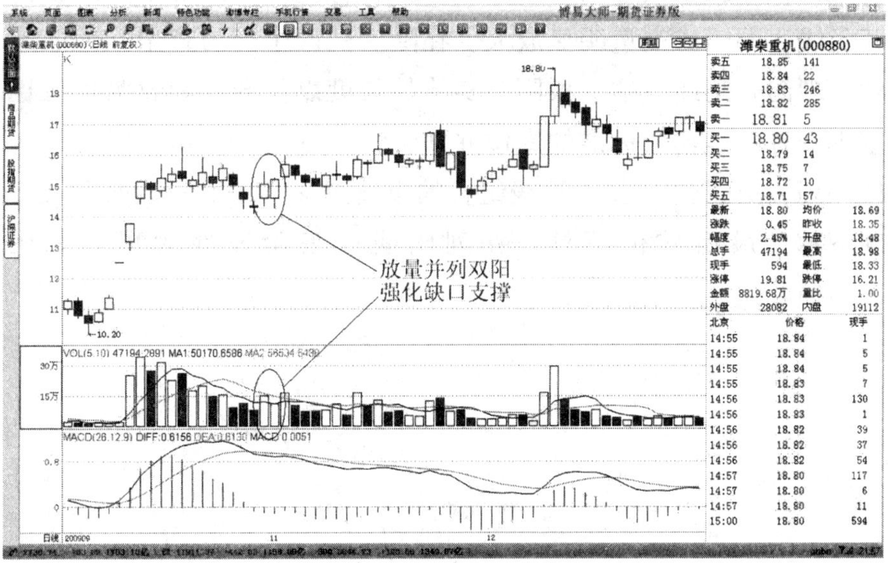

图 2－80

（二） 并列阴线

1. K线组合定义。并列阴线由两根开盘价和收盘价基本相近，K线实体长度基本相当的阴线组成（如图2－79：②）。

2. K线市场含义。某只股票某日收出一根阴线之后，次日高开于前一天的开盘价处，经过一天的波动后，收盘价又十分接近前一天的收盘价，当日的阴线如同复制了前一天的阴线。

3. 实战意义。通常情况下，并列阴线的市场意义也不强烈，所以仅凭这样的K线组合，得不出看涨或看跌的结论。特殊情况下，当出现并列阴线的时候，投资者也可以根据股价所处的位置来判断后市的涨跌。比如，当股价处于上升通道中的一段拉升之后，某日出现了高位向上跳空的并列阴线，很可能是市场转弱甚至见顶的信号。相反，股价处在低位且向下跳空的并列阴线，从表面看市场弱势依旧，实际上是市场跌无可跌或最后一跌的反映，这反而是股价见底的信号。

例：嘉凯城（000918）于2001年6月1日收出一根高位高开阴线，同时成交量明显放大。在随后的两个交易日里，该股连续出现高开阴线。这三根阴线实体的长度以及开盘和收盘价位也基本一致，是比较标准的高位并列阴线K线组合。由于是三根阴线并列，更强化了这一K线组合的市场意义。接下来该股重心不断下移，最后破位下挫，并列阴线成为阶段性大顶（如图2－81）。

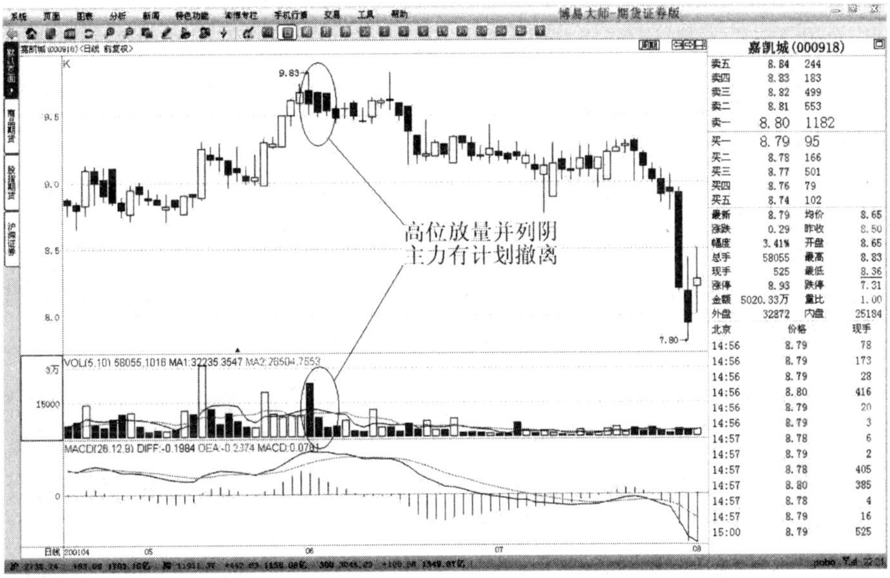

图 2－81

五、回头望月

1. K线组合定义。从K线形态上看，回头望月只是两根连续下跌的阴线，好像并没有什么特殊之处，关键是这组两连阴K线所处的位置。只有在股价突破了前期高点或整理平台之后回头确认时，出现的两连阴才能称为回头望月（如图2－82）。

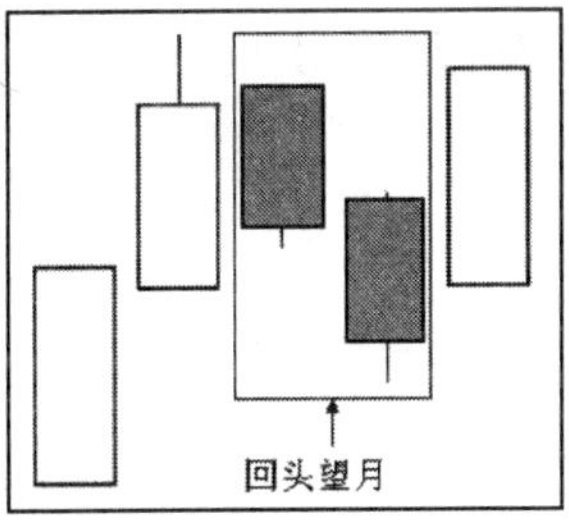

图 2－82

2. 线市场含义。股价突破前期的高点或整理平台不久，突然连续两天下挫，股价重又逼近原来突破的临界点，即高点附近或平台上沿，这时可以认为是出现了回头望月组合。但若要确认这一形态，还需看后面紧接着的大阳线或中阳线能否出现。

3. 实战意义。回头望月，实际上就是股价打破原来的多空平衡向上突破后的回调确认过程。股价的这次回调，很可能是主力大幅拉升前的一次下蹲动作，随后将进入主升浪阶段，所以回头望月的两根阴线，可能是最佳的买入时机，实战中应该给予以重视。需要注意的是，回头望月的两连阴需要成交量明显萎缩，这说明主力筹码控制得较好。如果伴随着这两根阴线出现成交量明显放大的现象，则需要格外小心，谨防前面的突破演变成骗线的假突破。

例1：2010年4月15日和16日，深方大（000055）在突破了3月份的高点后，连收两根缩量的阴线，第二根阴线的最低点恰好打在前期高点处，此时从形态上来说已初具回头望月的雏形。接下来的放量阳包阴覆盖线，进一步确认了回头望月组合的可信度，股价短线进入了快速拉升阶段，操作上宜及时跟进（如图2－83）。

例2：2010年3月初，ST传媒（000504）放量突破了1月份的高点，股价盘整几日后，于3月12日、15日突然转头向下，连收两阴，跌势之急令人措手不及。仔细观察不难发现，此时的成交量迅速萎缩，股价也逼近了刚刚突破的1月份高点，回头望月K线组合成立。之后股价返身向上，加速上涨，接连创出新高（如图2－84）。

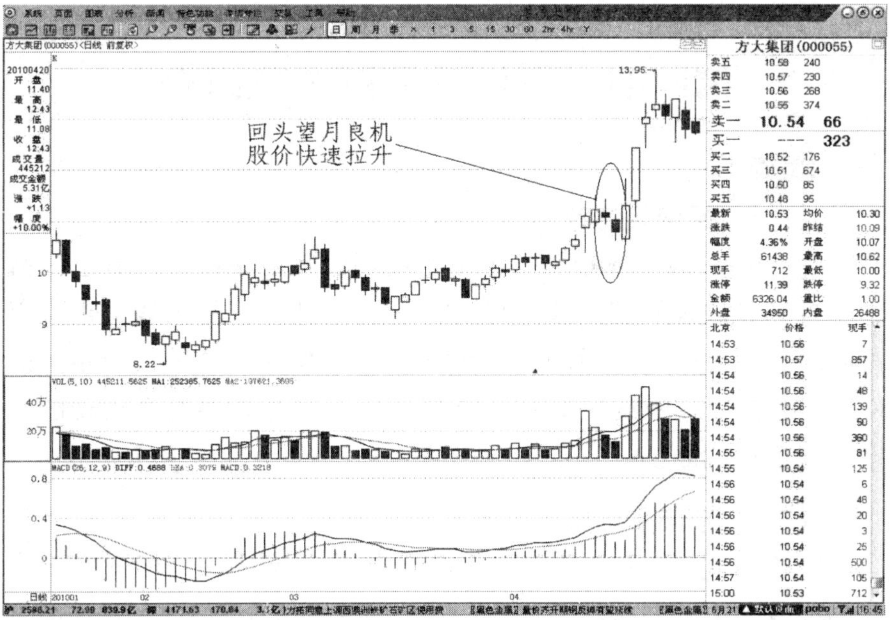
方大集团(000055)
回头望月良机
股价快速拉升
13.95
8.22

图 2－83

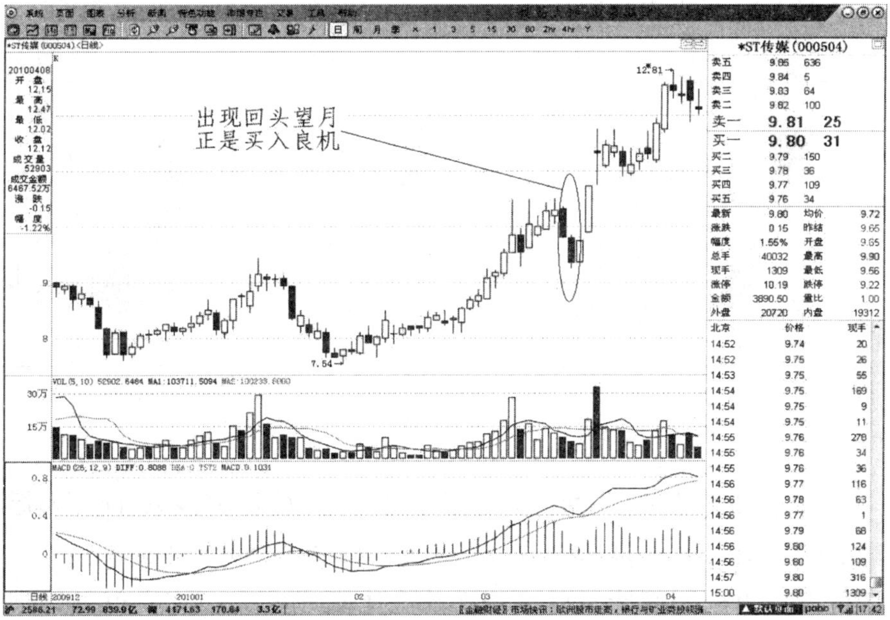
*ST传媒(000504)
出现回头望月
正是买入良机
12.81
7.54

图 2－84

第四节　三根及多根 K 线组合

一、螺旋桨

（一）　螺旋桨的定义

螺旋桨 K 线实体很小，上下影线稍长且几乎相等，看上去就像直升飞机的螺旋桨，故此得名。螺旋桨既可以是阴线，也可以是阳线。不过这里探讨的螺旋桨不是一根 K 线，而是一个转势的 K 线组合信号。螺旋桨 K 线能否成为转势信号，要结合出现的不同位置进行判断。

（二）　顶部螺旋桨

股价出现了一波上升行情之后，某日跳空高开，但此时多方已如强弩之末，股价继续向上拓展空间的能力已十分有限，最终只能收出一根上下影线基本等长的小阳线或小阴线。次日股价低开低走，标志着顶部螺旋桨构造完成（如图 2 – 85：① – ②）。

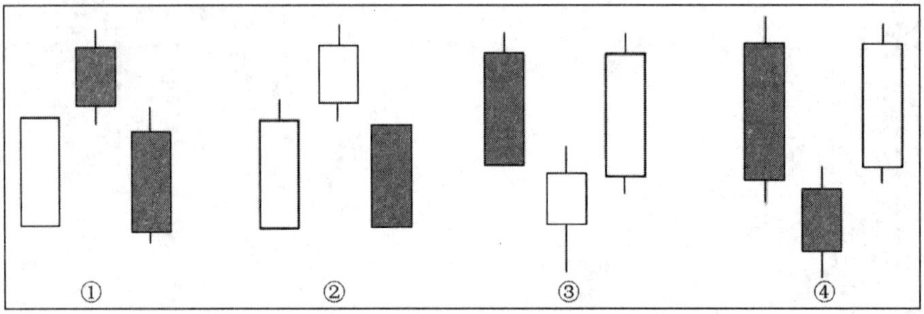

图 2 – 85

高位螺旋桨是一种股价上涨乏力、行情即将反转的较为标准的见顶信号，一旦出现这一 K 线组合，应及时卖出股票。一般情况下，出现阴螺旋桨后，杀跌动力比阳线要大。其实也可以把高位螺旋桨看做是黄昏之星的变形，即以小阴或小阳替代了十字星。但出现螺旋桨时，成交量通常并无明显变化，其迷惑性更大，投资者在实战中要更加小心。

例1：沧州大化（600230）股价在一波大涨之后，2001年5月23日、24日和25日，K线组合出现高位螺旋桨。由于当时成交量并没有放出，所以行情转势的迷惑性更大，股价随后一路下跌（如图2-86）。

图2-86

例2：2010年4月1日、2日和6日，苏宁环球（000718）惊现高位螺旋桨K线组合。长长的上影线告诉我们，市场抛压已相当沉重，若不及时出局，后面的单边下跌会让被套者损失惨重（如图2-87）。

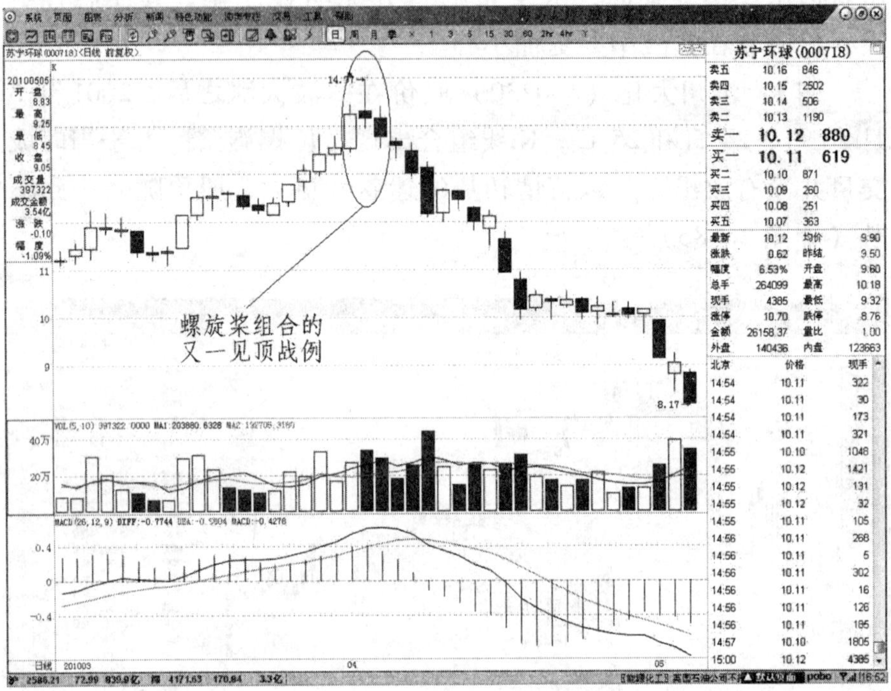

图 2-87

（三） 底部螺旋桨

经过一轮较深的跌幅之后，某日股价跳空低开，但接下来并没有扩大跌幅，空方的力量明显收敛。经过全天的反复震荡，最终以上下影线相当的小阳线或小阴线收盘，次日股价高开高走，标志着底部螺旋桨构筑成功（如图 2-85：③-④）。

底部螺旋桨是一种下跌乏力、行情即将反转的较为标准的股价见底信号，一旦在底部出现该 K 线形态，应及时买进股票。一般情况下，出现阳螺旋桨时，股价的上涨动力要明显大于阴螺旋桨。实战中，投资者也可以把底部螺旋桨看做是早晨之星的变形，即以小阳线或小阴线替代了十字星。若股价在随后的三天内不创新低，底部即可以确认。

例1：2010年5月20日、21日和24日，ST中房（600890）在一路无量空跌之后走出了底部螺旋桨的K线组合，随后连续出现多个涨停，使股价迅速脱离了底部，中期反弹行情由此展开（如图2－88）。

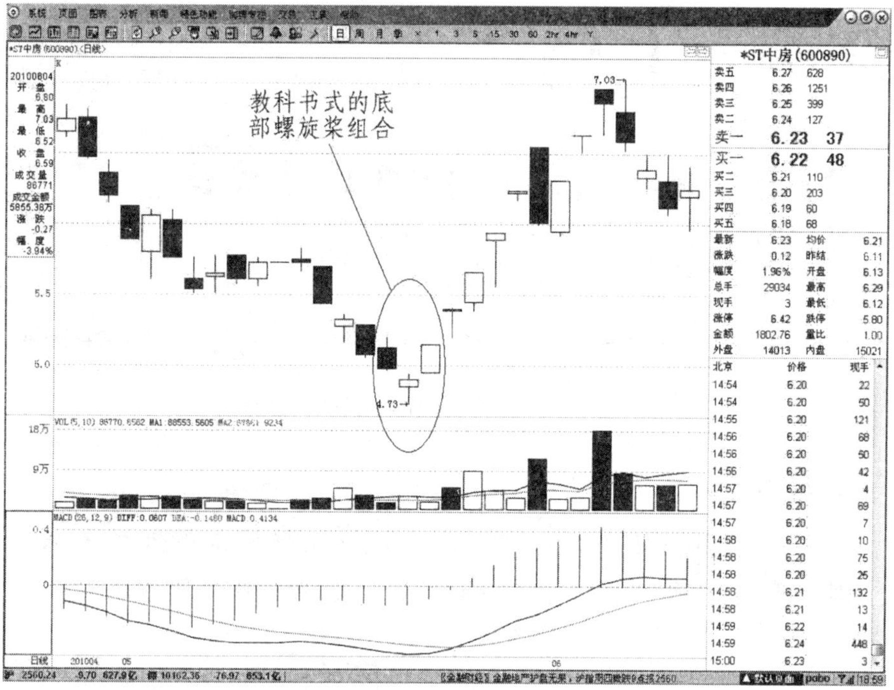

图2－88

例2：2001年2月21日、22日和23日，上证综合指数出现了底部螺旋桨的K线组合，这是一个阶段见底的信号。之后股价单边上涨，报复性反弹一气呵成（如图2－89）。

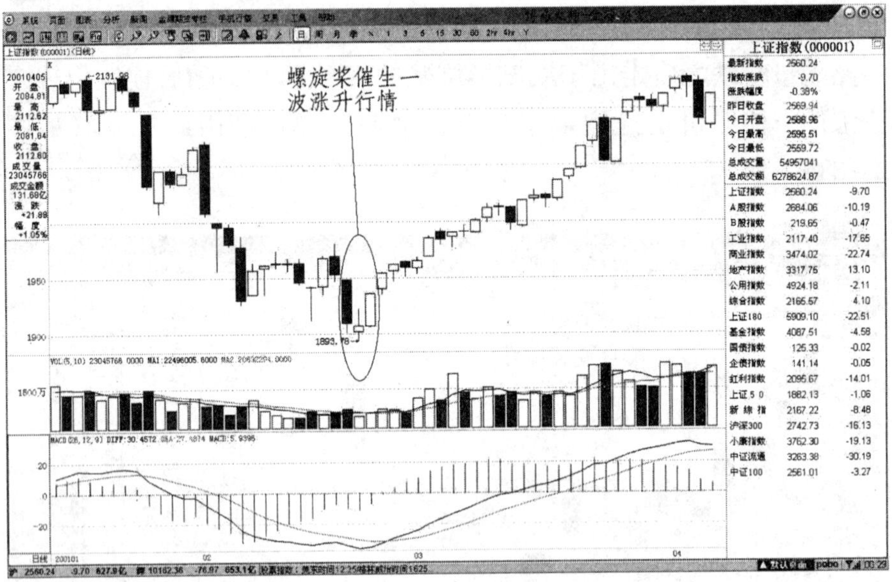

图 2－89

二、红三兵

1. 红三兵的定义。红三兵由出现在市场底部的连续上涨的三根小阳线（其中也可以有中阳线）组成（如图 2－90）。

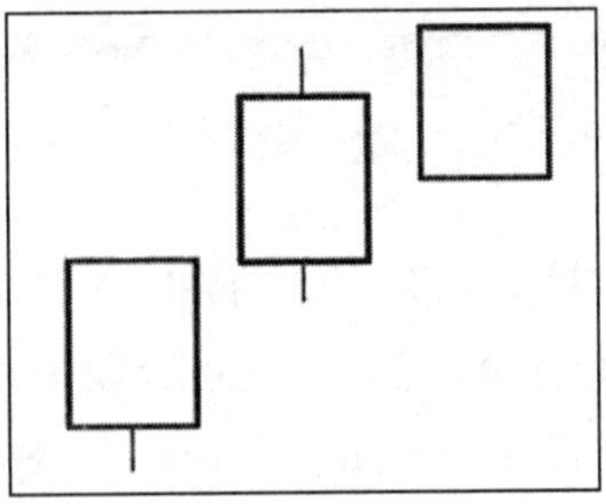

图 2－90

2. K 线市场含义。在一波下跌走势之后，市场一改此前的颓势，连续收出三根中小阳线，且三根阳线的实体长度大致相同，说明市场进入了多头控制的阶段。三根阳线中间没有跳空缺口，上下影线均较短。

3．实战意义。红三兵过后，虽然股价整体涨幅并不大，行情表现得也不温不火，但原来的下跌趋势开始扭转，上涨行情或将拉开序幕。若第三根阳线实体略长于第二根，且成交量同步放大，接下来加速上涨的动能将会更足。

这种类似红三兵的三连阳，有时也出现在上升途中或高位，但市场意义远不如出现在底部时明确清晰，对具体操作的指导性也不如出现在底部强烈。

例 1：丰原生化（000930）经历了一轮下跌之后，2007 年 12 月 3 日、4 日和 5 日出现了标准的底部红三兵组合，这是较为明确的买进信号，及时跟进会很好地享受后面的利润空间（如图2－91）。

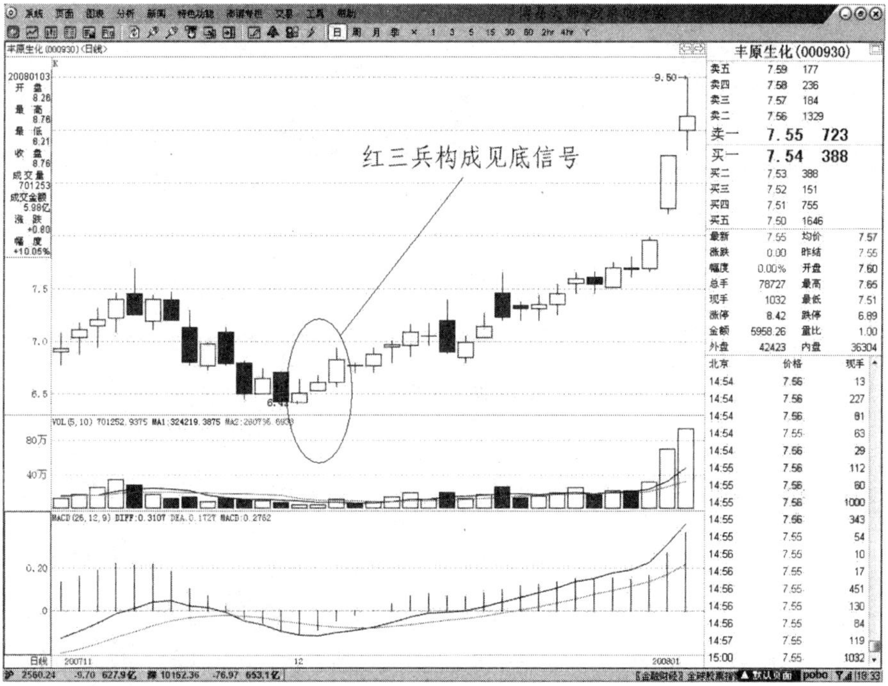

图 2－91

例2：2009年1月5日、6日和7日，金晶科技（600586）的K线图上出现了底部红三兵K线组合，同时成交量也温和放大，这说明主力收集筹码的过程已接近完成，表现出强烈的拉升欲望。其后的涨势果然不同凡响，不足两个月的时间，股价便轻松翻倍（如图2-92）。

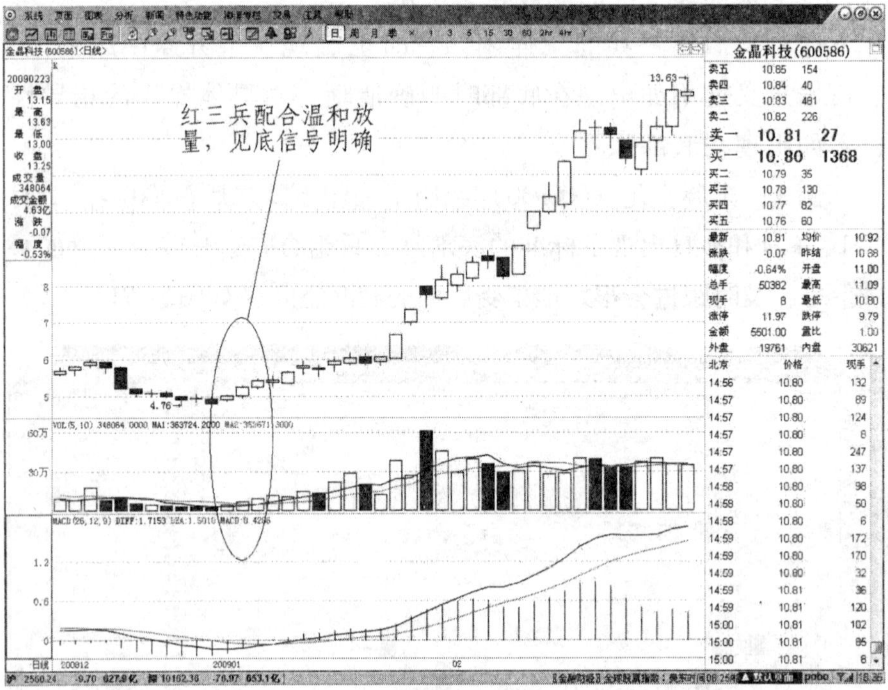

图2-92

三、黑三兵

1. 黑三兵的定义。黑三兵由出现在市场高位的连续下跌的三根小阴线（其中也可以有中阴线）组成（如图2-93）。

2. K线市场含义。在一波上涨走势之后，市场一改此前的强势，连续收出三根中小阴线，且三根K线的实体长度大致相

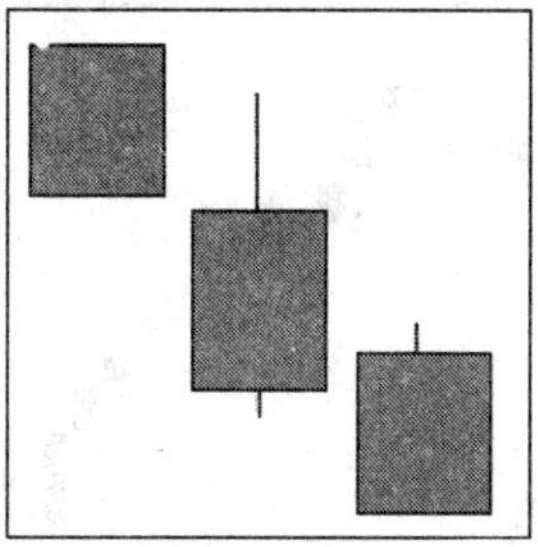

图 2－93

同，说明市场已经明显进入弱势下跌状态。三根阴线中间一般没有跳空缺口，上下影线均较短。

3. 实战意义。黑三兵过后，虽然股价整体跌幅并不算很大，后期行情似乎仍然可期，但原来的上涨趋势已经开始扭转，一轮下跌行情或许正在悄悄拉开序幕。若第三根阴线实体略长于第二根，且成交量同步放大，接下来加速下跌的可能性会更大。

黑三兵有时也出现在上升或下跌途中以及低位区，但市场意义远不如出现在高位区时明确清晰。如果黑三兵出现在一波大涨行情之后，市场有可能由此转势，但转势信号的强度不如后面介绍的三只乌鸦 K 线组合。

例：2009 年 8 月 3 日至 5 日，中信证券（600030）在 38 元的高价区连收三根中阴线，K 线组合形成高位黑三兵。特别是第三根阴线还伴随着成交量的放出，表明资金在悄悄出逃。接下来，虽然股价没有马上出现长阴，但重心却不断下移，行情阴跌不止。股价再收四阴后，终于图穷匕现，开始长阴下挫，之后继续下跌，毫无反弹之意（如图 2－94）。

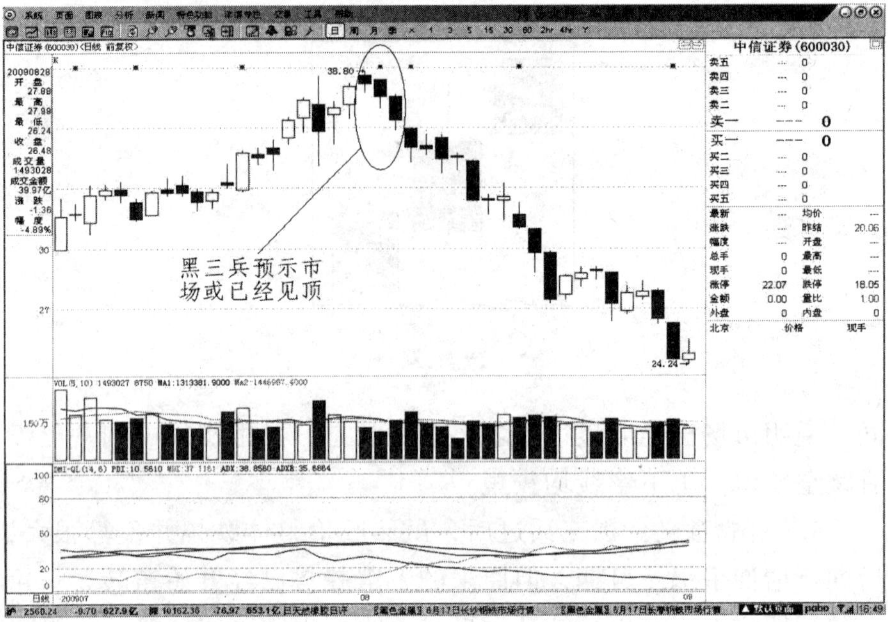

图2－94

四、三只乌鸦

1. 三只乌鸦的定义。三只乌鸦指在股价或指数创出新高后突然转身向下，接连收出三根长阴线（如图2－95）。

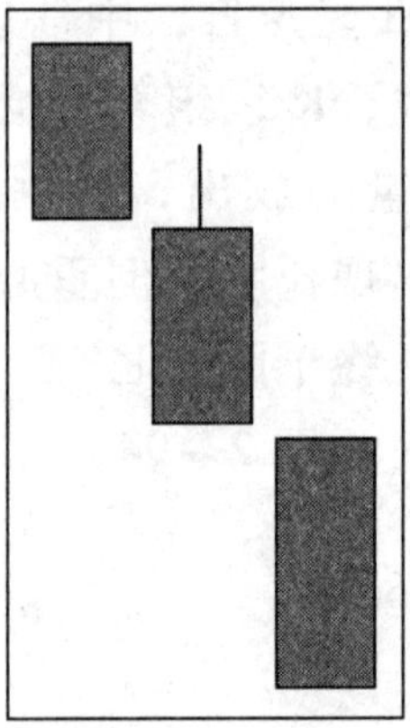

图2－95

2. K线市场含义。股价经过一段时间的上涨之后，由升转跌而且跌势凶猛，空方大肆出货，场内持股者纷纷夺路而逃，根本不给股价留下反弹和派发的机会，因此见顶信号十分明确。

3. 实战意义。股价在高位连续放量暴跌，说明主力正在不计成本地全力出逃，出货态度极其坚决。此时投资者也应顺势而为，及时出局，离场观望。即使做不到全身而退，也要壮士断腕，以避免造成更大的损失。

例1： 2009年8月5日至7日，鄂尔多斯（600295）在创出新高后，连续收出三根长阴线，形成三只乌鸦的K线组合，股价见顶信号十分明确（如图2-96）。

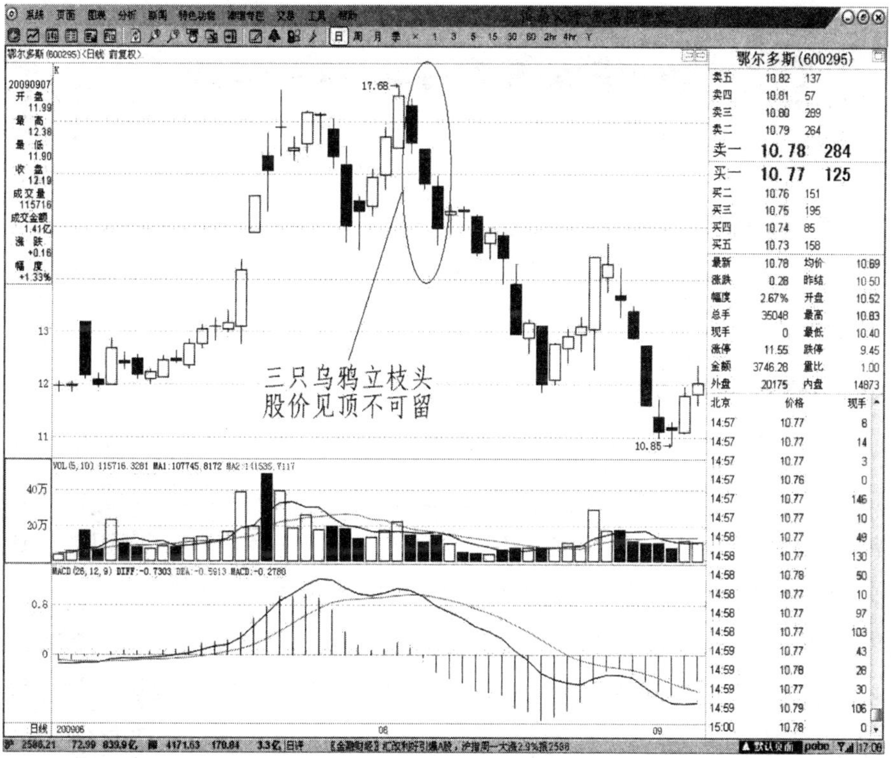

图2-96

例 2： 2005 年 9 月 20 日至 22 日，上证综合指数在反弹至 1223 点时遇阻，接下来的放量三连阴，宣布市场阶段性高点已现，调整行情就此展开（如图 2－97）。

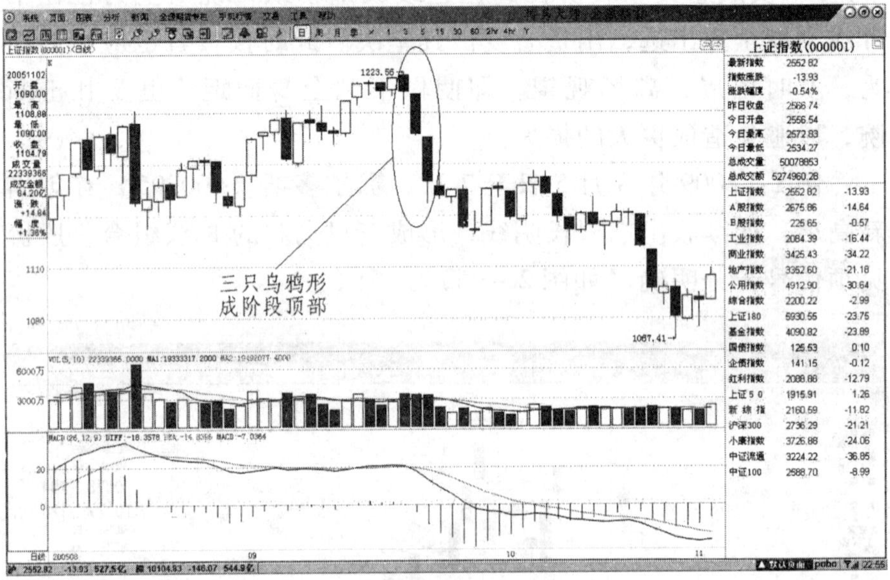

图 2－97

五、底部三连阴

1. 底部三连阴的定义。底部三连阴，顾名思义就是出现在市场底部的三根阴线。从 K 线组合上看，底部三连阴与三只乌鸦没有什么区别，只是出现的位置不同。三只乌鸦出现在连续上涨之后，而底部三连阴则是出现在市场的下跌趋势中。

2. K 线市场含义。股价经过了一段时期的调整后，突然又出现连续三天的加速下跌，而且 K 线以中阴线和大阴线为主。虽然表面看跌势迅猛，杀伤力强，但这很可能是空方力量的集中渲泄，也是股价的最后一跌。

3. 实战意义。股价前期的下跌幅度已经很大，主力资金早在下跌之初已成功出逃。在底部区域再次出现连续杀跌，似有矫枉过正之嫌。这种比较夸张的下挫，在空方动能集中释放的同时，或许也是主力通过最后一跌，逼出多方手中的筹码，为新一轮的上涨作好前期准备。若如此，意味着下跌行情已近尾声，股价将马上探出底部并迎来转机。

例：三峡水利（600116）在一波下跌之后，于 2007 年 10 月 23 日至 25 日连收三根中大阴线，25 日更是以跌停报收。但从成交量上看，虽然量能略有放大，却并不明显，说明这种低位的杀跌已无人响应，也许是主力刻意打压的行为。果然，该股次日大幅低开后便探底回升，收出一根底部十字星，股价由此开始企稳并震荡回升（如图 2－98）

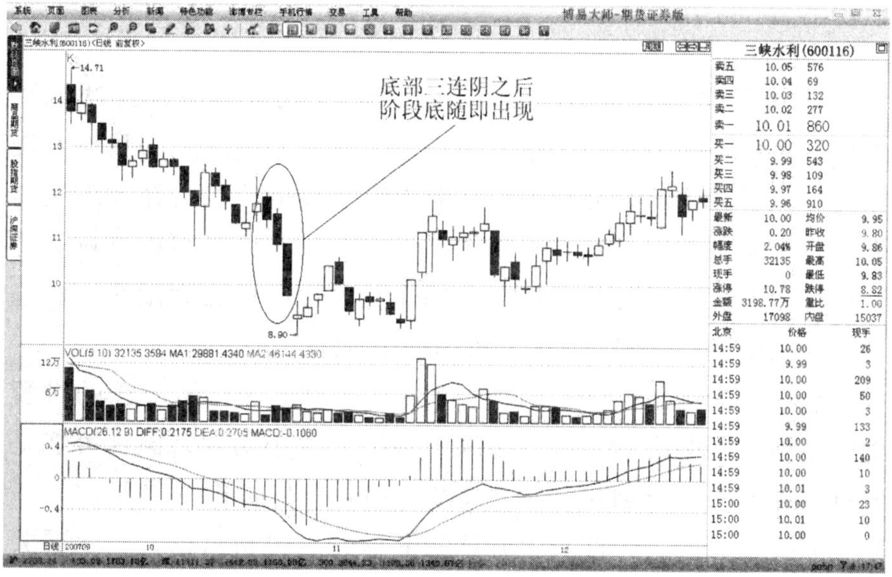

图 2－98

六、上升三法

1. 上升三法的定义。上升三法由五根 K 线组成，其排列顺序是一根大阳线、三根小阴线或中阴线、一根大阳线。其中三根中小阴线的实体部分都在第一根大阳线的实体内部，而最后一根大阳线又吞噬了前面的三根阴线（如图 2－99）。实战中，上述形态要求可略有出入，比如三根阴线中可能有一根是小阳线，第三根阴线的最低点可以略低于首日长阳的最低价等。

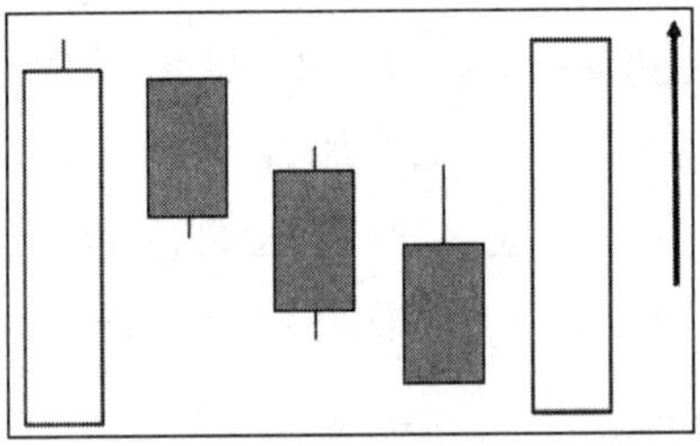

图 2－99

2. K 线市场含义。出现一根大阳线，说明多方已经吹响了进攻的号角。接下来却连收三阴，这里有两种情况，一是空方接连发难，试图重新夺回主动权，但连续三天也没能击穿大阳线的低点，说明空方的力量并不强大，多方随时都可以组织进攻。另一种情况是多方故意而为的洗盘动作，之后出现的大阳线，标志着短线调整已经结束，上涨行情将得以延续。

3. 实战意义。上升三法组合更多地出现在行情上涨的过程中。拉出大阳线之后，虽然连续出现了三根小阴线，但这可能是股价启动前的下蹲动作，短暂蓄势之后，股价将再度拉升。

需要注意的是，使用上升三法 K 线组合分析行情，一定要关注下面所说的成交量的变化情况。

1. 第一根大阳线的成交量最好比之前有所放大，这反映出多方的攻击力强大，此后的上涨会更加凌厉。

2. 三根阴线的成交量最好逐渐萎缩，因为下跌放量说明抛压沉重，而缩量回调说明抛盘较轻，或者是主力在洗盘。

3．无论前面是放量还是缩量，最后一根长阳线一定要放量，这是真正的突破信号，操作上可买进。

上升三法组合中，可以关注两个买点。一是出现三连阴当日的收盘前，如果量能渐次减少，即将收盘时，股价仍处于第一根大阳线的开盘价附近但没有创出新低，可以试探性买进，等待次日长阳线的到来。二是在出现最后一根大阳线的当天，如果股价已经覆盖了前面的三根阴线，并且成交量明显放大，可继续加仓，及时跟进。如果当天股价继续下跌，并跌破第一根大阳线的最低价，应立即止损，以免损失扩大。若当天反弹如约而至，但成交量出现萎缩，则顺势卖出，获利了结。

例1：2009年10月19日至23日，宇通客车（600066）的日K线图表上出现了上升三法的K线组合。虽然下跌时遭遇的卖压不小，使阴线的成交量稍大，但伴随着最后一根大阳线的出现，成交量同步放大并高于前面三连阴时的成交量，说明反攻力度较强。操作上可及时跟进，后市将继续看涨（如图2－100）。

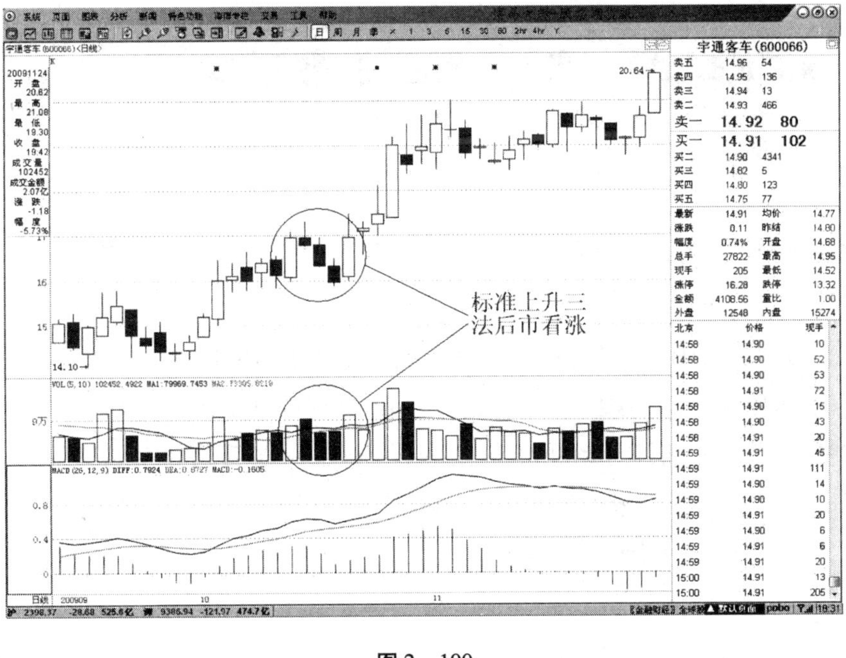

图2－100

例 2：2009 年 6 月 23 日至 29 日，中关村（000931）K 线图表上出现了上升三法的 K 线组合。在一根阳线之后，三根小阴线在该阳线的实体内接连出现，成交量持续萎缩。之后一根放量长阳吞没了此前的三根小阴线，预示着短线股价将继续上冲（如图 2－101）。

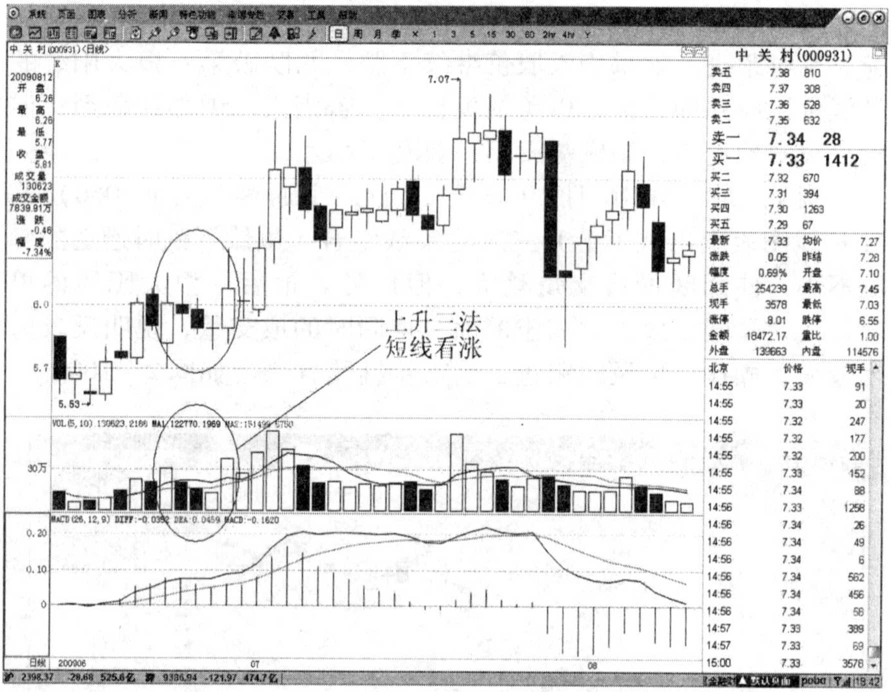

图 2－101

例 3：中国玻纤（600176）2010 年 1 月 13 日至 19 日的 K 线组合可视为上升三法，但成交量不仅没有放出，反而呈前高后低之势，最后一根阳线的力度较弱，说明多方反击的力量明显不足，空方随时能够组织反扑，因此上升三法组合的结果最终以多方失败告终（如图 2－102）。

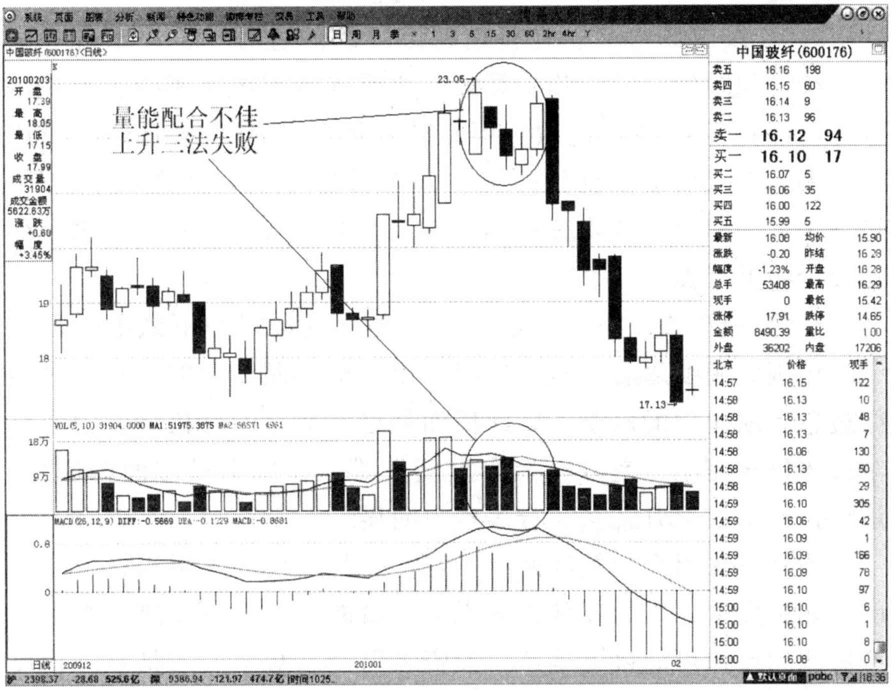

图 2 – 102

七、下降三法

1. 下降三法的定义。下降三法出现在下跌趋势当中，该 K 线组合至少由五根 K 线组成，其排列顺序是一根大阴线、三根小阳线或中阳线、一根大阴线，其中三根中小阳线的实体部分都在第一根大阴线的实体内部，而最后一根大阴线又吞噬了前面的三根阳线（如图 2 – 103）。实战中，上述要求可略有出入，比如三根阳线中可能有一根是小阴线，第三根阳线的最

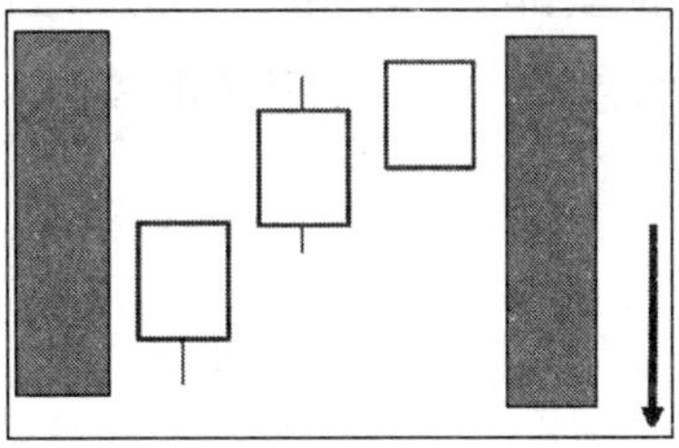

图 2 – 103

高点可能略高于首日长阴的最高点等。

2. K线市场含义。在行情持续下跌的过程中，先出现一根大阴线，说明做空动能集中释放，之后连现三根小阳线，反映出多方已经在试探性地进攻。但是这并不能代表底部已经构筑成功，因为三天没能收复长阴失地，表明多方进攻意愿并不强烈。接下来又一根大阴线将三根阳线吞没，标志着空方卷土重来，预示股价将继续探底。

3. 实战意义。下降三法组合一般出现在行情下跌的过程当中。出现大阴线之后，虽然连续拉出三根小阳线，但这只是对短线过急下跌速率的修正，因此反而是逢高减仓的好机会，因为整个跌势仍未完结，空方马上会重新发难。在成交量方面的变化，该组合远不如上升三法组合表现得明显。

下降三法组合要关注两个卖点，一是出现三连阳当日的收盘前，如果发现三天的反弹仍旧无力，量能不能有效跟进，则预示着短线的反弹可能接近尾声，投资者可逢高减仓。二是在三根反弹阳线之后的一天，要密切观察盘中的动向，一旦股价真的露出杀跌之意，应迅速卖出，回避后市连续下跌的风险。

例：2009年5月11日，亿阳通信（600289）收出一根长阴线。在随后的三天里，该股连拉小阳小幅反弹，但成交量仍然低迷，说明跟风盘很不踊跃，如果空方发力，反弹随时都会结束。接下来，该股一根高开长阴似乌云盖顶而下，虽然没有将三根阳线全部吞噬，但下降三法的K线组合基本可以确认。遇到这种K线组合，短线应及时卖出（如图2－104）。

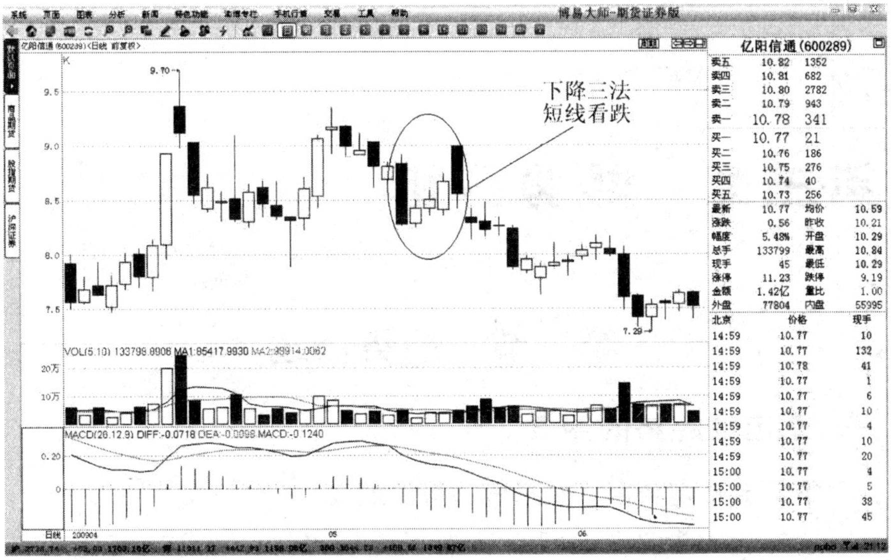
博易大师–期货证券版
亿阳信通(600289)
下降三法
短线看跌
9.70
7.29
9.5
9.0
8.5
8.0
7.5
20万
10万
0.20
0

图2－104

第三章　趋势分析

第一节　趋势概述

一、永远做趋势的朋友

华尔街有句名言：永远做趋势的朋友。

这句话的含义是，只有看准了市场趋势，顺应市场趋势而为，投资才能取得成功。中国也有句老话，说得更加明确：顺势者昌，逆势者亡。

前面曾经说过，技术分析存在的三大假设之一，就是价格按趋势运动。意思就是说，一旦市场趋势形成，价格将沿着这个趋势运行下去，直到趋势发生逆转。事实上，一个趋势如果形成，一般的力量很难将它改变，只要决定趋势形成的理由还存在，这个趋势就会一直延续下去。在趋势明确之后的这段时间里，趋势投资往往是最简单易行的投资策略，会收到事半功倍的效果。

影响市场趋势的根本因素是经济基本面，但除此之外，股市政策、货币政策、市场情绪、重大事件等多种因素，也会使市场在一段时间内出现趋势性波动，这种市场机会也是很值得把握的。比如，A 股历史上就曾经出现过资金推动行情、网络股行情、股改行情、奥运行情、四万亿投资行情等整体或局部的行情。在这种行情中，市场的参与者更看重的就是趋势。

在现实生活中，经济基本面有时并不十分明确，这个时候，其他因素可能会更多地对市场产生作用。在这段时间里，尊重市场的选择，跟随市场趋势进行操作，就显得更加合理。很多时候，就连机构投资者和价值投资的倡导者，即那些基金经理们，也不得不暂时放弃所谓的合理估值和长期投资理念，参与到趋势投资中来。

股市中经常听到这样的说法，某人是长线投资，某人是中线做波段，某人是短线高手。他们操作的依据是什么呢？方法依据可能有很多，但其中的成功者，无非就是契合了市场的趋势。

当市场处于上升趋势时，你可以放心地持股，即使是做波段或做短线，只要大的上升趋势没有完结，仍可以在卖出后找到其他目标大胆做多。当市场形成了下跌趋势，就要以持币为主，尽量不受短期反弹的诱惑。如果实在要抢反弹，也应该事先设好止损止盈位，操作时快进快出，因为在下跌趋势中，投资风险要远大于投资机会，稍有不慎就会招致损失。

在一轮熊市行情当中，你不理会已经形成的下跌趋势，坚持所谓的长线投资，面临的结果将会是资金被严重套牢，短则一年，长则数年。在熊市中，长期投资可能需要忍受漫长时间的煎熬，眼看着自己的账面资产不断地缩水。即使持有的是优质股票，时间久了，你也可能会失去信心和耐心。在漫长的等待中，如果遇到需要动用股市资金的需求，你将不得不忍痛割肉出局，那么今后这只股票能上涨多少，已经和你没有任何关系了。相反，如果你能做到顺势而为，耐心地等待下跌趋势结束，在确定市场转势时入市，不仅可以回避长期下跌带来的巨大损失，还可以及时地抓住新的投资机会。退一步讲，即使你在新上升行情中提前离场，没有获得很大的收益，起码也保证了本金的安全，而这恰恰是投资生涯中最重要的。

谈到趋势，就不得不提道氏理论，因为道氏理论堪称是趋势研究的鼻祖，从其问世以来，就被众多的市场参与者追捧。

道氏理论的创始者查尔斯·道，声称这一理论并不是用于预测股市的，甚至不是用于指导投资，而是一种反映市场总体趋势的晴雨表。查尔斯·道还对大多数人将道氏理论当做一种技术分析手段表示非常遗憾，但是道氏理论对于投资者正确理解趋势，确实有着极大的帮助。下面简单讲解一下如何利用道氏理论把握趋势。

二、基本趋势（长期趋势）

道氏理论认为，股票指数与任何市场都有三种趋势（如图3－1），即基本趋势、次级趋势和短期变动。

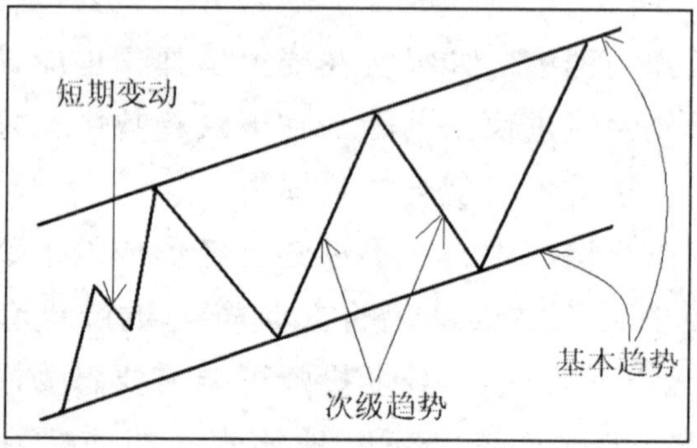

图3－1

基本趋势是指持续时间较长，一般要延续一年或数年之久的趋势运动。其中，上升趋势每一波反弹的高点，均比前一波反弹的高点更高，并且每一次回撤的低点，都高于上一次回撤的低点，这就是通常所说的牛市行情。与此相反，下降趋势则是每一波中等级别的下跌，都要创出新的低点，而每次反弹的高度也逐级下移的基本趋势，这种趋势是明显的熊市特征。

一个成功的长线投资者，对基本趋势把握一定是十分准确的。长线投资者并不是整天盘桓于股市进行追涨杀跌的短线交易，而是等待市场趋势的形成。长线投资者买进股票的唯一理由，是上涨趋势已经形成，一轮牛市正式开始。买进之后，即使所持有的股票可能会出现一些波动，也决不轻易出手，一直持有到这个上升趋势宣告终结，确认牛去熊来，才会抛出筹码，兑现利润。

在股指期货已经正式推出的中国资本市场，如果投资者能够做好资金管理和风险控制，在上升趋势里反复做多，在下跌趋势形成后反手做空，那么获利空间将成倍放大。当然，这种操作要求投资者具有高超的技术，能够及时判断趋势是否已经改变，有极强的耐心去等待机会的出现，并且还要有超常的定力面对股价短线波动的诱惑。这种投资方法看似简单，但普通人也是很难做到的，因为大多数投资者都无法摆脱贪婪和恐惧。

三、次级趋势（中期趋势）

次级趋势是指股票价格或市场指数在不改变基本趋势的前提下，出现的重要回撤或同向加速波动。牛市中发生的中级调整，熊市中发生的中级反弹，都可称为次级趋势。牛市里的加速上涨，或熊市中的快速下跌，也可称做次级趋势。次级趋势通常会持续三周到数月不等。

作为推崇波段操作的投资者来讲，如果能踏准每个次级趋势的节奏，其投资收益将极为可观。但是，由于次级趋势与基本趋势的方向可能相同，也有可能相反，所以在实际操作中的难度较大。

四、短期变动（短期趋势）

短期变动是指短期（通常在一周之内，最多两三周的时间）甚至是一两天之内的价格波动。短期变动对次级趋势和基本趋势不会构成影响，中长线投资者一般对此并不在意。由于短期变动持续的时间短，方向变化快，随机性较强，所以更适合以获取短线收益为目的的投机者参与。

金融市场上价格风云变幻，机会随处可见，众多短线交易者不断地在市场上买进卖出，以追求最大的利润。短线操作存在的过度交易风险虽然不言而喻，但广大投机客仍然乐此不疲。短线操作的技术手段，是这些人研究的主要内容，道氏理论在这里几乎没有用武之地。

五、道氏理论的应用原则

在上述三种趋势中，基本趋势最为重要，相对也最容易辨认。投资者如果知道目前市场在长期趋势中的位置，就可以采用相应的顺应大势的操作策略，即使短期收益有时并不理想，只要对长期趋势判断正确，至少不会招致过大的损失，因为中期趋势和短期趋势都从属于长期趋势。

做对了一波趋势，并不代表一定是市场的赢家。因为即使你看清了当下的市场趋势，但是受惯性思维的影响，目前的想法和操作策略将会延续较长的一段时间。当市场趋势发生改变时，如果你不能及时地调整思路，仍然沉浸在前期的成功之中，那么最终可能前功尽弃。在股票市场上，无论什么时候，战胜自我是最重要的。

虽然道氏理论可以帮助大家更深刻地理解趋势的含义，但该理论本身的缺陷也是十分明显的，主要表现在以下两点。

1．基本趋势的角度可能较为平缓，并且持续时间很长，但中间的次级趋势却经常表现得十分陡峭，方向性也很明确，其间的投资机会颇多。一味地依据基本趋势进行操作，有时投资效果并不理想。

2．买卖信号滞后，特别是在原有的上升趋势尚未完全走坏，新的下跌趋势已经开始的阶段，进入市场的投资者将会遭受较大的损失。

为了较好地把握市场趋势，在进行技术分析时，通常可以通过趋势线来直观地观察市场的运行方向，以此作为买卖决策的参考和依据。下面介绍几种趋势线。

第二节　上升趋势线

一、上升趋势线的画法

当行情后面的低点 B 比前面的低点 A 逐级抬高时，可以暂且把它看做是上升趋势已经形成，将 A、B 两个低点用一条直线连接起来得到直线 L，这条直线就是上升趋势线（如图 3－2）。

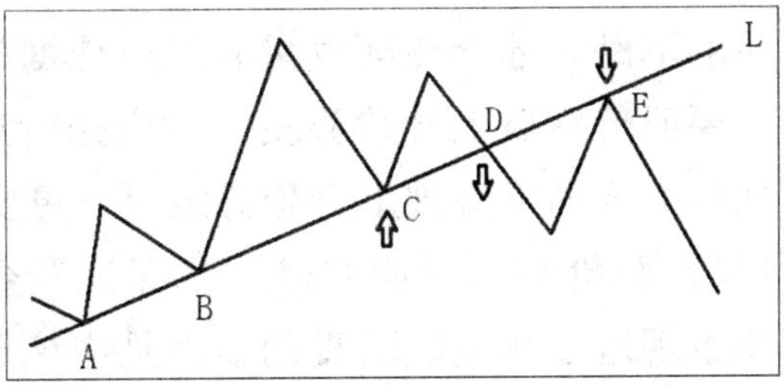

图 3－2

二、交易原则

买点：股价回落到上升趋势线 L 时，即是买进的时机，如 C 点。

卖点：当股价跌破上升趋势线 L 时，如 D 点，上升趋势可能出现反转，应及时卖出。即使刚刚在股价跌到 L 线上进行了买进交易，一旦跌破也要认赌服输，果断止损，以免损失进一步扩大。如果跌破 L 线时没能及时卖出，那么当股价反弹冲击上升趋势线不果时，是又一次出逃的机会，如 E 点。

依据趋势线进行操作的优点是，在上升趋势线上买进，如果股价跌破趋势线，可以及时止损。缺点是，如果在股价高高在上且远离L线的位置买进，待股价跌破趋势线时，损失已难以弥补。

三、特别提示

1. 股价回落到趋势线的过程中成交量逐渐减少，而当股价受趋势线的支撑出现反弹时，成交量同步温和放大，这样的行情会走得较为长远。上升趋势延续的时间越久，上升趋势线的可靠性也就越强。

2. 指数或股价向下突破上升趋势线时，如果成交量同时放出，说明有主力出逃，并且这种信号的可信度较大，此时投资者应及时离场。不过很多时候，股价开始向下突破时，成交量并不大，伴随着之后的下跌，才会逐渐放量。所以依据趋势线操作时要严守纪律，只要股价跌破上升趋势线，就应先行兑现。特别是当股价以跳空缺口方式向下突破上升趋势线时，更要迅速卖出。

3. 很多时候，股价会出现假突破。从保证资金安全的角度考虑，此时不要主观地预测突破的真伪，而是应该严格参照趋势线的得失，决定买进或卖出的操作。

例1：2010年2月至4月，郑州煤电（600121）走出了一段较为明显的上升趋势，股价几次触及上升趋势线均为买进的时机（见上箭头）。4月中旬，股价突然跳空低开于上升趋势线之下，实际操作中，此时应在C点（见下箭头）果断出局。该股当天以长阴报收，而且成交量也并未出现明显的异常，但之后的走势却是连续地单边下跌。可见，若是破位时不及时离场，损失将十分惨重（如图3-3）。

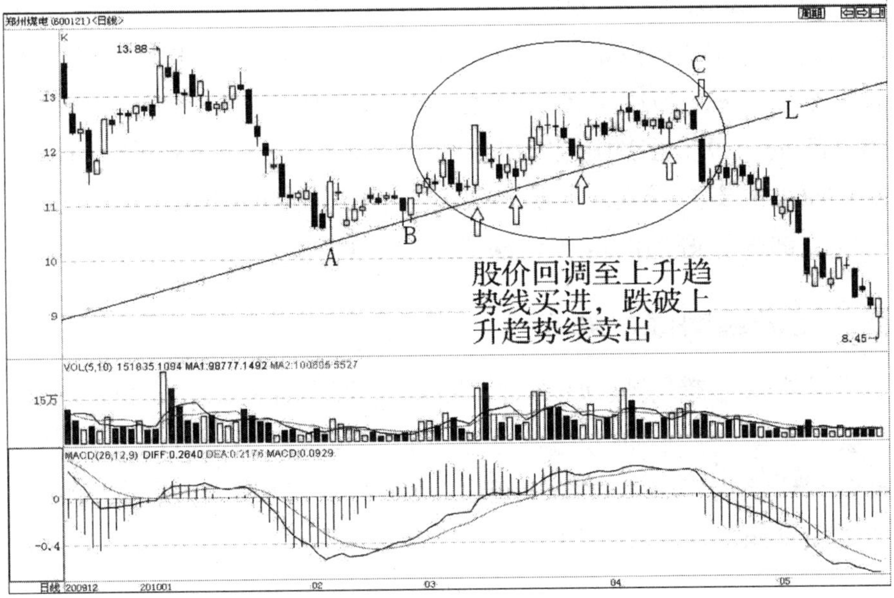
郑州煤电(600121)<日线>
13.88
C
L
A
B
股价回调至上升趋势线买进，跌破上升趋势线卖出
8.45
VOL(5,10) 151835.1094 MA1:98777.1492 MA2:100805.5527
MACD(26,12,9) DIFF:0.2640 DEA:0.2176 MACD:0.0929

图 3－3

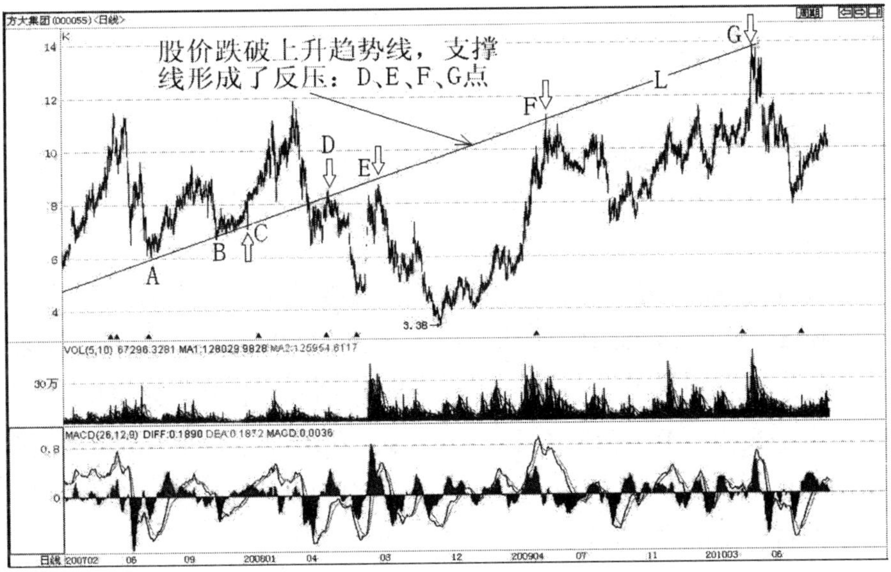
方大集团(000055)<日线>
股价跌破上升趋势线，支撑线形成了反压：D、E、F、G点
G
F
L
D
E
A
B
C
3.38
VOL(5,10) 67296.3281 MA1:128029.9828 MA2:125954.6117
MACD(26,12,9) DIFF:0.1890 DEA:0.1872 MACD:0.0036

图 3－4

例2：2007年至2008年3月期间，方大集团（000055）股价一直在上升趋势线的支撑下运行，即使股价跌破趋势线（D点）之后，该线仍对股价有着强大的吸引作用。在此后长达两年的时间里，股价多次触及该趋势线，如D、E、F、G点。不过，由于原来的支撑线此时早已演变成了阻力线，所以股价每次反抽该线，都是很好的波段卖出的机会（如图3－4）。

四、上升趋势线的修正

基本上升趋势 L_1 形成后，随着行情的演化，其上升斜率有时会发生变化，后期市场有可能以新的角度沿 L_2 运行。实战中，投资者应该密切跟踪市场的变化，及时调整趋势线，以取代原来的买卖参照（如图3－5）。

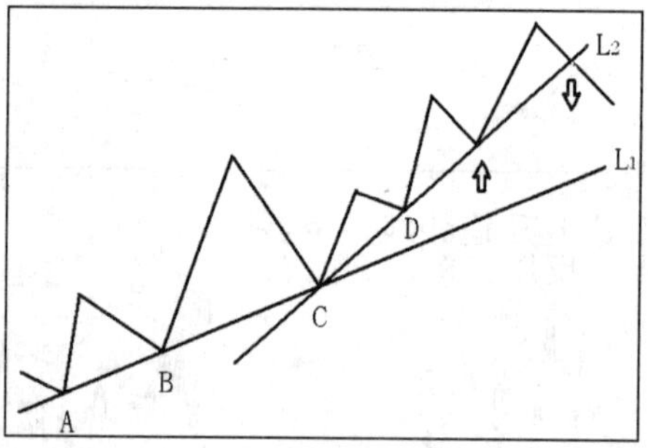

图3－5

修正后的趋势线 L_2，其画法和用法参照上升趋势线 L_1。

例1：2009年前10个月，第一医药（600833）始终沿着通过A、B两点画出的上升趋势线 L_1 震荡上行，途中也为投资者提供了多个买点。10月份之后，股价的上升角度变得更加陡峭，将C点与D点连线，得到修正过的上升趋势线 L_2，之后股价沿着 L_2 稳步上行（如图3－6）。

例2：2005年3月中旬，王府井（600859）一改此前沿 L_1 线缓慢抬升的沉闷走势，开始放量拉升，上涨斜率明显加大，股价从此

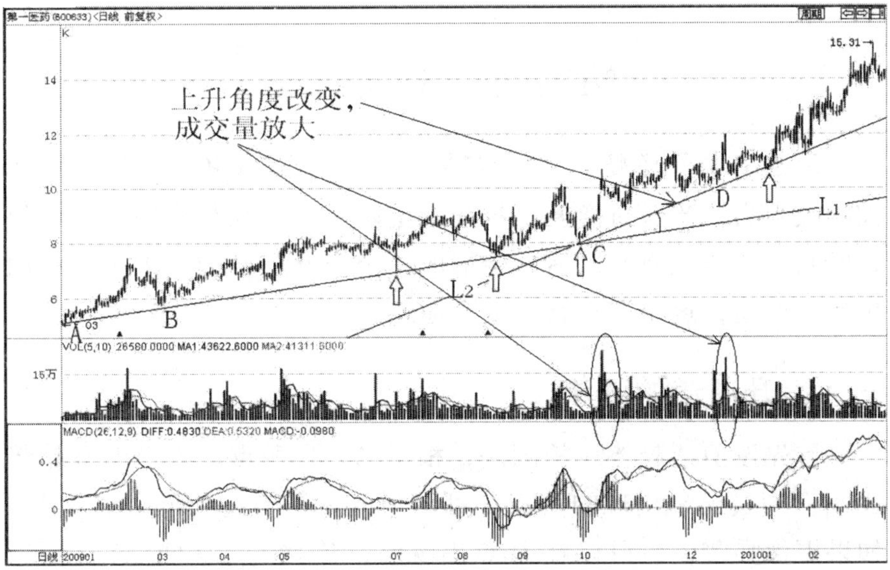

图 3 -6

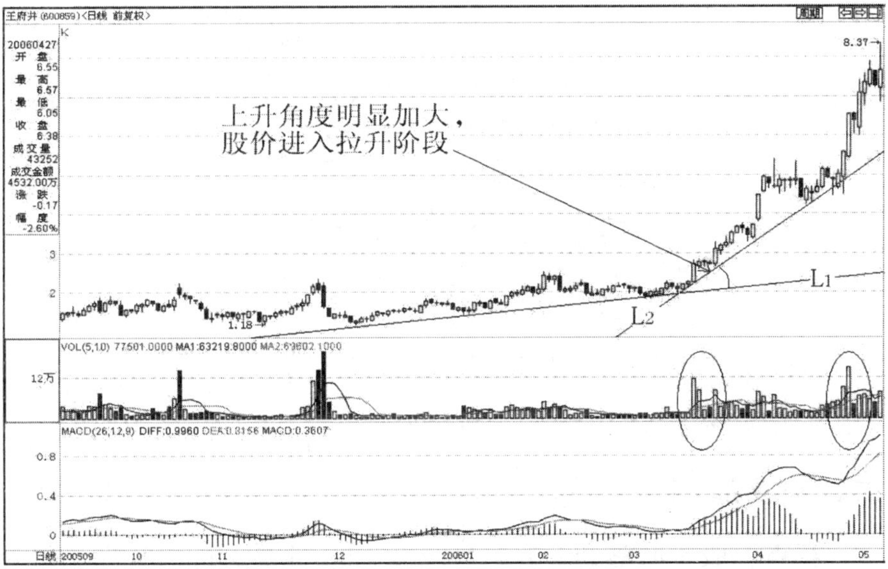

图 3 -7

进入了快速上升阶段。将低点连线，可以得到新的上升趋势线 L_2。投资者若据此跟进，将尽享主升浪的快乐（如图3 -7）。

第三节　上升通道

当基本上升趋势 L_1 形成之后，这条趋势线会对股价产生强大的吸引力。当股价离开趋势线一定距离后，往往会向原始趋势线回归。这样反复几次后，会形成一个或宽或窄的几乎平行的股价运行通道，这个通道就是上升通道。

一、上升通道的画法

首先按前述趋势线的画法，根据 A、B 两点，画出上升趋势线 L_1。通过已经出现的 C 点，可以画出一条与 L_1 平行的直线 L_2。如果更稳妥些，也可以在 D 点出现时，连接 C、D 两点得到 L_2，若 L_2 与 L_1 平行，即得到上升趋势通道（如图 3－8）。

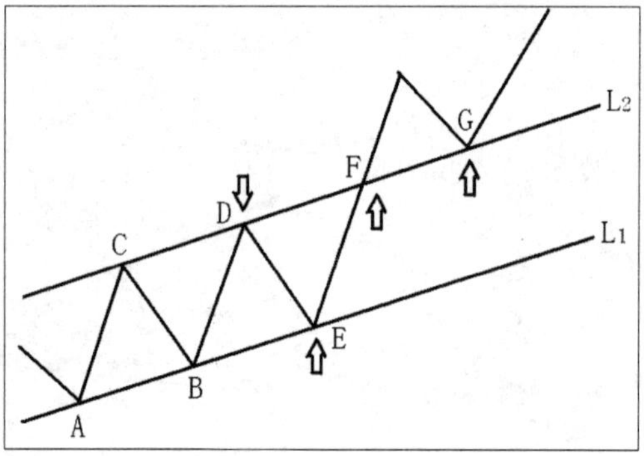

图 3－8

二、交易原则

买点： 股价回落到上升趋势线 L_1 时，即是买进的时机，如 E 点。股价突破 L_2 时的 F 点，以及突破后回抽确认 L_2 时的 G 点，均为买进时机。

卖点： 当股价遇 L_2 有回落迹象时，如 D 点，应及时卖出。

股价跌破 L_1 时，应果断卖出。

三、特别提示

1. 股价突破上升通道之前，通常会在通道内运行相对较长的一段时间。在这个阶段，投资者可把握下轨买进、上轨卖出的机会，通过高抛低吸降低持股成本。

2. 在把握上升通道内的机会时，要关注成交量的变化。通常股价向下轨 L_1 回落时，量能递减，并在下轨处达到阶段最低量，之后伴随着反弹的展开，成交量逐渐放大，在接近上轨时又开始缩量。这个过程的量价变化，反映出股价在下轨处做空动能已经衰竭，但在上轨附近，市场追买的意愿也不强烈，这也是形成上升通道的根本原因。

3. 有时上升通道的两条线并不完全平行，但总的趋势应该是大致平行的，否则将会演变成后面讲到的某种形态，如上升三角形。

例1：图 3－9 是敦煌种业（600354）2009 年 10 月到 2010 年 8 月的 K 线图。连接两个低点 A、B，得到上升趋势线 L_1，在高点 C 做 L_1 的平行线 L_2，得到由 L_1 和 L_2 组成的上升通道。有上升通道后，大家可以在股价跌至 L_1 时买进，如 D、K、E 点等，在股价反弹到 L_2 时卖出，如 F、G 点。当股价突破 L_2 线（H 点）或回抽确认 L_2 的（J 点），均为买进时机。另外，从该股的成交量与股价涨跌关系看，股价反弹时温和放量，回调时量能逐渐递减，量价关系中规中矩，因此买卖时机很容易把握。

例2：2005 年到 2006 年期间，＊ST 力阳（600885）股价始终运行在长期上升通道之内。2007 年 3 月，该股股价突破通道上轨并大幅拉升，涨幅达到通道宽度的两倍。之后，在这条原始上升通道上轨的引力作用下，股价快速回落，不偏不倚精准地踩到通道上轨后，迅速反身向上。随后股价一骑绝尘，从线上的 7.20 元起步，经过两波拉升，最高达到 17.70 元（如图 3－10）。

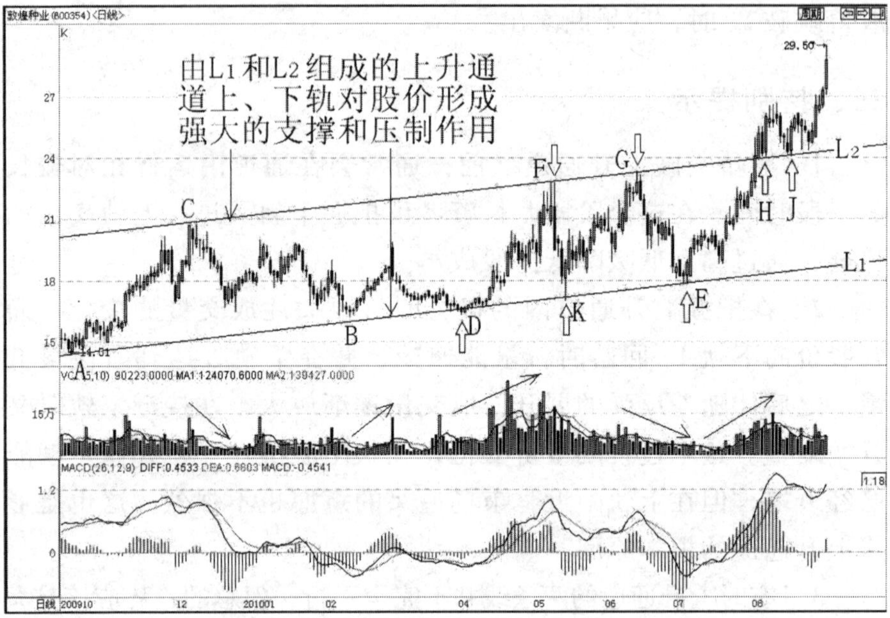
敦煌种业(600354)<日线>
由L1和L2组成的上升通
道上、下轨对股价形成
强大的支撑和压制作用
29.50
L2
L1
A
B
C
D
E
F
G
H
J
K
14.01
VOL(5,10) 90223.0000 MA1:124070.6000 MA2:139427.0000
MACD(26,12,9) DIFF:0.4533 DEA:0.6603 MACD:-0.4541
1.18

图 3－9

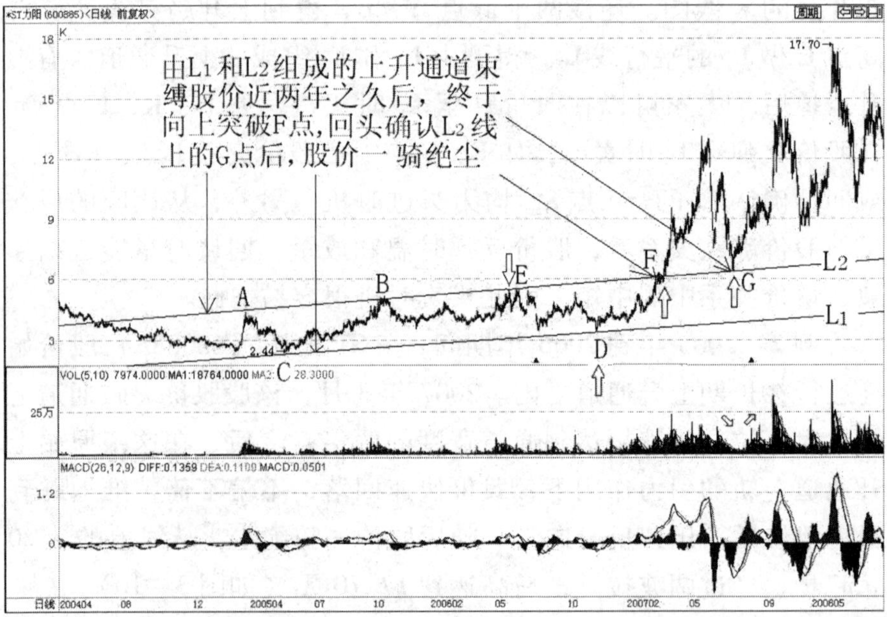
*ST力阳(600885)<日线 前复权>
由L1和L2组成的上升通道束
缚股价近两年之久后，终于
向上突破F点，回头确认L2线
上的G点后，股价一骑绝尘
17.70
2.44
L2
L1
A
B
C
D
E
F
G
VOL(5,10) 7974.0000 MA1:18764.0000
MACD(26,12,9) DIFF:0.1359 DEA:0.1100 MACD:0.0501

图 3－10

例3：仍以＊ST力阳为例。该股创出17.70元的历史天价后，股价大幅回落。2008年11月初，神奇的时刻再次出现，该股股价跌至原始上升通道下轨 L_1 的H点后，如同碰到了带电的高压线，股价迅速弹起并再次上升至通道上轨之上。在后面近两年的时间里，该股原始上升通道的上轨和下轨仍对股价产生着极其重要的支撑作用，让大家见证了趋势线的神奇力量（如图3－11）。

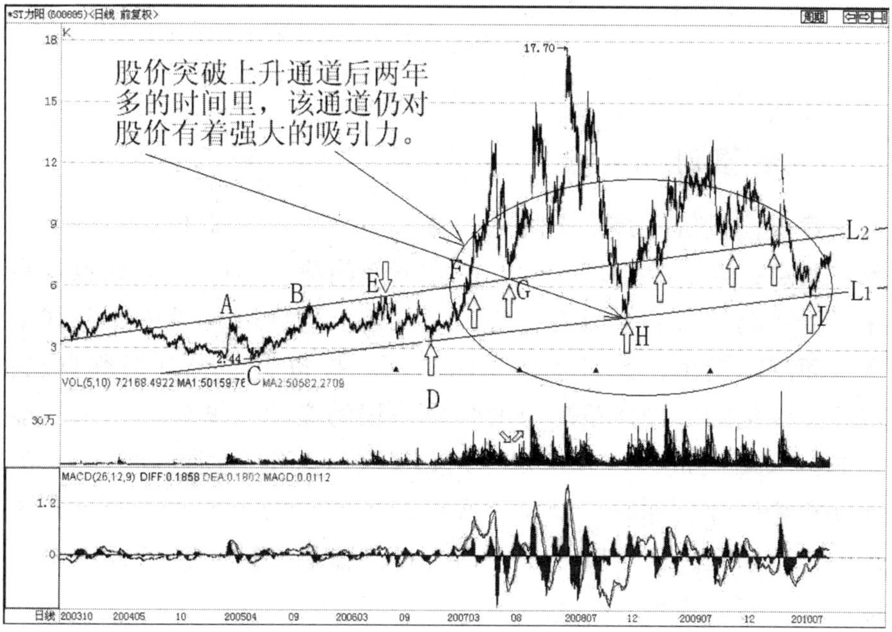

图3－11

第四节　下降趋势线

一、下降趋势线画法

当行情后面的反弹高点B低于前面的反弹高点A时，可以暂且认为下降趋势已经形成，将A、B两点用一条直线L连接起来，这条线就是下降趋势线（如图3－12）。

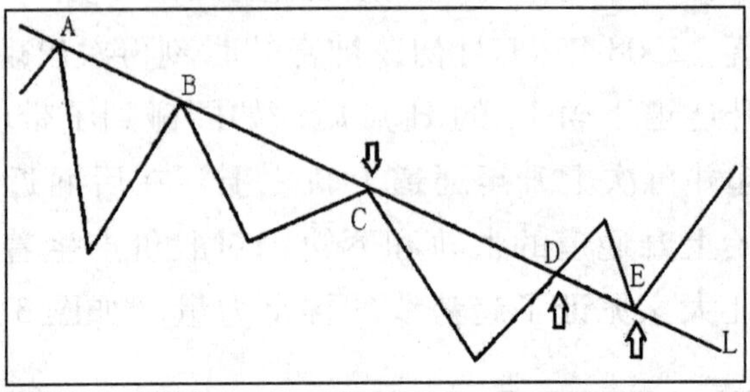

图 3－12

二、交易原则

卖点：股价反弹到下降趋势线 L 时，卖出，如 C 点。

买点：当股价出现反弹并突破下降趋势线 L 时，如 D 点，意味着下降趋势可能会改变，应及时跟进。即使因为股价在 L 线上遇阻而刚刚卖出，此时也要果断追回。投资者要时刻提醒自己：市场是变化的，操作策略也要随着市场的变化而调整。如果没能在 D 点及时买进，请多点耐心，如果股价有机会回调确认原来的下降趋势线并反弹时，是又一次买进机会，如 E 点。不过，并不是所有股票在突破下降趋势线后，都会做回头确认的动作，出现这种情况有时需要一些运气。

三、特别提示

1．一旦下降趋势形成，最应该做的是寻机卖出，不要对后续行情抱太多的幻想。下降趋势延续的时间越久，趋势线的可靠性越强。

2．股价向上突破下降趋势线时，如果成交量同时放出，那么突破的可信度较大，应及时跟进。

3．股价有时会出现假突破的可能，但是从保证资金安全的角度考虑，此时不要主观地预测突破的真伪，应该严格参照趋势线的得失，决定采取何种操作。

例 1：在浙江阳光（600261）的 K 线图表上，连接 A、B 两点，得到下降趋势线 L。之后每当股价触及该线，均为卖出的时机。2008 年 11 月，股价放量突破下降趋势线 L 时，为第一个买入点（C 点），之后缩量回调确认 L 的支撑时，又是一次也是最后一次买进的机会（D 点）。之后股价扶摇直上，一飞冲天（如图 3 – 13）。

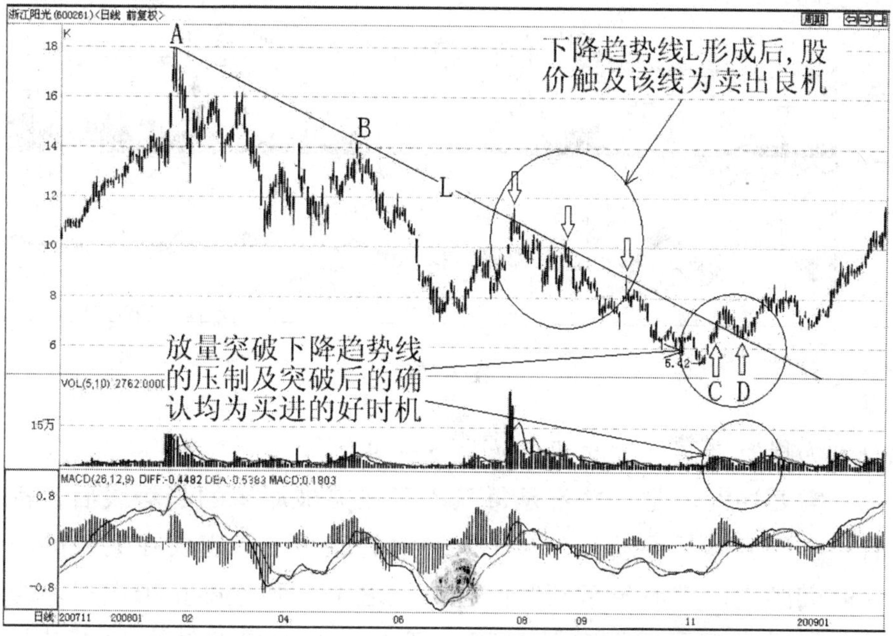

图 3 – 13

例 2：从 2008 年 1 月开始，深深宝（000019）的股价就开始了绵绵下跌。将 A、B 两个高点连线，得到下降趋势线 L。之后近一年的时间里，股价在 L 线的压制下，没有得到任何喘息的机会，每当股价触碰到 L 线，就会遭到空方的坚决打压。实战中，每个下箭头指示的位置，均为抛出筹码的绝佳机会。2008 年 12 月，股价终于放量突破逞威一年之久的下降趋势线（C 点），此

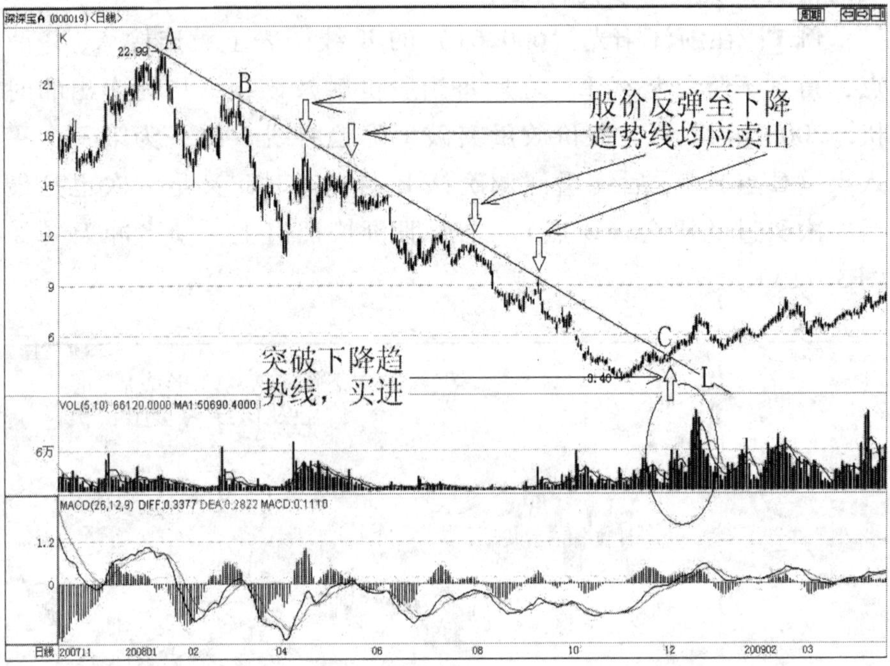

图 3-14

时方为投资者买回的时机（如图 3-14）。

需要注意的是，并不是每只个股在突破原来的趋势线后，都有一个回调确认的动作。对于所钟情的股票，一定要在突破的第一时间跟进。若股价重新跌回趋势线之下，则立即止损出局。当然，如果出现了回调确认过程，则是一次难得的补仓和买进机会，此时断不可再次失去良机。

四、下降趋势线的修正

当基本下跌趋势 L_1 形成后，随着下跌速度的加快，其下降斜率也会产生变化，后期市场将按新的角度沿 L_2 运行。实战中，投资者应该密切跟踪市场的变化，及时调整原来的买卖参照（如图 3-15）。修正后趋势线 L_2 的画法和用法，可以参照下降趋势线 L_1。

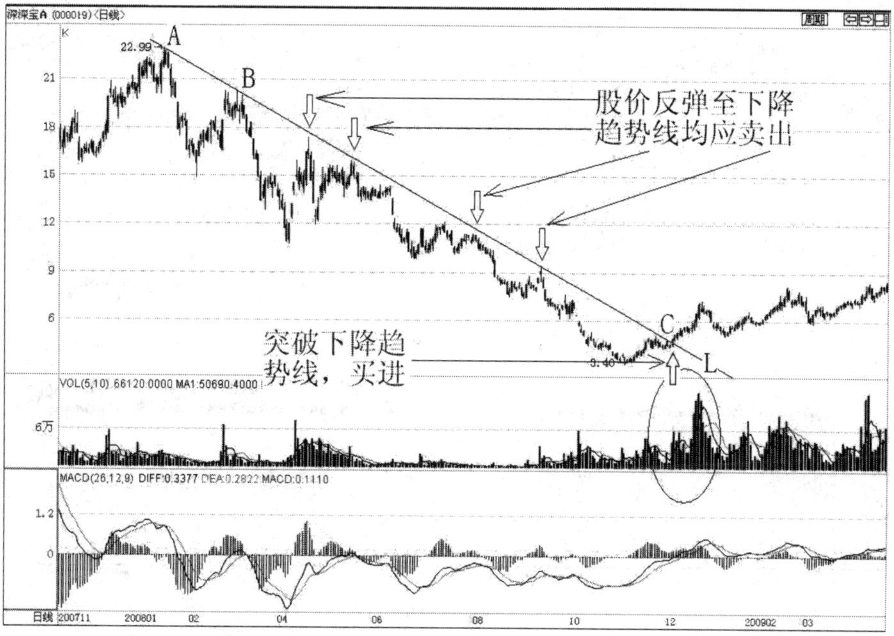

图 3－15

例 1：2004 年 10 月至 2005 年 3 月中旬，广电电子（600602）沿 L_1 走出了较为标准的下跌趋势。此后 K 线突现长阴，股价加速下挫，下跌角度明显加大，随后股价沿新的下降趋势线 L_2 快速滑落。从成交量同步放大来看，市场主力已完全放弃防守，抛出筹码落荒而逃（如图 3－16）。

例 2：2010 年 1 月至 5 月，国药股份（600511）的股价沿下降趋势线 L_1 缓慢下行，之后迅速改变下跌角度，股价加速下挫。在修正后的下降趋势线 L_2 的压制下，股价短期内从 28 元跌至 19 元。可见，在大的下跌趋势没有改变之前，持币等待是最佳选择，盲目买进或被动持股，只能使亏损不断扩大（如图 3－17）。

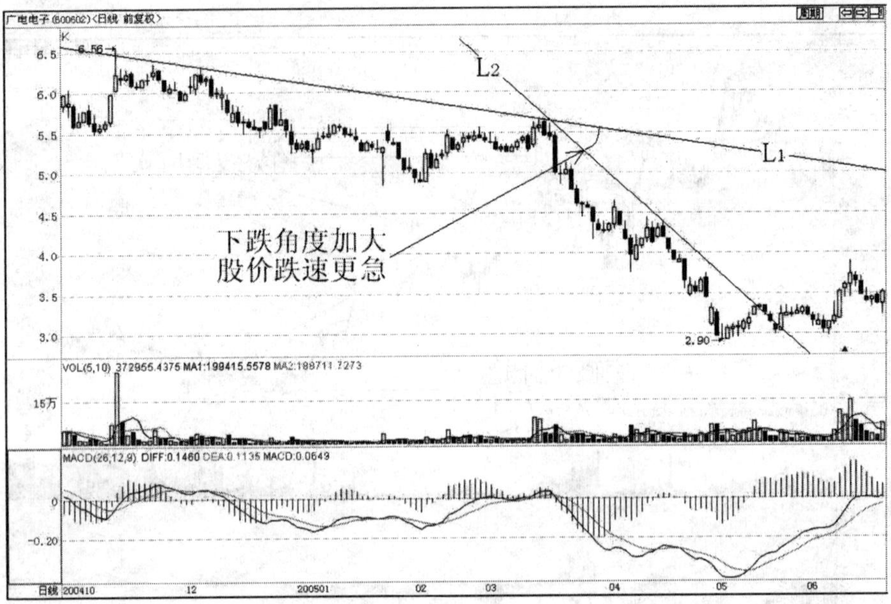
广电电子(600602)<日线 前复权>
L2
L1
下跌角度加大
股价跌速更急
6.56
2.90
VOL(5,10) 372955.4375 MA1:198415.5578 MA2:188711.7273
MACD(26,12,9) DIFF:0.1460 DEA:0.1135 MACD:0.0649

图 3－16

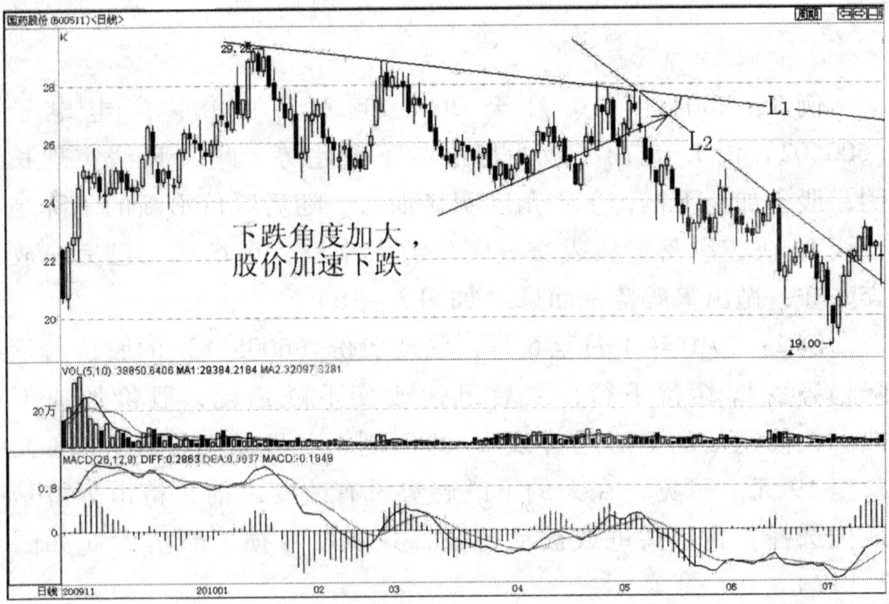
国药股份(600511)<日线>
L1
L2
下跌角度加大，
股价加速下跌
19.00
VOL(5,10) 38850.6406 MA1:29384.2184 MA2:32097.8281
MACD(26,12,9) DIFF:0.2863 DEA:0.3837 MACD:-0.1949

图 3－17

第五节　下降通道

基本下降趋势 L_1 形成之后，这条趋势线会对股价产生较强的吸引力。当股价离开趋势线一定距离后，往往会向原始趋势线回归，这样反复几次后，就会形成一个或宽或窄几乎与 L_1 平行的运行通道。

一、下降通道的画法

首先按照前述方法，连接 A、B 两点画出 L_1，然后通过已经出现的 C 点，可画出与 L_1 平行的一条直线 L_2。更稳妥些的做法是，当 D 点出现时，连接 C、D 两点得到 L_2，若 L_2 与 L_1 平行，即得到下降通道（如图 3－18）。

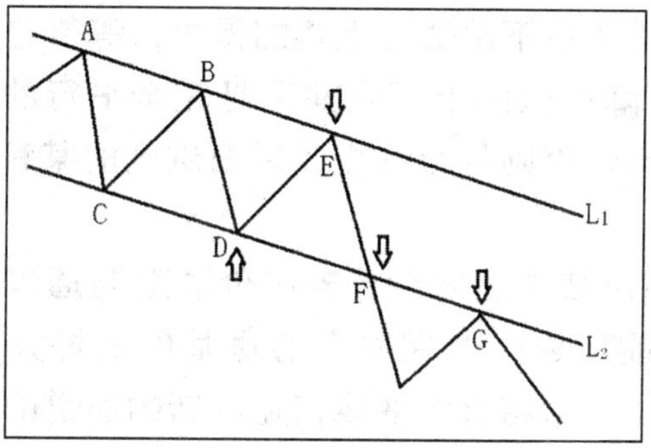

图 3－18

二、交易原则

卖点：当股价触碰到 L_1 时（E 点），应及时卖出。股价跌破 L_2 时（F 点），表时跌势或将扩大，应果断卖出。股价跌破 L_2 后反抽 L_2 遇阻，则坚决卖出。

买点：股价回落到 L_2 且不跌破时，即是短线买进的时机，如图中 D 点。

三、特别提示

1. 股价在突破下降通道之前，通常会在通道内运行相对较长的一段时间。在这个阶段，投资者可以把握下轨买进、上轨卖出的机会，通过高抛低吸降低持股成本。在下降通道中，原则上应该以寻找反弹高点择机卖出为主，因为在下跌趋势中，风险要远大于机会，小幅度的反弹宁可错过，也不要做错。

2. 下降通道内成交量的变化较为复杂。股价在跌至下轨时放量，可以认为是恐慌盘涌出，但也可能是场外资金逢低进场，股价有望出现反弹。如果是无量下跌，也可以理解为杀跌动能不足，股价将会报复性反弹。股价接近上轨时放量，既可能是遇到了沉重的抛压，也可能是追涨意愿不强，意味着股价将重回跌势。正是多空双方如此博弈，才形成了下降通道。实战中，建议投资者应更多地关注下降通道上轨的得失，等待趋势发生转变。

3. 有时下降通道的上下轨并不是完全平行的，但总的趋势应该是大致平行，否则将会演变成后面讲到的某种形态，如下降三角形。

4. 下降通道被跌破之后，若股价跌至与通道等距处出现止跌迹象时，可能形成一个在原有通道基础上扩大一倍的下降通道，原来的通道下轨将会演变成拓宽后新的通道的中轨。

5. 如果得到的下降通道比较宽阔，可以取通道 1/2 的位置画出与上下轨道等距且平行的中轨。只要画出的通道是正确的，那么中轨也将在后市的行情中起到重要的参考作用。

例 1：图 3 - 19 是中粮屯河（600737）2009 年 8 月至 2010 年 7 月一年时间的 K 线图。连接 A、B 两点，得到下降趋势线 L_1。通过 C 点，做 L_1 的平行线得到 L_2。此时由 L_1 和 L_2 组成了一个清晰的下降通道，买点 D、卖点 E 在图中也显得非常明确。当股价跌破下轨（F 点）之后，在下轨 L_2 下方找到与通道宽度等

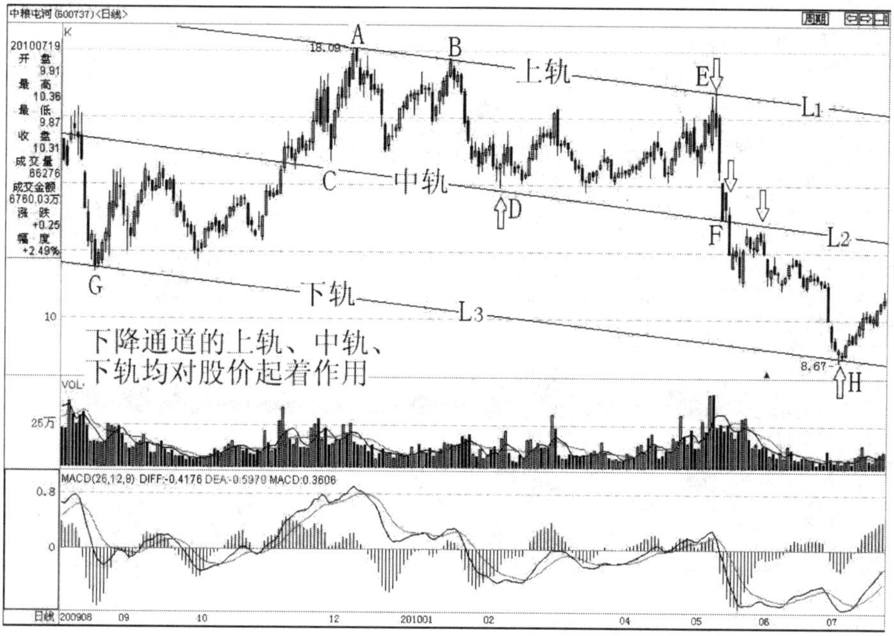

图 3－19

距的 G 点，并由此做 L_2 的平行线 L_3。有意思的是，当股价跌至 L_3 的 H 点处时，出现了强劲的反弹，这说明拓宽后的通道仍对股价起着强大的支撑作用。

例 2：在冠农股份（600251）的 K 线图表上选定 A、B 两点，得到下降趋势线 L_1。再通过 C 点画出与 L_1 平行的 L_2，得到一个较宽的下降通道。最后取 L_1 和 L_2 的中间位置，画出中轨 L_3。从后期股价的走势可以看出，在 2009 年 8 月至 2010 年 8 月超过一年的时间内，L_1、L_2、L_3 这三条轨道线始终对股价起着支撑或压制的作用。提前发现这种规律，按照图中上下箭头指示的交易信号进行买卖，操作性极强，收效也非常显著（如图 3－20）。

例 3：上证综合指数 2009 年 8 月 4 日创出了年内新高 3478 点，之后便进入了长达一年多的调整。通过 A、B 点连线，得到

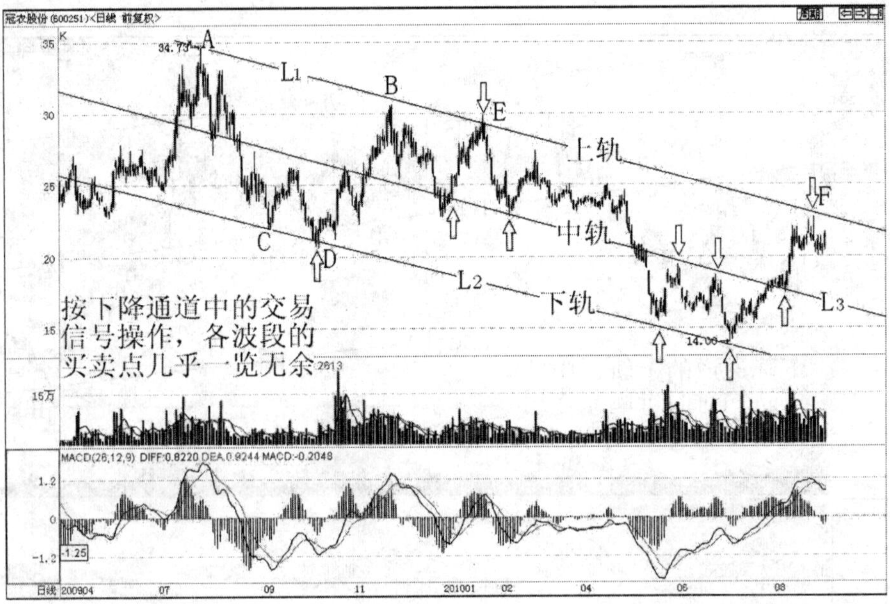

图 3－20

下降趋势线 L_1。之后该线似乎被加上了魔咒，每当股指触及该线时，无不遇阻回落。当股指从 3478 点跌至 C 点出现反弹时，暂且通过 C 点画 L_1 的平行线得到 L_2，之后股指反弹至 D 点处遇阻回落。通过计量可以发现，D 点基本处于 L_1 和 L_2 的 1/2 位。再以 D 点为基准，画一条与 L_1、L_2 平行的 L_3 线。至此，就得到了一组可以“预测”指数的趋势线。事实证明，这三条线对后面的行情起到了极大的支撑和阻力作用。沪指跌至 2319 点时，分毫不爽地触及 L_2 线，引发了强劲的反弹，由此展开了年内级别最大的一波行情，其精确程度令人咂舌（如图 3－21）。

事实上，对于市场趋势而言，除了前面介绍的上升趋势和下降趋势之外，还有一种趋势，就是不涨不跌的横向运行趋势。由于这种趋势一般持续的时间较短，通常只是上升趋势或下跌趋势中的一个过渡阶段，或者趋势转换前的酝酿阶段，因此对于该趋势的操作策略，将在后面的形态中详细讲解。

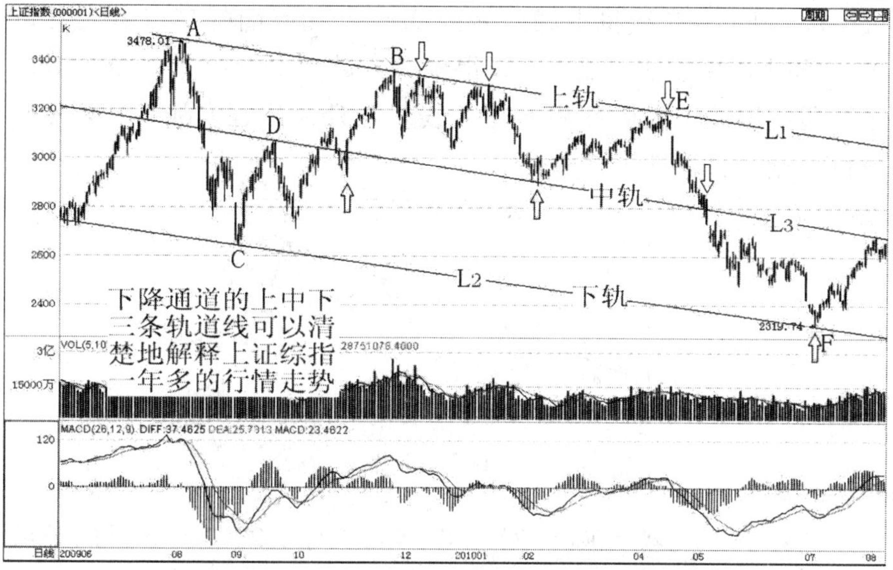

图 3－21

第六节　X 线

前面介绍了上升趋势线和下降趋势线，相信大家通过实例已经领略到了趋势的力量。除此之外，还有一种更加神奇的切线，虽然它看起来似乎没什么道理，但实际上却有非常高的参考价值，具有很强的实战意义，这就是下面要介绍的 X 线。

与根据两个高点或两个低点画出的上升、下降趋势线或趋势通道不同，X 线的画法是将市场中原来的低点和后面的高点，或者将原来的高点与后面产生的低点相连，画出一条直线，这条线就是 X 线。研究 X 线的目的，是以市场以前的高点和低点为依据，找到未来股价的支撑位或压力位，以此作为买卖决策的参考。

X 线有两类，即上升 X 线和下降 X 线。

一、上升 X 线

上升 X 线有两种画法。

1．用一条直线将市场原来的低点 A 和后面的高点 B 连接起来（此时的 B 点比 A 点高），得到一条趋势线，将来股价上升时才能遇到该线，因此称为上升 X 线。上升 X 线在实战中主要用于寻找卖点（如图 3－22）。

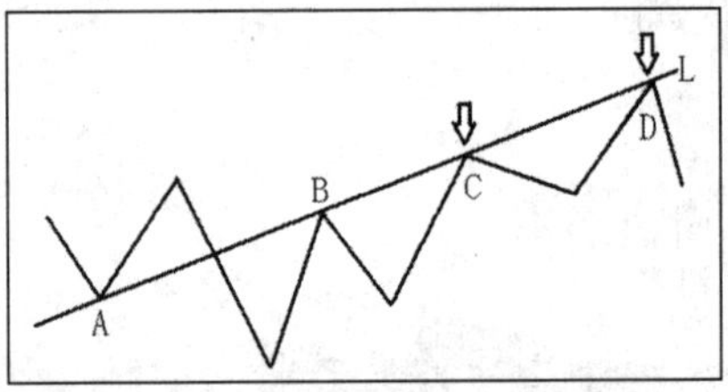

图 3－22

例：在新中基（000972）2009 年 12 月至 2010 年 3 月的 K 线图上，将调整低点 A 与反弹高点 B 相连接（B 点高于 A 点），得到上升 X 线 L。后市股价反弹并触及 L（C 点）时，即为阶段性的卖点（如图 3－23）。

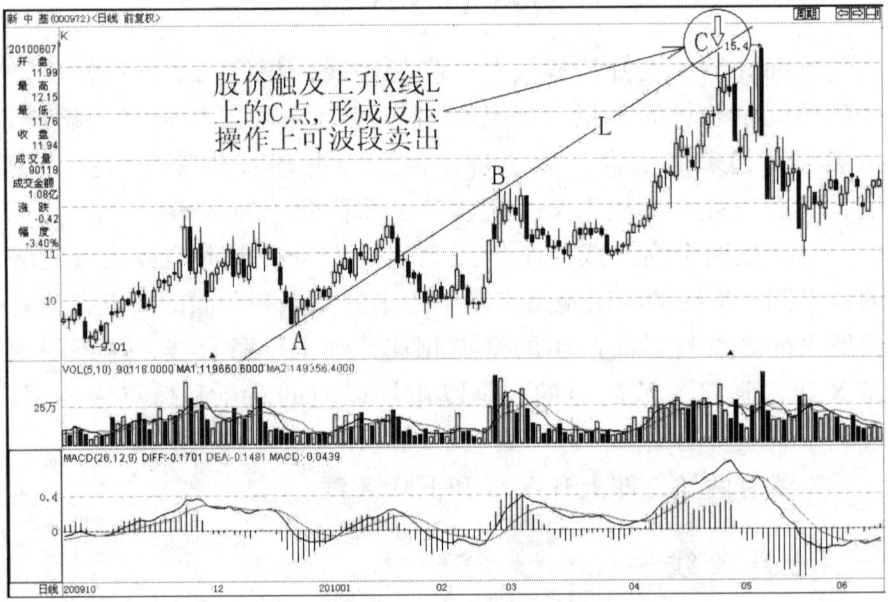

图 3－23

2. 用一条直线将市场原来的低点 A 和后面的高点 B 连接起来（此时的 B 点比 A 点低），得到一条趋势线，将来股价上升时才能遇到该线，因此也称为上升 X 线。这样的上升 X 线，在实战中的意义也是寻找卖点（如图 3－24）。

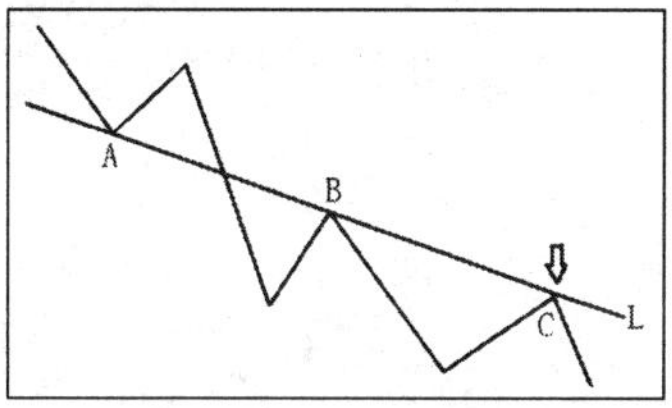

图 3－24

例 1：以胜利股份（000407）为例。将其 2001 年 5 月份的低点 A 与 9 月份的反弹高点 B 相连（A 点高于 B 点），得到上升 X 线 L。在之后半年多的行情中，每当股价反弹并触及 L 线时（C、D、E 等点），均为阶段性卖出的良机，上升 X 线成为空方设置的一道难以逾越的防线（如图 3－25）。

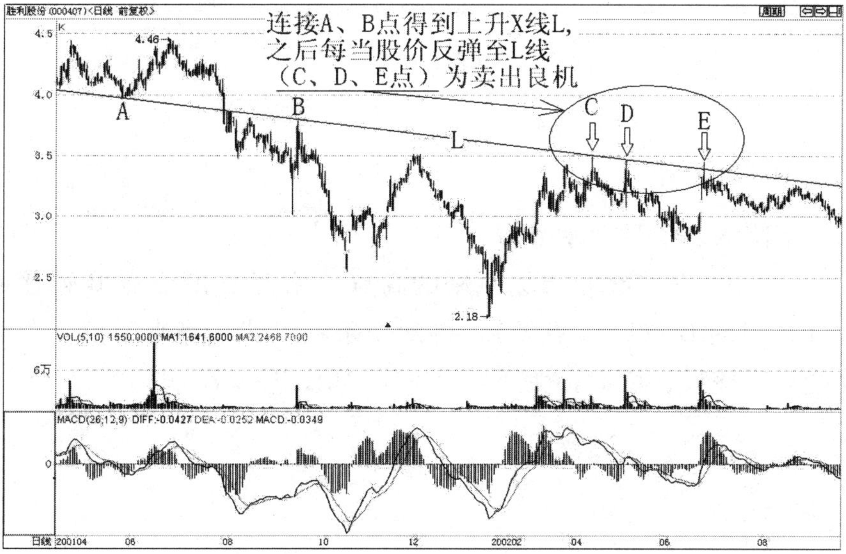

图 3－25

例 2：与上例相似，在三毛派神（000779）2008 年全年的 K 线走势图上，同样可以通过连接 A、B 两点得到 X 线 L，从而找到 C 点这样的理想卖点（如图 3－26）。

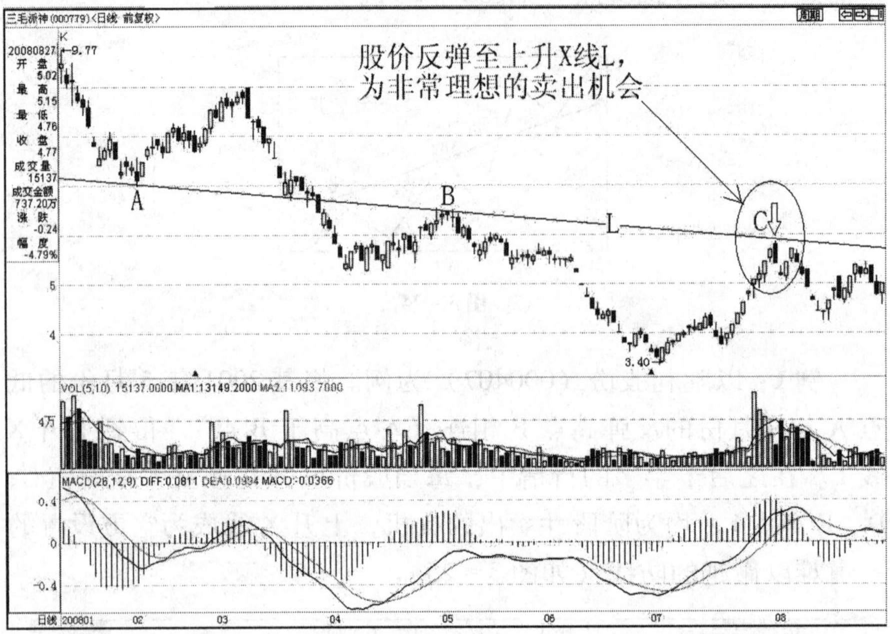

图 3－26

二、下降 X 线

下降 X 线也有两种画法。

1. 用一条直线将市场原来的高点 A 和后面的低点 B 连接起来（此时的 B 点比 A 点低），得到一条趋势线，将来股价下跌时才能遇到该线，因此称为下降 X 线（如图 3－27）。

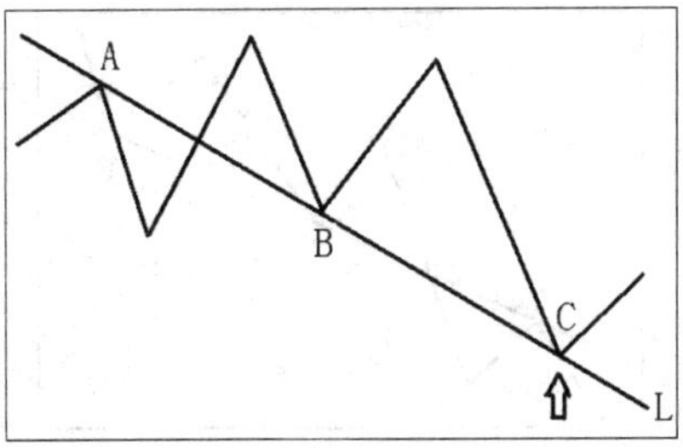

图3－27

例：2004年2月至8月，中卫国脉（6000640）股价基本呈震荡下跌的走势，如果一直持有，损失显而易见。通过下降X线，投资者却可以捕捉到每一次反弹的机会，反而会获得一些短线收益。通过连接A、B两点得到下降X线L，接下来每当股价跌至该线如C点、D点时，均为买入时机（如图3－28）。

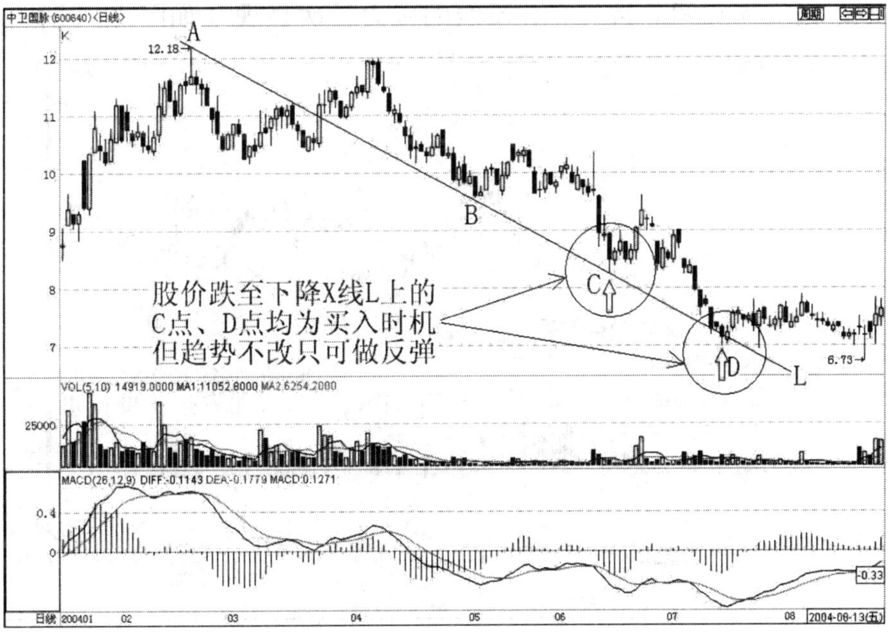

图3－28

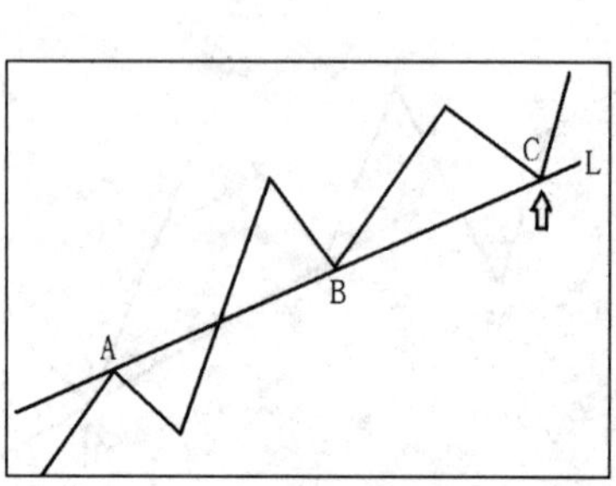

图 3－29

2. 用一条直线将市场原来的高点 A 和后面的低点 B 连接起来（此时的 B 点比 A 点高），得到一条趋势线，将来股价下跌时才能遇到该线，因此也称为下降 X 线（如图 3－29）。

例：连接百利电气（600468）2010 年 3 月初的一个高点 A 与 5 月份的调整低点 B，得到下降 X 线 L。通过这条线，投资者可以把握到 C 点、D 点两次反弹的良机。特别是始于 D 点的反弹，其反弹空间非常可观，X 线的威力再次显现（如图 3－30）。

图 3－30

第七节　使用趋势线的几个要点

一、支撑、压力的转换

通过前面的介绍，大家看到了各种趋势线的神奇作用。但是在实战中，如果单独使用趋势线，有些时候也会出现失误，比如假突破，趋势转换过快，股价随机漫步，没有明确趋势等。在这些情况下，靠人为地、主观地去画一条线，以为这就是市场趋势，其效果就不够理想。

前面介绍趋势线的时候可以看到，支撑线和压力线除了在趋势延续的过程中具有一定的支撑和压力作用之外，在原有趋势被突破之后，支撑线会变成压力线，而压力线也会具备较强的支撑作用。如果大家能够寻找到多条趋势线的交汇点，最好同时还有X线的共振，以此来判断其对股价或指数的支撑和压制作用，那么其参考价值和可信度将会大大提高，有时甚至是确定无疑的。

例：从上证综合指数的周线图上可以清晰地看到，历史大底998点（A点），就是在多条趋势线的共同作用下产生的。10年间牛熊转换形成的多条重要的趋势线和X线（图中L_1、L_2、L_3、L_4），神奇地汇集在998这一个点上，由此走出中国股市有史以来波澜壮阔的一波牛市行情，堪称十年磨一剑（如图3－31）。除这些趋势线之外，还有上证综合指数95点至325点连线即原始上升通道线。这里因周线图时间跨度所限，没有在图例中标示，有兴趣的投资者可在各种股票软件上试画。

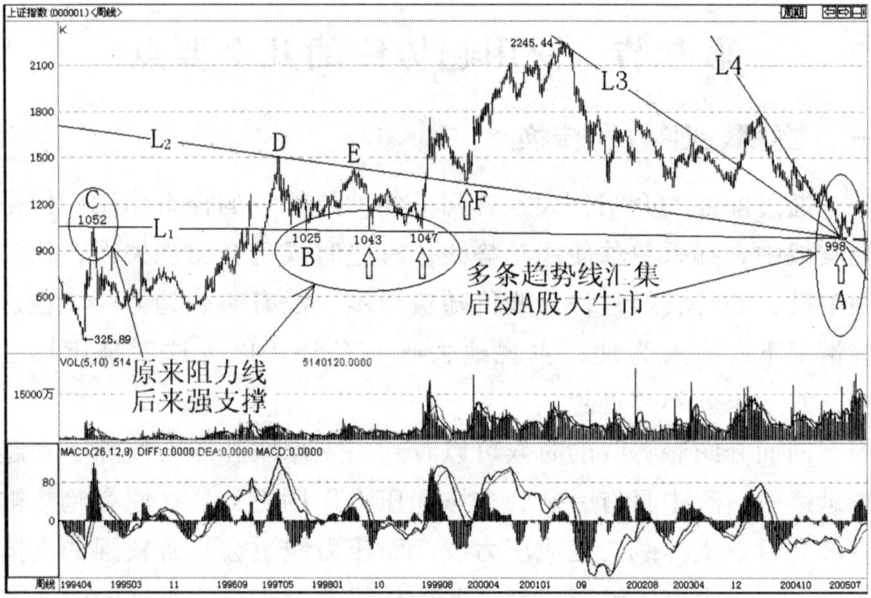

图 3－31

二、使用趋势线的几个要点

1. 在画上升趋势线时，连接的是价格波动的低点。画下降趋势线时，连接的是价格波动的高点。

2. 在趋势形成的初期，无法确认选取的高点、低点是否是最有意义的，接下来的价格也许会有新的变化，所以需要投资者在图表上多画几条趋势线，最终留下对股价最起作用的趋势线。特别是当趋势有所改变时，一定要及时修正。当然，能够在最短的时间内找到最有效的趋势线，除了要掌握画趋势线的方法之外，经验的积累也相当重要。

3. 从理论上讲，趋势延续的时间越长，趋势线的效果越明显，可信度也越高。但反过来，一种趋势不会永远延续下去，那么趋势延续的时间越长，距离趋势改变的时间也就越近，这对实战操作来讲是一对矛盾。

三、判断突破有效性的原则

有些时候，股价在突破原有趋势后，短时间内又重新回到趋势线之内，这种突破称为假突破。但是真、假突破只有在事后才能知道，突破的当时很难判断。

按通常的说法，价格超出趋势线3%，突破时间超过3天方为有效，保守一点也可以以收盘价是否突破为准，但实战中这些做法很多时候并不实用。比如当天价格跌破原趋势线2.9%，你没有卖出，次日股价大幅低开并继续下行，投资者的持股损失将会扩大。如果遇到暴跌，所谓的“突破3天有效”这一原则，将使投资者承担更大的风险。

再比如，有人认为应该按收盘价确认突破是否有效，当股价下破趋势线5%时仍不卖出，待收盘时股价不仅没有回升到趋势线之上，反而以跌停收盘，那时想卖出也无法成交，次日若低开低走甚至直接跌停，其损失可想而知。

反之，在股价向上突破时，如果投资者犹犹豫豫，瞻前顾后，没能及时跟进，也会面临踏空至少是追高的风险。

实战中建议遵循以下原则。

1. 从价格上看，只要股价突破原有趋势，先按有效突破理解，做出顺势而为的交易，待确定是假突破时，立即做出相反的操作。这一点在期货交易上显得尤为重要，因为任何侥幸心理都是投资的大忌。

2. 重点关注突破时成交量的变化。向上突破下降趋势线的压制时，通常需要成交量的明显放大。但向下跌破上升趋势线的支撑时，量能变化通常不大，而在股价已经远离趋势线时，成交量可能才会逐渐放出。另外，在股价向上突破上升通道的上轨，改变上升角度时，一般也需要成交量的快速放大。

第四章　形态分析

第一节　形态概述

很多市场人士把趋势和形态分成两个部分来研究，其实形态本身也是一种趋势，形态是从属于趋势的，是大趋势中的一部分。

从长期角度来看，市场趋势分为上涨和下跌两种，但是这两种趋势的运行过程却是十分复杂的，股价不可能简单地沿着一条直线或平行线走下去。一种趋势的整个运行过程，需要经过酝酿、准备、铺垫、过渡、延伸、突破、结束等多个环节。在不同的环节里，价格或指数的波动形式也是各不相同，各具特点的。但这些波动从大的方面来看，也是存在共性和规律的。

把某个波动区间沿边缘用线连接起来，就会得到各式各样的图形，这些图形在股市技术分析里称做形态。形态是大趋势中的间歇阶段，研究形态的目的，就是要找到股价在这个形态运行过程中的涨跌特点，以及形态结束或突破后股价运行的方向，从而为交易提供参考依据。

按照各种技术形态出现的位置，可以把各种形态归为两大类，即反转形态和整理形态。

反转形态是指当这种形态出现后，市场原来的运行趋势可能发生逆转。这种形态是牛熊转换的标志性信号，一旦出现，投资者应该积极把握机会，果断地作出买进或卖出的决定，以免错失赚钱的良机，或招致投资损失。

整理形态也叫盘整形态或过渡形态，是在一波大趋势过程当中的间歇、休息、准备和酝酿阶段形成的技术形态。这种形态本身有一定的规律，但突破的方向并不十分确定，而且有些时候部分整理形态也会成为转势的信号。实战中应密切观察盘面的变化，顺势而为。

第二节　V 形底和倒 V 形顶

V 形是最简单的形态之一，分为 V 形底（尖底）和倒 V 形顶（尖顶）。

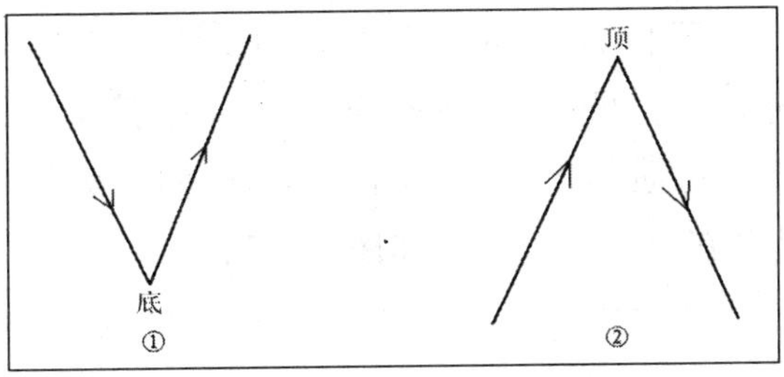

图 4－1

一、V 形底

（一）　形态成因

在一波下跌行情的末段，市场中的悲观情绪明显升温，股价加速下行，基本呈自由落体下跌，新低接连出现，恐慌盘不断涌出。就在这时，该股于某日突然止跌反弹，形成了一个尖底。接下来的数个交易日里，久违了的买盘纷纷进场拉升股价，使股价迅速脱离底部，并且股价单边上涨，拒绝回调，股价上升的角度与加速下跌时正好对称，做多的力度也与此前空方的打压力度基本相等。从走势上看，急跌急涨的过程在 K 线图上留下了一个大大的 V 字形运行路线，V 形底因此得名（如图 4－1：①）。

这里介绍一个概念——量度涨跌幅。量度涨跌幅是指根据不同形态测量的理论上的大致涨跌幅度。这个幅度虽不十分严格，但一般都会达到，实战中可作参考。

（二） 技术要领

1. 股价向上突破原来的下降趋势线，即为买进信号。
2. 股价是否见底，可以参考前面讲解的见底 K 线组合。
3. V 形底的量度升幅基本等于见底前的单边下跌幅度。
4. 伴随着股价的快速回升，成交量也会有所放大。

（三） 实战案例

例 1：ST 天宏（600419）在 2010 年 4 月中旬至 7 月初的时间里股价持续下跌，后半段更是加速下挫。但是在 7 月初出现单针探底的 K 线后，股价开始迅速反弹。几天后，在买盘的推动下，成交量也逐渐放大，股价呈现逼空式上涨，甚至出现了 17 个交易日连续收阳线的强劲走势，两个月后基本收复失地，在图表上留下了一个清晰的 V 形轨迹（如图 4－2）。

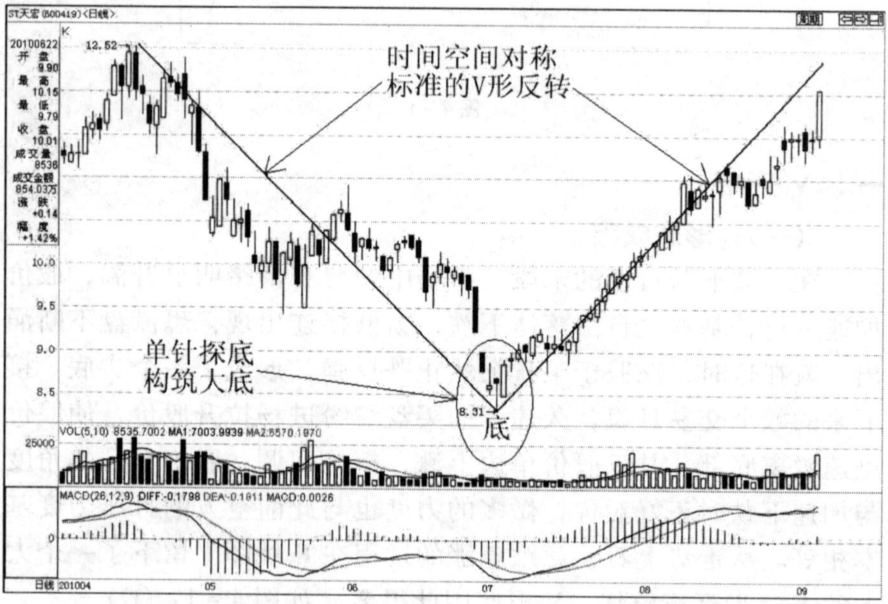

图 4－2

例2：2008年8月至11月初之间，ST磁卡（600800）的股价从6元一路狂跌至2元，其间更是多次出现连续跌停的走势，熊市特征极其明显。然而在经历了最后一波即10月份的持续下跌之后，股价于11月初最后一个跌停的次日一改原来的颓势，连收7根阳线。此后更是单边上涨，并且还以连续一字线涨停的强劲走势，将熊市的阴霾一扫而光，股价短时间内便重回6元之上，V形反转一气呵成（图4-3）。

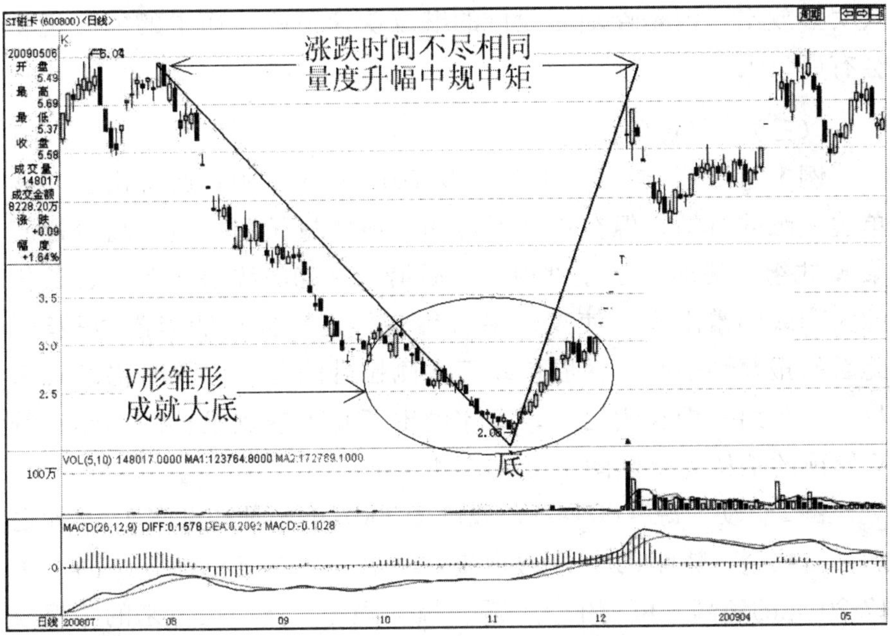

图4-3

二、倒V形顶

（一） 形态成因

在一轮上升行情的末段，受市场追涨热情的推动，股价被快速连续拉升，新高记录不断刷新，获利效应迅速扩散。正当人们早已将风险抛于脑后时，市场趋势风云突变，股价于某日调头向下，随后获利盘争相兑现，下跌动作坚决果断，毫不犹豫。市场由此前的多头市场瞬间变为空方主导，跌势之凌厉和此前的上涨形成了鲜明的对照，股价以和拉升时同样的速度做完全反向的运动，并在图表上形成了一个倒置的V字形（如图4-1：②）。

（二） 技术要领

1. 股价向下突破原来的上升趋势线，即为卖出信号。

2. 股价是否见顶，可以参考前面介绍的见顶K线组合。

3. 倒V形顶的量度跌幅，至少为见顶前的单边上涨幅度。

4. 见顶初期，由于市场接盘不够踊跃，所以成交量不一定会明显放出。但是伴随着股价的继续快速下跌，途中的成交量将会有所放大。

（三） 实战案例

例1：广汽长丰（600991）从2010年3月中旬起走出了一波单边上涨的行情，但在4月下旬的一根放量长阳之后，高位螺旋桨K线组合使股价迅速见顶，之后沿下降趋势线展开下跌，长长的大阴线频繁出现，使高位追进后观望迟疑的持股者悉数被套。此后的报复性杀跌，使股价跌至左侧拉升的起点位置时仍意犹未尽，又收出一根长阴之后，方才做出了几个修复股价的动作，倒V形顶的杀伤力跃然图上（如图4-4）。

例2：动力源（600405）股价于2007年6月初见底7.58元之后，沿狭窄、陡峭的上升通道连续上涨11个交易日，并创下了17.20元的新高，可谓牛气十足，极其强势。然而接下来的一根放量跌停长阴，宣告上升趋势终结，随后低开阴线接连不断，空方的力量开始集中渲泄。十几个交易日之后，股价重新回到7元附近，标准的倒V形顶将前期的巨大涨幅悉数抹去（如图4-5）。

从上面的实例不难看出，V形底和倒V形顶的形成速度极快，通常是单日反转，最多也只需要两天的时间。在判断市场是否以V形见底或见顶的时候，要从以下两个方面入手。一是从K线组合上判断，看K线形态是否满足出现顶、底的条件。二是在股价突破原有趋势时，果断地买进或卖出。

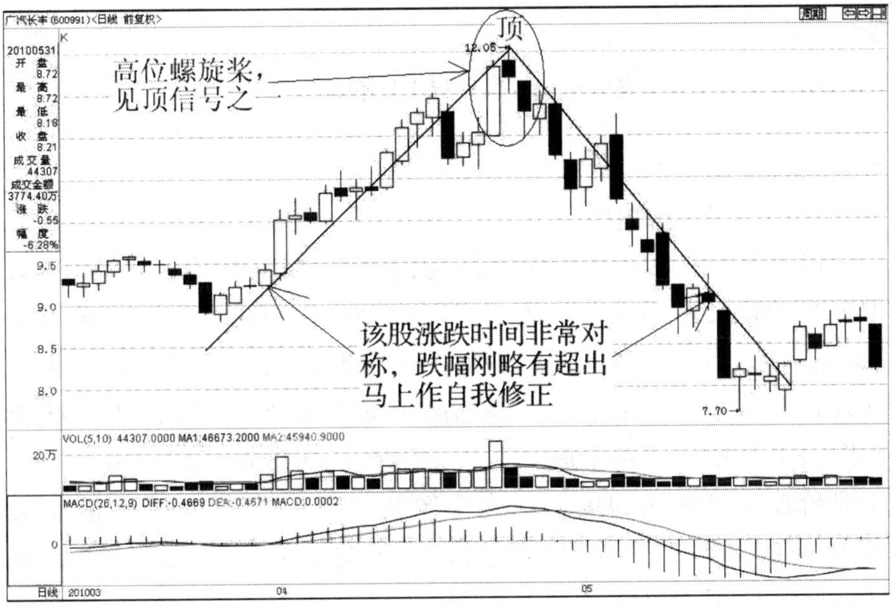
广汽长丰(600991)<日线 前复权>
顶
12.05
高位螺旋桨，
见顶信号之一
该股涨跌时间非常对称，跌幅刚略有超出马上作自我修正
7.70
20100531
开盘 8.72
最高 8.72
最低 8.18
收盘 8.21
成交量 44307
成交金额 3774.40万
涨跌 -0.55
幅度 -6.28%
VOL(5,10) 44307.0000 MA1:46673.2000 MA2:45940.9000
MACD(26,12,9) DIFF:-0.4669 DEA:-0.4671 MACD:0.0002
日线 201003
04
05

图 4-4

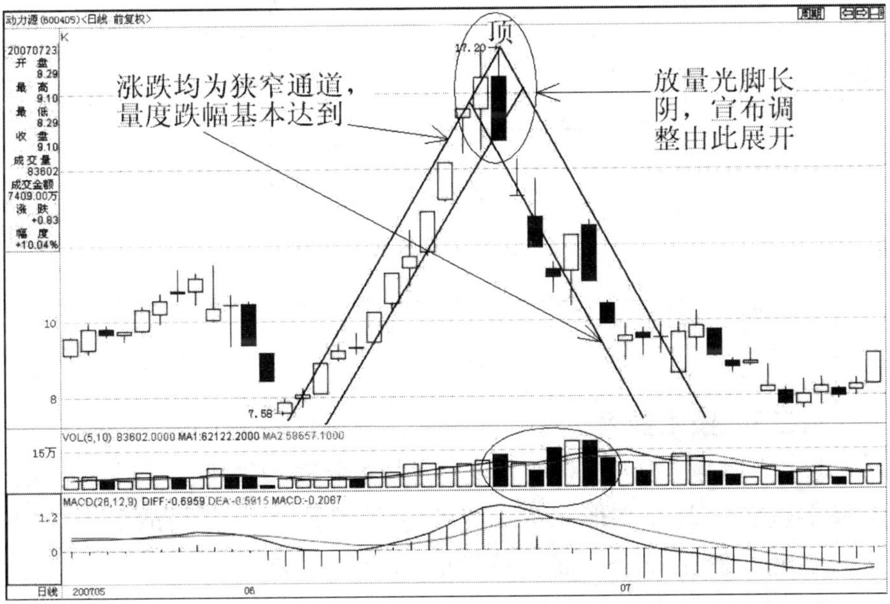
动力源(600405)<日线 前复权>
顶
17.20
涨跌均为狭窄通道，
量度跌幅基本达到
放量光脚长阴，宣布调整由此展开
7.58
20070723
开盘 8.29
最高 9.10
最低 8.29
收盘 9.10
成交量 83602
成交金额 7409.00万
涨跌 +0.83
幅度 +10.04%
VOL(5,10) 83602.0000 MA1:62122.2000 MA2:58657.1000
MACD(26,12,9) DIFF:-0.6959 DEA:-0.5915 MACD:-0.2087
日线 200705
06
07

图 4-5

第三节　双底和双头

一、双底

（一）形态成因

股价经过一段时间的持续下跌之后，在某一价位出现反弹，但反弹的幅度并不大，反弹的时间也相对较短，之后股价再度下跌。不过，当股价重新回到前面的低点时，遇到买盘介入而再次回升，并一举突破上一次反弹的高点继续攀升。这样，在K线走势图表上就留下了两个底，所以这种形态叫做双底或双重底。由于股价在这段时间的运动轨迹很像英文字母“W”，所以双底又称为W底。需要注意的是，只有股价向上突破颈线，才可以确认双底形态正式成立（如图4－6）。

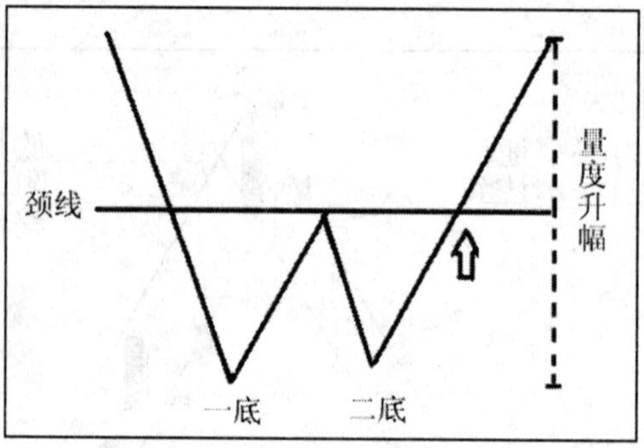

图4－6

（二）技术要领

1．严格意义上的双底形态，第二个底要不低于第一个底。实战中也有一些双底形态的第二个底低于前一个底的情况，但降低的幅度一般比较小，而且持续时间也比较短。

2．双底的颈线位是从前一个低点反弹遇阻的位置画出的水平线，如果后期股价突破颈线位，则应立即买进，股价接下来的理论升幅为从底到颈线的距离，即双底的整体涨幅为底部到颈线高度的两倍。不过这只是理论值，实际情况或多或少存在一些误差。

3. 在出现第二个底之后的反弹过程中，其成交量通常要大于前一次反弹时的成交量。

4. 突破颈线位时，成交量应明显放大，否则形态的有效性值得怀疑。

5. 多数双底出现在股价由跌转升的趋势转换阶段，大家可以把它看做是转势形态，而且双底的上涨幅度和力度均比理论值要高。有些时候，双底也会出现在上涨或下跌的中途阶段。投资者需要特别小心的是，在大的下跌趋势过程中，空方的动能尚未完全释放，这时出现的双底图形有时会失败，如果突破颈线后股价重新跌破颈线，则应迅速离场，以免遭受损失。

（三）　实战案例

例1：深天地（000023）于2009年8月中旬创出调整低点6.36元，之后K线图上出现孕育线组合，股价由此展开反弹，并在8.5元一带遇阻回落。9月末，该股缩量回落逼近前期低点时，再现孕育线K线组合，新一轮反弹走出六连阳后，再次来到前期高点（颈线位），略做整理后，突然放量突破颈线，双底形态确立，这是第一个买进信号。此后股价回调确认颈线的动作，给投资者提供了再次买进的良机。股价随后进入了放量加速拉升的阶段（如图4－7）。

例2：1043点曾经是上证综合指数的一个阶段性底部，当时的技术形态就是双底：第一个底是低位螺旋桨组合，第二个底是覆盖线加单针探底。此后指数放量突破颈线、确认颈线、拉升，量度升幅均基本符合双底的要求（如图4－8）。

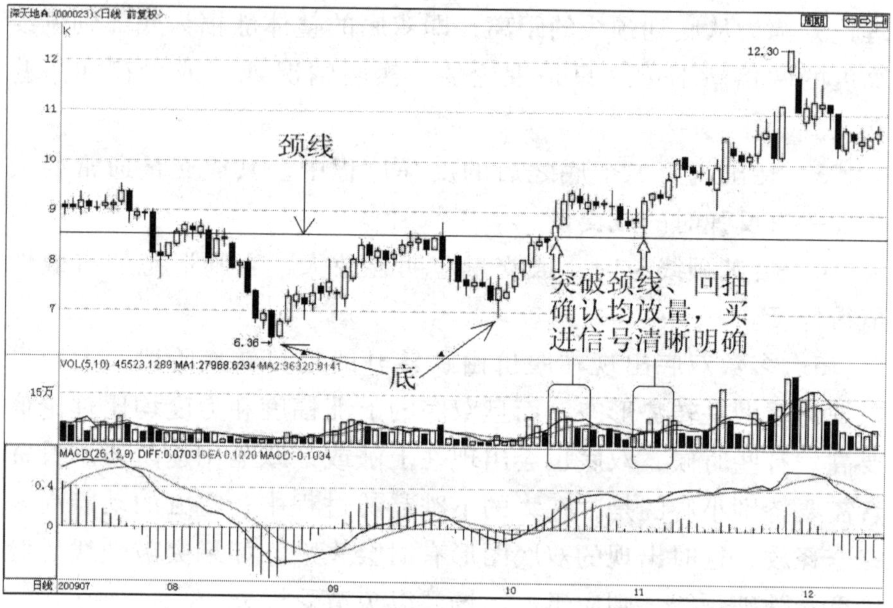
深天地A (000023)<日线 前复权>
颈线
12.30
6.36
底
突破颈线、回抽确认均放量，买进信号清晰明确
VOL(5,10) 45523.1289 MA1:27968.6234 MA2:36320.8141
MACD(26,12,9) DIFF:0.0703 DEA:0.1220 MACD:-0.1034

图 4－7

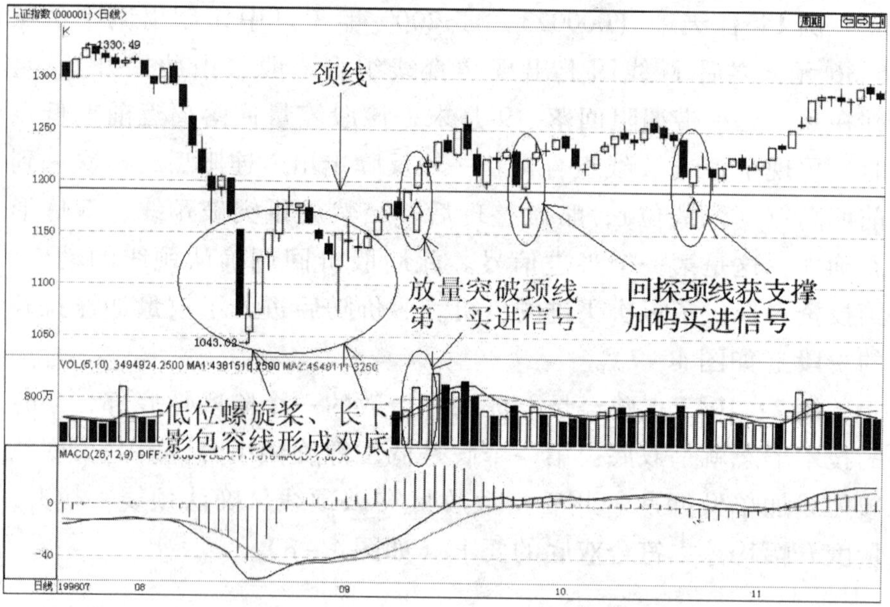
上证指数 (000001)<日线>
1330.49
颈线
1043.02
放量突破颈线
第一买进信号
回探颈线获支撑
加码买进信号
低位螺旋桨、长下影包容线形成双底

图 4－8

前面讲到，双底形态有时也出现在过渡阶段，而一旦发现形态构筑失败，股价跌破颈线时，要坚决卖出，因为后市至少要重新考验前期的两个低点，甚至还可能再创新低，那时将会出现一波较深的下跌。在具体操作中，投资者一定要尊重市场的选择，不能对股价的运行抱任何侥幸心理，一旦破位就要果断出局，耐心等待另一个买进信号的出现。

例 3：仍以上证指数为例。2007 年 11 月底到 12 月底，该指数构筑了一个小的双底形态，反弹还延续到了 2008 年的 1 月份，量度升幅也中规中矩。这次反弹成了当年最后一次逃命的机会。在股指跌破颈线位时，顺势止损出局的投资者将躲过一劫，持股不动的投资者，其损失极其惨重，因为惨烈的疯熊行情才刚刚开始（如图 4 –9）。

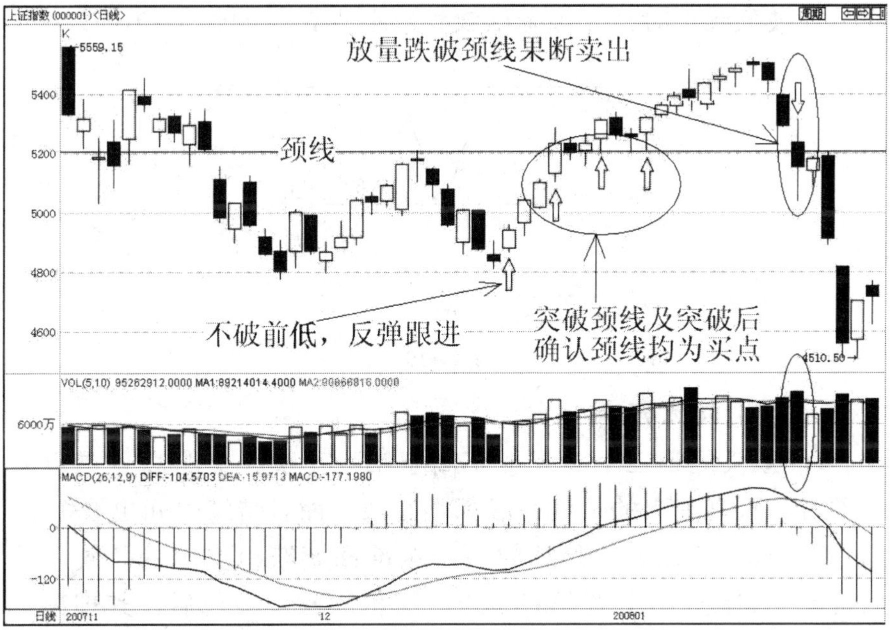

图 4 –9

二、双头

（一） 形态成因

股价在上涨的过程中突然加速，并创出阶段新高。连续的拉升使获利盘开始涌出，导致股价出现回落。但这次下跌的幅度并不算大，下跌的时间也不长，随后股价重新反弹并逼近前期高点。当股价反弹至前期高点时，上次没能在高位兑现利润的筹码，此时终于迎来了出局的机会，汹涌而出的抛盘迅速将股价打回前次回调的低点。这个时候，由于获利盘兑现的欲望仍然强烈，在两次高点追进的割肉盘也恐慌抛售，两股力量汇集起来，使股价大幅下挫，上次回调的低点被轻松击破。由于这种形态出现了两个高点，所以称为双头。股价在这段时间的运动轨迹很像英文字母“M”，所以双头也叫 M 头。需要注意的是，只有股价向下跌破颈线位时，才可确认双头形态成立（如图 4－10）。

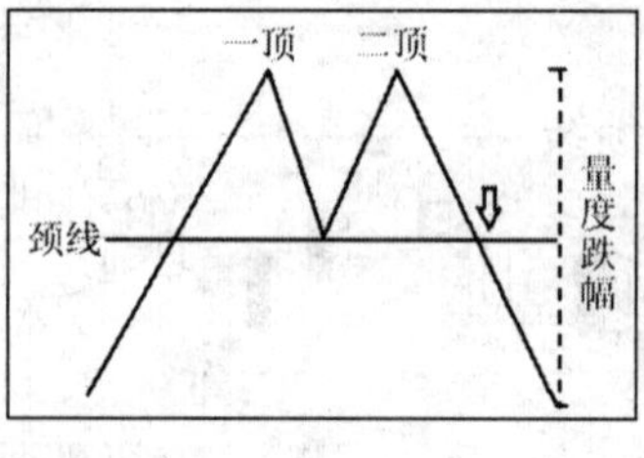

图 4－10

（二） 技术要领

1. 双头的第二个头一般不高于第一个头，但略高一点也未尝不可，只是高出的幅度一般都很有限，而且持续时间也较短。

2. 双头的颈线位是从前一个头部回调获得支撑的位置。若股价向下突破，此处为第一卖点。股价跌破颈线位后，其理论上的跌幅为头部到颈线的距离，即双头形态的整体跌幅为从头部到颈线幅度的两倍。不过这只是理论值，实际情况或多或少会存在一些误差。

3．第二个头的成交量通常要略小于前一个头的成交量，个别情况也有在第二个头部附近放量的，这要视多空博弈情况而定。

4．在股价跌破颈线位的初期，成交量一般并没有异常，但在随后的下跌过程中，成交量会有所放大。

5．双头形态是较为明确的反转信号，一旦出现应果断卖出。

（三）　实战案例

例1：2009年10月至2010年7月，南天信息（000948）走出了标准的大双头形态。第一个头部出现后，股价快速回落，在前期缺口处获得支撑后开始反弹，颈线得以确立。当股价升至略高于前一个头之后，K线再现长阴，新一波调整由此开始。随后的下跌跌势之急，让前期反弹时的做多氛围荡然无存。随着颈线位的失守，该股的上升趋势宣告正式结束。后期股价反抽颈线位，则是给尚未出局者的最后一个卖出机会（如图4－11）。

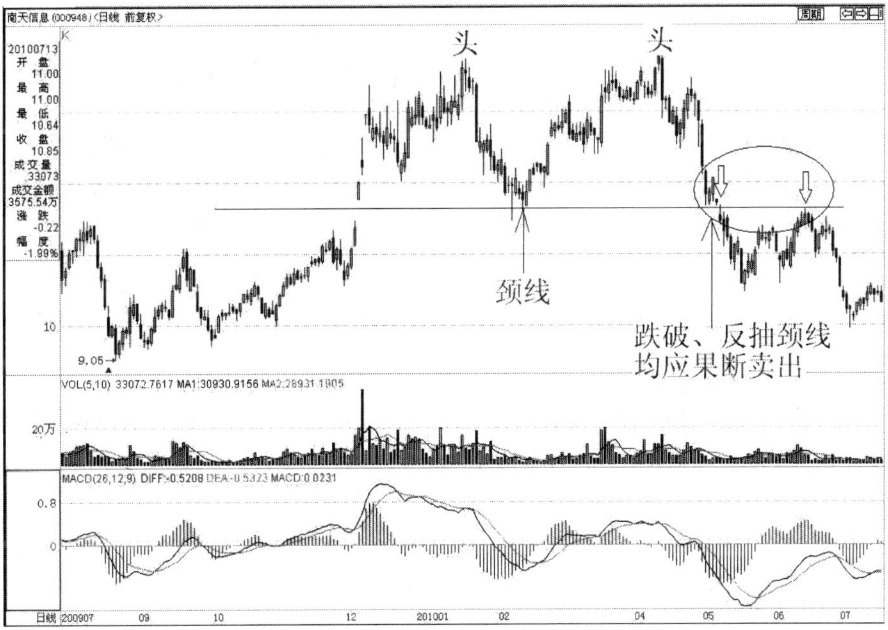

图4－11

例 2：太极集团（600129）的股价在 2010 年 2 月出现一波急升，创出 12. 58 元的新高后，受短线获利盘的抛盘冲击，股价快速回落。虽然多方一度重整旗鼓发动反击，将股价再度推升至前期高点附近，但是这次反弹不但没能树立起市场的信心，反而引来了空方更强大的抛压，这一点从第二个头部的成交量大于前一个头部就可以清楚地看出来。当股价重新回到颈线位时，多方并没有轻言放弃，而是试图再次制造一次反弹，在 K 线图上也拉出两根阳线。由于此时的空方已经掌控了局势，稍一施力便以三根缩量的长阴线轻松跌破颈线位。虽然之后多方做出了最后的努力，股价一度反弹并触及颈线位，但这充其量只是股价“回光返照”而已。此后，空方在接下来的下跌过程中凶相毕露，放量杀跌，多方全面溃败（如图 4 – 12）。

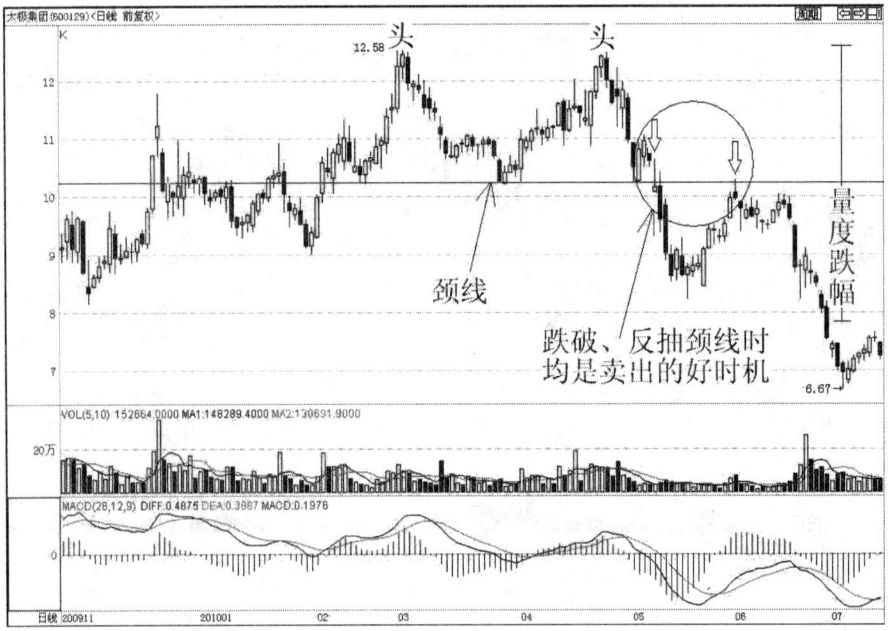

图 4 – 12

第四节　三重底和三重顶

一、三重底

（一） 形态成因

当前面讲解的双底形态的两个底出现之后，股价反弹到颈线位时不但没有成功向上突破，反而遇到了强大的阻力，此时市场的做空动能还没有完全渲泻出来，还有进一步释放的需求，因此多方不得不退缩防守，股价甚至被打回双底的起点。不过，此时的两个低点已经具有了较强的支撑作用，多方在此再度组织向上攻击，并最终成功突破颈线，这样 K 线图上就留下了三个底的技术形态，三重底由此得名（如图 4－13）。

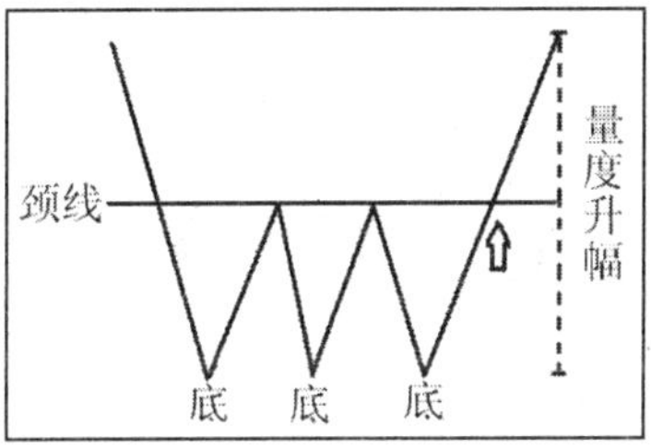

图 4－13

（二） 技术要领

1．三个底的价格比较接近。

2．三个底形成的时间越长，后期股价上涨的力度也越大。

3．股价突破颈线时，是较为确定且相对安全的买进信号。突破颈线后的量度升幅，约与底到颈线的距离等长，即三重底的整体涨幅为底到颈线高度的两倍。不过这只是理论值，实际情况或多或少会存在一些误差。

4．突破颈线时，成交量应明显放大，否则形态的有效性值得怀疑。

（三） 实战案例

例：华联股份（000882）2005年第2、第3季度的K线走势图表显示，该股两次放量冲击颈线未果，在颈线处收出长长的上影线，说明空方的力量相当强大。但是多方主力并没有善罢甘休，他们以前期的两个低点为最后防线，经过一段时间的组织和酝酿，卷土重来，向颈线位发起了总攻。这次进攻的成交量明显超出前面两次，而且看似固若金汤的颈线位阻力最终也土崩瓦解，被多方完全踩在脚下，股价成功实现了突破并完成了理论上的量度升幅，三战之后多方大获全胜（如图4－14）。

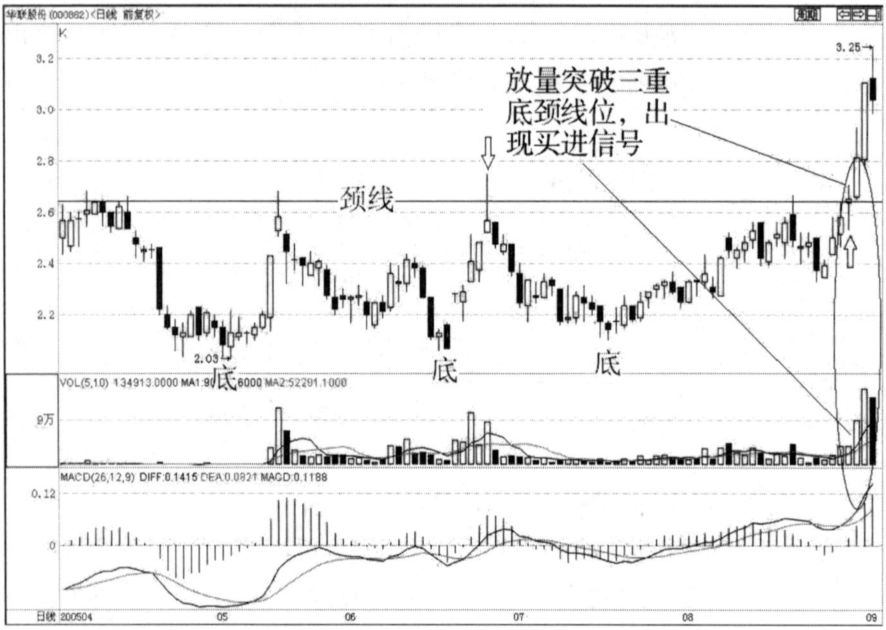

图4－14

二、三重顶

（一） 形态成因

在前面讲到的双头形态中，当股价第二次下探到颈线位时，并没有直接下破颈线，而是再次被买盘托起，并上涨到前面两个高点附近。不过多方这次的反攻已是强弩之末，接下来空方的最后一击，不仅轻松攻克了颈线，而且还迅速扩大战果，令多方溃不成军。由于这种走势在K线图上会留下三个头的技术形态，因此称之为三重顶（如图4－15）。

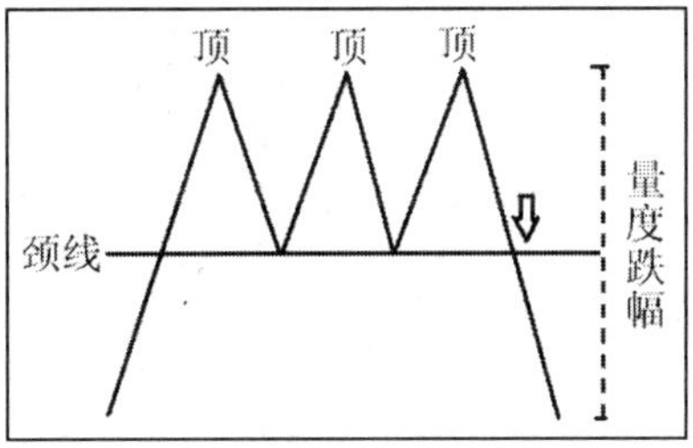

图4－15

（二）　技术要领

1．三个顶的价格虽然没有孰高孰低之分，但一般都比较接近。

2．三个顶形成的时间跨度越长，股价破位后杀跌的力度也越大。

3．股价向下突破颈线时，是较为明确的卖出信号。突破颈线后的量度跌幅，约与顶到颈线的距离等长，即三重顶的整体跌幅为顶到颈线高度的两倍。不过这只是理论值，实际情况或多或少会存在一些误差。

4．三重顶形态中，股价向下突破颈线时，成交量不一定同步放大，这一点和三重底股价向上突破颈线需要放量有所不同。

5．一般情况下，三重顶的三个高点的量能分布呈递减之势。

（三）　实战案例

例：2007年12月到2008年5月期间，青松化建（600425）在K线走势图上留下了价格基本相近的三个顶。虽然前面两次调整均在颈线附近获得支撑而出现反弹，但再一再二之后，多方在第三次却没能坚持下来，股价轻松地跌破颈线，反抽颈线后再度下挫，三重顶形态相当标准（如图4－16）。

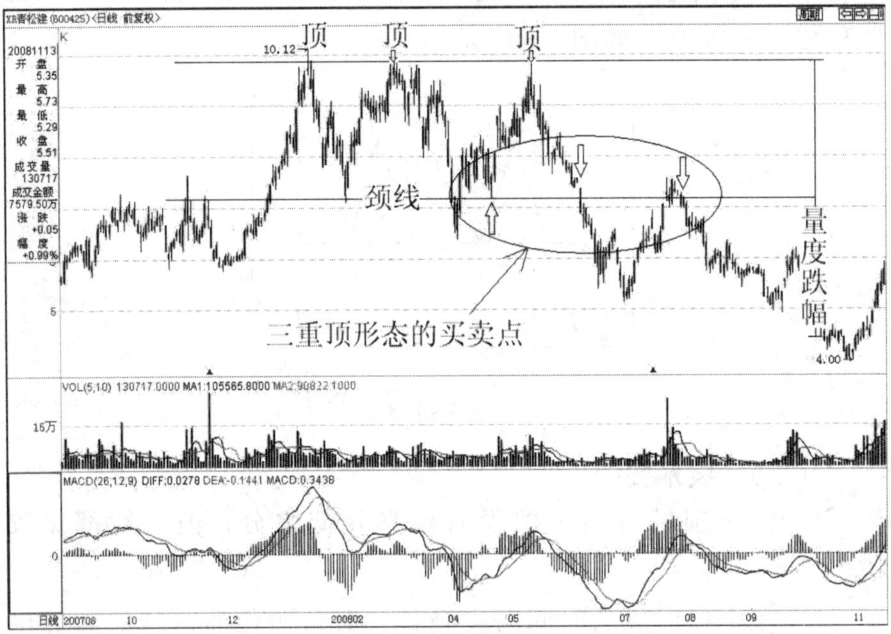

图4－16

第五节　头肩底和头肩顶

一、头肩底

（一）形态成因

股价经过一段时间的持续下跌之后，在某一价位出现止跌反弹，但反弹的力度并不大，反弹的时间也相对较短。有的时候，这种止跌在走势上通常只是出现一个略有上倾或水平延伸的平台，这次止跌反弹的最高位便是颈线位。之后股价加速下跌，探出低点后再以V形反弹来修正刚刚出现的急跌。但是，当股价重新回到前期的平台位置时，遭遇了在平台位置入场的解套盘，以及在底部逢低介入的获利盘兑现的双重打压，反弹也因此停住了脚步。但是，此时的市场多头并没有因为反弹遇阻而退却，而是在与左侧平台相对应的位置，通过反复震荡消化上涨压力。震荡一段时间后，多方突然发力，股价一举突破颈线位并向上攻击。由于上述多空博弈的过程在K线图上留下的技术图形就像一个倒立的人形，左侧的平台如同左肩，小V形底就像头部，右侧的平台如同右肩，头肩底形态因此得名（如图4－17）。

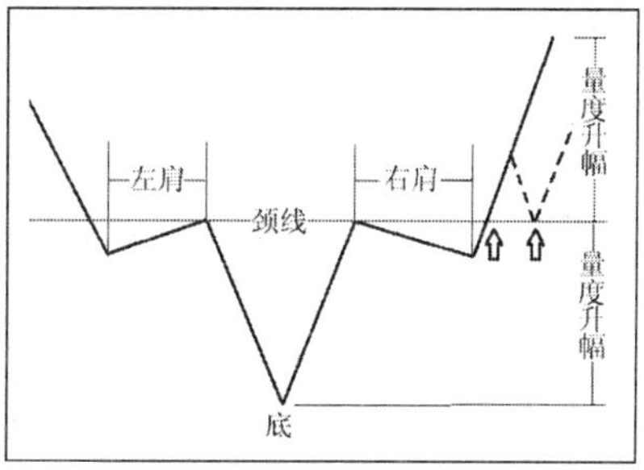

图4－17

（二）　技术要领

1. 标准的头肩底形态中，左右两肩的运行时间和空间均呈基本对称状态，个别情况略有变化。

2. 股价突破颈线时为买进信号，虽然这个时候的价格已高出最低点不少，但其确定性反而更高。和后面的大升势相比，这部分空间可以放弃。

3. 股价突破颈线后，理论量度升幅大约与底到颈线的距离等长，即头肩底形态的整体涨幅为底到颈线高度的两倍。实际上，一旦头肩底形态形成，其涨幅通常要大于理论涨幅。

4. 股价突破颈线时，成交量应该有所放大，否则后市涨升的力度也不会太大。

5. 头肩底有时也会出现在大的上涨或下跌趋势中途，但更多地是出现在市场的底部，是大的下跌趋势开始逆转的信号。

6. 当头肩底左右两肩的低点很低，甚至接近底部时，该形态将与三重底类似。

（三） 实战案例

例1：岳阳纸业（600963）于2010年5月至8月间走出了比较标准的头肩底形态。一方面两根十字星K线标志底部初步确立，另一方面，V形底加左右两个肩清晰可辨。最终的放量突破，使头肩底形态正式确立，股价突破颈线位时，投资者可以及时买进，坐享主力拉升的乐趣（如图4－18）。

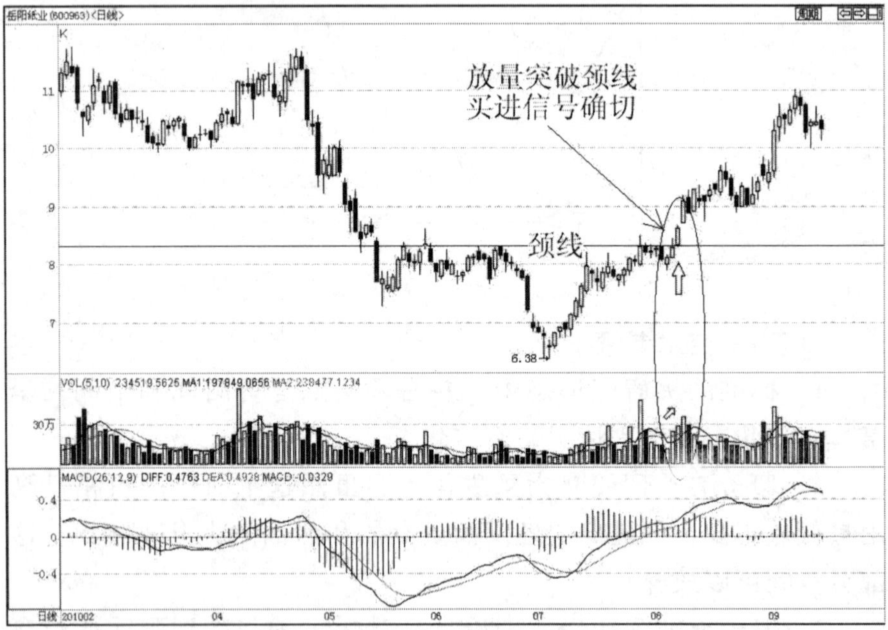

图4－18

例2：2007年5月初到6月中旬，方兴科技（600552）的股价从18.62元开始一路狂跌，直到逼近10元时才止跌反弹，7个交易日后反弹遇阻回落，左肩构筑结束，反弹的高点即是颈线位。随后股价重拾跌势，创出 7.78 元的低点后，股价再次开始强劲反弹，形成阶段性的大底。当股价反弹至颈线位时，再次遇阻回调。股价跌至首次止跌处即左肩的低点时，多方突然发力，迅速将股价推至颈线处，完成右肩。稍做停留震荡之后，股价便放量突破，头肩底形态宣告成功。此时若按突破信号买进，会将后续的 6 个涨停收入囊中，短期收益十分可观。此例左肩和右肩的最低点几乎完全一致，两肩持续的时间十分相近，突破后的上涨幅度也非常符合理论升幅（如图 4－19）。

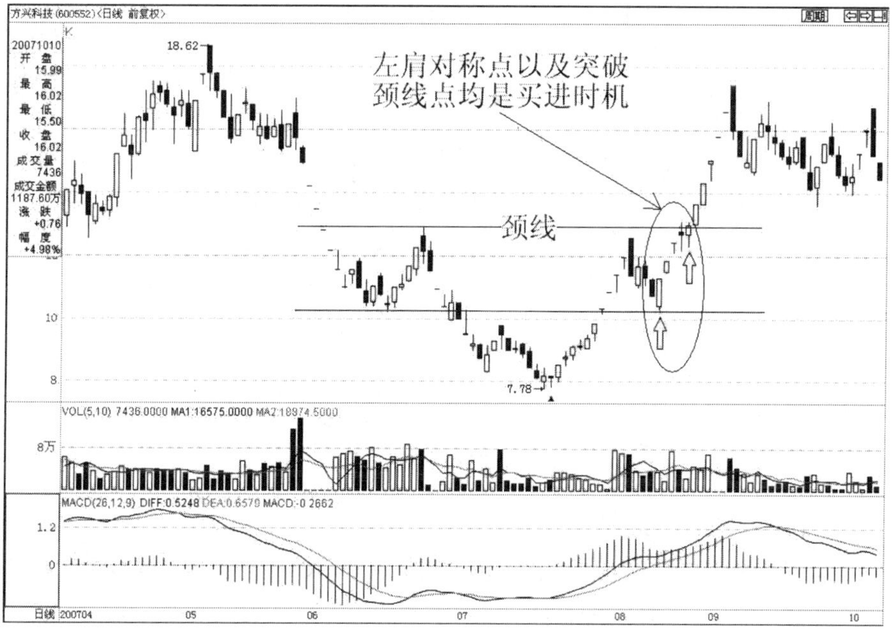

图 4－19

二、头肩顶

（一） 形态成因

股价经过一段时间的持续上涨之后，在某一价位遇阻回调。但这次股价下跌的幅度并不大，下跌的时间也相对较短，有的时候这种回调甚至只是出现一个略向下倾的整理平台或水平延伸的震荡平台，这次回调的最低位即是颈线位。之后股价加速上行，探出顶点后，再以倒 V 形快速杀跌，以修正刚刚出现的急拉行情。当股价重新回到颈线附近时，逢低买盘再次出现，股价开始反弹。但是这次反弹仅仅到了前期平台的高点，就遭到空方的全面狙击，股价开始一路下挫，不仅击穿了颈线，还继续向下拓展空间，这标志着市场正式由牛转熊。这时看到的技术图形更像一个人形，左侧的震荡平台如同左肩，倒 V 形顶就像头部，右侧的平台则称之为右肩，头肩顶形态因此得名（如图 4 – 20）。头肩顶形态其实就相当于一个倒置的头肩底形态。

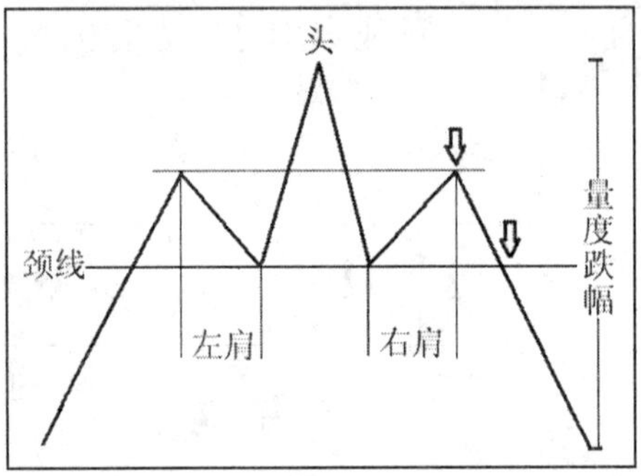

图 4 – 20

（二） 技术要领

1. 标准的头肩顶形态，左右两肩的股价运行时间和空间均呈对称状态，个别情况除外。

2. 头肩顶形态形成的时间跨度越长，股价破位后杀跌的力度也越大。

3. 股价在见顶回调至颈线后，反弹至左肩高点一线遇阻回落，此时为第一卖点。如果错过了这个时机，在股价向下跌破颈线时，则要坚决卖出。虽然这个时候的价格已低于最高点不少，但其破位后继续下跌的确定性反而更高，后市下跌的空间也比较大，即使是在高位买进的，此时也要忍痛割肉，止损出局。

4．股价向下跌破颈线时，是较为明确的卖出信号。跌破颈线后的量度跌幅，约与顶到颈线的距离等长，即头肩顶形成后的整体跌幅为顶到颈线高度的两倍。不过这只是理论值，实际情况或多或少会存在一些误差。

5．头肩顶形态的量能分布，一般来说从左肩到头到右肩呈依次递减之势。

6．当头肩顶左右两肩的高点很高，甚至接近头部高点时，该形态将与三重顶类似。

（三）　实战案例

例1：2007年11月至2008年10月，银星能源（000862）构筑了一个大的标准的头肩顶形态，左右两肩的高点和低点精确对称，两肩与头的距离基本相当，量能分布从左肩到头到右肩依次递减。股价向下跌破颈线后，略做反抽便加速下行，累计跌幅符合理论要求（如图4－21）。

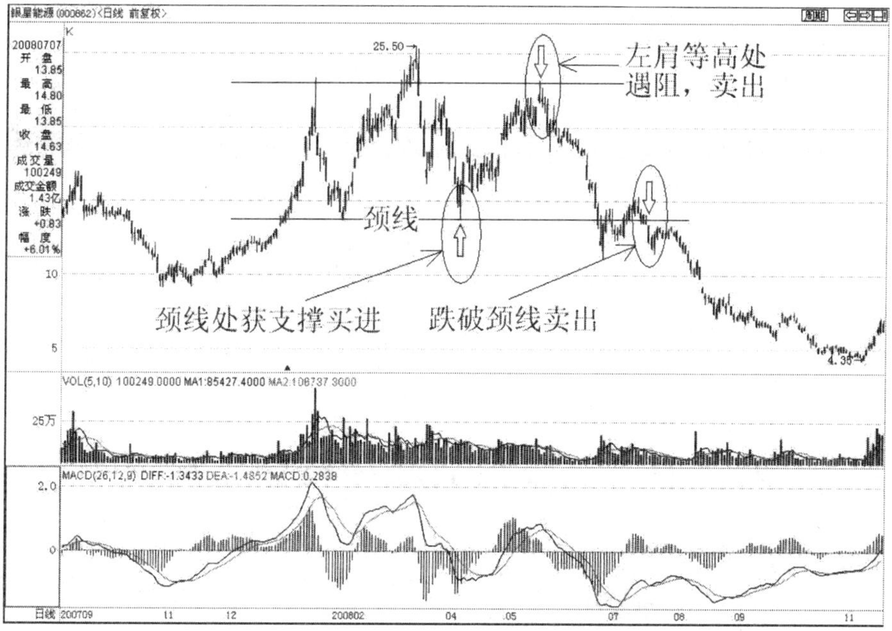

图4－21

例 2：2007 年 8 月至 2008 年 1 月，中信证券（600030）走出了比较标准的头肩顶形态。从 K 线图上可以看出，2007 年 11 月 2 日和 11 月 5 日的吊死鬼加高位长阴 K 线组合，已经是很强的见顶信号，而右肩的反弹高度与左肩几乎分毫不差。股价从右肩拐头向下时，投资者即应该及时卖出。随后，股价连续杀跌，到了颈线处更是以向下跳空的极端方式跌破颈线，此时是给持股者发出的最后一次卖出信号。伴随着成交量的放出，场内机构和散户纷纷夺路而逃，股价随后也一泄千里（如图 4－22）。

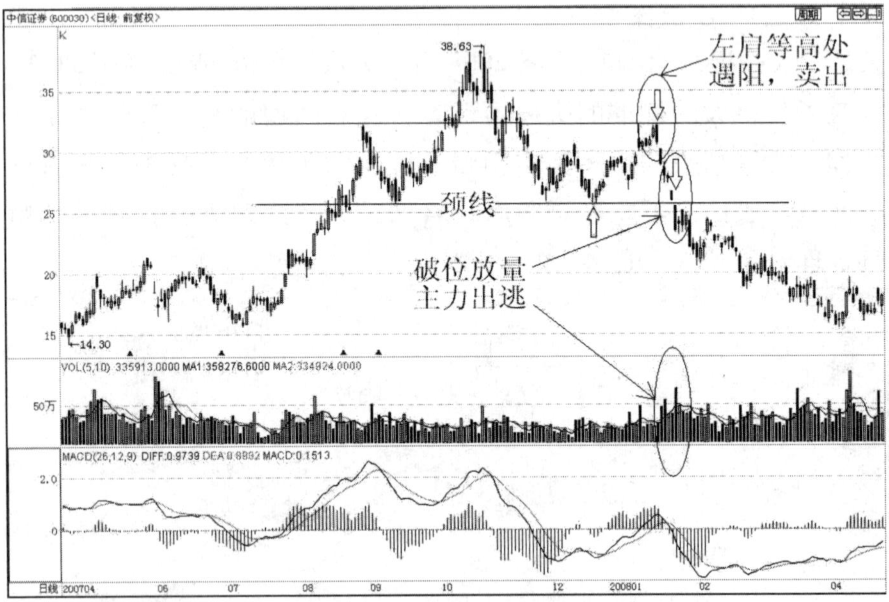

图 4－22

第六节　复合头肩底和复合头肩顶

一、复合头肩底

（一）　形态成因

复合头肩底，顾名思义仍属头肩底形态，因此其形成原理与头肩底基本一致，可以参考前面的讲解。不同之处在于，复合头肩底左右两个肩以及底的构筑过程更加复杂，是由其他形态构成的两个肩和底组成的一个大的头肩底形态（如图4－23）。

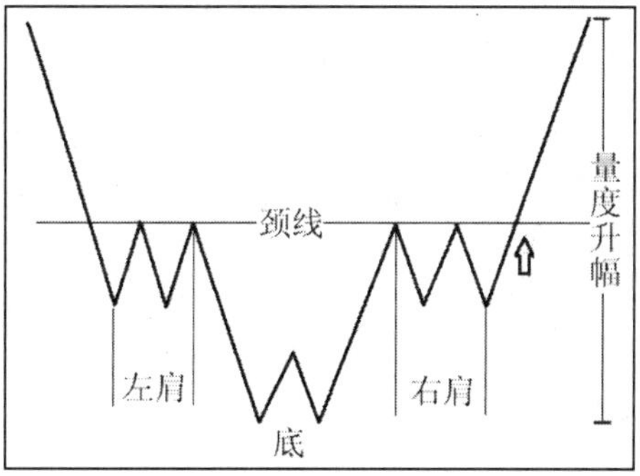

图4－23

（二） 技术要领

1. 从理论上讲，复合头肩底形态左右两肩的时间和空间均呈对称状态，但由于复合头肩底形态的复杂性，决定了这种对称状态很难出现，多数情况是两肩高低错落，颈线向上或向下倾斜。

2. 股价突破颈线时为买进信号。虽然这个时候的价格已高出最低点不少，但其确定性反而较高。和后面的大升势相比，这部分空间可以忽略，不必懊悔。

3. 股价突破颈线后，理论量度升幅大约与底到颈线的距离等长，即复合头肩底形态的整体涨幅为底到颈线高度的两倍。实际上，一旦复合头肩底形态形成，其涨幅通常要大于理论涨幅。如果遇到颈线倾斜的情况，上述量度升幅较难预测，这也增加了对行情高度判断的难度，此时可通过其他手段辅助判断。

4. 股价突破颈线时，成交量应该有所放大，否则后市涨升的力度也不会太大。

5. 复合头肩底往往出现在市场的底部，是大的下跌趋势出现逆转，新升浪已经展开的信号。

（三） 实战案例

例：2001 年 9 月至 2002 年 7 月间，深圳华强（000062）走出了大的复合头肩底形态。从图表中可以看出，其左肩、右肩和底部均为小双底形态。特别是在底部双底的构造中，第一个底的包容线以及第二个底的插入线，均为见底的 K 线组合。第二个底出现的同时，成交量也明显放出，见底信号极为明确。但是由于复合头肩底形态较为复杂，两肩的低点并不对称，颈线位的画法也可以有所不同，因此在实际操作中，应该结合成交量的变化来调整作战计划（如图 4－24）。

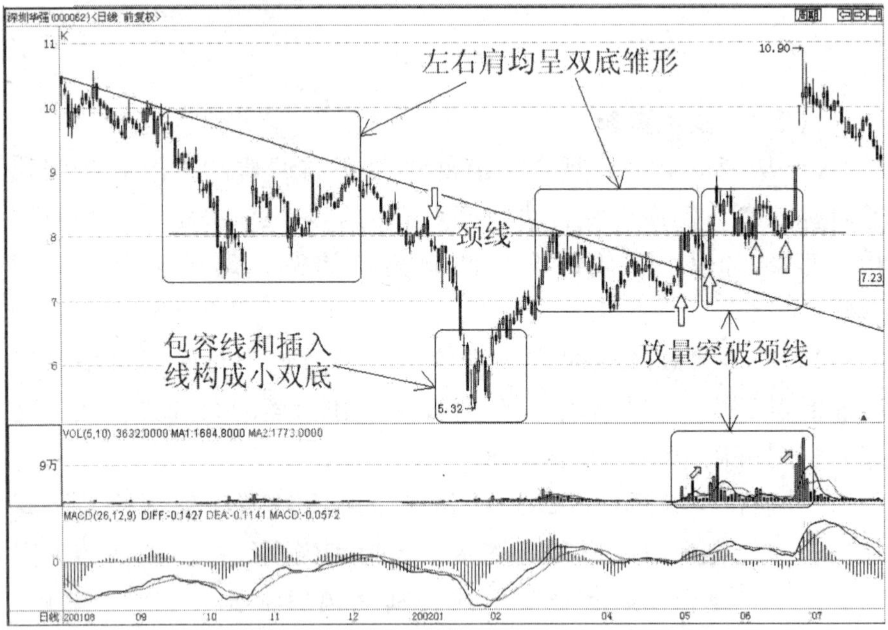

图 4－24

二、复合头肩顶

（一） 形态成因

复合头肩顶，顾名思义仍属头肩顶形态，其形成原理也基本与头肩顶形态一致，可参考前面的相关讲解。但复合头肩顶左右两个肩以及顶的构筑过程更加复杂，是分别由其他形态构成的两个肩和顶组成的一个大的头肩顶形态（如图4－25）。

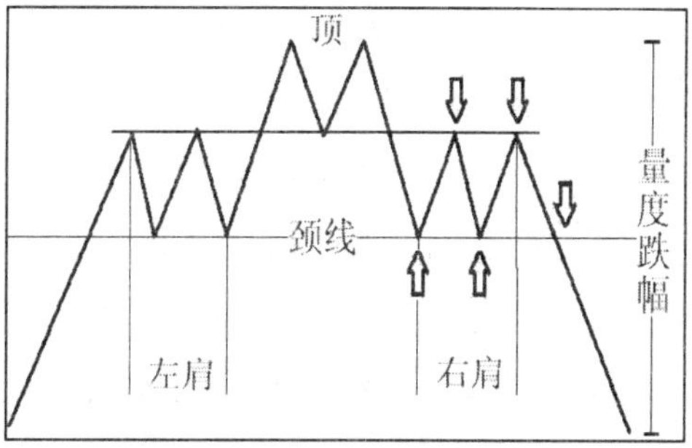

图4－25

（二）技术要领

1. 从理论上讲，复合头肩顶形态左右两肩的时间和空间均呈对称状态，但由于复合头肩顶形态的复杂性，决定了这种对称状态很难出现，多数情况是两肩高低错落，颈线向上或向下倾斜。

2. 股价向下突破颈线时为卖出信号。虽然这个时候的价格已低于最高点不少，但其突破的确定性却反而较高，和后面的大跌相比，即使有所损失，也应该坚决离场以保存实力。

3. 股价突破颈线后，理论量度跌幅大约与顶到颈线的距离等长，即复合头肩顶形态的整体跌幅为顶到颈线高度的两倍。实际上复合头肩顶形态一旦形成，其跌幅通常要大于理论跌幅。如果遇到颈线倾斜的情况，上述量度跌幅较难预测，这也增加了判断行情调整深度的难度，此时可通过其他手段辅助判断。

4. 股价跌破颈线时，成交量一般并不会出现明显的放大现象。

5. 复合头肩顶往往出现在市场的顶部，是市场由牛转熊的开始，因此是一个较为强烈的反转信号。

（三） 实战案例

例：在渝三峡（000565）的日线图上可以清晰地看到，从2008年1月份开始的半年时间里，该股走出了一个大的复合头肩顶形态。虽然左肩两个高点、右肩三个高点加上三重顶的头部，使其整体结构较为复杂，但总体来看，左右两肩的高度仍基本一致，大的头肩顶形态较为清晰。该股跌破颈线位之后，略作反抽便开启了熊市之旅，仅用了8个月的时间，股价竟然从最高的54.68元一口气跌至5.43元。可见复合头肩顶形态一旦形成，其杀伤力极大，因此在股价跌破颈线时，投资者一定要果断卖出，切莫瞻前顾后，导致严重被套（如图4－26）。

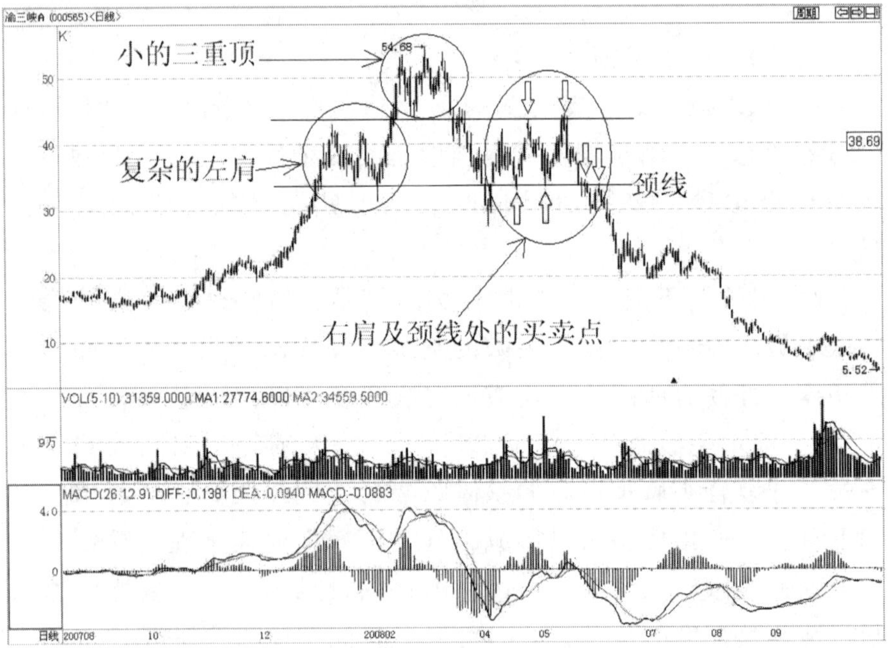

图4－26

第七节　圆弧底和圆弧顶

一、圆弧底

（一）　形态成因

股价经过一段时间的快速下跌之后，做空动能有所减弱。由于市场卖盘的递减，股价跌幅也会慢慢地收窄。随着抛盘的完全衰竭，多空力量达到均衡状态，而且这种均衡状态一般会持续一段时间。之后做多力量逐渐聚集，多空转换在不知不觉中悄悄进行。由于这时敢于买进的人仍是试探性地建仓，所以见底初期时涨势极其缓慢，甚至让人很难相信市场已经发生了趋势性的改变。随着时间的推移，股价的上涨角度开始变得越来越大，虽然这个过程仍然较长，但涨势已逐渐清晰，市场做多的热情已按捺不住，股价随后进入加速拉升的阶段。将上述整个过程的股价连线后会发现，在这段时间里，股价的基本运行轨迹是一个大大的圆弧形，所以这个形态就称为圆弧底（如图 4 –27）。

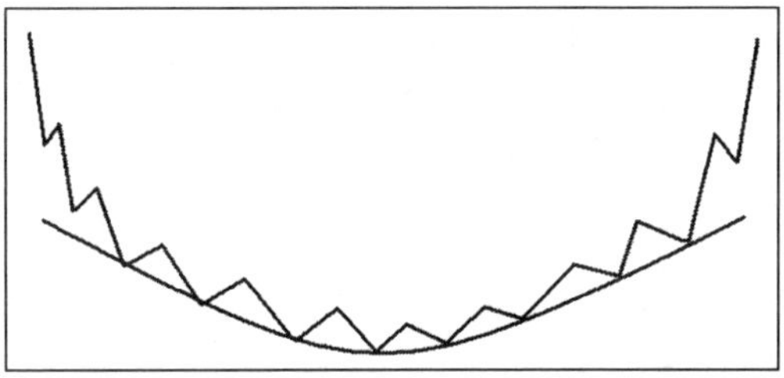

图 4 –27

（二）　技术要领

1. 在股价出现最低点之前，虽然跌势渐缓，但持续的时间会很长，所以发现股价走势露出下跌的弧形时，投资者应逢反弹择机出局。当然，这时已经没有什么特别理想的卖点，但从提高资金使用效率的角度出发，也应该回避漫长的盘跌。

2. 在圆弧底形态形成的过程中，最低点左侧的成交量呈递减之势，多空均衡阶段通常维持较长时间的地量，随后开始温和放量。当股价升势逐渐明朗时，量能也会明显放大，这时可以密切关注盘中的变化，一旦股价进入加速拉升阶段，成交量急剧放大时，投资者应及时跟进。

3. 圆弧底形态持续的时间越长，形态构筑得越完美，其涨升力度越大。圆弧底是一个较为明确的大底形态。

（三） 实战案例

例 1：这是中国宝安（000009）2004 年到 2007 年的周线图。从图上可以看出，该股整整耗时 3 年，走出了一个时间跨度极大的圆弧底形态。股价见底后，成交量开始逐渐放出，但走势依然不温不火，股价缓慢爬升，直到 2007 年 2 月才开始急速拉升。从最低的不足 2 元慢慢起步，从 5 元起加速上攻，一路飙升至 15 元，主力操作如此耐心，实在令人佩服（如图 4－28）。

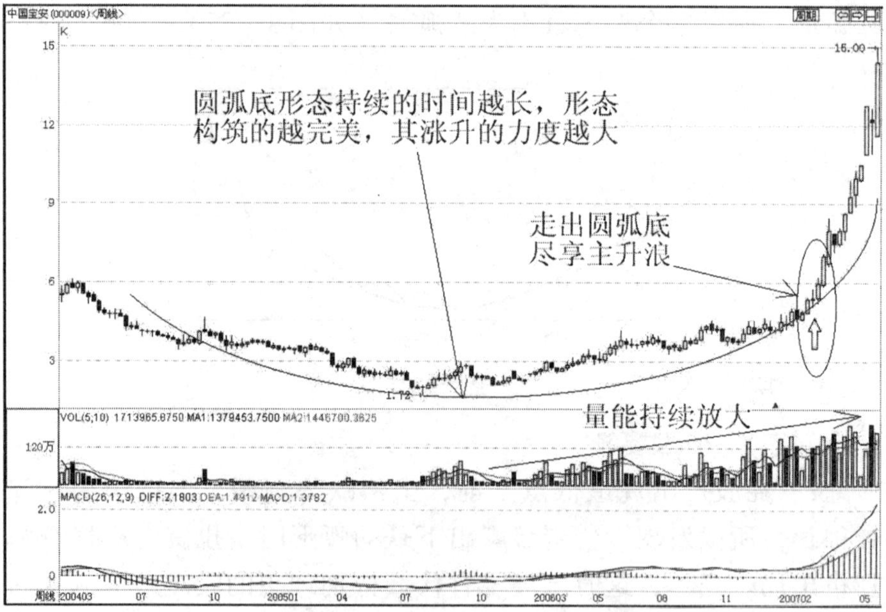

图 4－28

例 2：宁波韵升（600366）从 2004 年 10 月至 2005 年 12 月走出了形态完美的圆弧底形态。从 K 线图中可以看到，在最低点附近和均衡阶段，成交量极度萎缩。在进入圆弧底右侧时，成交量逐渐放出，表明主力正在悄悄建仓。准备工作结束后，股价放量上攻，而上攻的轨迹仍是一道漂亮的弧线（如图 4 – 29）。

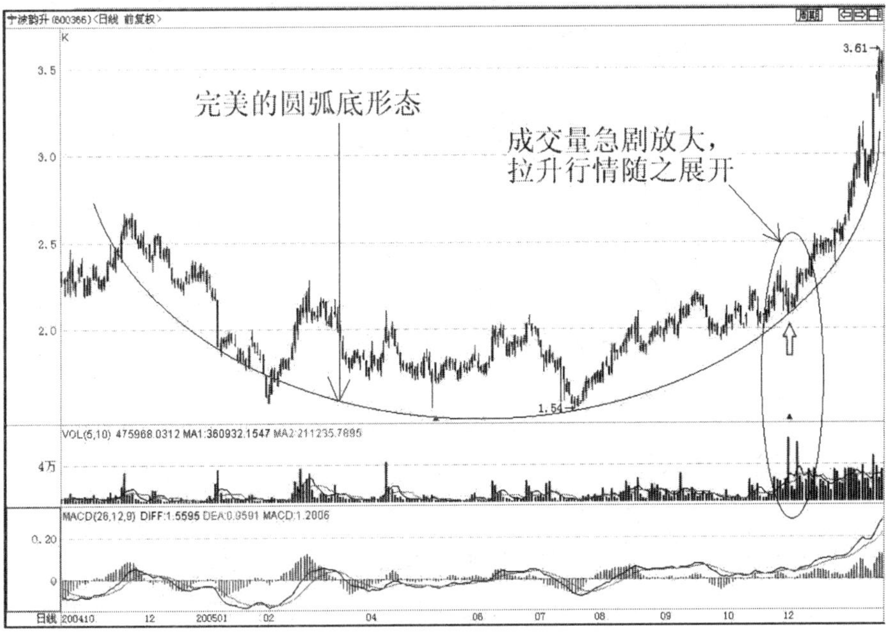

图 4 – 29

二、圆弧顶

（一）　形态成因

股价经过一段时间快速的急升之后，做多动能有所减弱。由于市场主动买盘的递减，追涨意愿下降，股价涨幅也在慢慢地收窄。虽然此时的买盘已经趋于减弱，但持股者也无意出局，多空力量达到均衡状态，市场成交极其清淡，而且这种均衡状态一般会持续一段时间。之后做空力量逐渐聚集，多空转换在不知不觉中悄悄进行。虽然这个时候空方力量已略占上风，但人们卖出股票时仍然是试探性的，所以股价见顶初期，跌势也极其缓慢，甚至让人很难相信市场已经发生了趋势性的改变。而随着时间的推移，股价的下跌角度开始变得越来越大，虽然这个过程仍然较长，但跌势已经逐渐清晰，市场做空的力量开始全面暴发，股价进入加速下挫的阶段。将上述整个过程的股价连线后会发现，在这段时间里，股价的基本运行轨迹是一个大大的圆弧形，所以这个形态称为圆弧顶（如图 4－30）。

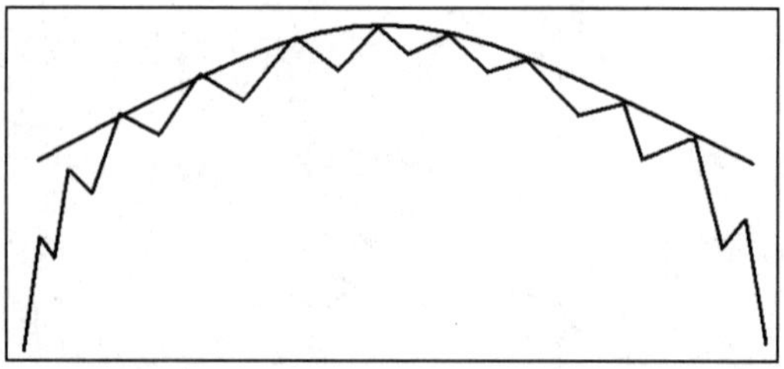

图 4－30

（二） 技术要领

1．股价出现最高点之前，虽然涨势渐缓，但持续的时间仍会很长。在这个阶段，即使有利可图，其空间也较为有限，参与的意义不大。而在最高点出现之后，股价的重心将会逐渐下移，但下跌的速度较为迟缓，风险的隐蔽性较强。这个阶段会持续温水煮青蛙式的行情，各种乐观的想法全都是一厢情愿。当理论上的卖出信号即加速下跌出现时，账面损失已经不小，所以当投资者发现股价走势露出圆弧形上涨并开始有走平迹象时，就应该逢高择机出局。即使是从提高资金使用效率的角度出发，也应该回避漫长的盘升。

2．在圆弧顶形态的形成过程中，最高点左侧的成交量呈递减之势，而在多空均衡阶段，通常会维持较长时间的地量。与圆弧底形态不同的是，在圆弧顶最高点的右侧，成交量通常并没有什么明显的变化。只有当股价跌势已较为明朗时，量能才会明显放大。

3. 圆弧顶形态持续的时间越长，形态构筑得越完美，其下跌的力度也越大。圆弧顶是一个较为明确的见顶形态。

（三） 实战案例

例1：太原重工（600169）在2004年10月至2005年6月期间构筑了一个十分对称的圆弧顶形态。形态形成之初，该股连拉阳线，之后便进入了多空拉锯阶段。多空拉锯阶段，虽然股价偶尔会创出新高，但上升幅度越来越小。股价见顶之后，随着高点和低点不断地持续下移，多方终于全面放弃防守，甚至加入了杀跌的行列，使股价急速下挫，连拉放量长阴，完成了圆弧顶形态由起点到终点的完美轮回。（如图4－31）。

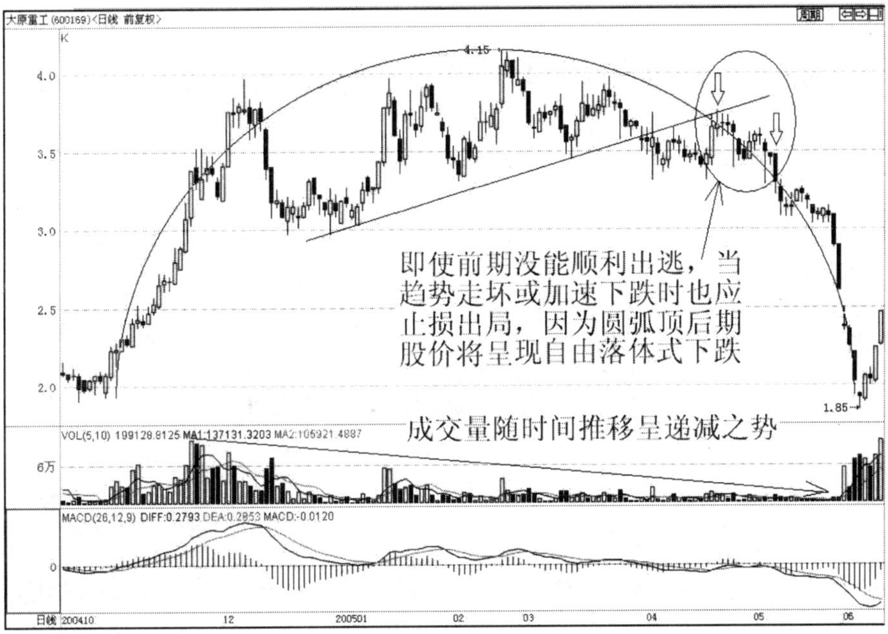

图4－31

例2：上海三毛（600689）2010年3月至5月期间，在高位走出了一个非常清晰的小圆弧顶形态。从K线图上可以看到，这段时间内该股股价的反弹高点几乎全部落在圆弧顶的弧线之上，成交量在圆弧顶形成的初期有所放大，但后来便一直递减，可见圆弧顶形态具有较强的隐蔽性（如图4－32）。

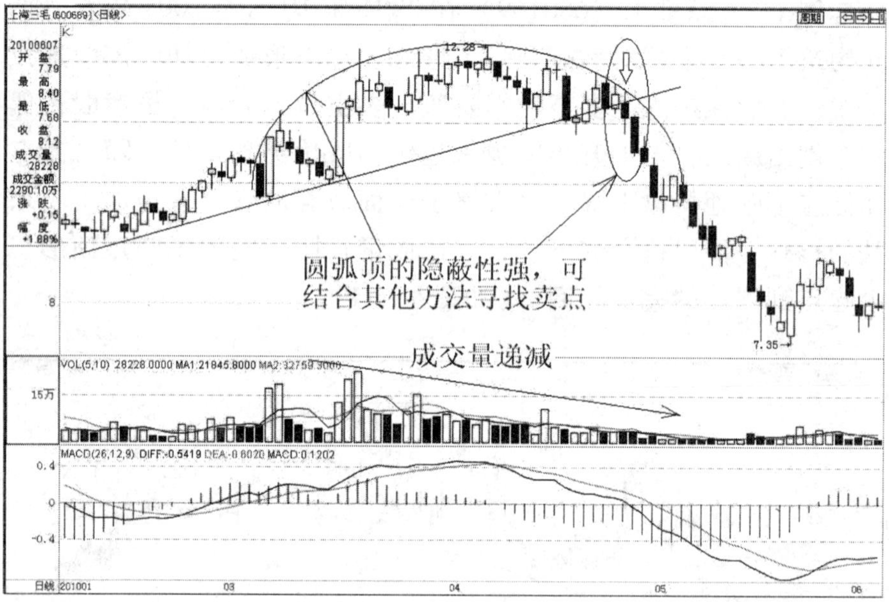

图4－32

第八节　菱形和岛形

一、菱形

（一）形态成因

股价经过一段持续的上涨行情之后，遇到了空方的狙击，走势从单边上升变成了上下震荡。虽然多方的进攻仍然意犹未尽，每次和空方交战后仍能创出新高，但是空方的力量也已经日渐强大，每次打压均能使股价创出新低。常言道，一鼓作气，再而衰，三而竭。几个回合过去之后，久攻不下给双方带来的均是疲惫和失落，反弹的高点越来越低，而回调的底点却呈抬升的趋势，反映出多空的攻击力都大大降低。随着这种技术形态的延伸，市场逐渐进入了新的平衡，股价波动幅度收敛得很窄。将这段时间的股价高点和低点分别连接，就会得到一个菱形的形态，菱形这个技术形态的名字也由此而来（如图 4－33）。

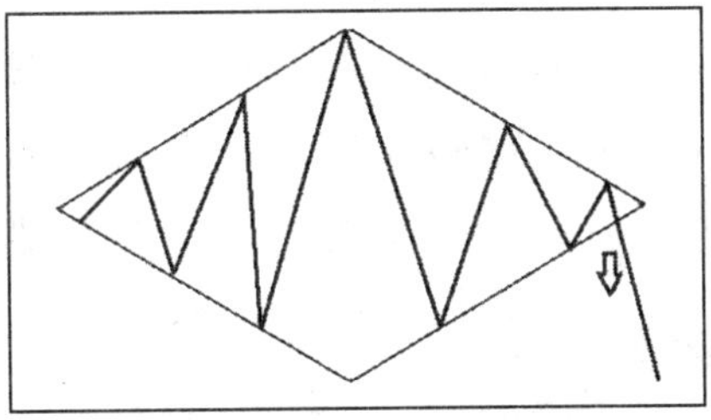

图 4－33

从表面上看，菱形不过是一个技术图形，没什么太多可说之处，但实际上菱形是一个非常复杂的形态。总体上看，菱形如同一个一头多肩的头肩顶形态，其形成过程也与头肩顶相似，所以可以借鉴头肩顶的技术用法。另外，如果把菱形从中间的最高点处纵向分开，那么可以看出，菱形其实是由左侧的扩散三角形（喇叭形）和右侧的收敛（对称）三角形组成的，关于这两种形态，后面会有详细的讲解。

（二） 技术要领

1. 菱形在实际走势中很少出现，而一旦出现，往往是处在市场的高位，从而形成一个见顶的技术形态。股价运行至菱形的末端，通常会选择向下突破，因此此时应果断出局。

2. 由于有些时候菱形向下突破时不一定在形态的末端进行，所以当股价出现最高点之后，开始运行右侧的收敛部分时，投资者就要时刻警惕。

3. 计算菱形的理论跌幅，应以破位之处为起点，幅度为菱形形态中最高点到最低点的距离，但实际的跌幅一般要大于这个幅度。

4. 股价在最高点的右侧向下突破由陆续抬头的低点连接起来的支撑线，即为股价反转信号，此时应及时卖出。

5. 由于菱形结构复杂，变化多端，股价转势的隐蔽性较强，所以当发现股价出现菱形的苗头后，可在60分钟图上监控其变化趋势，及时采取应对措施。

6. 菱形运行过程中，成交量的变化并不规则，但到了末端时，量能普遍很小。向下突破初期，也不会有明显放大。但在后面下跌过程中的某个阶段，会出现急剧放量的现象。

（三） 实战案例

例1： ＊ST东热（000958）于2002年3月至6月中旬走出了较为标准的菱形技术形态。该股的第一个卖点是股价跌破最高点右侧的支撑线，第二个卖点出现在菱形的末端。从图中可以看到，股价反抽到菱形末端支撑线时，便一路加速下跌，由此可见菱形的杀伤力不容小觑（如图4－34）。

图4－34

例 2：2009 年 11 月末至 12 月初，西部矿业（601168）在高位走出了一个小菱形的技术形态。就是这个看似平淡的图形，里面却暗藏杀机。从图中可以看到，破位后的连阴杀跌凶狠凌厉，基本不给人以任何出逃的机会，高位接盘者悉数被套。可见菱形出现之后，一旦股价选择向下突破，就应该果断止损，不留后患（如图 4－35）。

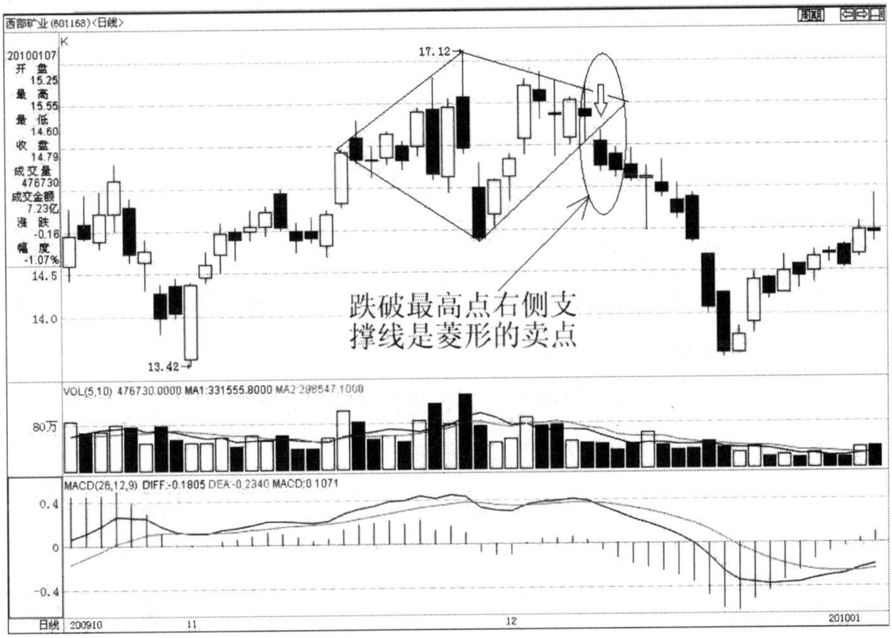

图 4－35

二、岛形向下反转

（一）　形态成因

股价在上升通道运行过程中，某日突然高开高走，留下了一个向上的跳空缺口且不回补缺口，股价继续上行。过了不久，股价开始见顶回落，当跌至前面那个向上的跳空缺口附近时，股价突然跳空低开，形成了一个与前一个缺口相呼应的缺口，随后股价不补缺口，继续下行，将这两个缺口上方的价格区间和K线孤零零地留在那里，从形态上看就像一座孤岛，因此将这种形态叫做岛形（如图4－36）。

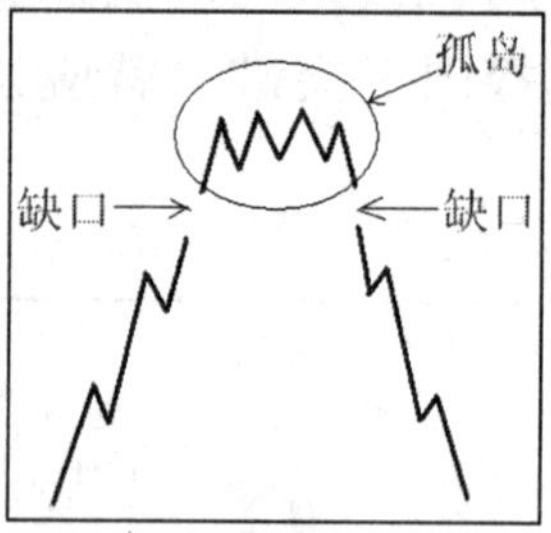

图4－36

（二） 技术要领

1. 形成岛形前后的两个缺口短期内不做回补，且缺口出现的位置基本对称。

2. 出现跳空缺口的当日，成交量均有所放大。

3. 孤岛范围内的成交易量普遍较大。

4. 即使有时在形成第二个缺口股价向下突破时成交量变化不明显，但其杀伤力依然不小。

5. 右侧缺口出现的当天是强烈的卖出信号，投资者应果断出局。如果当天或短期内缺口得以回补，则岛形可能会失败。

6. 岛形向下是一个反转形态，一旦出现，后面通常会有一波较大的跌幅，并且其理论上的量度跌幅无法预测。

（三） 实战案例

例1：以上证综合指数为例。2008年4月24日，受降低印花税的利好消息刺激，该指数大幅跳空高开，展开报复性反弹，同时成交量急剧放大。在盘整了30个交易日之后，6月10日，因央行大幅调高存款准备金率的利空消息突然降临，股指当即跳空低开120余点，形成向下的岛形反转。这次岛形反转提示的卖出信号极其强烈，此时无论你的持股成本是多少，均应果断离场，因为随后的跌势将极其惨烈。这个岛形的两个缺口之大十分罕见，位置对称如鬼斧神工。从图中可以看到，岛形范围内的成交量激增，岛形形成后跌幅巨大，因此堪称是这一技术形态的绝佳战例（如图4－37）。

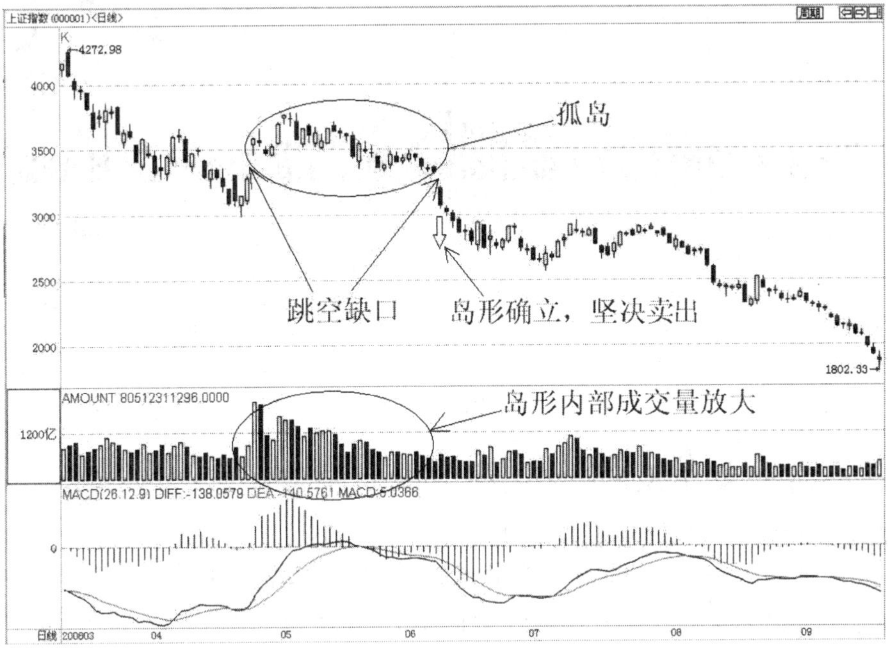

图4－37

例2：仍以上证综合指数为例。2010年3月29日至4月16日期间，该指数在K线图上留下了一个由左右两个缺口形成的孤岛，一根放量长阴线，宣告岛形反转形态确立，随后股指一路大跌，下跌700点方才止跌反弹（如图4－38）。

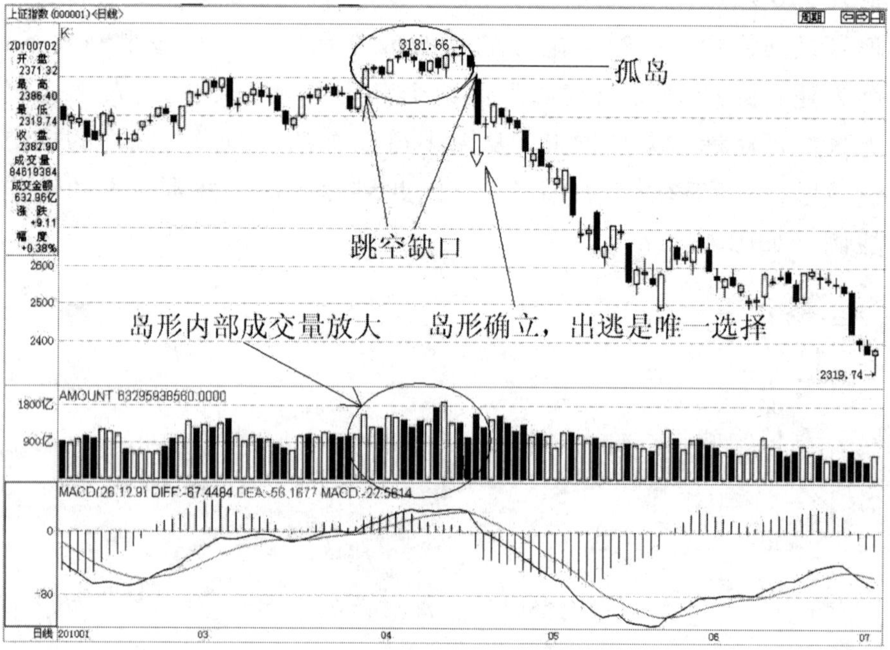

图 4 – 38

三、岛形向上反转

（一） 形态成因

股价在下跌通道中运行，某日突然低开低走，留下了一个向下的跳空缺口，并且缺口不回补，股价继续下跌。过了不久，股价开始止跌反弹，当反弹到前面那个向下的跳空缺口附近时，股价突然跳空高开，形成了与前一个缺口相对应的缺口。随后股价继续上行，将这两个缺口下方的价格区间孤零零地留在那里。从形态上看，就像前面讲解的岛形的倒置，因此将这种形态也叫做岛形，区别仅在于这个岛形是向上反转（如图 4 – 39）。

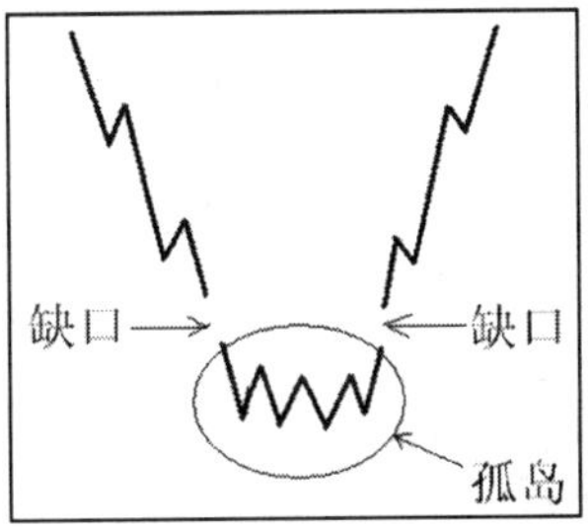

图 4－39

（二）技术要领

1. 形成岛形的前后两个缺口短期内不做回补，且缺口出现的位置基本对称。

2. 出现跳空缺口的当日，成交量均有所放大。

3. 孤岛范围内的成交量普遍较大。

4. 右侧缺口出现的当天是强烈的买进信号，但如果当天或短期内回补，则岛形可能会失败。

5. 岛形向上是一个反转形态，一旦出现，后面通常会有一波较大的涨幅，但其理论上的量度升幅无法预测。

（三）实战案例

例：南风股份（300004）是一家主营核电、风电设备的中小板上市公司，其股性较为活跃。2010 年 2 月 1 日，该股在一波快速杀跌后跳空低开，两天后在 27 元附近筑底成功并展开反弹。当股价反弹至前期缺口附近时，该股以一字线方式强势涨停，一举跨越了前面的缺口，形成岛形向上反转形态。次日，该股仍然大幅高开，成交量明显放大，突破信号极为强烈，追涨是这个时候的最佳选择。接下来股价一路狂飙至 53.99 元方止住涨势，阶段利润十分可观（如图 4－40）。

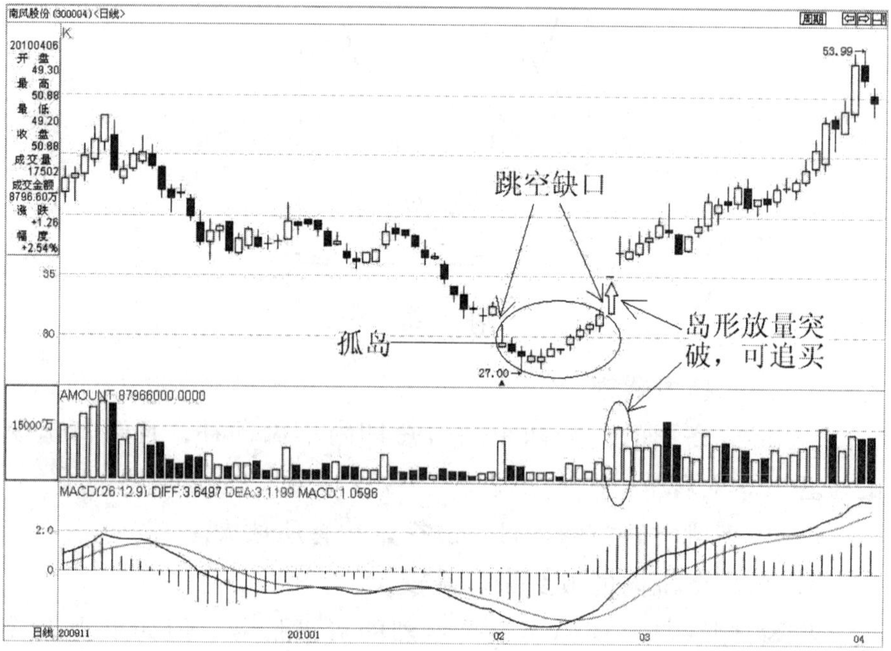

图 4－40

第九节　矩形

一、形态成因

股价在某一阶段产生的几个高点价格基本一致，同时每次回调的幅度也大致相当，分别连接高点和低点，可以得到一个水平的运行通道。当股价反弹到通道上轨时，短线获利盘涌出，股价受压回调，而跌至下轨时，又有逢低买盘将其托起。如此多次反复，形成了像长方形的技术形态，因此称为矩形。矩形通常也被称做箱形、箱体。

矩形形态的出现，是多空双方势均力敌的体现。矩形较窄，说明多空双方都在试探对方的虚实，不敢轻易出手。矩形宽度较大，说明多空双方已经在这一区域展开了激烈的撕杀，你争我夺，互不相让，拉锯战此起彼伏。但是矩形里的争斗如同一场激烈的拳击比赛，不管对阵双方的实力如何接近，最终都要决出胜负，最终选择突破方向（如图 4－41）。

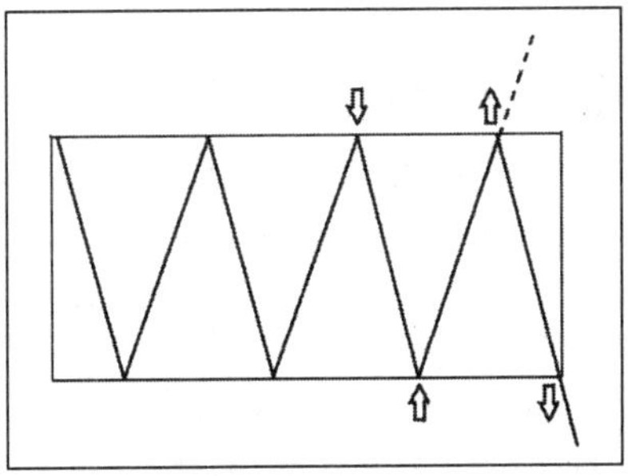

图 4－41

二、技术要领

1．一旦发现矩形形成，应该抓住难得的机会，在矩形的底沿买进，在上沿卖出，反复几次，便可以将持股成本大大降低。

2．股价在突破矩形时，既可以向上突破，也可以向下突破。操作时要顺势而为，突破箱体上沿时买进，突破箱体下沿时卖出。

3．股价向上突破箱顶时，一般伴有成交量的放出，这时突破的可信度较高。股价向下跌破箱底时，成交量的变化并不明显。

4．突破矩形后的量度升幅或跌幅，通常至少会达到矩形的宽度。

5．矩形一般出现在上涨和下跌趋势的途中，即在一段涨升行情后出现的矩形，其最终的突破方向仍然向上，在跌势中出现的矩形，可能只是阶段性的止跌，整理之后仍有可能向下突破，从而延续下跌的趋势。

6. 虽然大多数矩形是原来趋势中的一个过渡期，但有的时候也会出现在行情的顶部或筑底阶段，比如三重底和三重顶也可以看做是矩形，只不过矩形可能会比三重底和三重顶的触底次数和触顶次数要多，但其原理是一样的。

（三） 实战案例

例 1：爱使股份（600652）在 2006 年 10 月至 2007 年 1 月期间走出了一个宽度不大的矩形形态。由于此前股价已探明低点并反弹，所以这个矩形只是上涨旅途中的一个驿站，整理结束后，股价放量突破箱体上沿时，应及时跟进。而突破后反抽上沿的动作，给投资者提供了又一个从容买进的良机。随后该股单边上涨，一骑绝尘，股价突破后的短期涨幅竟然超过箱体宽度的两倍，3 个多月的酝酿终于结出了硕果（如图 4 - 42）。

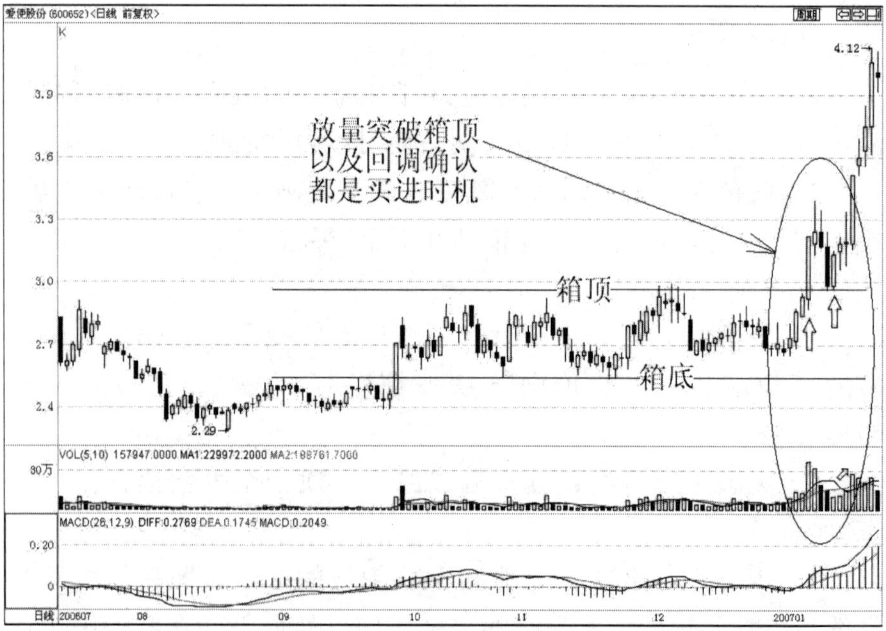

图 4 - 42

例 2：2003 年 1 季度，中国石化（600028）股价在经历了一段急速的短线上涨之后，大部分时间运行在一个狭窄的矩形当中。从表面上看，虽然股价的波动幅度并不大，但仔细观察可以发现，这段时间里该股的 K 线图上留下了多根大阳线，而且在大阳线出现的同时，成交量也随之放大，接下来便是小阴小阳的震荡回落，而每次跌至箱底均再现长阳。这样的量价结构，反映出主力在箱体里逢低反复买进，但却并不急于拉升，表现出较强的控盘能力。多方这样的表现，也逐渐动摇了空方的军心，在箱顶的抛盘越来越轻。最终股价放量突破箱体上沿，短线涨幅接近理论升幅的两倍（如图 4－43）。

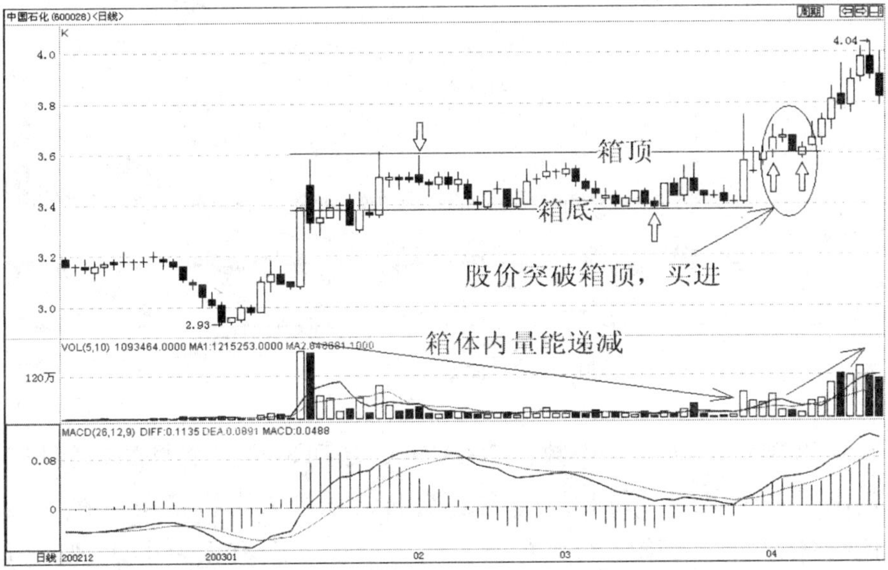

图 4－43

例 3：2007 年 4 月至 2008 年 3 月期间，华联综超（600361）的股价在 18 元至 27 元之间宽幅震荡，分别连接期间的三个高点和三个低点，可以得到一个近乎完美的矩形形态：三个高点价格几乎完全相同，三个低点也处于同一水平线上。不过，长时间的高位盘桓，消耗了多方太多的攻击力，而多方久攻不下，也使空方逐渐掌握了主动。最后股价以连续杀跌的方式向下跌破矩形的下沿，多方的最后一道防线瞬间土崩瓦解，不得不丢盔卸甲，落荒而逃，股价一路狂跌至4.44元，方才获得喘息的机会。在这里，矩形也可视做三重顶，成为市场见顶的反转形态（如图4－44）。

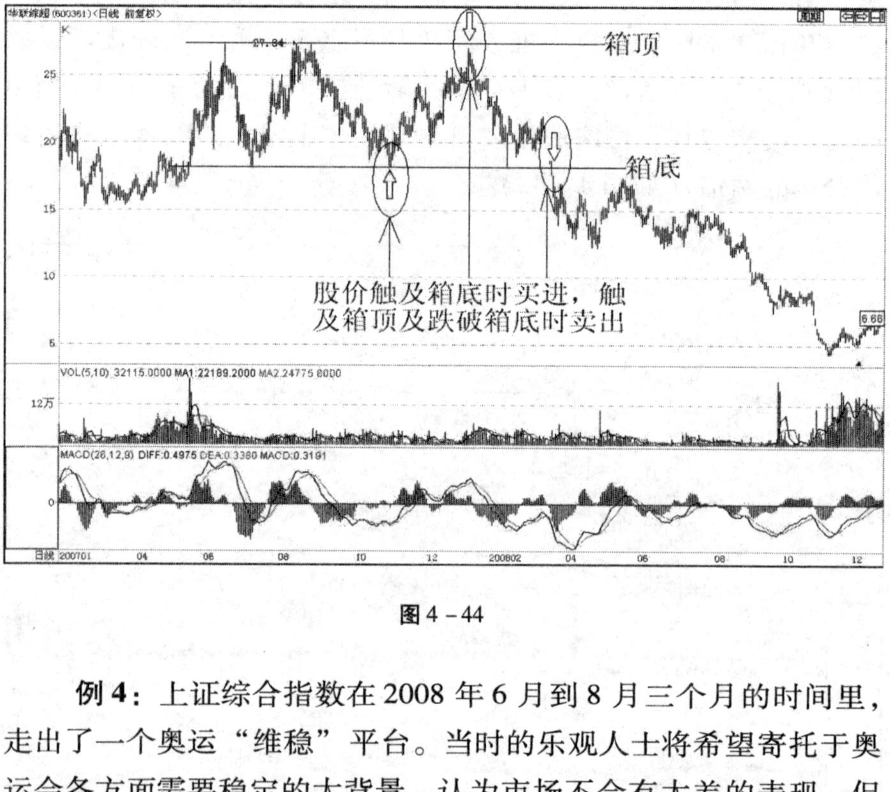

图4－44

例4：上证综合指数在2008年6月到8月三个月的时间里，走出了一个奥运“维稳”平台。当时的乐观人士将希望寄托于奥运会各方面需要稳定的大背景，认为市场不会有太差的表现，但是事与愿违。这个“维稳”平台便是下跌途中的矩形整理，是为进一步下跌积累动力。股指在狭窄的箱体里整理了三个月之后，最终在8月8日北京奥运会开幕当天以放量长阴的方式向下破位，股指再现暴跌。接下来的市场更是以抛物线的轨迹一路下挫，近800点的跌幅在一个多月的时间里一蹴而就，熊市的杀伤力令人不寒而栗（如图4－45）。

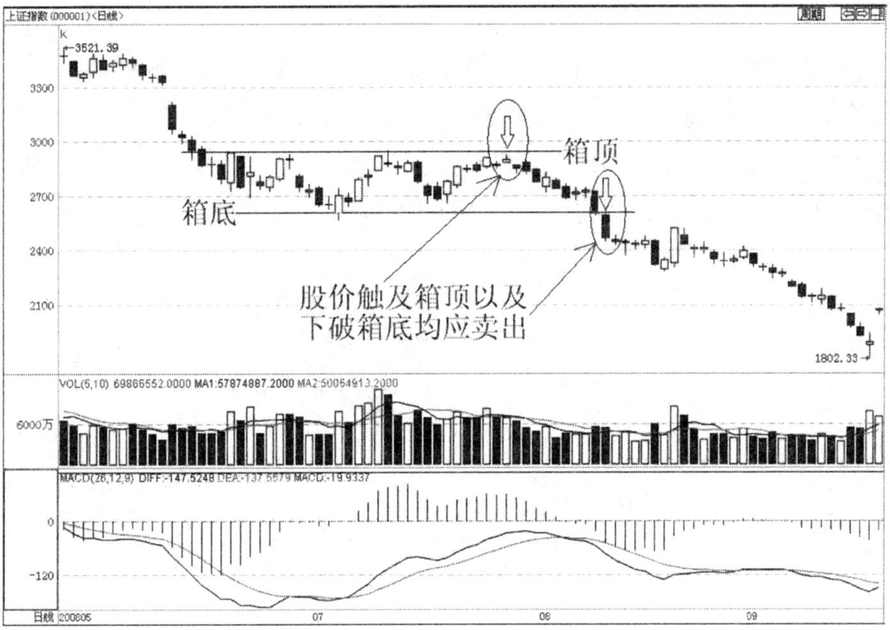

图 4-45

第十节 三角形

在各种整理形态中，三角形是最为常见、变化最多的形态，分为上升三角形、下降三角形、收敛三角形（对称三角形），扩散三角形等，下面我们分别来介绍。

一、上升三角形

（一） 形态成因

股价升至某一价位后，遭遇空方的打压快速回落，但多方并没有轻言放弃，而是重整旗鼓，马上再次发动进攻。此时的空方也并非等闲之辈，集中力量构筑起一道坚固的防御工事，多方每次兵临城下均无功而返，股价形成了一道水平的阻力线。表面上看，多方的进攻屡屡失败，但实际上每次进攻也使空方的阵地遭到了蚕食，造成大兵压境之势，令空方的防线危在旦夕。表现在股价上，就是虽然没能创出新高，但每次回调的低点却在不断地上移。将每次震荡的高点和低点分别连线，可以发现股价形成一个三角形形状，上升三角形形态由此得名。在三角形整理过程中，多方的最后一击随时可以展开，股价向上突破指日可待（如图4-46）。

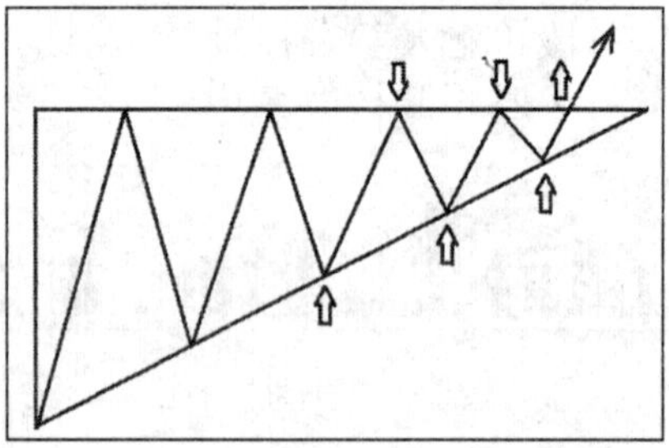

图4-46

（二） 技术要领

1．股价突破上升三角形的上沿时是很好的买进信号。

2．在上升三角形形成的初期，操作上可依据直角边和斜边的压力和支撑作用做高抛低吸的操作，赚取短线差价。当股价运行到接近三角形整理末端时，投资者应保持观望，因为这时股价将面临方向性选择，频繁操作容易打丢筹码，从而错过加速上涨的阶段。另外，三角形整理末端的股价波动空间已经大大收窄，价差空间不大，即便进行短线操作，也难以获得令人满意的利润。

3．股价在上升三角形形态的2/3处附近向上突破，其上攻力度最强。在三角形末端向上突破，则显得似强弩之末，有时甚至还会形成假突破。实战中，股价突破后回落时，一旦上升三角形的上边线失守，操作上应立即卖出。

4．上升三角形的形成过程中，成交量呈递减之势，但突破时需要成交量的放大。

5. 上升三角形突破后的量度升幅，一般会高于垂直直角边的高度。

6. 多数上升三角形形态出现在上升趋势中，是上升过程中的一段间歇。

（三） 实战案例

例：株冶集团（600961）于2009年6月下旬突然放量拉升，随后窄幅震荡。在接下来的一段时间里，虽然该股股价没能有效创出新高，量能表现也较温和，但震荡的低点却在逐渐抬高，走势上形成了上升三角形的技术形态。7月中旬，股价已运行到该上升三角形末端，上攻条件成熟。此时主力适时现身，奋力拉升股价，一举突破压力线，买进信号随之出现。由于该股的技术形态非常标准，其突破后的量度升幅也毫不打折，投资者若能在股价突破时及时跟进，可以轻松享受股价涨升的乐趣（如图4－47）。

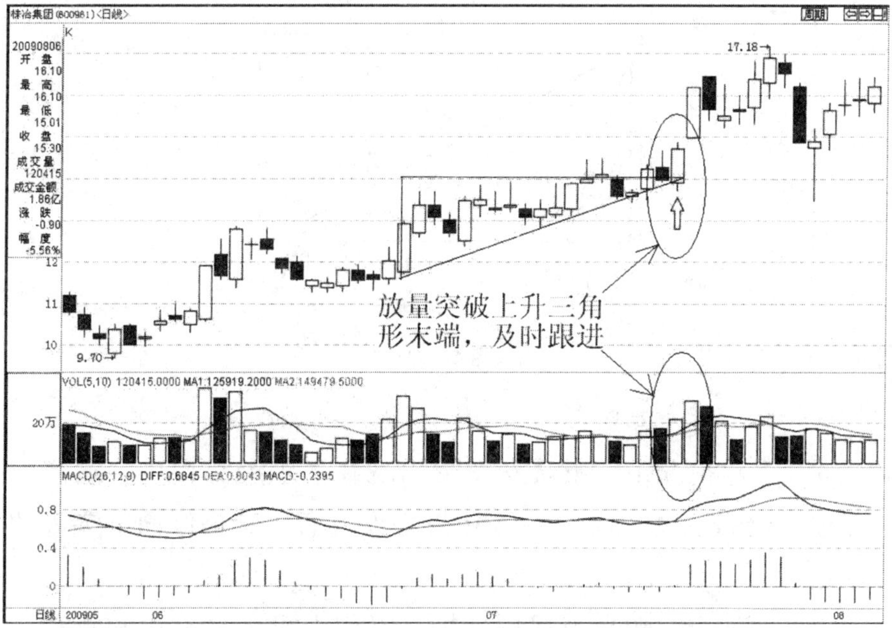

图4－47

二、下降三角形

（一） 形态成因

股价在下跌过程中跌至某一价位时，遭到多方的抵抗止跌反弹，但空方并没有善罢甘休，继续对多方施压，汹涌的抛盘反复倾泄下来。此时多方也没有完全坐以待毙，而是在前面的止跌价位处树起了一道屏障，任空方反复冲击，仍顽强抵抗。有句俗话说得好：最好的防守就是进攻。由于空方从一开始便占据了战场上的主动权，每一轮的正面交锋都是由空方发起，并通过一次次的冲击不断拓展自己的领地，体现在股价运行轨迹上，表现为反弹的高点逐渐下移，K 线图上可以看到一条向下倾斜的直线，如同一把利剑直刺多方的防线。与此相反，被动防守的多方只能靠一条毫无攻击力的防线负隅顽抗，下降三角形形态跃然纸上。（如图 4－48）。

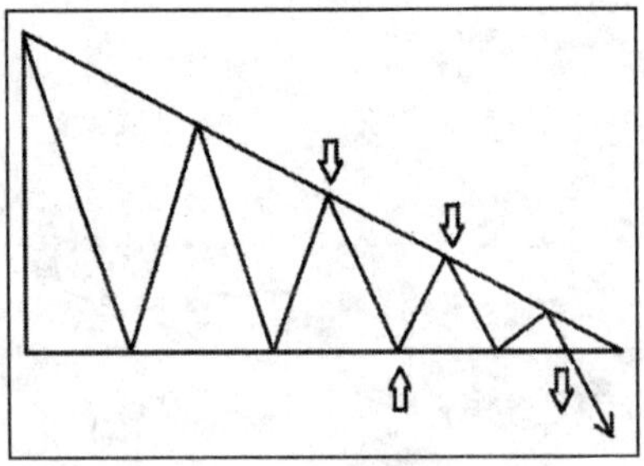

图 4－48

（二） 技术要领

1. 多数情况下，下降三角形出现在下跌趋势当中，这样的三角形只是下跌过程中的一个中继形态，所以其最终向下突破的概率较大。

2. 在下降三角形形成的初期，操作上可依据斜边和直角边的压力和支撑作用做高抛低吸，赚取短线差价。当股价运行到三角形末端时，投资者应保持观望，因为末端附近股价波动的空间已经收窄，价差空间不大。另外，这时的股价面临着方向性选择，在T+1的交易制度下，如果买进当天股价向下破位，实在得不偿失。

3. 少数情况下，下降三角形也会在上升趋势中出现，其最终选择向上突破的概率偏大，但力度普遍不强。

4. 股价向上突破三角形斜边是买进时机，向下突破三角形水平直角边是卖出的信号。

5. 下降三角形突破后的量度升跌幅，一般会大于垂直直角边的高度。

6. 股价在下降三角形形态的2/3处附近突破，其力度是最强的，操作上应顺势而为。

7. 在下降三角形形态形成初期，由于股价波动剧烈，成交量也普遍较大，随后成交量会递减或走平，直至股价最终突破时，成交量通常仍没有出现明显的变化。

（三） 实战案例

例1：2008年4月下旬，受降低印花税重大利好消息的刺激，上证综合指数高开高走强劲反弹，由此走出了以跳空缺口为底边的下降直角三角形形态。然而，这次行情只是超级大熊市中的一段小插曲，利好消息根本无法阻挡熊市的脚步。随着反弹高点的不断下移，多方已经感觉到山雨欲来的压力，此时空方已经积累起了新的做空能量。随着6月初央行宣布大幅提高存款准备金率这一利空消息的出现，股指跳空低开，向下突破三角形的底边，之后指数单边下行并以长阴报收，拉开了新一轮下跌的序幕。如果投资者在指数破位时能够割肉出局，将会回避掉后面巨大的下跌风险（如图4-49）。

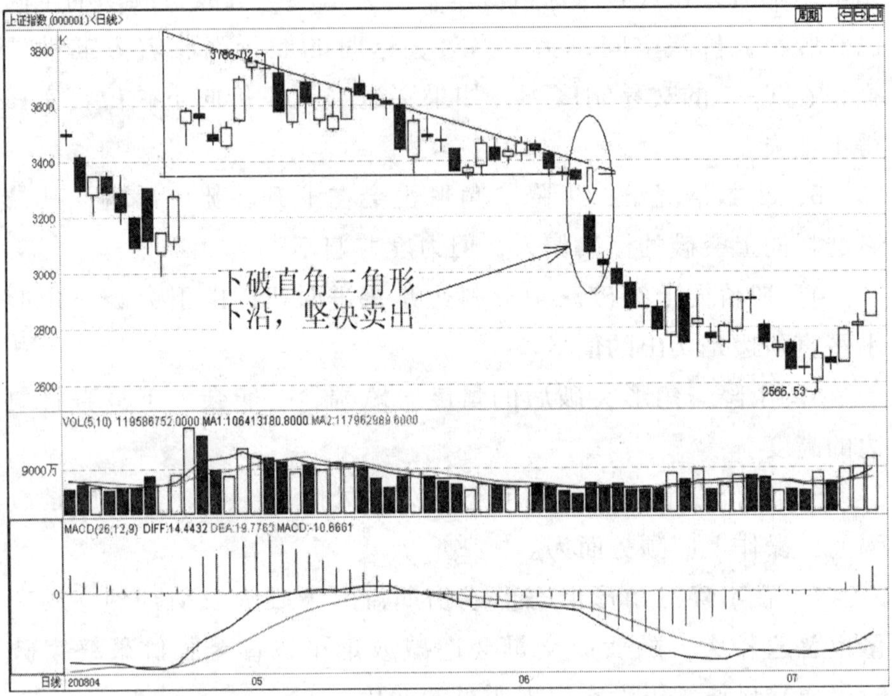

图4－49

例2：2009年4月至7月间，巢东股份（600318）经历一段反弹之后，走出了下降三角形的整理行情。虽然震荡整理的高点逐渐下移，但由于该形态出现在大的上升趋势当中，所以多方的防线坚不可摧，股价最终选择了放量向上突破，理论买点明确清晰（如图4－50）。

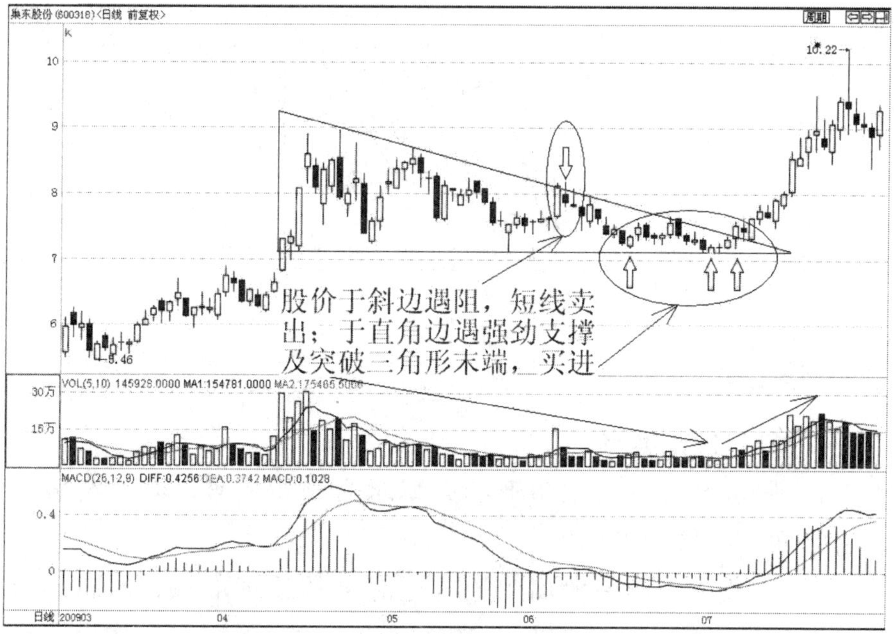

图 4－50

三、收敛三角形（对称三角形）

（一）　形态成因

在一波行情的某个阶段，多空双方展开正面交锋，争夺十分激烈。但是随着时间的推移，双方发现谁都无法取得决定性的胜利，目前的争斗意义不大，所以均选择了相对“保守”的策略，在做好防守的同时，“减弱”了进攻的力度，双方买卖意愿都不强烈，最后几乎达成了短暂的“平衡”。在这种情况下，价格波动的高点就会逐渐降低，波动的低点则不断抬高。分别连接这些高点和低点，可以得到一个呈收敛形态的对称的等腰三角形形态（如图 4－51）。然而多空之间的战争是极为残酷的，表面上前期争夺越来越平淡，但实际上多空双方都在积蓄力量，并悄悄地侵入对方的领地，短暂的平衡最终也必然会被打破，决定胜

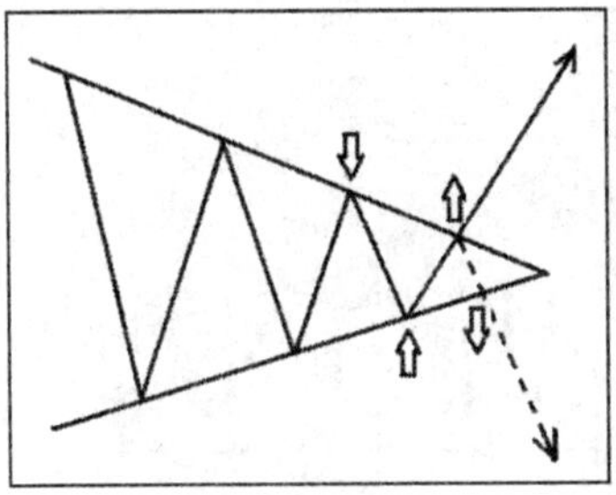

图 4-51

负的激战就在眼前。

（二） 技术要领

1. 股价突破收敛三角形的束缚时为交易信号，向上突破则买进；向下突破则卖出。

2. 收敛三角形一般属于原有趋势中的整理形态，形态结束后，股价的运行方向大都与原趋势保持一致，但很多时候也会反向突破，所以很难提前判断突破的方向。

3. 收敛三角形偶尔也出现在绝对高位或绝对低位，但这种形态出现的概率极小，即使出现了，这个顶或底一般也是阶段性的，并不是最终的顶和底，很可能是其他形态的一部分。

4. 该形态突破后，量度升跌幅与这个等腰三角形底边的长度大致相当。

5. 股价运行至收敛三角形的 2/3 处，最多在 3/4 处选择的突破方向一般较为可信，随后的涨跌力度也会较大。

6. 收敛三角形形成初期成交量较大，之后呈递减之势。

7. 如果突破行情出现在收敛三角形的末端，则突破的有效性较为复杂：向上突破时，如果伴随着成交量的放大，突破的可信度较高；如果选择向下突破，成交量相应减少，其下跌的有效性将大大增强。相反，如果向上突破时缩量，容易形成假突破，成为多头陷阱。若放量向下突破，则很可能是一个空头陷阱。

（三）　实战案例

例1：上证综合指数于2009年8月4日创出了当年的最高点3478点，随后股价下跌、反弹，再下跌、再反弹。虽然多空双方争夺得十分激烈，但反弹的高点越来越低，回落的低点却越来越高，形成了一个十分标准的收敛三角形形态。表面上看，随着股指向三角形的末端靠近，多空的战斗也渐趋缓和，但平静的背后却暗藏杀机。4月15日，股指反弹至3181点时，再次触及上档的压力线后便返身下行，两天后以大阴线向下破位，同时成交量并没有明显放出，说明这是一个非常强烈的卖出信号。接下来的两个多月时间里，市场持续下挫，直到2319点才止跌反弹。破位后指数的下跌幅度B与对称三角形的底边A几乎完全相等，完美的量度跌幅也预示着这波调整已经结束（如图4－52）。

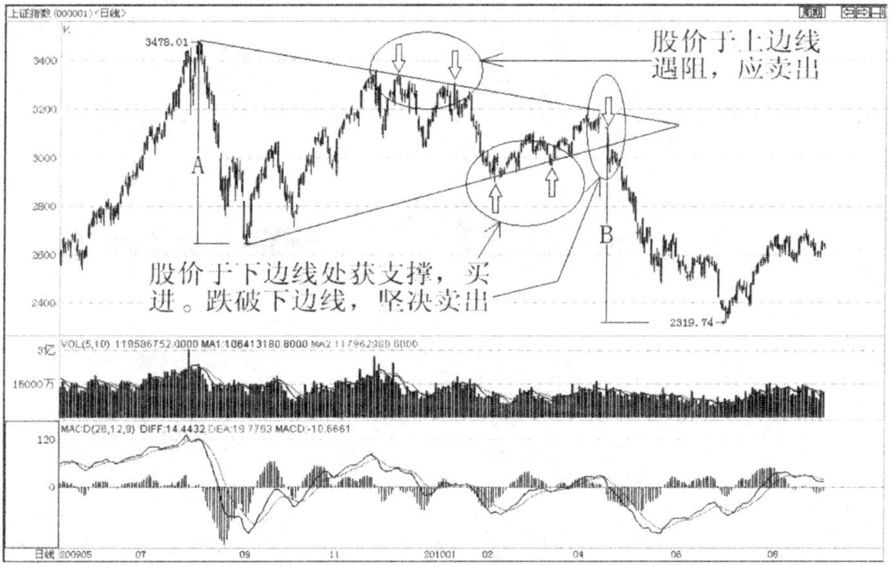

图4－52

例2：仍以上证综合指数为例。2005年6月6日，该指数创出5年来的新低998点，之后出现强劲反弹，但市场上的做空动能仍在释放，又将指数打回。多方仍在做着不懈的努力，继续发动进攻，怎奈空方不断施压，双方的交战从大范围的来回拉锯逐渐过渡为近距离的短兵相接，高点低点逐渐收敛，形成了对称的三角形形态。最终，刚刚崭露头角的多方感到有些力不从心，不得不放弃防守，股指随之向下突破。量能的缩减，也增加了突破的可信度。这时的空方得势不饶人，一路阴线将失地悉数收回，量度跌幅与理论值十分接近。在股价向下破位时及时卖出的人，无疑躲过了短线一劫（如图 4－53）。

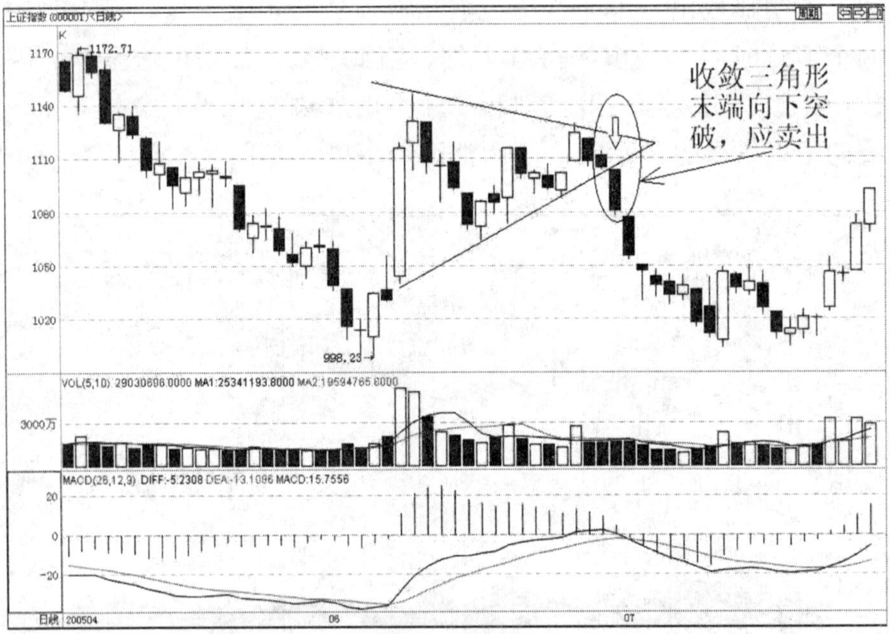

图 4－53

例 3：洪都航空（600316）在经历了一段反弹之后，于2009年 4 月中旬至 6 月上旬走出了收敛三角形的技术形态。形态初期成交量急剧放大，之后量能逐渐萎缩。在收敛三角形的末端，股价选择向上突破时，成交量再度放大，这预示着新一轮上升行情由此展开，技术上的买进信号十分明确（如图 4－54）。

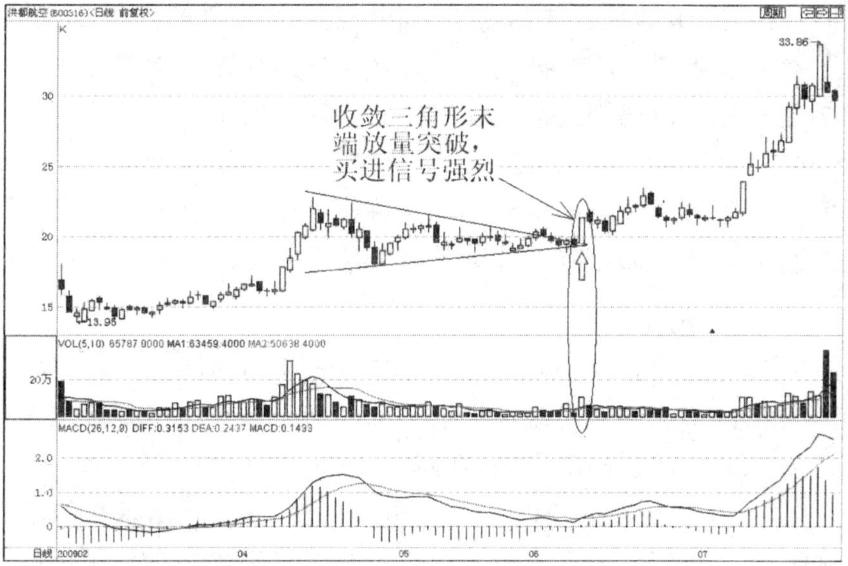

图 4－54

四、扩散三角形

（一） 形态成因

股价经过一段持续的单边上涨或下跌之后，运行方向开始转为向右侧延伸，震荡幅度逐渐加大，多空力量从原来的一边倒转为互有胜负的势均力敌。随着交战的不断升级，双方均使出了浑身解数，不惜一切代价决一死战，每次的攻击力度都比前一次猛烈，使反弹的高点越来越高，下跌的低点也渐次走低，形成了一个与收敛三角形正好相反的扩散三角形，俗称喇叭形（如图4－55）。

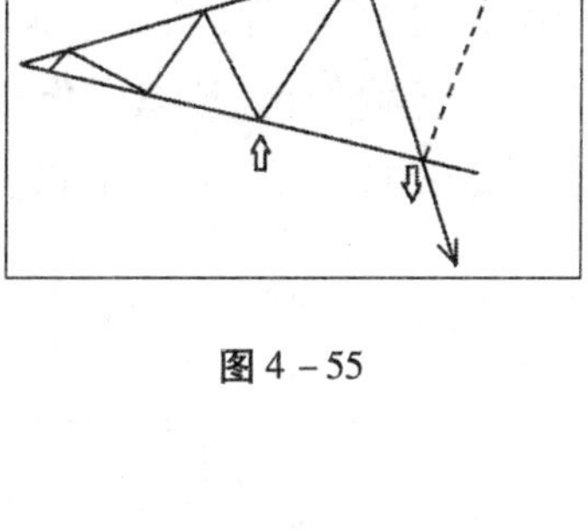

图 4－55

需要说明的是，扩散三角形出现在市场顶部的概率偏大，从这个角度来说，应该把这种形态列入反转形态。但是这种形态有时也出现在市场的底部，或涨跌的中途，所以完全认为这是一个反转信号也不十分正确。另外，扩散三角形毕竟属于三角形的一种，所以把它放在三角形形态中讲解，以便于和其他三角形形态进行对比，从而更好地理解各个三角形形态的区别和特点。

（二） 技术要领

1. 扩散三角形既可以出现在市场的顶部和底部，也可以出现在涨跌的中途，但出现在市场顶部的概率偏大。以扩散三角形形态见顶时，股价向下突破后的跌幅将十分巨大。

2. 当股价已经出现了很大的涨幅之后，一旦出现扩散三角形的走势，投资者一定要十分小心。在股价突破之前，可以在下边线处买进，在上边线处卖出，进行短线操作。股价正式突破时，则是一个明确的交易信号，突破上边时加码买进，但如果后市股价重回上边线之内，则要止损卖出；突破下边线则果断卖出，以防后市出现较大的跌幅。

3. 如果扩散三角形出现在大幅下跌之后，那么就有可能演变成一个底部反转形态。操作上仍是在下边线处买进，在上边线处卖出，以短线操作为主。当发现股价突破上边线时，可能是确立底部的信号，此时可以加仓买进。

4. 扩散三角形没有明确的量度跌幅。

5. 扩散三角形出现在行情中途的情况较少，如果出现时，形态范围一般也比较小，持续时间也不长，对股价走势的指示意义较差。

6. 从量能分布来看，伴随着高位扩散三角形的运行，成交量会日渐萎缩，大致呈前高后低的态势。低位扩散三角形的成交量则是前低后高，向上突破时成交量需要同步放大。

（三） 实战案例

例：以上证综合指数为例。2003 年指数见底 1307 点之前，以及 2004 年见顶 1783 点之前，指数均出现了扩散三角形即喇叭形的技术形态，区别仅在于出现的高低位置不同。底部扩散三角形向上突破，同时伴有成交量放出，显示有资金入场的迹象。而高位出现扩散三角形，则是一个确定性较高的见顶形态。在形态的前半部分，主力通过反复震荡已基本完成了减仓的动作，待向下突破时，主力手中的筹码已基本转移到中小股民的手里，不需要成交量的放出。在这种情况下，若发现股指或股价向下破位时，应及时卖出股票，短期内不要急于进场，因为后市的跌幅可能会超出想像（如图 4－56）。

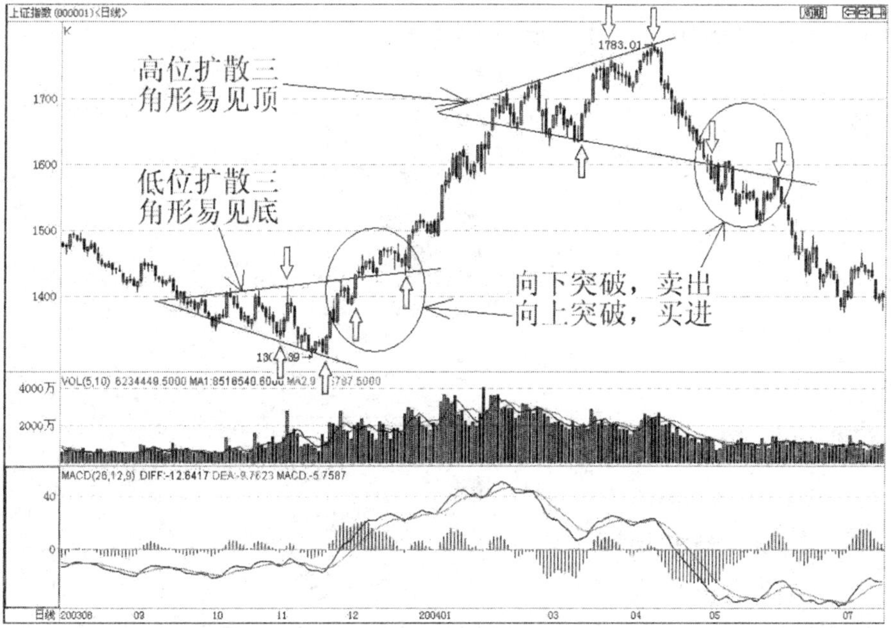

图 4－56

第十一节　楔形

一、上升楔形

（一）　形态成因

股价沿上升趋势线震荡上行，表面看强势依旧，不过随着价格的不断攀升，虽然下档支撑仍然有效，但市场中的追涨意愿却有所减弱，同时上方卖盘的压力也逐渐显露。在这个阶段，每当股价回调到上升趋势线时，逢低买盘还在入市，但是，与低点不断抬高的角度相比，股价创出新高的上涨幅度却在慢慢收窄。将几个高点连接起来可以发现，这条压力线与上升趋势线逐渐收敛直到交叉，形成一个像上倾的楔子一样上面窄、下面宽的图形，这种形态就是上升楔形（如图 4－57）。

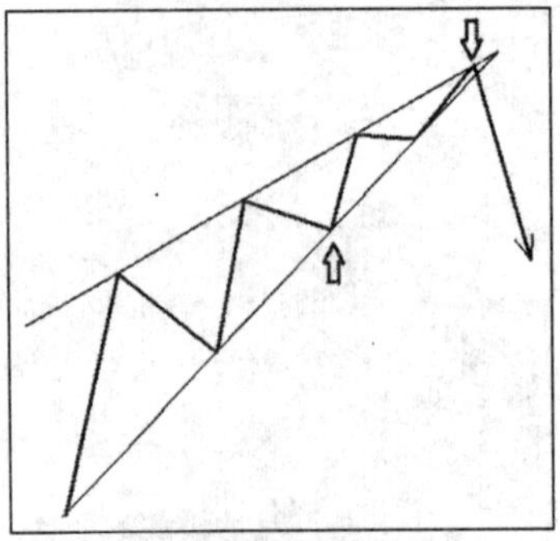

图 4－57

（二）　技术要领

1. 上升楔形反映的是市场上升逐渐乏力的现象，通常在形态完成后会选择向下突破，所以在该形态接近末端时，要尽量避免买进操作。

2. 上升楔形一般在形态的末端或接近末端时才发生转向，跌破下面的上升趋势线即为卖出信号。如果已经走出了一个比较清晰的上升楔形，而股价在距上升楔形末端尚有一段距离时就跌破支撑线，更要及时卖出，因为接下来的跌势可能会相当迅猛。

3. 上升楔形的量度跌幅为股价回到形态起点的幅度，跌幅超过理论幅度的情况也经常发生。

4. 在该形态内部，成交量呈现由大到小的状态，接近顶端时达到近期的地量。但即使股价向下突破，其成交量也不会有明显的变化。

（三） 实战案例

例 1：在 2004 年的反弹行情中，深圳成分股指数于 3 月至 4 月走出了标准的上升楔形。当股指尚未达到楔形的末端时，空方已经按捺不住杀跌的冲动，以一根长阴击穿下档支撑线，之后空方便疯狂打压，将本轮行情的全部涨幅悉数抹出，本来掌握局面的多方，此时早已溃不成军，面对空方的打击毫无还手之力（如图4－58）。

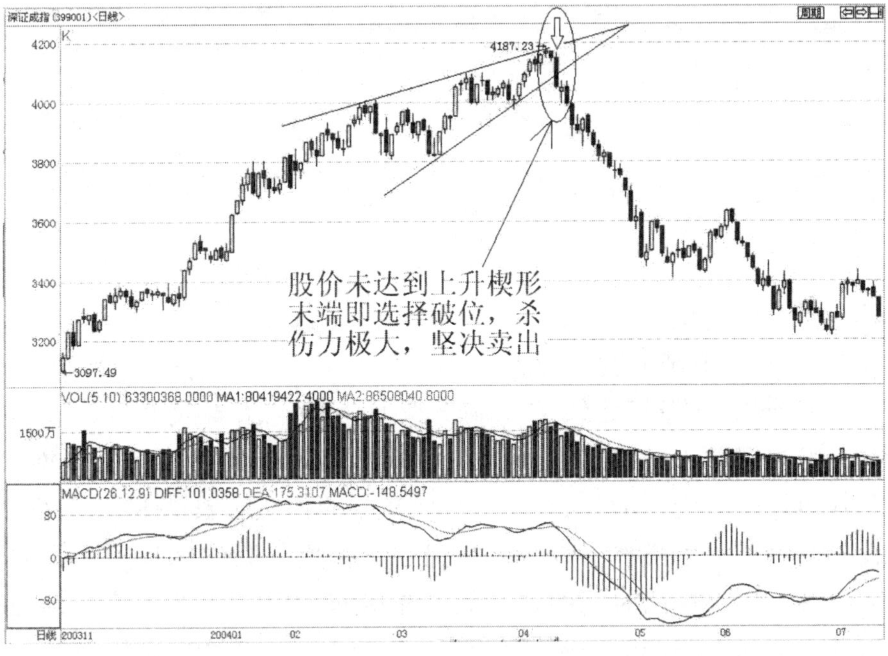

图 4－58

例 2：东方电子（000862）于 2007 年 12 月走出了一个小的上升楔形。该股股价从形态初期的宽幅震荡逐渐收窄直至合并，股价最终选择向上突破。操作上，投资者可以在突破之时及时买进（如图 4－59）。

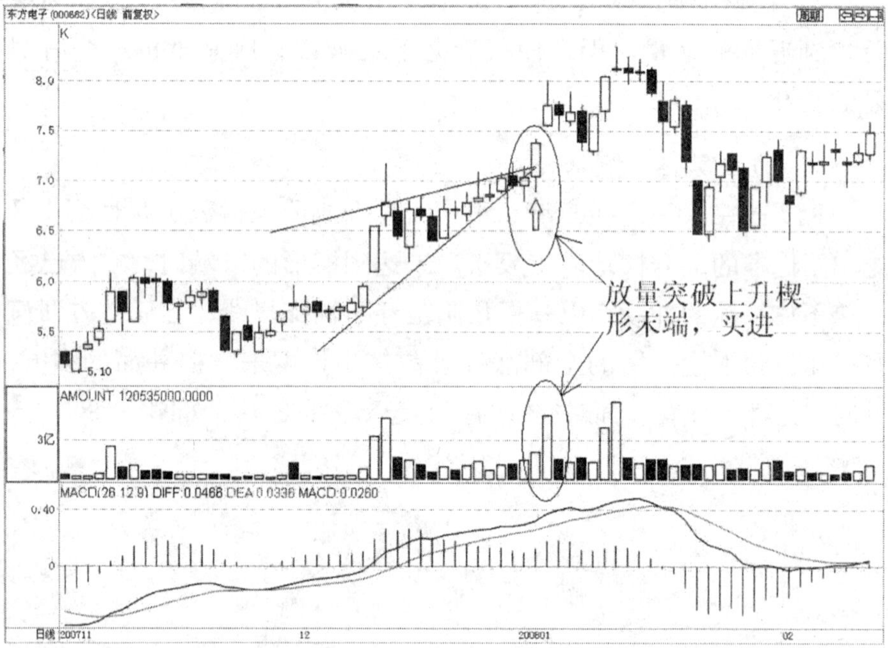

图 4－59

二、下降楔形

（一） 形态成因

股价在下降趋势线的压制下反复下挫，从表面上看，市场空头仍占据着主导地位。不过在股票价格不断创出新低的同时，空方的打压力度已有所减弱，同时多方的力量也在慢慢地聚集。表现在股价上，虽然下降压力线仍在起作用，股价反弹到此便遇阻回落，但将这段时间的几个低点连接起来可以发现，其下行的角度远不如下降趋势线陡峭，而且这条线与下降趋势线越来越收敛直到交叉，形成了一个上面宽、下面窄的像下倾楔子一样的图形，这种形态就是下降楔形（如图4－60）。

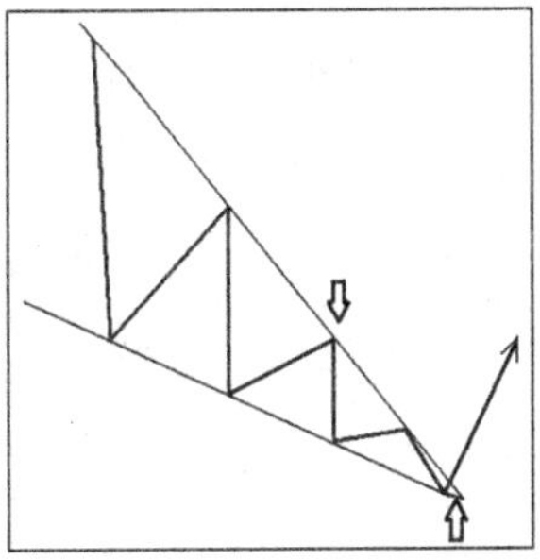

图4－60

（二）　技术要领

1．下降楔形反映的是市场跌势正在逐渐放缓的现实，预示着市场有望出现转势。通常在形态完成后，股价会选择向上突破。在该形态接近末端时，投资者要尽量避免割肉行为，同时做好进一步加仓的准备。

2．下降楔形一般在形态末端或接近末端时才发生转向，股价向上突破下降趋势线即为买进信号。

3．与上升楔形向下突破后的量度跌幅有较大不同，下降楔形被突破后，其量度涨幅并不可过分乐观，通常只是对前期大幅下跌行情的修复，其最大意义在于使股价摆脱下降趋势线的压制。反弹过后，股价将结合市场环境，寻找新的运行方向。

4．在该形态内部，成交量呈现由大到小的状态，接近顶端时达到近阶段的地量。在向上突破时，则需要有成交量的配合，量放得越大，其反弹的力度越大，反弹的空间也越值得期待。

（三）　实战案例

例：深圳成分股指数周K线图显示，在2007年10月至2008年11月的超级熊市里，深综指始终运行在一个大的下降楔形形态当中。熊市初期，多空双方还偶有争斗，股指呈现宽幅震荡的态势。但随着后来熊市气氛的持续升级，下跌的趋势越发清晰，多方几乎放弃了所有抵抗，任凭空方肆意杀跌，波动幅度大大收窄。在熊市最后的阶段，股指更呈现出单边下跌的走势，使下降楔形末端的形态极其尖锐。不过，正是在这种矫枉过正杀跌的同时，市场也酝酿着转势的机会。当股指放量向上突破下降楔形末端的时候，一个千载难逢的绝佳买点就出现在投资者的眼前（如图 4－61）。

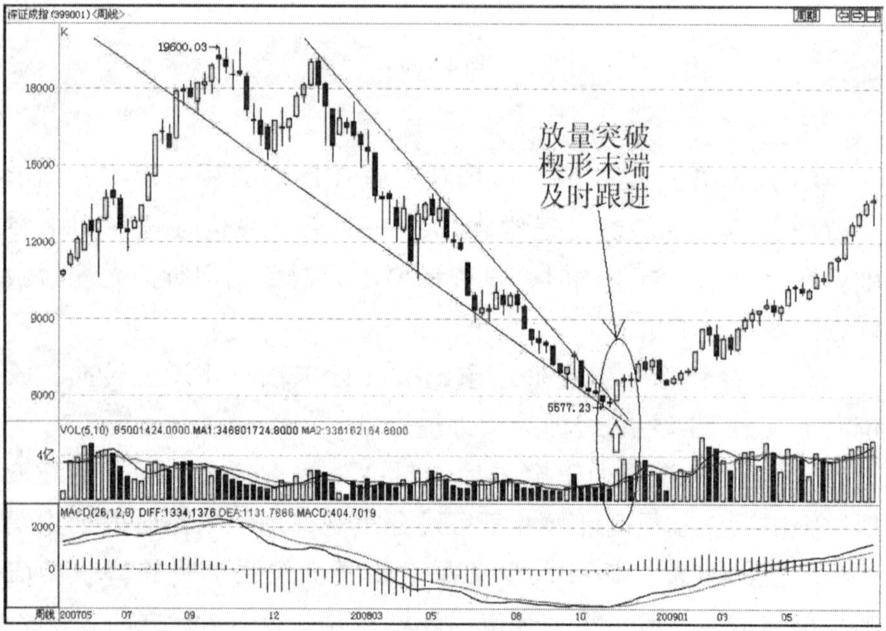

图 4－61

第十二节 旗形

一、上升旗形

（一） 形态成因

股价经过一段快速的急拉之后，部分获利盘兑现出局，行情转入了区间整理阶段。在这段时间里，股价走势以反复震荡为主，虽然总体上看股价有所回落，震荡的高点逐渐下移，回落的低点也越来越低，但调整的幅度并不大。分别连接这些高点和低点，可以得到两条略微向下倾斜的平行线。从形状上看，这种技术形态如同一面在旗杆上迎风飘扬的旗帜，开始的急升就像旗杆，两条平行线之间的部分好比旗面，上升旗形由此得名（如图4－62）。

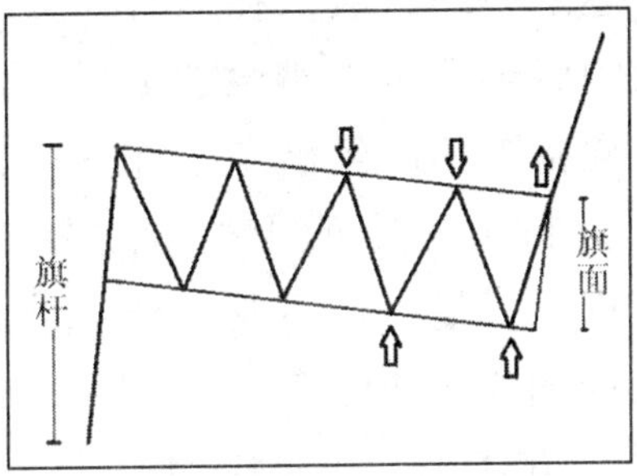

图4－62

（二） 技术要领

1. 上升旗形一般出现在一波快速冲高之后，一旦发现走出这种形态，应以积极做多为主，短线不必追高，但逢低要敢于吸纳，形态初期也可以在压力线处适当减仓，待调整时补回。但是要切记，上升旗形最终通常会向上突破，所以随着时间的推移，距离突破的时间也越来越近，操作时要注意控制节奏，以免将筹码打丢。

2. 上升旗形的旗面部分对应的成交量水平越来越低，说明市场抛压越来越轻。如果前期股价已经有了很大的涨幅，并且在旗面部分始终保持着较高的成交量，应小心这个旗形演化成其他形态而最终向下变盘。

3. 上升旗形的旗面部分不宜过宽，否则可能演化成其他的形态，使突破方向产生变化。

4. 向上突破时成交量放大得越明显，其突破的力度越大。

5. 上升旗形的量度升幅为旗杆的高度，但由于该形态是上升中继，所以最终涨幅要大得多，这里提到的量度升幅只是小波段的涨幅或最低涨幅。

（三）实战案例

例1：禾嘉股份（600093）于2009年11月至2009年3月走出了一个跨年度的上升旗形技术形态。旗面形成初期，该股成交量明显放大，然后逐渐萎缩，股价在上有压力下有支撑的箱体里反复震荡。在旗面的后半段量能稍微放大后，该股再度缩量，此时多方发动进攻的准备工作已经就绪。在一次极度缩量后，多方将股价突然拉起，强行突破旗面上边线的压力，并牢牢封死涨停，成交量也放出阶段天量，随后股价连续冲高，直至达到量度升幅才逐渐回落（如图4－63）。

例2：招商银行（600036）于2006年4月28日突然放量涨停，随后继续冲高。不过，在空方的打压下，该股开始震荡回落，形成了一个狭窄的下降通道，但下降的角度并不是很大。在这个下降的过程中，该股的成交量持续萎缩，表明做空动能基本消耗殆尽，图表上呈现出上升旗形形态。行至6月中旬，该股摆脱了旗形上边线的压力，反弹高度与旗杆高度相当。不足之处，主要是突破时的成交量仅略有放大，所以本波段的反弹高度并不是太高。如果继续向上拓展空间，需要重新蓄势整理并增加一个补量的过程（如图4－64）。

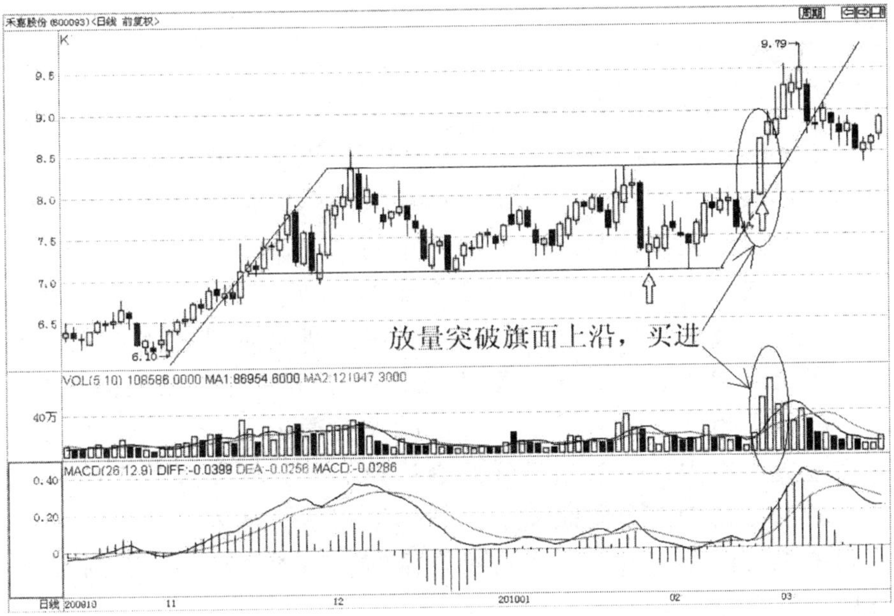
禾嘉股份(600093)<日线 前复权>
9.79
放量突破旗面上沿，买进
6.10
VOL(5,10) 108586.0000 MA1:86954.6000 MA2:121047.3000
MACD(26,12,9) DIFF:-0.0399 DEA:-0.0256 MACD:-0.0286

图 4－63

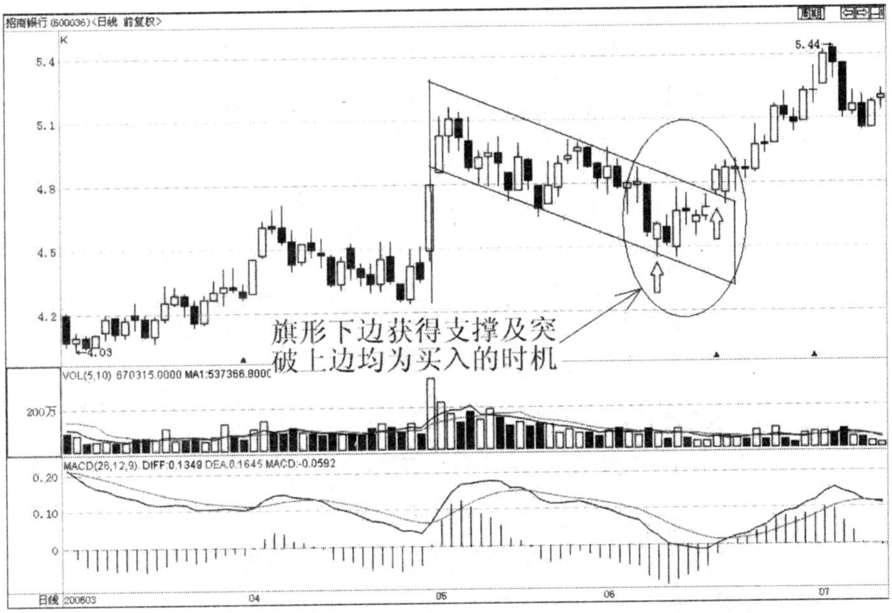
招商银行(600036)<日线 前复权>
5.44
旗形下边获得支撑及突
破上边均为买入的时机
4.03
VOL(5,10) 670315.0000 MA1:537366.8000
MACD(26,12,9) DIFF:0.1349 DEA:0.1645 MACD:-0.0592

图 4－64

二、下降旗形

（一） 形态成因

股价经过一段急跌之后，部分抄底盘开始试探性地逢低买进，推动股价出现反弹，但由于市场大的跌势仍未完结，所以反弹不久便遭到空方的打压，使股价重新回落。不过，由于刚刚经历了短线的急跌，股价下跌的动能并不强烈，随后股价再次小幅反弹。这样反复几次，使股价陷入了区间盘整阶段。在这段时间里，股价走势以震荡为主，虽然总体上看反弹的高点逐渐抬高，回落的低点也随之上升，似乎有小的上升通道之意，但这个通道的宽度较为有限，反映出反弹的力量较弱。分别连接这些高点和低点，可以得到两条略微向上倾斜的平行线。从外形上看，这种技术形态如同将上升旗形进行垂直旋转，所以这样的形态称做下降旗形（如图 4－65）。

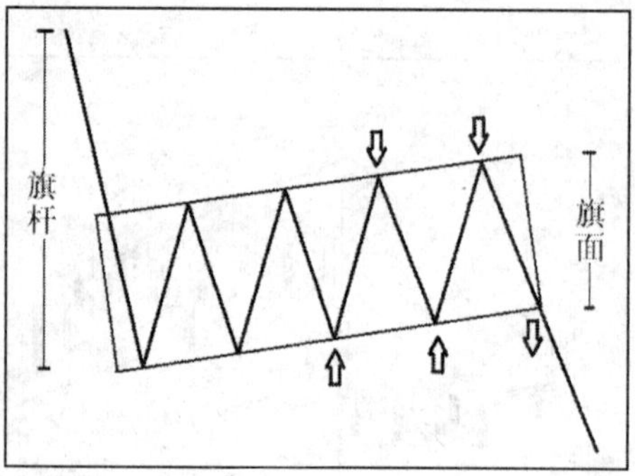

图 4－65

（二） 技术要领

1. 下降旗形出现在一波快速下跌之后，一旦发现走出这种形态，应以逢高减仓为主，千万不可盲目追高。在形态形成初期，虽然投资者可以在下降旗形的下边处适当逢低吸纳，或摊低成本或短线获利了结，但一定不能过于恋战。在这里需要切记，下降旗形只是下降趋势中的一个中继形态，最终大多要向下突破。随着时间的推移，距离突破的时间也越来越近，投资者操作时要注意陆续降低仓位，以免被套。

2. 下降旗形的旗面部分成交量水平越来越低，说明市场反弹的力度越来越小。如果前期股价已经有了很大的跌幅，并且在旗面部分始终保持着较高的成交量，应小心这个旗形演化成某种筑底形态而最终向上突破。

3. 下降旗形的旗面普遍较为狭窄。如果过于宽阔，则可能演化成其他的形态，使突破方向产生变化。

4. 向下突破时，成交量变化不明显，但其后面的杀伤力依然不小。

5. 下降旗形的量度跌幅为旗杆的高度。但由于该形态是下跌中继，所以最终跌幅要大得多，这里提到的量度跌幅，只是小波段的跌幅或最低跌幅。

（三） 实战案例

例 1：金钼股份（601958）的股价于 2008 年 5 月初见顶 22.35 元后便调头单边下跌，直到 6 月下旬才初步止跌，股价进入了一个窄幅震荡的区间，形成了旗杆、旗面的组合。前面已经介绍过，这种下降旗形是一个下跌中继形态，最终突破时还将延续原有的下跌趋势。果然，经过几次多空拉锯后，股价于 8 月初选择向下突破，最后一个卖点正式出现。在股价向下突破时及时出局的投资者，最多将可避免 60% 的投资损失（如图 4－66）。

例 2：在 2008 年 5 月中旬至 6 月中旬一个月的时间里，中科三环（000970）的股价持续下跌，连阴频现，短时间内股价打了 6 折后，空方才稍事休息。多方也借此机会营造了几次反弹，试图改变被动挨打的不利局面。但是每次反弹刚一形成，马上即遭到空方的打压，使股价运行在一个狭窄的震荡区间。8 月 8 日，已积蓄起力量的空方突然杀出，用一根长阴线向多方宣战，股价随即便向下突破支撑线，展开了新一轮的下跌行情，此时的卖出信号清晰强烈。三个月后，股价从突破处再度折半，显示出熊市行情的惨烈（如图 4－67）。

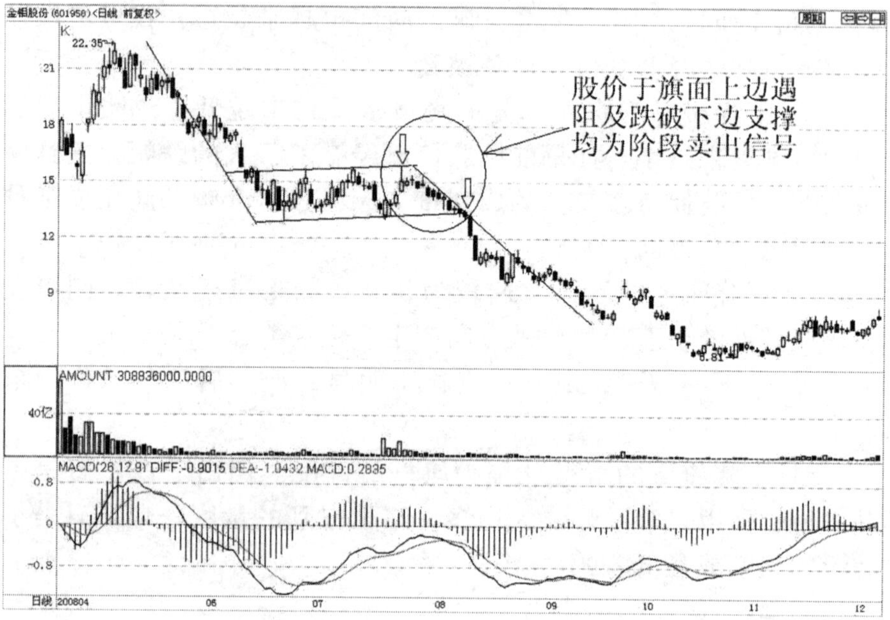
金钼股份(601958)<日线 前复权>
22.35
AMOUNT 308836000.0000
MACD(26.12.9) DIFF:-0.9015 DEA:-1.0432 MACD:0.2835
股价于旗面上边遇
阻及跌破下边支撑
均为阶段卖出信号

图 4 - 66

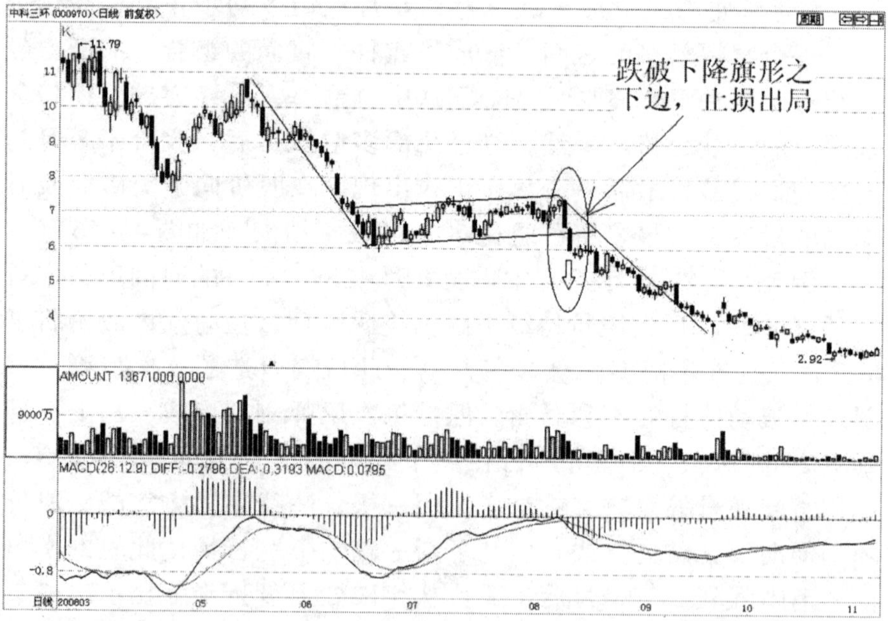
中科三环(000970)<日线 前复权>
11.79
2.92
AMOUNT 13671000.0000
MACD(26.12.9) DIFF:-0.2798 DEA:-0.3193 MACD:0.0795
跌破下降旗形之
下边，止损出局

图 4 - 67

第十三节　缺口及缺口理论

从前面的实例大家可以看到，在岛形反转形成之后，股价均出现了极端的行情。而在岛形形态中，最具有标志性的特征就是缺口，正是缺口的出现，才使岛形反转产生了巨大的威力。在以前讲解其他内容的时候，也曾涉及到缺口。下面就专门介绍一下缺口。

一、 缺口的定义

股价在运动过程中，受多空某方力量突增的影响，次日开盘价格高于前一天的最高价或低于前一天的最低价，形成了一个没有发生交易的价格区间，这个价格真空区就是缺口。当开盘的瞬间缺口出现时，叫做跳空。按涨跌不同，跳空又分为跳空高开或跳空低开。在当天或之后的某个交易日，价格进入缺口范围内时，称为回补缺口或封闭缺口。

按缺口的性质，可以分为普通缺口、突破性缺口、中继（持续）性缺口和竭尽（消耗）性缺口

（一） 普通缺口

普通缺口较为常见，一般出现在行情震荡过程的涨跌途中或盘整阶段。这种缺口出现后，通常会在几个交易日内得到回补，缺口出现后，股价波动也并不十分剧烈，缺口附近的成交量通常没有异常。

（二） 突破性缺口

突破缺口往往出现在反转形态或整理形态的末端。这个缺口的跳空幅度越大，同时成交量放大得也很明显，那么突破性缺口性质的可信度就越高，后市股价向突破方向涨跌的力度也将越大。

（三） 中继性缺口

中继性缺口也称持续性缺口。中继性缺口同样出现在上涨或下跌的途中，由于它是出现在突破性缺口之后，只是原来行情趋势的延伸和中继，因此被称为中继性缺口。中继性缺口还具备预测股价涨跌目标的功能。从理论上讲，出现中继性缺口起，股价继续上涨或下跌的幅度为突破缺口到持续性缺口的距离。

（四） 竭尽性缺口

竭尽性缺口也叫消耗性缺口。竭尽性缺口也是出现在上涨或下跌的途中，是继中继性缺口之后出现的缺口。通常在竭尽性缺口出现之前，市场发生过恐慌性抛售或疯狂性上涨。物极必反。没有只涨不跌的股市，也没有只跌不涨的股市。在持续的上涨或下跌之后，做多或做空的动力其实也正在逐渐地消减。正如《曹刿论战》中所说，“一鼓作气，再而衰，三而竭”。在市场情绪极度乐观或恐慌之后，市场延续原来趋势的空间也越来越小。虽然在一个极端行情中，三个缺口出现之后，短期内行情仍未结束，甚至还有新的缺口出现，但这毕竟越发接近市场发生逆转的那一刻，在不久的将来，行情的性质将发生根本性的变化。

二、缺口理论的几点矛盾

（一） 缺口数量多少的问题

按照标准的缺口理论，一旦行情以突破性缺口的方式展开，那么接下来就应该出现一个中继性缺口和一个竭尽性缺口，整个波段行情以这样完整的三个缺口结束。虽然市场中可以找到这样一些实例，但是同时还可以找到更多并不符合缺口理论的实例，比如，在一波涨跌行情中，出现三个以上或不足三个缺口。因此，在看待缺口问题时，不必过分地拘泥于理论。由于实战中突破性缺口对股价的影响最大，同进也预示着行情性质发生了转变，所以最值得投资者关注。

（二）缺口补与不补问题

缺口出现后会不会马上被回补？这是市场中人们非常关心的一个问题。很多投资者也试图从各个角度找到回补与不补的理由，但实际效果并不明显。

缺口出现时留下了一个价格真空区域，这个区域对股价存在着一定的吸引力，但缺口回补与不补，主要取决于市场的强弱。从缺口对市场心理的影响来看，如果短期内得以回补，则是解决了后顾之忧；如果不补，说明缺口的支撑或阻力力度更强，市场沿跳空方向运行的时间将会延长。

在以前的 A 股市场中，人们对缺口的关注度极高。也正因为如此，一些多年前留下的缺口，几年之后仍会对市场起着不小的作用。从根本上讲，目前价格的涨跌是受现在的市场环境决定的，因为目前的投资主体和主力的持仓成本，与缺口出现时相比，早已发生了很大的变化，几年前几个点的缺口，对现在的市场运行毫无意义，所谓的缺口作用，更多地是在技术派人士共同的心理作用下产生的操作上的羊群效应。总之，缺口是否需要回补，回补与不补哪个更好，这个问题将永远争论下去。

（三）缺口理论面临的新问题

随着中国资本市场交易品种的不断丰富，股指期货、融资融券业务的陆续推出，市场行为也会发生一些明显的变化。由于股指期货提前于股市开盘，收市也在股市收盘之后的一段时间，所以大机构可以通过股指期货的价格发现功能，对一些重要信息在股指期货交易上予以消化，这样就会使原来在股价上留下的缺口的吸引力大大减弱。

今后市场上缺口的数量将会明显增加，分析缺口的难度也会随之提高。除了重大事件形成的突破缺口之外，其他如持续性缺口和竭尽性缺口将变得更加难以判断，分析其他缺口的意义也会降低。打开香港恒生指数走势图，能够清楚地看到图中大大小小的缺口频繁出现，缺口理论在这里几无用武之地。

第五章　均线分析

第一节　移动平均线的价值

一、移动平均线的概念及算法

移动平均线 MA 是以道·琼斯的“平均成本概念”为理论基础，采用统计学中“移动平均”的原理，将每天（也可以是分钟、周、月、季、年等）的指数或股价予以“移动平均”，然后将股票价格平均值这些数据用一条线连接起来，得到一条价格曲线。移动平均线是道氏理论的形象化表述。设计移动平均线的目的，是将这条曲线指示出来的价格运行趋势作为操作时的参考依据。

其计算方法如下。

$MA = (C_1 + C_2 + C_3 + ... + Cn)/N$

其中：

MA：移动平均价

C：某日收盘价

N：移动平均周期

二、移动平均线的作用

作为市场的参与者，谁都想知道对方的底牌，想知道大多数人的持股成本是多少，这样才能做到知己知彼，百战百胜。虽然目前有些软件开发出了类似成本均线之类的技术指标，参考价值有所提高，但这也只是一段时期内的市场“交易成本”，而不是“持仓成本”。不管是机构投资者还是个人投资者，在实际操作中都可以通过低位补仓、高抛低吸甚至追涨杀跌，使持仓成本发生变化。除非将机构大户的成本完全公开，否则即使细化到对每笔交易都进行统计，也无法得到真实的持仓成本，所以这些指标只可作为参考，不宜盲目崇拜。

既然都是用做参考，那么把每天的收盘价作为计算因子予以移动平均的移动平均线，就可以基本上反映某段时间的市场交易成本，或者说大致的市场平均成本。从市场行为出发，当股价涨得远离了市场成本时，获利者就会纷纷卖出股票兑现利润，逐渐把股价打回成本区。反过来，当股价跌得远离了市场成本，被套者将会选择补仓操作，场外资金也会入市抢反弹，两种力量共同作用，将会使股价向成本区靠拢，这样，移动平均线对股价就具备了吸引力。

移动平均线是某段时间内连续不间断的价格，它虽然反映的是过去的价格，但是也基本指示出了价格的运行趋势。假设价格按原有趋势运行，就可以通过研究均线的运行方向，大致判断出股价未来的走势，这也是人们重视移动平均线的重要理由。

从另一方面来看，当很多人按移动平均线指示的趋势去操作时，无意中从客观上强化了移动平均线的作用。在上涨趋势中，人们认为股价还会继续上涨，所以会积极地买入，推动股价屡创新高。在下跌趋势中，移动平均线向下运行，人们普遍认为股价还会下跌，因此纷纷抛出股票，造成股价持续下跌，这就是移动平均线的助涨助跌作用。

同前面介绍的趋势线用法相似，只要移动平均线的原有趋势没有改变，操作时应该按照趋势的指向进行交易。同样，当市场趋势发生逆转后，原来起支撑作用的移动平均线将变成压力，原来压制股价的移动平均线，也会转变成支撑。

三、移动平均线的实战应用

在均线理论应用方面，最经典的要数葛南维八大法则了，这些法则可以说是所有均线理论的基础。虽然后人在其均线理论的基础上进行了不断的完善和改进，但万变不离其宗，不仅初学者需要认真研读，就是入市多年，经验丰富的投资者，如能经常对其反复揣摩，相信也会暗长功力，提高层次。

大家知道，在技术分析当中，成交量的变化是一个非常重要的因素。同样的走势，同样的 K 线组合，在不同的量能之下，其股价未来的表现会有很大的差异。遗憾的是，在葛南维的八大法则中，并没有涉及到量价关系。

下面在讲解均线买卖法则的过程中，将加上对量能的分析，希望对提高投资者的实战水平有所帮助。

（一） 买入法则

1. 移动平均线从下降转为逐渐走平，股价从移动平均线的下方穿越移动平均线（此时若成交量能配合放大，K 线收出中阳线或大阳线，买进信号更加可信，之后上涨的持续性会更好，上攻的力度也会更大）。

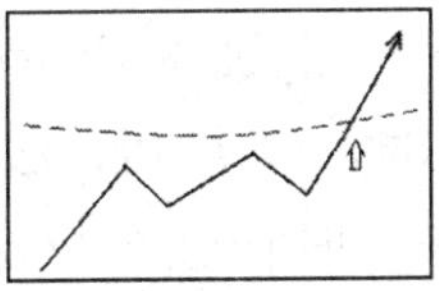

买入法则 1

实例 1：2010 年 7 月初，北京城乡（600861）的 10 日均线由下降转为走平并略有上翘，此时该股已经结束调整并开始反弹。股价突破均线的压制，同时成交量明显放大，这是一个比较明确的买进信号。接下来股价沿 10 日均线稳步上行，波段利润十分可观。实战中，只要股价站在 10 日均线之上，10 日均线保持上行的趋势不变，则以持股为主（如图 5－1）。

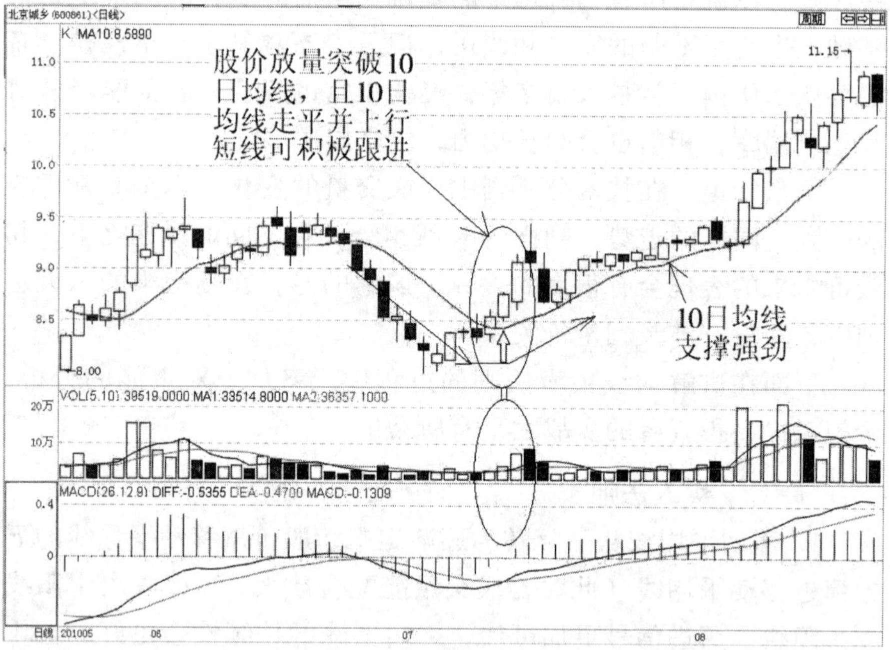

图 5－1

实例 2：2005 年 11 月，上证综合指数围绕 10 日均线上下震荡，为新一轮拉升积蓄动能。12 月初，股指回调至 1074 点，10 日均线也随之下行。接下来，股指强劲反弹，将均线迅速拉平，然后以一根中阳线上穿 10 日均线完成突破。这个买进信号清晰明确，标志着市场阶段筑底成功，转而进入拉升阶段（如图 5－2）。

2. 股价虽然跌至移动平均线之下，但移动平均线仍在上扬，股价将有望重回移动平均线之上，是为买进时机（此时的成交量最好出现萎缩，这说明市场的杀跌力量极其微弱，股价跌至均线之下时，抛盘基本上所剩无几）。

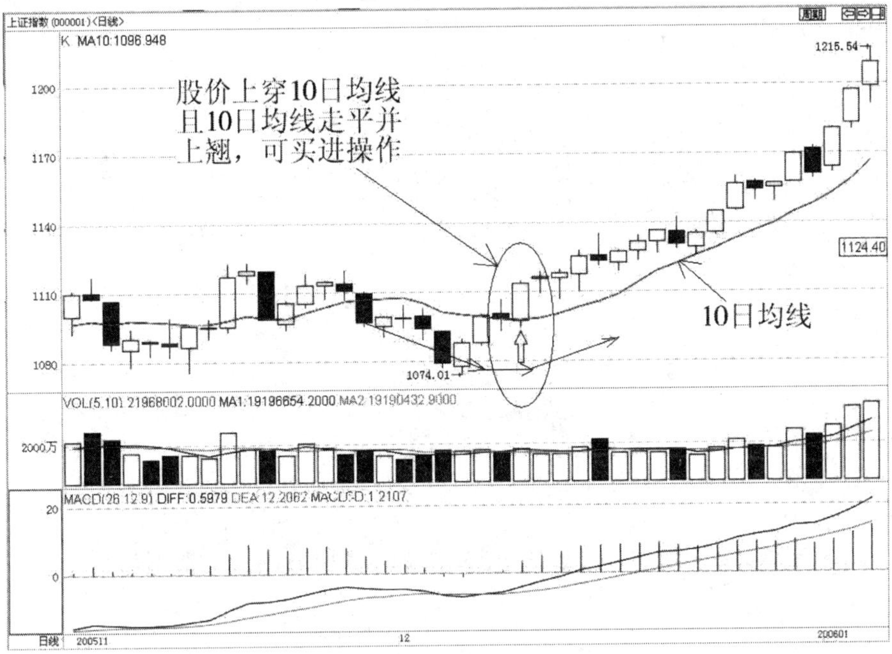

图 5－2

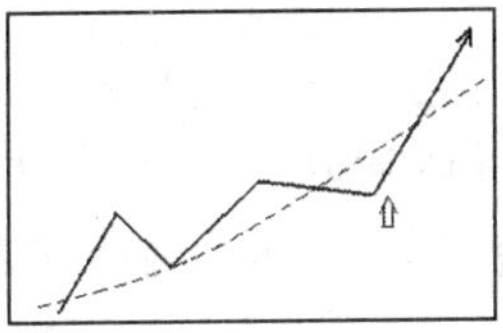

买入法则 2

实例 1： 从 2010 年 7 月下旬开始，华海药业（600521）的 20 日均线就由跌转升，股价在形成的上升通道中逐渐攀升。虽然 8 月 25 日股价跌破了 20 日均线的支撑，但该均线却不为所动，仍在延续着上升趋势。同时，该股的成交量出现了明显的萎缩，说明市场的杀跌力量极其微弱。在 20 日均线下面收出一根缩量十字星之后，该股短线调整宣布结束，场外资金积极买进，股价连续放量拉升，迅速回到 20 日均线之上，重返原来的上升通道之中（如图 5 -3）。

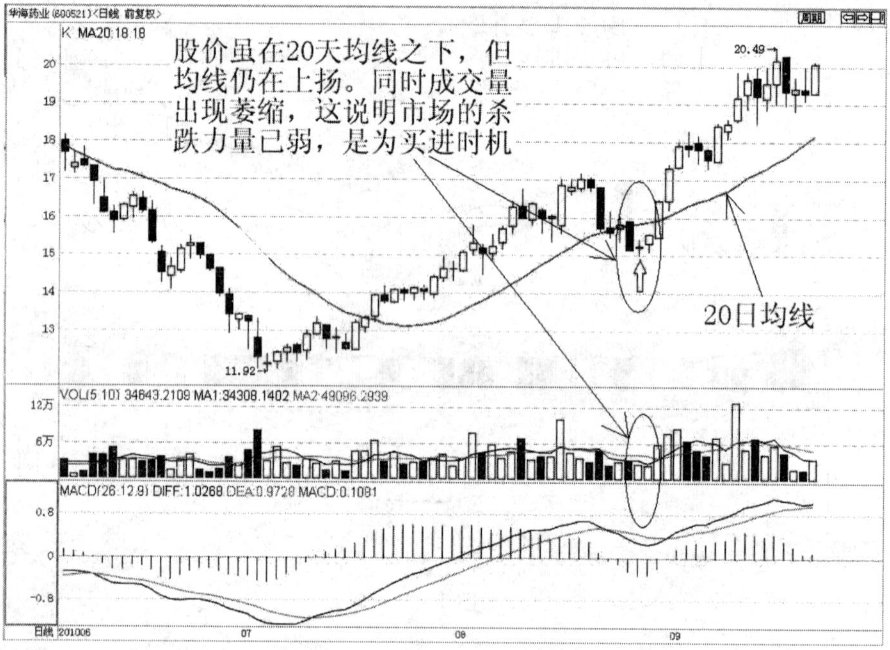

图 5 -3

实例 2：云内动力（000903）的 20 日均线于 2009 年 9 月中旬开始上行。9 月 29 日，该股股价跌破 20 日均线，但成交量却大幅萎缩。此时 20 日均线继续上行，显示上升趋势仍在延续。接下来，该股在 K 线图上留下了一根极度缩量的倒锤头 K 线，买进信号出现。虽然此时股价仍停留在均线之下，但场内抛盘已所剩无几，该股随后连拉 9 根阳线，回到均线之上，延续了原来的上升趋势（如图 5 -4）。

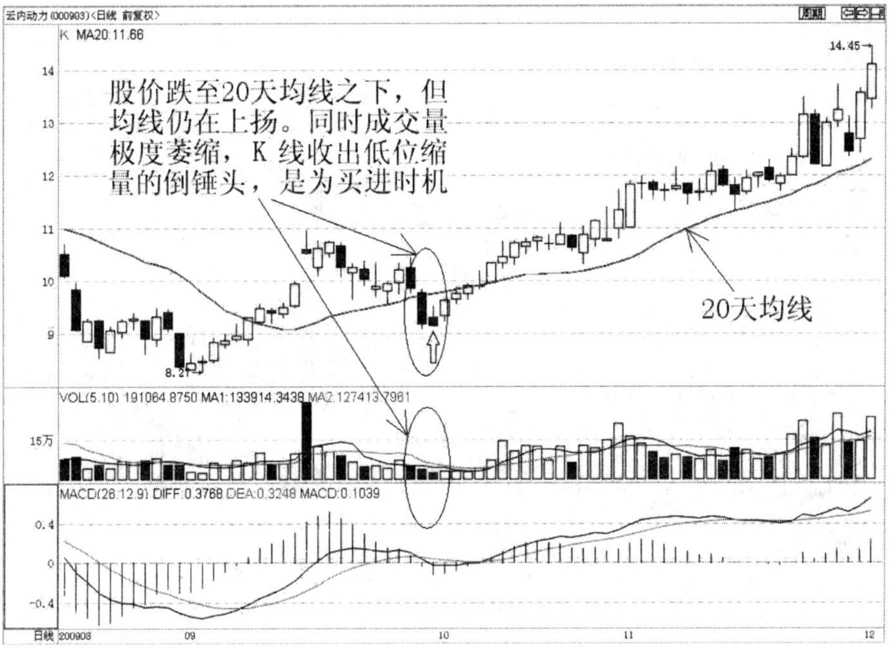

图 5-4

3. 股价在移动平均线之上运行时出现下跌，当接近或触及移动平均线且股价又上升时，可以加码买进（这时如果主力控盘程度较高，股价会呈现出缩量回调的现象。如果股价回落时成交量放大，说明有人仍在逢低吸纳，主力建仓可能并不充分）。

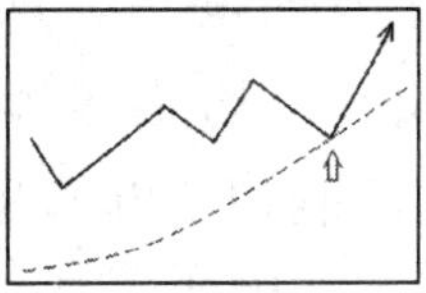

买入法则 3

实例 1：从 2010 年 7 月中旬至 9 月末，嘉应制药（002198）的股价一直在 20 日均线之上震荡上行。在此期间，该股股价曾 3

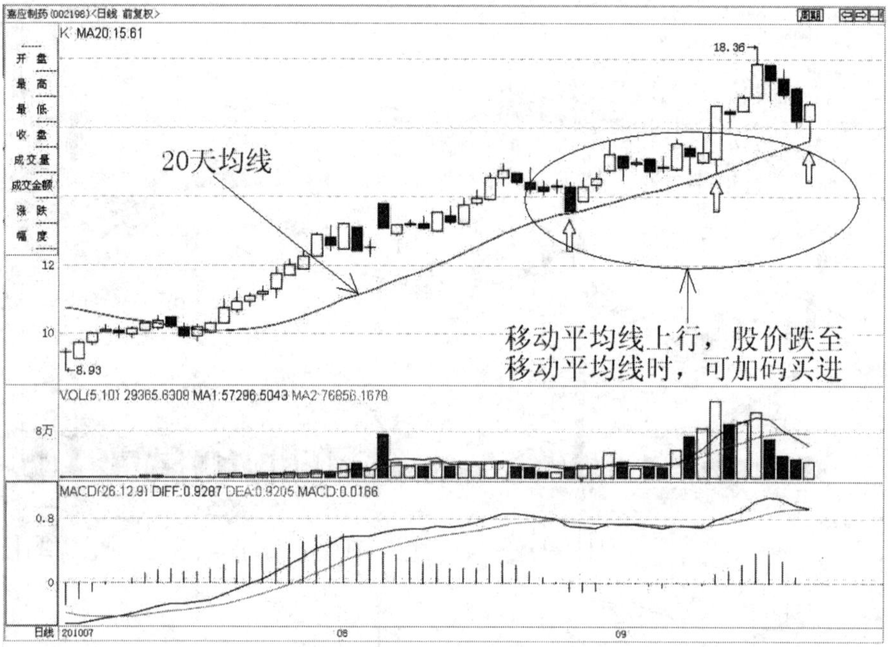

图5-5

次触及20日均线，触及均线后无一例外地立即出现反弹，显示均线支撑极其强劲，因此每次触及均线都是追加买进的机会（如图5-5）。

实例2：九阳股份（002242）股价从2010年7月起有效站上20日均线，接下来的3个月时间里，该股一直在此均线上方运行，股价每次触及该均线时，均是继续买进的良好时机。在这里，均线对股价的支撑作用表现得淋漓尽致（如图5-6）。

4. 股价已经低于移动平均线，某日开始突然加速下跌，股价更加远离移动平均线时，股价极可能会反抽移动平均线，因此此时为买入时机之一（在具体操作时，该法则的买进条件不如前面几条明确，因为远离多少无法量化。如果遇到一个极端熊市，即使在股价加速下跌后才买进，但从一个较长的时期来看，这里

图 5－6

很可能仅是下跌的开始，买早了仍会造成极大的损失，所以仅凭这么一个比较模糊的条件买进还远远不够，需要结合 K 线组合，以及后面讲到的其他指标等多种技术手段综合判断）。

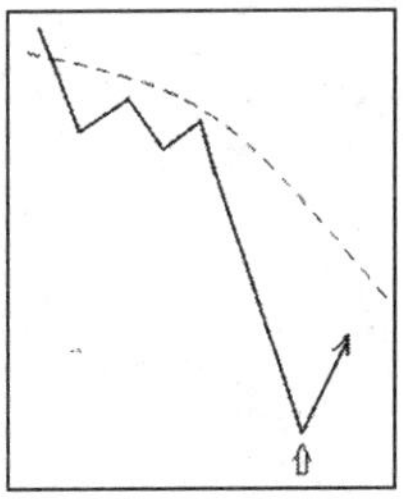

买入法则 4

实例1：＊ST秦岭（600217）的股价在2010年4月19日以一根长阴跌破20日均线，该均线从此开始调头向下运行，股价也受其压制一蹶不振，缓慢下跌。4月27日，该股突然加速下跌，股价迅速远离20日均线并引发技术性反抽。当股价反弹到20日均线时，遭到空方的疯狂打压，股价连收8根阴线且呈加速下跌之势，6月29日起更是连续3天以跌停报收，股价大幅远离20日均线。正是由于做空动能集中渲泄，市场机会才应运而生。接下来，该股以一根涨停T字线，开始了报复性的反弹之旅，股价不仅成功收复了20日均线，还继续向上扩展空间（如图5－7）。

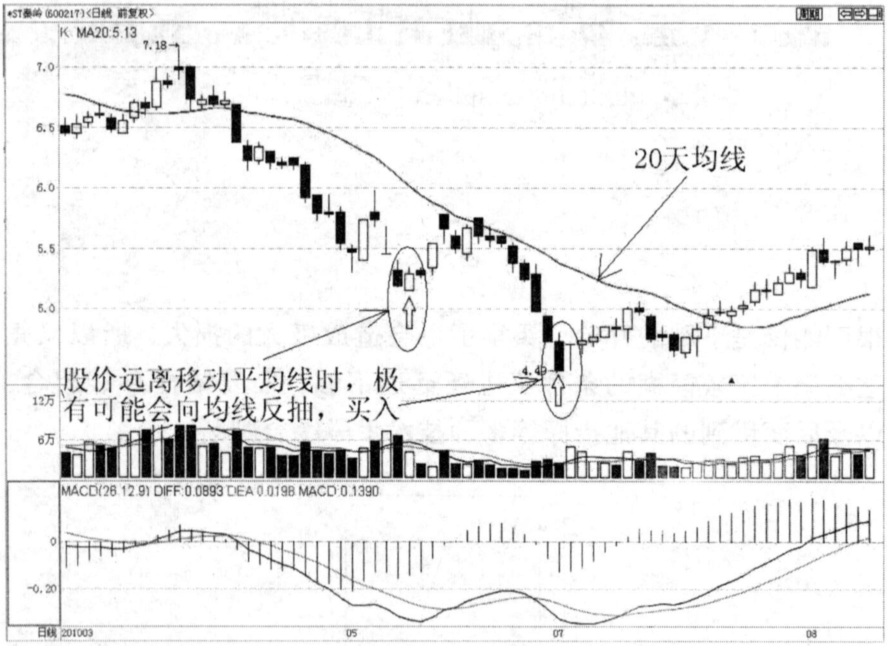

图5－7

实例2：徐工机械（000425）的股价于2010年4月26日跌破20日均线，略作反抽后便连续下挫，K线连收7根阴线，股价离20日均线越来越远。随着股价的持续下跌，成交量也明显放出，这说明空方的抛压仍然较重，但同时也反映出在下跌的过程中，有场外资金敢于入市承接。5 月 10 日，该股收出了一根带长下影线的底部十字星 K 线，这是一个比较强烈的见底信号。按此信号买进后，半个月的波段利润高达 20%（如图 5－8）。

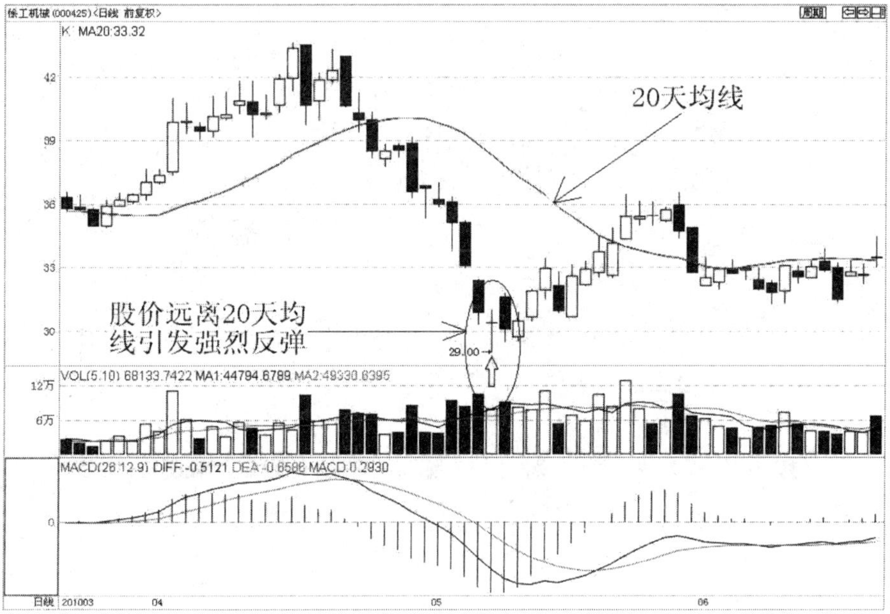

图 5－8

（二） 卖出法则

1. 移动平均线从上升逐渐走平，而股价从移动平均线的上方向下跌破移动平均线，是卖出时机（一般来讲，下跌不需要成交量的放出，但如果主力急于出货，可能会加大抛售的力度，从而使成交量有所放大）。

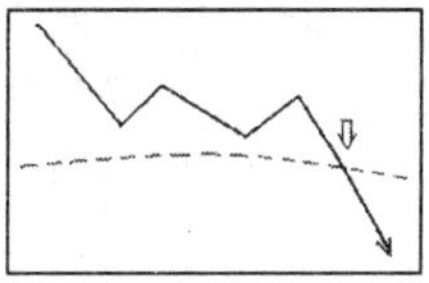

卖出法则 1

实例1：金地集团（600383）是一只在上海交易所上市的房地产绩优股。2010年8月18日，受政策调控预期的影响，该股股价跌破了20日均线，同时该均线刚刚从上升转为走平，是为卖出信号。接下来股价开始了漫漫跌途（如图5-9）。

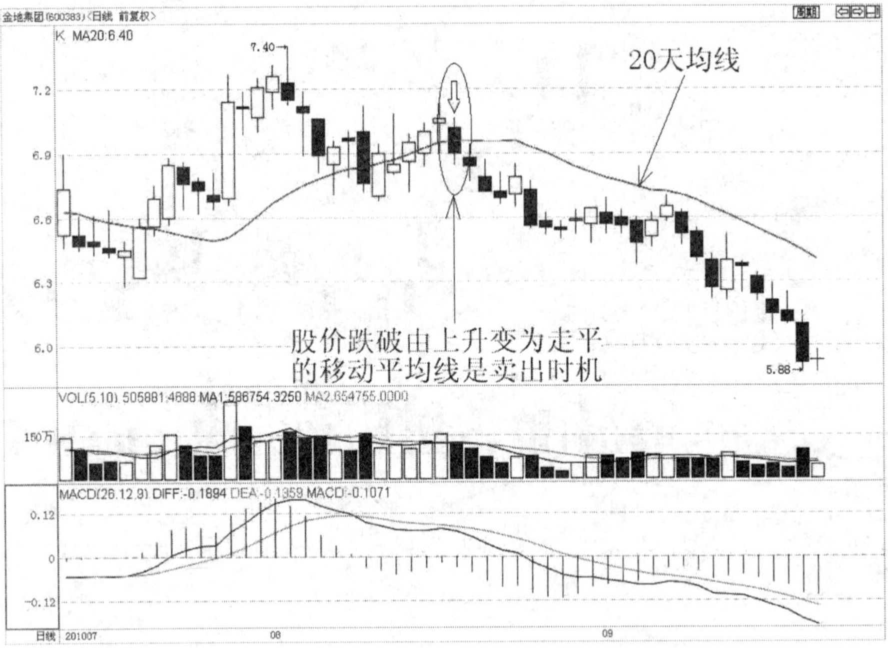

图5-9

实例2：2010年4月19日，海越股份（600387）跳空低开于20日均线之下，回补掉缺口后便大幅下挫，当天股价跌幅近7%。与此同时，该股的20日均线已经从上升逐渐转为走平，这是一个较为明确的卖出信号。随后，股价从破位前一天的收盘价15.02元，一路下跌至9.70元方才止跌（如图5-10）。

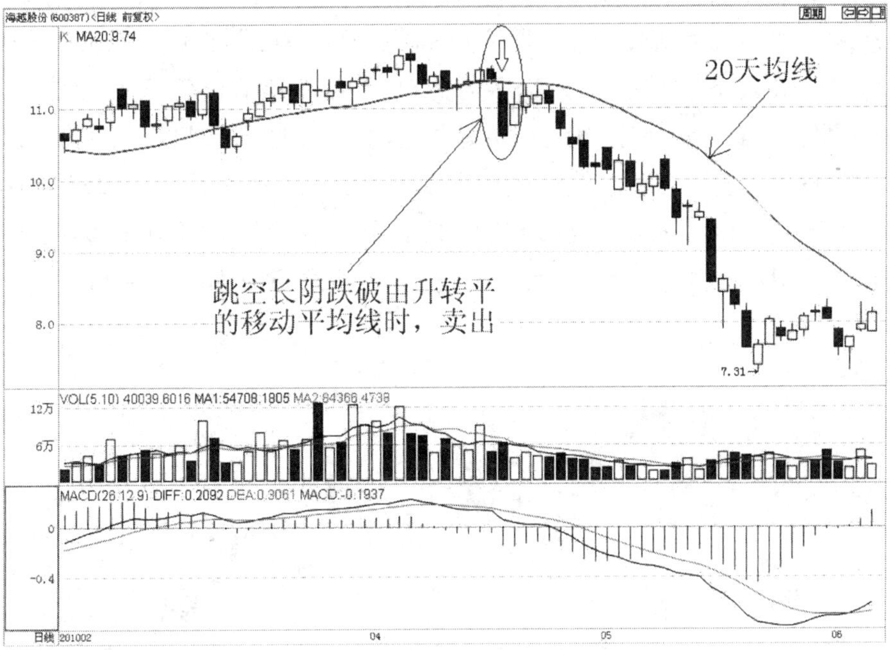

图 5－10

2. 虽然股价向上突破移动平均线，但此时的移动平均线仍在继续下跌，因此股价将重新回到移动平均线之下，应该卖出（此时如果有成交量同时放出，说明市场抛压十分沉重，持股者借股价回到均线上面之机，应果断减仓出局）。

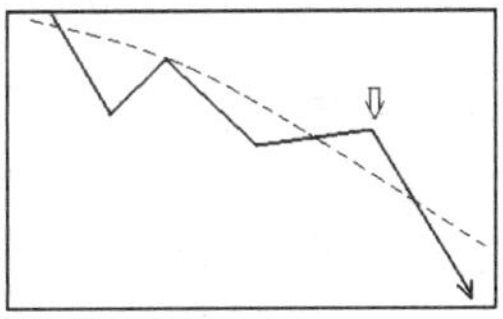

卖出法则 2

实例 1：2009 年 11 月 24 日，昌九生化（600228）以一根长阴线将 20 日均线跌破，同时该均线也由原来的上升转为走平，标志着上涨波段结束。在接下来的时间里，虽然多方没有轻言放弃，多次组织反攻，并将股价拉回到20日均线之上，但此时该均线已进入下跌趋势，无论多方怎样努力，其下行势头都无法扭转。股价每次反弹至20日均线之上时，均明显放量，说明持股者借股价回到均线上方之机纷纷减仓出局。从每次股价回到20日均线之上时，K线均出现长长的上影线，也可以看出市场抛压十分沉重，此时做卖出操作，应该是明智之举（如图5－11）。

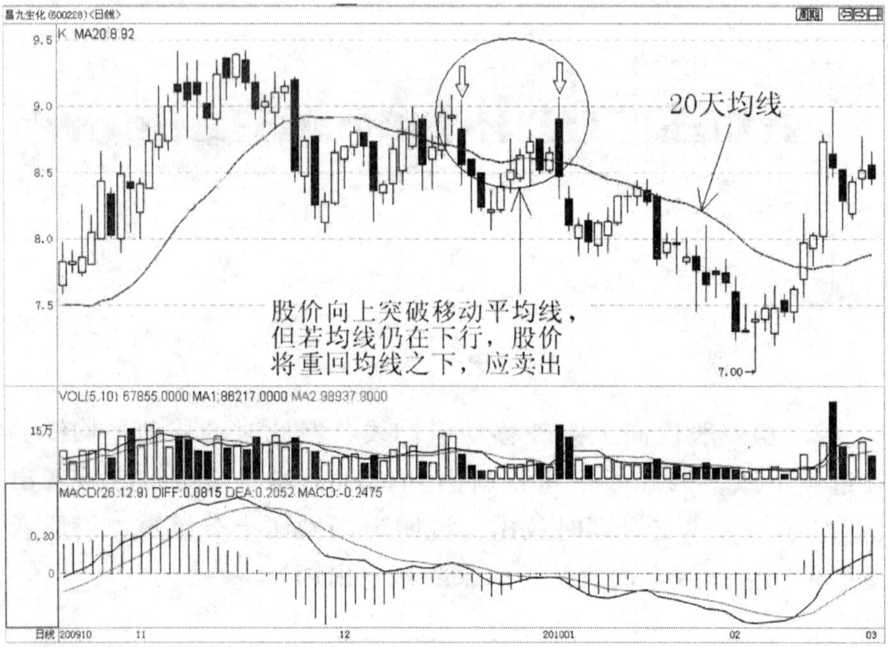

图5－11

实例2：2001年4月23日，长江通信（600345）的股价跌破20日均线的支撑，该均线也随之从上升变为走平并逐渐下行。刚刚失利的多方显然不愿意接受这样的现实，伺机发动反攻。经过几天的反弹之后，该股于5月16日重新站上了20日均线。然而在空方的压制下，多方虽然在均线之上盘桓了几日，但始终不能继续扩大战果。更为重要的是，在这几个交易日当中，20 日均线仍然没能得到修复，下行的趋势没有改变，因此破位后的反弹反而成了减仓的机会。接下来，该股震荡走低，弱势难改，直到 7 月 22 日，该股股价才重返 20 日均线之上。但是这次重返 20 日均线之上，是在经过了 10 个交易日的横盘之后悄悄站上的，连反弹都谈不上，显示出多方的底气不足。这一点也被空方看了个明白，在摸清了多方的底细之后，原本还比较收敛和克制空方，这次终于放开了手脚，不仅迅速将股价再次打到了 20 日均线之下，随后更是以疾风暴雨般的放量 7 连阴，彻底摧毁了多方的所有幻想。通过此例再次看到，即使股价向上突破均线，但只要此时均线仍在继续下行，股价就很可能重新回到均线之下，因此遇到这种情况时应该择机卖出（如图 5 – 12）。

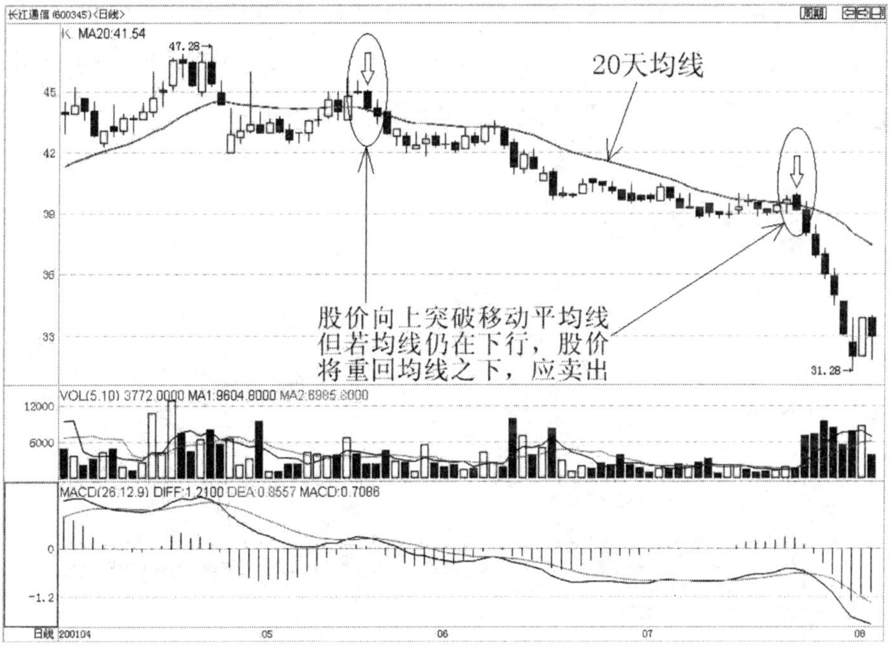

图 5 – 12

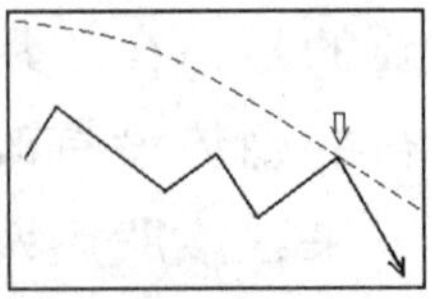

卖出法则 3

3. 股价在移动平均线之下出现反弹，当接近或触及移动平均线且股价又回落时，是卖出时机。

实例 1：在前面的两个实例中，股价跌破均线后尚能短暂地重回均线之上，说明股价仍然有转强的欲望。但是在接下来的两个例子中，空方就不会给多方任何机会了。江山股份（600389）的股价从 2010 年 4 月 13 日跌破 20 日均线时起，该均线就随之走平并调头向下，开始了为期 3 个多月的下跌行情。在这段时间里，多方曾经有两三次试图反击，但是每当股价触及 20 日均线之时，马上就会遭遇到抛盘的打压，成交量也有所放大。由此可以看出，该均线成了适时减仓的参照物（如图 5－13）。

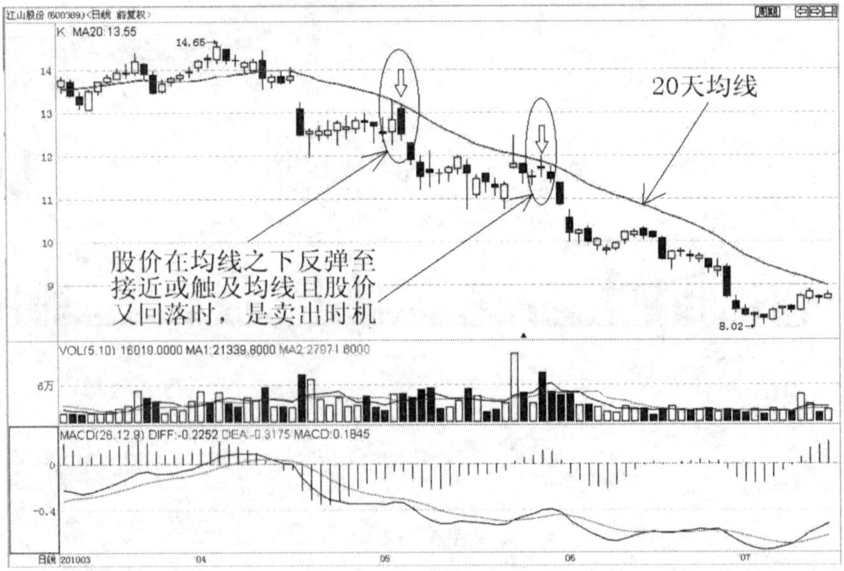

图 5－13

实例2：大连国际（000881）的股价2010年5月11日跌穿20日均线之后，接下来的两个多月时间里始终在该均线下方运行，其间共3次触及20日均线，但都无功而返，没有一次收盘当天站上，说明空方已经牢牢地控制了局面。可见，股价在均线之下出现反弹时，每次接近或触及均线且股价又告回落时，均是卖出的时机（如图5－14）。

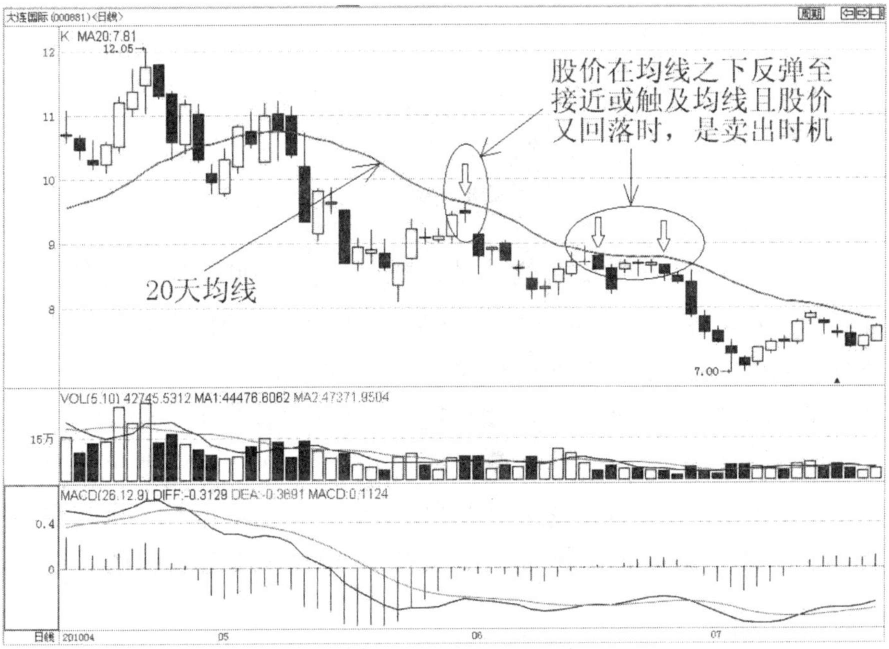

图5－14

4. 股价沿移动平均线持续上涨，某日突然开始加速拉升，当股价远离移动平均线时，很可能再次向移动平均线靠拢，为卖出时机（通常这个时候成交量会急剧放大，短线大涨加剧了市场风险，获利盘兑现的欲望强烈。但是该法则的卖出条件仍缺乏说服力，如果遇到一个超强的牛市，即使在股价短线加速上涨之后进行获利了结，但从一个较长的时期来看，这里可能仅是涨升行情的开始，过早地放掉难得的大牛股，会带来太多的遗憾。实战中，仅凭这样一个比较模糊的条件卖出还远远不够，需要结合 K 线组合以及后面讲到的其他指标等多种技术手段来进行综合研判）。

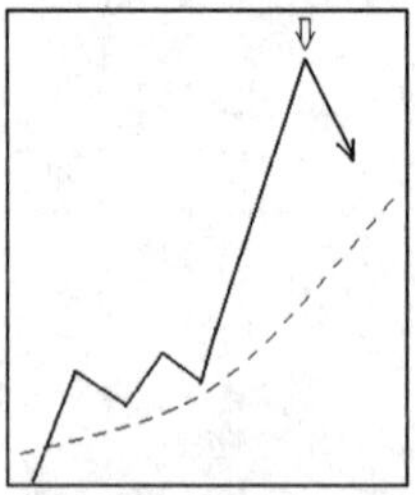

卖出法则 4

实例 1：2010 年 1 月到 3 月，准油股份（002207）的股价一直围绕 20 日均线上下波动。3 月末，该股向上穿越 20 日均线，开始放量拉升。随着买盘不断涌入，该股的上涨明显加速，使股价迅速远离 20 日均线，同时量能也越放越大，4 月 8 日，该股放出了除上市当天之外最大的单日成交量。然而，日中则昃，月盈则食，过度的上涨和放量必然要得到修复，越是远离均线并急剧放量，阶段性的调整就越近，此时及时卖出是锁定利润的最好办法（如图 5 – 15）。

实例 2：东晶电子（002199）于 2010 年 6 月 7 日放量突破 20 日均线之后，便开始连续拉升。6 月 18 日，该股成交量放出阶段天量，股价也从突破时的不足 15 元大涨至接近 20 元，其间两次出现涨停。此时 20 日均线也早已被远远地抛在股价下方，技术性调整随时有可能发生，因此适时卖出是当务之急（如图 5 – 16）。

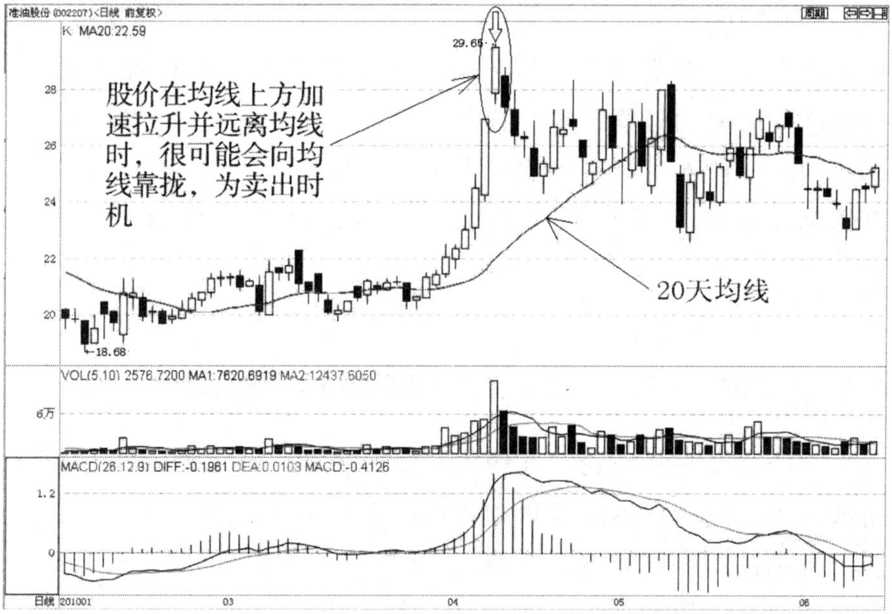
准油股份(002207)<日线 前复权>
K MA20:22.59
29.65
18.68
股价在均线上方加速拉升并远离均线时，很可能会向均线靠拢，为卖出时机
20天均线
VOL(5,10) 2576.7200 MA1:7620.6919 MA2:12437.6050
MACD(26,12,9) DIFF:-0.1961 DEA:0.0103 MACD:-0.4126
日线 201001 03 04 05 06

图 5－15

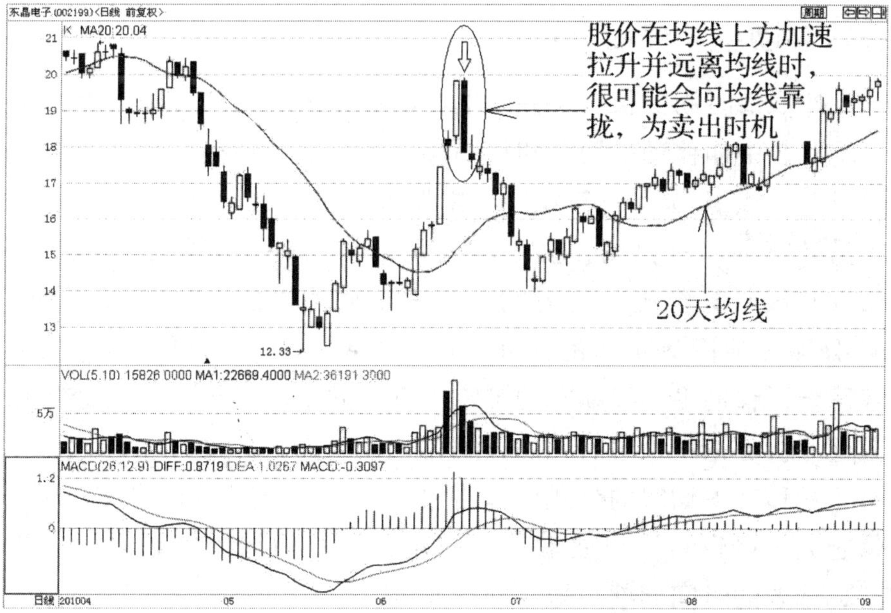
东晶电子(002199)<日线 前复权>
K MA20:20.04
12.33
股价在均线上方加速拉升并远离均线时，很可能会向均线靠拢，为卖出时机
20天均线
VOL(5,10) 15826.0000 MA1:22669.4000 MA2:36191.3000
MACD(26,12,9) DIFF:0.8719 DEA:1.0267 MACD:-0.3097
日线 201004 05 06 07 08 09

图 5－16

需要说明的是，虽然股价远离均线后可能会向均线靠拢，但是远离多少才算是“远”呢？技术上并没有明确的标准。因此，出现这种情况的时候，还要结合前面介绍的K线组合，以及后面讲解的其他技术指标，寻找较为理想的卖点，以免真正的大牛股刚刚启动，就过早地从牛背上跳下来，错失千载难逢的获利良机。

第二节　移动平均线的设置技巧

前面主要是从股价与均线的穿越、支撑、压力关系的角度来讲解买卖原则。在实际操作中，均线选取的周期长短不同，其对股价指示作用的灵敏度也会有较大的区别。前面已经说过，移动平均线是“某段时间内”股价的移动平均，那么这个时间段如何取值，实战中就变得十分关键了。

一、移动平均线的分类

按取值时间的长短，移动平均线可分为三大类，即短期移动平均线、中期移动平均线和长期移动平均线。短期移动平均线一般以5天或10天为计算期间；中期移动平均线大多以30天、60天为计算期间；长期移动平均线则是以120天（半年线）、250天（年线）甚至更长的时间为计算期间。当然，在如60分钟、30分钟K线图等更短的期间，以及周线、月线等更长周期的K线图上，移动平均线期间的确定也有不同，需要根据历史经验和其他分析理论来设置时间的长短。

从移动平均线的公式可以看出，选取的时间周期越长，即N值越大，得到的均线波动就会越小，均线曲线也就越平滑。相反，选取的时间周期越短，即N值越小，得到的均线波动就会越大，均线值越接近当前的股价，均线曲线也就更加尖锐。从成本角度考虑，长期均线的价格可能更接近长期平均成本，对股价的支撑或压制作用也更加明显。短期均线的价格则只是短期平均成本的反映，其波动大，变化快，只会在短期内对股价起作用。为了让不同周期的均线更好地发挥作用，在设置均线时，应该综合考虑长期、中期和短期各个因素。

二、移动平均线的设置

目前最常见的日线均线设置组合是：5 天，10 天，20 天，30 天，60 天，120 天，250 天等。

也可以按照神奇数字设置日线均线组合：8 天，13 天，21 天，34 天，55 天，144 天，377 天等。神奇数字里面蕴藏的黄金分割比例是大自然的基本法则，大至太阳系行星之间的距离，小到人体、建筑、音乐、植物结构、DNA 分子，包括股价的运行，均毫无例外地符合黄金分割比例，按神奇数字设置均线系统，有时会收到神奇的效果。

需要说明的是，在具体设置移动平均线时，千万不要过于迷信均线的功效，不要过于教条地死守单一的取值。仔细观察历史数据可以发现，在某段行情里，某根均线的作用可能会非常明显，但在另一波行情里却并不实用。在某只股票上，某条均线非常有效，但在其他股票上，这样的取值反而形同虚设。

实战中，投资者最好建立起两套不同的均线系统，找到对股价起作用的均线，用来作为操作时的参照。当然，对于市场上约定俗成的均线参数，也要给予足够的重视。无论怎样设置均线周期参数，对投资者来说都仅仅是个参考，但使用的人多了，至少在技术派人士操作这只股票时，会产生一定的从众心理或羊群效应，从而使均线对价格产生影响。

三、几个重要的均线

从理论上讲，移动平均线无所谓优劣，它只是将某段时间的股价移动平均后的结果用一条线反映在图表上，仅此而已，但是在实际应用上，其实并非如此简单。一般来说，以下几条均线值得特别关注。

（一）20日均线

20日均线比5日、10日等普通意义上的短期均线略有滞后，但比30日等中期均线更加灵敏。当机会来临的时候，20日均线可以及时地给出提示，而当风险来临时，投资者又可以全身而退，因此是一个进可攻退可守的均线选择。在前面介绍移动平均线买卖八大法则的实例中，从第二个买入原则开始，都是只设置了20日均线，通过实例不难看出，20日均线在实际操作中具有较强的参考作用。

（二）30日均线

30日均线是一条中期均线，号称是市场的生命线，其重要程度已被投资者广泛接受。30日均线是市场强弱的分水岭，以30日均线作为持股持币的参考，可以做足上涨行情，既不会被短期的波动震荡出局，错失牛市的获利机会，也不会在熊市行情里损失过大，或被短线利益所诱惑，是波段操作的利器。30日均线的使用方法是，均线上行时重仓持股，均线走平时尽量不参与整理，最多半仓持股，均线下行时空仓持币。

例1：图5－17是上证综合指数2007年8月至2010年7月的日线图，图中仅设置了30日均线。图中显示，在始于6124点的超级熊市中，30日均线只有短时间的走平或略有上翘，其他大部分时间为持续下行。如果按照既定的操作策略，在30日均线上行时以持股为主，30日均线走平时尽量控制仓位，30日均线下行时空仓持币，即按图中提示的买卖标志操作，向上的箭头为买进，向下的箭头为卖出，那么即使可能会有一点损失，但一定可以回避掉2008年1月至11月熊市主跌段的巨大风险。在始于1664点的新一轮行情中，也不会因为股指的短线波动错过很好的

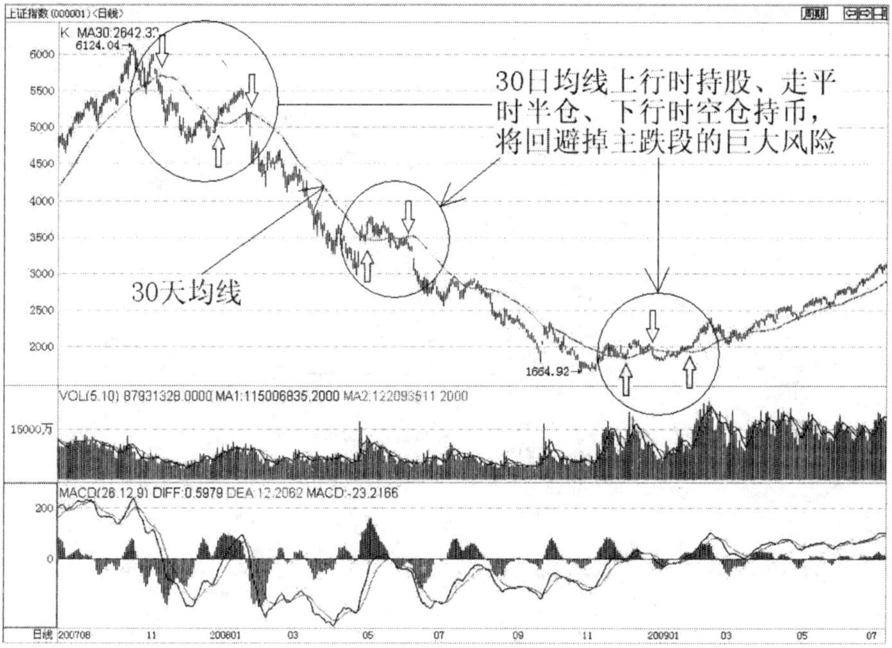

图 5-17

投资机会，因为从 2009 年 2 月起，30 日均线拐头向上后，就一直保持着上行的趋势，持股或换股继续做多，是这段行情中的最佳策略。

例 2：华东电脑（600850）在 2008 年 11 月至 2010 年 9 月不足两年的时间里，股价最大涨幅超过 8 倍，并创出了该股的历史新高，可谓牛气十足。如果投资者以 30 日均线作参照，按图中提示的买卖标志进行波段操作，在 30 日均线上行时持股，30 日均线下行时空仓持币，那么获得的利润无疑更为可观（如图 5-18）。

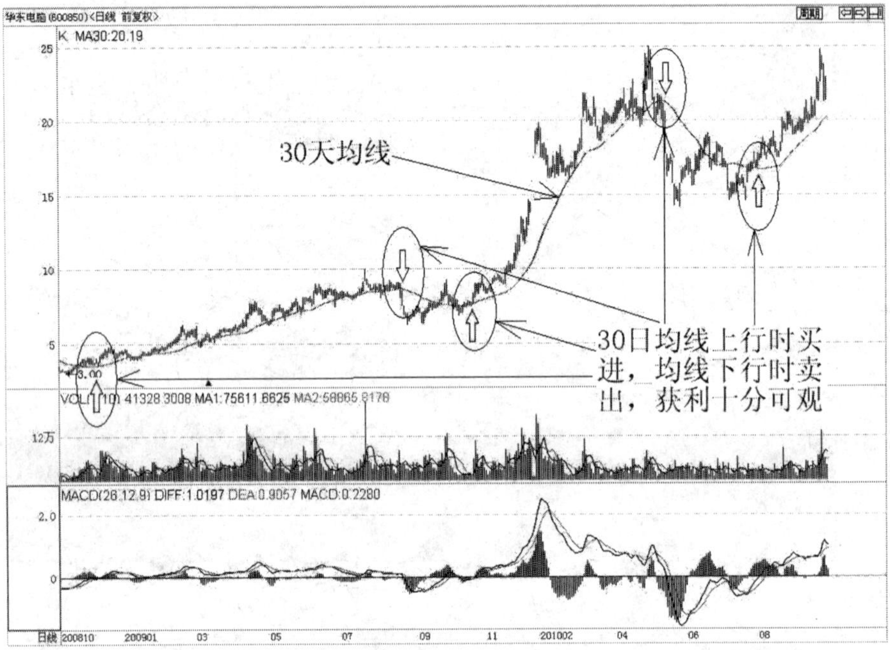

图 5－18

（三）144 日均线

144 是神奇数列中的神奇数字之一。这一数字在分析市场时，发挥的作用之大令人称奇，在时间、空间、均线等各个领域，均能看到它的影子。

例 1：荣华实业（600311）的股价在 2006 年 11 月至 2007 年 1 月的 3 个月时间里，反复考验 144 日均线的支撑。夯实底部后，股价一路大涨，到了 5 月份，涨幅已超过 4 倍。虽然之后该股的波动幅度明显加剧，但在 2007 年 6 月 26 日和 10 月 26 日股价两次触及 144 日均线后，均出现强劲拉升，该均线的神奇功效令人叹为观止（如图 5－19）。

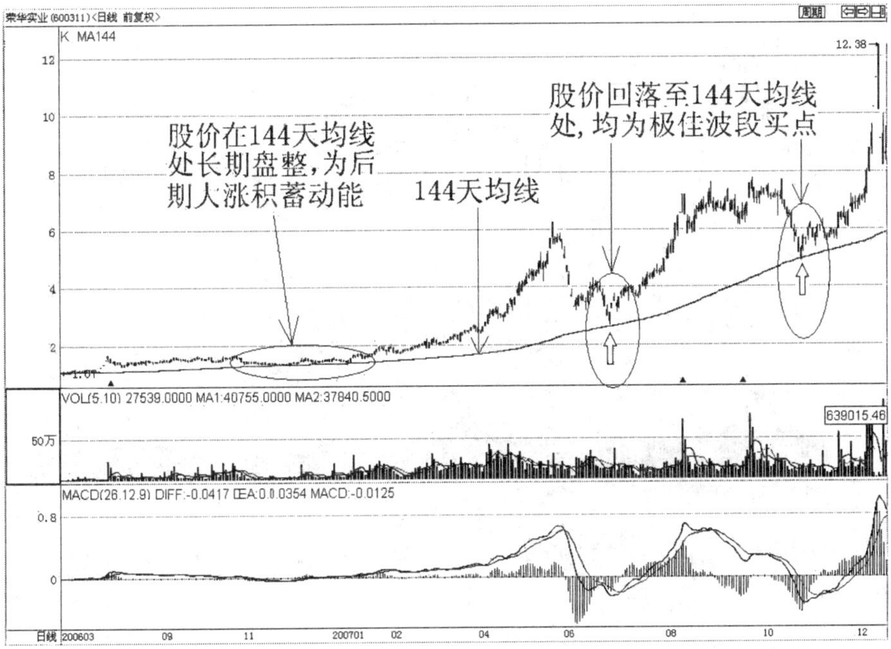

图 5－19

例 2：上证综合指数于 2009 年 8 月 4 日见高 3478 点之后，便展开了为期一年多的调整。从表面看，股指的涨跌似乎无章可循，但在图表上设置了 144 日均线后，就可以惊奇地发现，原来指数的上涨、下跌和压力、支撑，完全可以通过某些均线指示出来。当投资者找到了合适的均线，抄底、逃顶便可以从容应对。在本例中，从股指见顶之时到 2009 年底，上证综合指数曾经 3 次考验 144 日均线，但每次都获得了较强的支撑。不过进入 2010 年之后，形势发生了逆转。在 1 月份股指跌破 144 日均线后，该均线已经对股指形成了反压，特别是 3 月 29 日和 4 月 19 日股指由向上、向下两个跳空缺口构成岛形反转时，跳空当天都是在 144 日均线上开盘，似乎冥冥之中有一种神奇的力量在精确地控制着市场。如果投资者参照该均线的得失顺势操作，定能趋利避

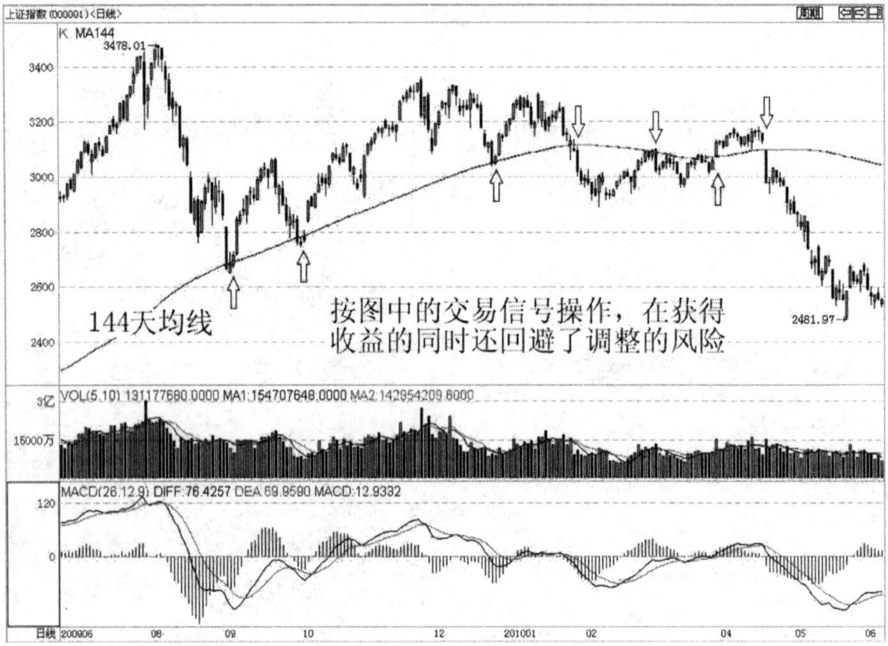

图5－20

害，毫发无损（如图5－20）。

（四） 250日均线

250日均线又称年线。大家知道一年有365天，去掉双休日104天和法定节假日11天，正常的交易日为250天，可见将250日均线看做年线是实至名归的。在市场分析中，年线号称牛熊分界线。250日均线可以视做是一年时间里市场的平均成本，是一个长周期的均线。股价位于年线之上还是年线之下，不仅是价格高低和短线强弱的问题，更涉及到市场性质的问题，因为在牛市和熊市里，人们的投资策略、操作方法以及股价将来可能的表现等，都有着本质的区别。

针对年线的操作，实战中需要关注两点。

一是年线的得失至关重要。操作上，股价上涨至年线处遇阻回落，卖出；跌破年线时，卖出；下跌至年线处止跌反弹，买进；上涨突破年线时，买进。

二是年线的角度问题。当年线趋势向上时，股价或指数上涨的力度就强；反之，即使股价或指数上涨，也可能只是弱势反弹；当年线趋势向下时，股价或指数的下跌将绵绵无期，直至重回年线之上方有转机。

例1：2005 年初至 2006 年上半年，中核科技（000777）多空双方围绕年线进行反复争夺，250 日均线如同磁石一样吸引着股价。随着多方最后一次确认年线动作的结束，股价开始强力拉升，长期走平的年线也向上翘头，一波牛市行情就此展开。在这段时间里，如果投资者参考年线进行操作，不仅可以把握住大的机会，还可以回避调整的风险（如图 5－21）。

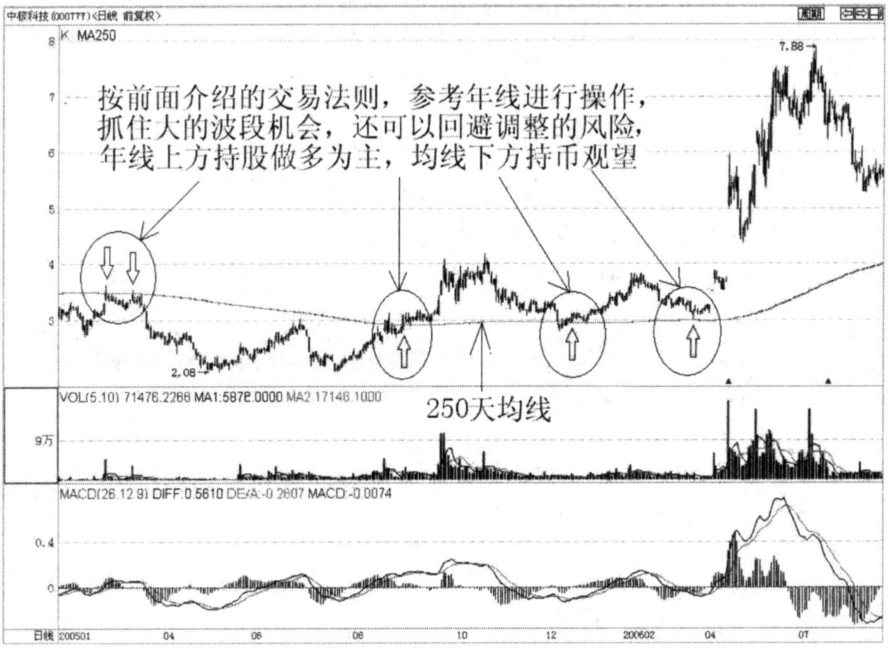

图 5－21

例 2：ST 宇航（000738）的股价 2005 年大部分时间里都是在年线下方运行，直到 11 月 8 日，该股终于突破了年线的压制，但仍以横盘震荡反复确认年线为主。在多次回落获得年线的支撑后，该股股价在 2006 年 5 月初正式启动，展开第一波拉升行情。在 7 月份出现年内高点后，经过半年时间的调整，该股股价于 2007 年 1 月初再次触及年线，随后便展开了强劲的主升浪，此时的年线早已从当初的走平转变为上行，因此股价上攻也显得异常坚决，从启动时的不足 3 元涨到接近 12 元，仅用时 4 个多月。纵观该股两年多的行情，年线的得失起到了至关重要的作用（如图 5 –22）。

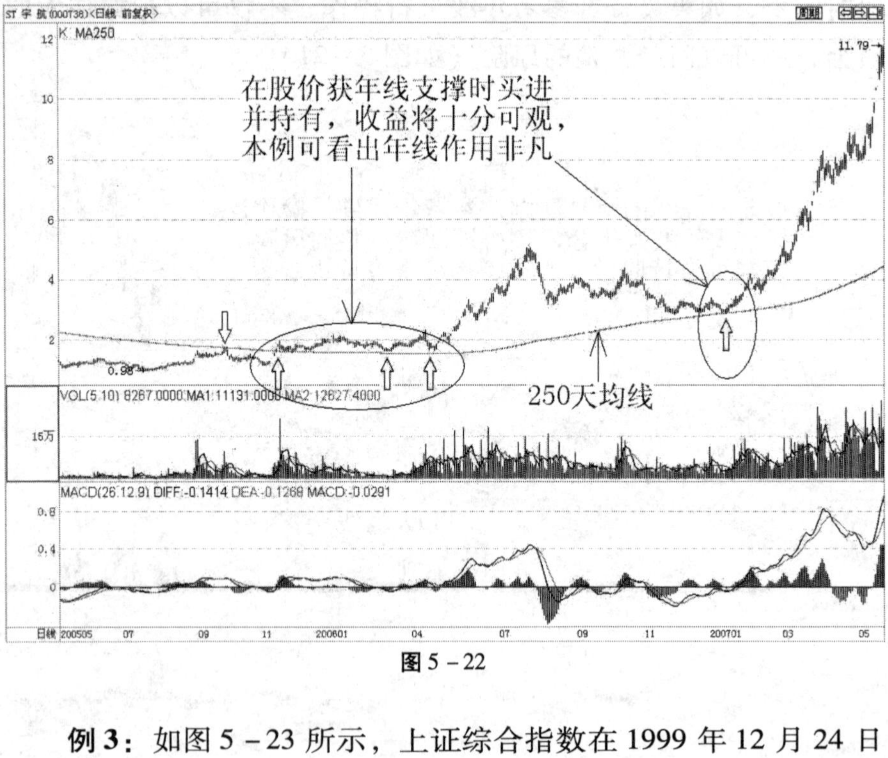

图 5 –22

例 3：如图 5 –23 所示，上证综合指数在 1999 年 12 月 24 日和 2001 年 2 月 21 日两次微幅跌穿年线（250 日均线）后，均只作了短暂停留，便迅速止跌反弹。2001 年 7 月 30 日，股指向下

图 5－23

跳空，留下破位缺口并以长阴报收，宣告长达 4 年的大熊市正式开始。

例 4：仍以上证综合指数为例。该指数在 2004 年 6 月跌破年线后的一年半时间里，始终在年线下方运行，其间股指曾经两次反弹到年线，均遭到空方坚决的打压。在下降趋势年线的压制下，股指反复下挫，并创下了 998 点的重要低点。2005 年年末，上证指数终于放量突破年线，将年线踩在脚下，开启了中国股市最大的一波牛市行情（如图 5－24）。

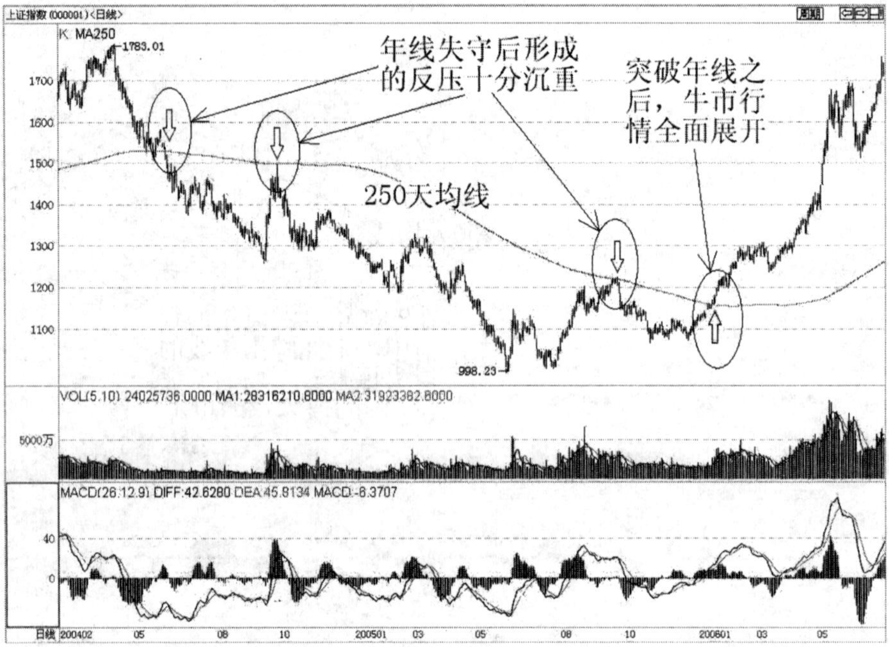

图 5－24

（五） 377 日均线

377 也是神奇数列中的神奇数字之一，与 144 相同，在时间、空间、均线等分析领域中，同样可以看到 377 的影子。与前面讲到的均线参数相比，377 无疑是一个很大的数字，实际操作中，很少有人把这条均线作为参照依据。但是通过下面的的实例可以发现，377 的神奇之处确实值得重视。

例 1： 中国嘉陵（600877）从 2001 年 7 月跌破 377 日均线之后，到 2006 年 5 月长达近 5 年的时间里，股价一直在该均线的下方苦苦挣扎。虽然多方曾经多次组织反击，但每次都在 377 日均线附近遭遇到强大的阻力，最终无功而返。图中显示的向下箭头，均是较好的卖点（如图 5－25）。

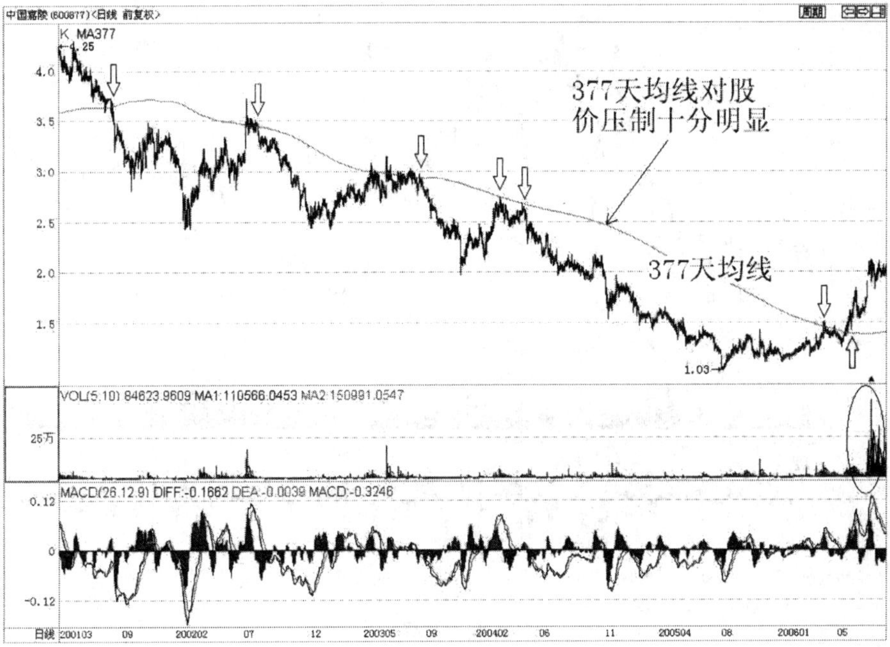

图5-25

例2：上例是377日均线在中国嘉陵这只股票上的实战作用，下面来看3年之后，这条均线是不是还像原来一样意义非凡。2009年6月18日，该股突破377日均线的阻力，放量走高，随后快速缩量下跌。8月19日，该股股价刚刚接触到377日均线，次日便展开大幅拉升，涨幅超过4%，之后更是连拉3个涨停，使股价迅速远离377日均线。再经过短暂的整理之后，该股一路狂飙，牛气冲天（如图5-26）。

例3：这是上海梅林（600073）2006年3月至2010年9月的日线图，在4年之久的时间跨度中，377日均线始终在起着强大的作用（如图5-27）。

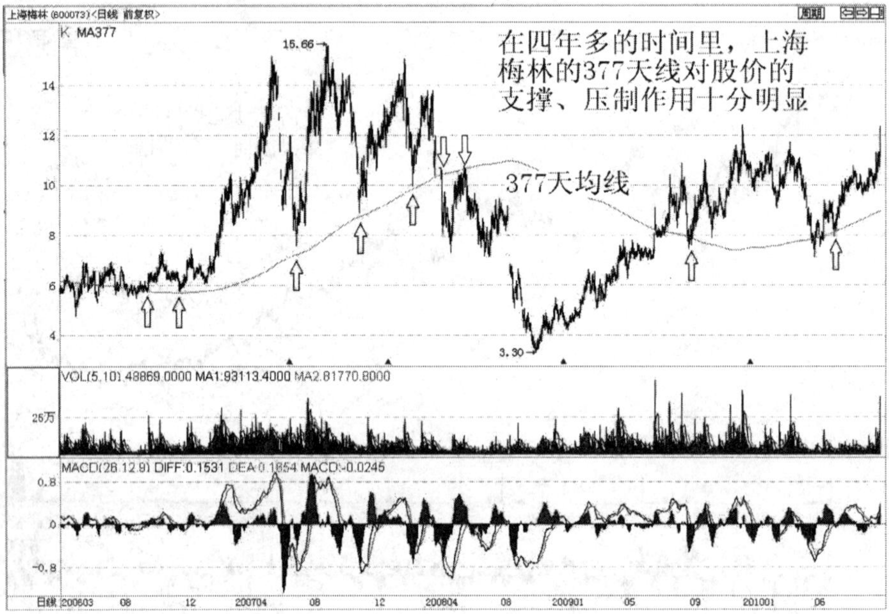
上海梅林(600073)<日线 前复权>
K MA377
15.66
在四年多的时间里，上海梅林的377天线对股价的支撑、压制作用十分明显
377天均线
3.30
VOL(5,10) 48869.0000 MA1:93113.4000 MA2:81770.8000
MACD(26,12,9) DIFF:0.1531 DEA:0.1854 MACD:-0.0245

图 5－27

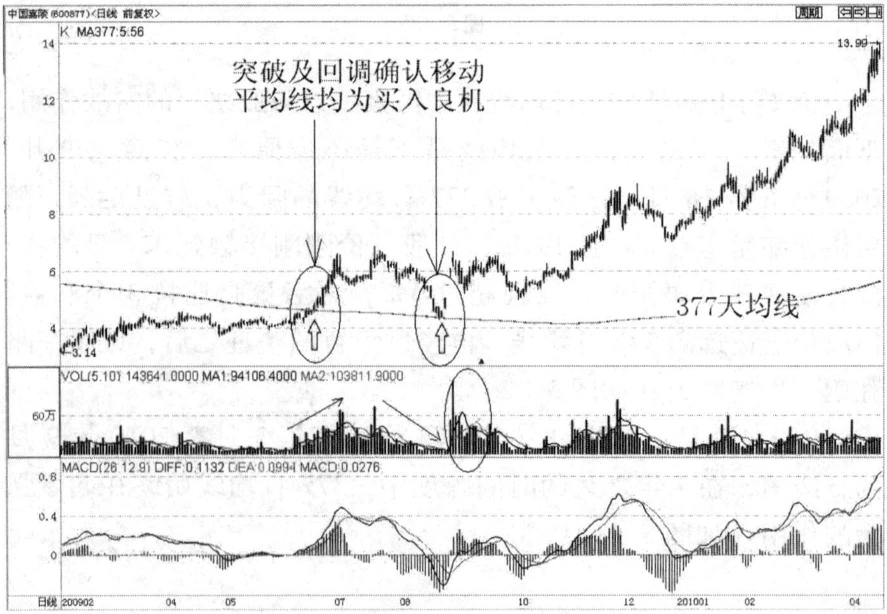
中国嘉陵(600877)<日线 前复权>
K MA377:5.56
13.99
突破及回调确认移动平均线均为买入良机
377天均线
3.14
VOL(5,10) 143641.0000 MA1:94106.4000 MA2:103811.9000
MACD(26,12,9) DIFF:0.1132 DEA:0.0994 MACD:0.0276

图 5－26

例4：2002年5月至2005年末，领先科技（000669）数次冲击377日均线不果，股价从11元多跌至最低2.13元。在接下来的一年时间里，该股围绕377日均线反复震荡筑底，成交量也集中放出。经过充分的整理和换手，该均线渐露上行之势，随后股价在最后一次确认377日均线的支撑后，在资金的推动下单边上涨，行情出现了实质性的逆转（如图5－28）。

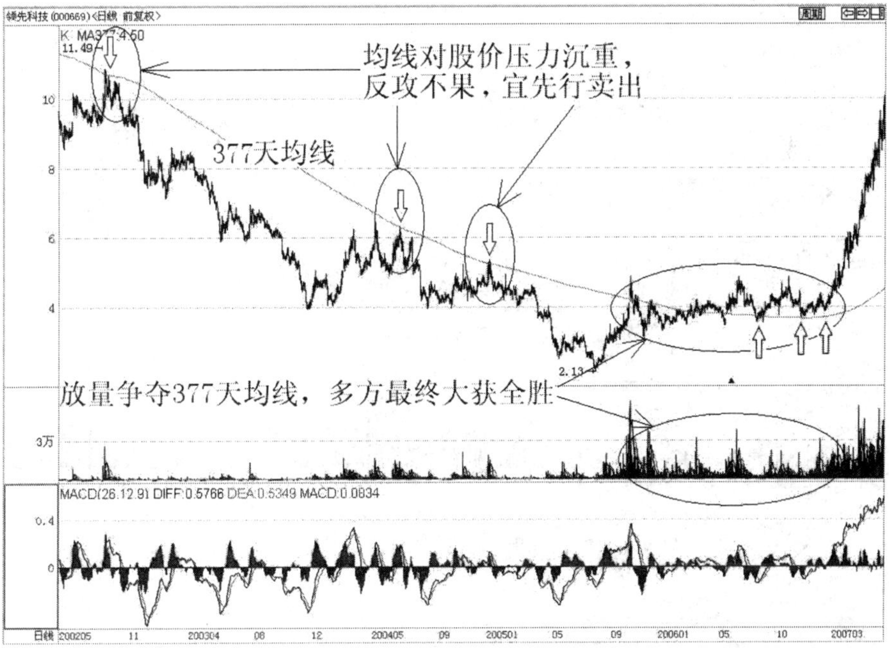

图5－28

（六）　90周均线

90周均线是一条长期均线，其重要性源于90是多个神奇数字的共振——神奇数字89，圆360度的1/4即90度，神奇数字13的7倍为91。这个参数虽鲜有使用，但却有着意想不到的效果。

例：华海药业（600521）于2008年11月初见底5.84元后开始反弹。2009年2月股价逼近90周均线，并在该均线下方展开了为期半年多的反复震荡整理。这一阶段的成交量也保持在一个较高的水平，为日后的大涨积蓄了动力。9 月 21 日，该股放量突破 90 周均线，稍事休整并回落确认后，便开始强力拉升，股价在短期内快速实现翻倍。接下来的调整在跌至 90 周均线时获得了强劲的支撑，一波大涨随即展开，股价以更加凌厉的攻势走出了又一个翻倍行情，并由此创出了历史新高（如图 5－29）。

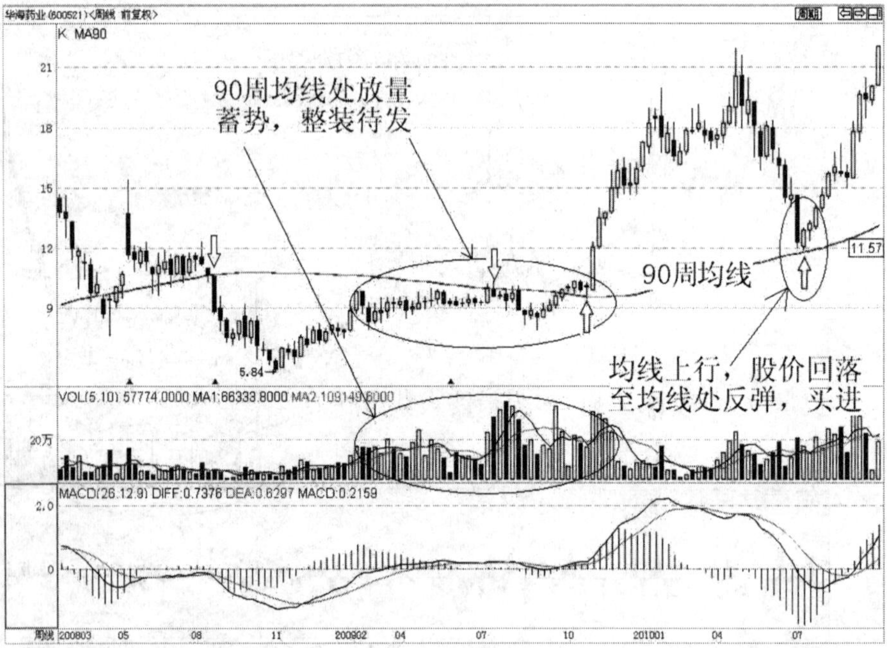

图 5－29

例：中视传媒（600088）的股价 1999 年 5 月放量突破 90 周均线，并产生了一波强劲的反弹。之后股价于当年 12 月、次年 2 月先后两次回落至该均线处获得支撑，并均出现反弹行情。从量能情况看，后者的成交量远低于前者，这也预示着股价上涨的欲望有所降低。2001 年 8 月初股价跌破并远离 90 周均线以后，曾经走出了一波强劲反弹，但是原来的支撑线此时已经转化成了压力线，成交量的放大只能说明是卖盘集中涌出，后期股价将继续下跌（如图 5－30）。

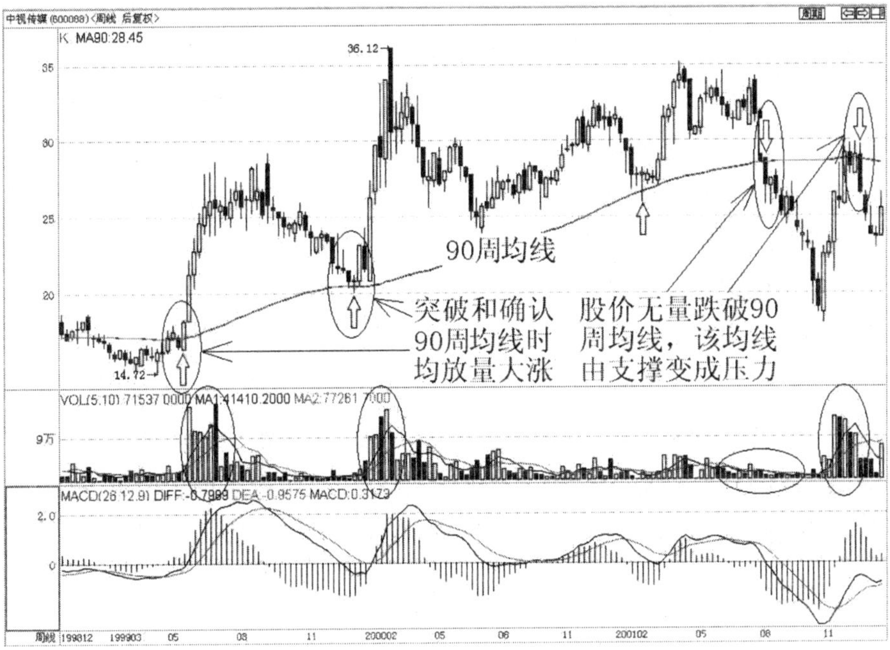

图 5－30

（七）60 分钟周期里的黄金组合

就均线系统而言，如果周期设置过长，其对股价的反应会很迟钝和滞后，完全按此操作，将错过很多的波段或短线机会。周期设得太短，又很难看清趋势，从而陷入追涨杀跌的误区。

前面介绍的所有级别的均线中，5 日均线和 10 日均线（或者 8 日、13 日均线）已经是最短的了，但即使这样，在实际的操作中仍有弊病。比如，股价突然结束原有趋势而发生转向，待买卖信号出现时，相对于股价而言，仍会显得相对滞后。如果遇到股价上下波动十分剧烈的情况，很多时候还会出现一些所谓的假信号。

为解决这一矛盾，可以在 60 分钟 K 线图上将日均线进行分解，在参数上设置为 34 小时和 55 小时，这样可以得到两条均线（按每天 4 个交易小时计算，34 小时为 8.5 天，与 8 天接近，55 小时为 13.75 天，与 13 天接近）。这样，通过对小时图均线和 K

线进行跟踪和观察，不仅可以较早地发现股价变动的蛛丝马迹，还能做到不被短线的剧烈震荡所迷惑。

这个黄金组合的用法也比较简单：当两条均线基本平行并向上运行时（34 小时均线在上，55 小时均线在下），可逢股价回调至均线时买进；股价跌破两条均线且 55 小时均线走平或 34 小时均线向下穿越 55 小时均线（技术上称为死叉），都是卖出信号。只要卖出信号不出现，投资者尽可放心持股。

例 1：中科英华（600110）从 2010 年 7 月 19 日起，其 60 分钟 K 线图中的 34 小时均线和 55 小时均线开始平行并向上运行。在卖出信号出现之前，持有该股者可按兵不动，或在股价跌至这两条均线处时买进。按此方法操作，可以尽享为期一个多月的震荡上涨行情，赚足一个波段的利润（如图 5－31）。

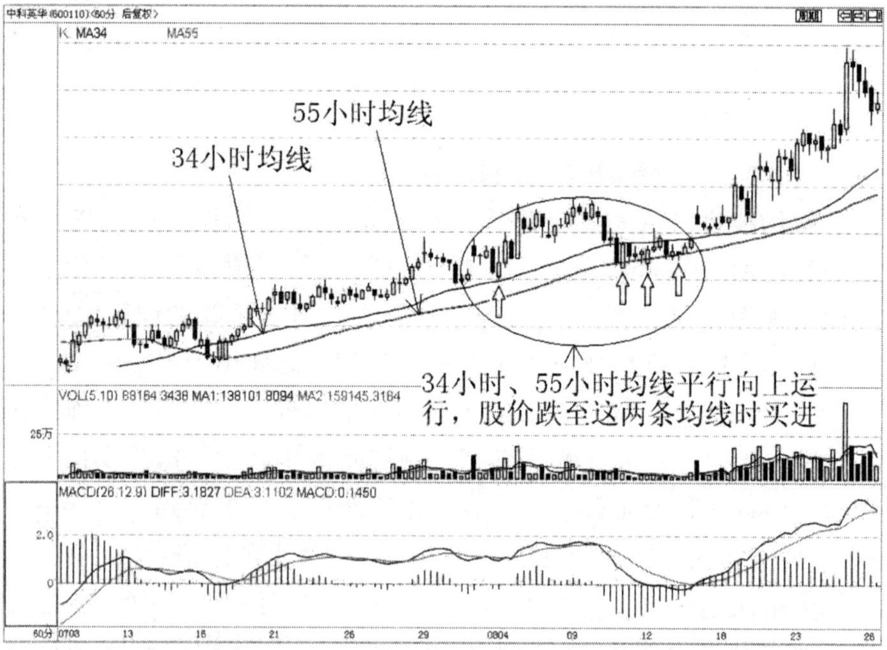

图 5－31

例 2：该例是红星发展（600367）的 60 分钟 K 线图。2010 年 7 月 19 日，该股的 34 小时均线上穿至 55 小时均线之上，并且这两条均线开始平行并向上运行，买进信号出现。在接下来近两个月的时间里，该股一直没有出现卖出信号，而期间多次出现的买进信号，却给投资者提供了很好的加仓机会。稳健良好的走势，使该股成为这一阶段的市场明星（如图 5－32）。

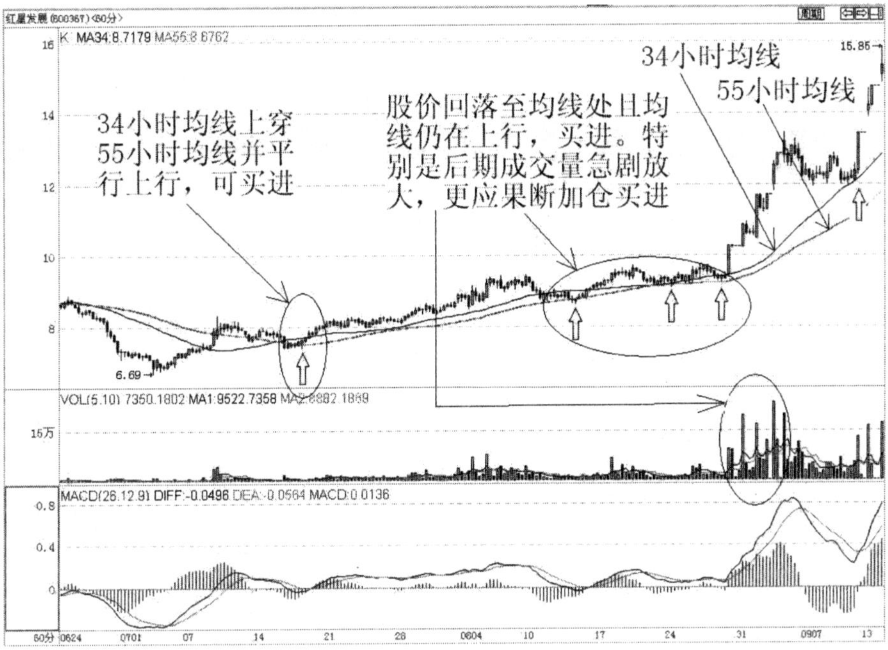

图 5－32

例 3：这是上证综合指数 2009 年出现 3478 点年内高点前后两个月期间的 60 分钟 K 线图。通过图上标出的上下箭头可以清楚地看到，在这段时间里，34 小时均线和 55 小时均线对该指数的支撑、压力转换的全过程。在股指期货已经推出的今天，技术分析找到了更好的用武之地，按照这一方法操作，不仅可以做足前面的上涨行情，而且可以在市场下跌信号出现时反手做空，体

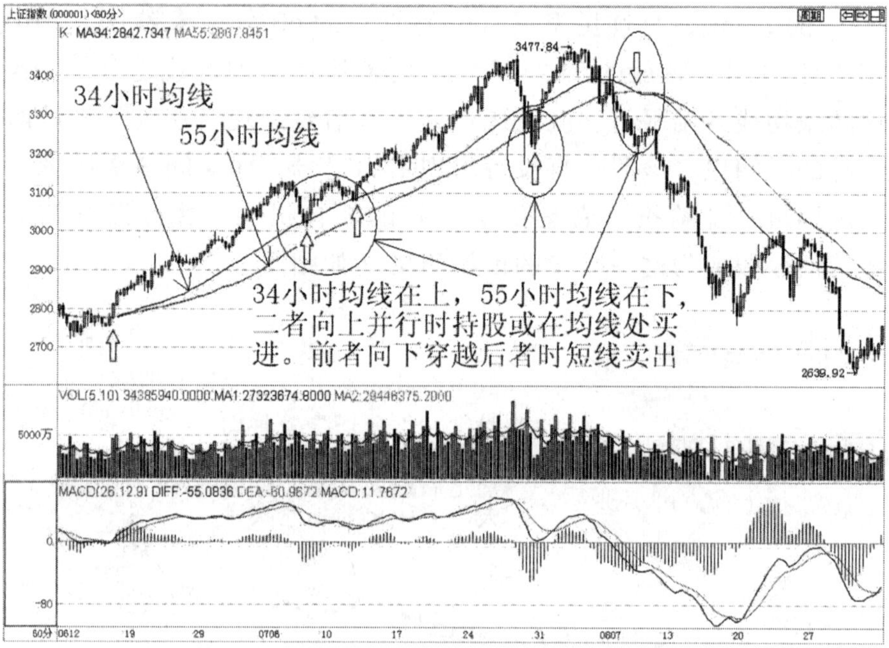

图 5－33

味双向交易的乐趣（如图 5－33）。

从前面介绍的均线及应用实例可以看出，久经考验的长期均线，其威力明显要大于短期均线。长期均线提示的买卖信号是可遇不可求的，一旦遇到了就应该把握住天赐的良机。不过，等待长期均线发出买卖信号，时间可能较为漫长，需要投资者具有极大的耐心，而且在等待的过程中，还要眼睁睁地错过一些阶段性的投资机会。从这个角度来看，中期均线既可以用来弥补长期均线的一些不足，又可以使上升途中的小幅震仓，以及下跌途中的弱势反抽，都不对均线指标的稳定性造成太大的影响，进可攻退可守。

短期均线的弊端是显而易见的，特别是在一个窄幅的区间震荡行情中，其买卖信号频繁出现，会令投资者无所适从。无数事实证明，过于频繁的短线操作，如果做得好，可以获得一些收益，至少不会被深度套牢，可是永远也不会赚到大钱。这里并不排斥短线操作，但是短线如何短，应该有个度。股市中经常可以看到，很多投资者在追逐短线蝇头小利的同时，却放走了一个又一个大牛股并因此懊悔不已。在应用均线分析的时候，投资者要根据不同的时间范畴来设置均线参数，建立起不同的均线系统，这样才能做到长短结合，趋利避害。

第三节　均线排列规律和相互关系

在设置均线时，要综合考虑不同的时间级别，但是这么多的均线放在一张图表上，会显得有些杂乱无章，特别是当这些均线缠绕在一起时，会像一团乱麻一样没有头绪。其实，各条均线所处的不同位置，各均线相互交叉或排列次序的不同，都有着不同的市场意义，其中存在着一定的规律。

一、黄金交叉

短期均线向上穿越长期均线，叫做黄金交叉或金叉。通常来说，出现黄金交叉意味着市场有所转强，是买进信号。如果此时两条金叉的均线正同时向上，成交量也有所放大，那么其上涨力度将会较大。

例1：2009 年 1 月 19 日，东安黑豹（600760）10 日均线与 30 日均线出现金叉，其成交量也明显放大，加上该股 30 日均线一直处于上升趋势当中，因此做多力量较为充足。后期的上涨也表现出良好的持续性（如图 5－34）。

例2：2010 年 7 月 26 日，厦门钨业（600549）的 10 日均线向上穿越 30 日均线，形成黄金交叉。此时该股的 30 日均线已经走平，成交量也略有放大。这个买进信号出现后，股价持续保持完好的上升趋势，阶段涨幅近 75%（如图 5－35）。

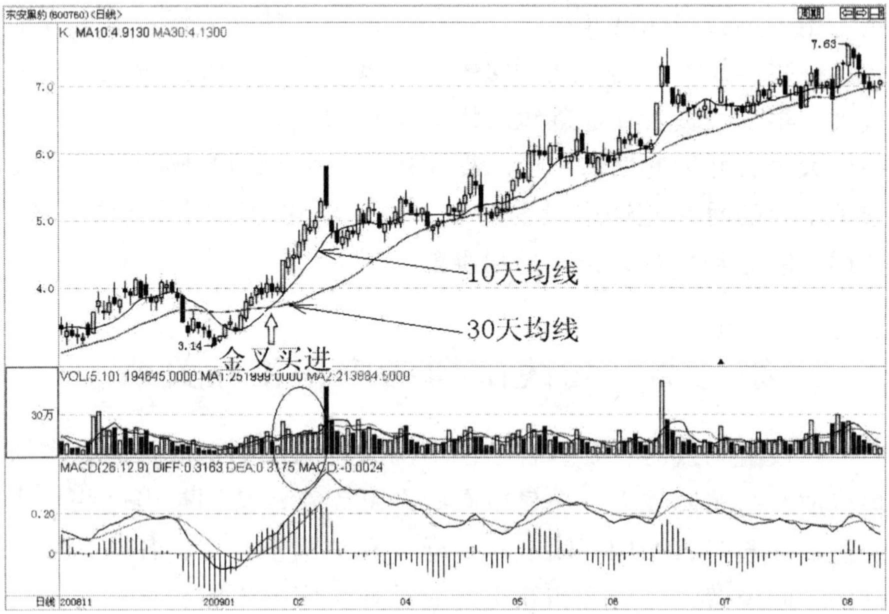
东安黑豹(600760)<日线>
K MA10:4.9130 MA30:4.1300
7.63
3.14
10天均线
30天均线
金叉买进
VOL(5.10) 194645.0000 MA1:251899.0000 MA2:213884.5000
MACD(26.12.9) DIFF:0.3163 DEA:0.3175 MACD:-0.0024

图 5－34

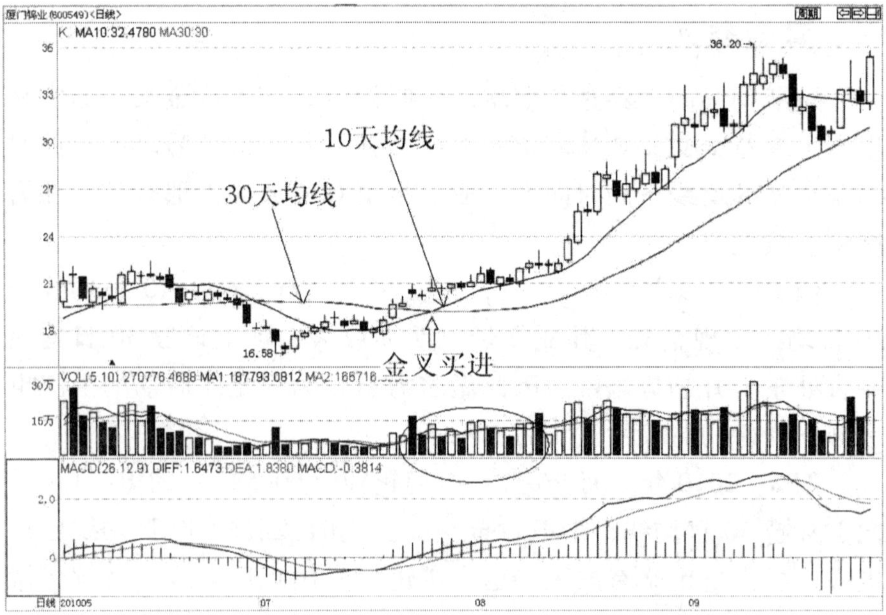
厦门钨业(600549)<日线>
K MA10:32.4780 MA30:30
36.20
16.58
10天均线
30天均线
金叉买进
VOL(5.10) 270776.4688 MA1:187793.0812
MACD(26.12.9) DIFF:1.6473 DEA:1.8380 MACD:-0.3814

图 5－35

二、死亡交叉

短期均线向下穿越长期均线，叫做死亡交叉或死叉。通常来说，出现死亡交叉意味着市场开始转弱，是卖出信号。如果死叉的几条均线此时都已经开始下行，那么卖出的信号就更加强烈，股价即将出现较深幅度的下跌。

例1：从2010年4月15日起，宁波富邦（600768）的10日均线与30日均线就已经开始同时向下运行。4月27日，该股10日、30日均线出现死亡交叉，当天留下的带大幅向下跳空缺口的长阴线，更强化了这个卖出信号。按此信号操作，可以很好地回避接下来的持续调整（如图5－36）。

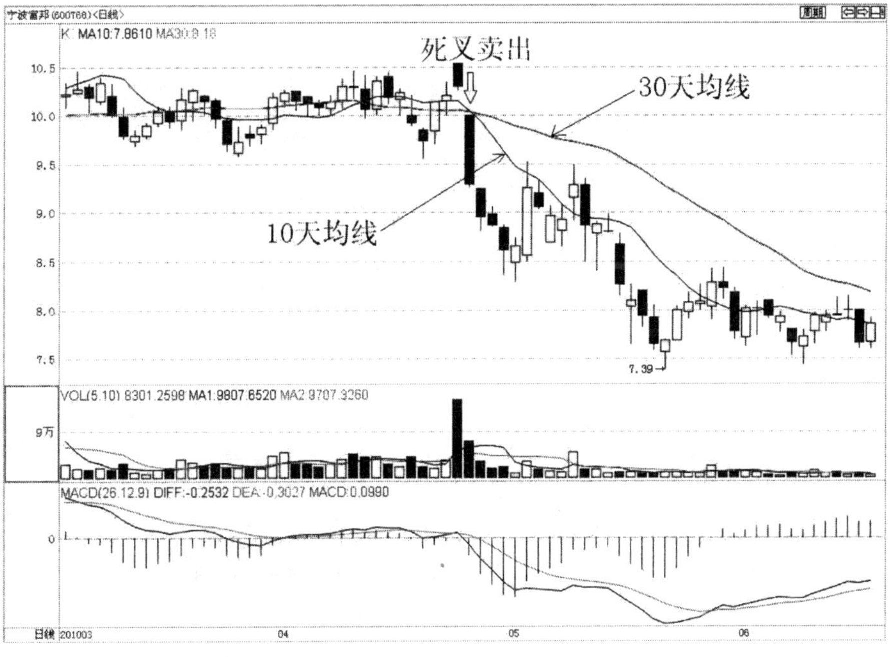

图5－36

例 2：2010 年 4 月 16 日，福星股份（000926）虽然收出了一根小阳线，但却没能阻挡 10 日均线与 30 日均线出现死亡交叉。双双下行的两根均线，预示着下跌趋势远没有结束，按卖出信号操作，无疑是最佳的选择（如图 5－37）。

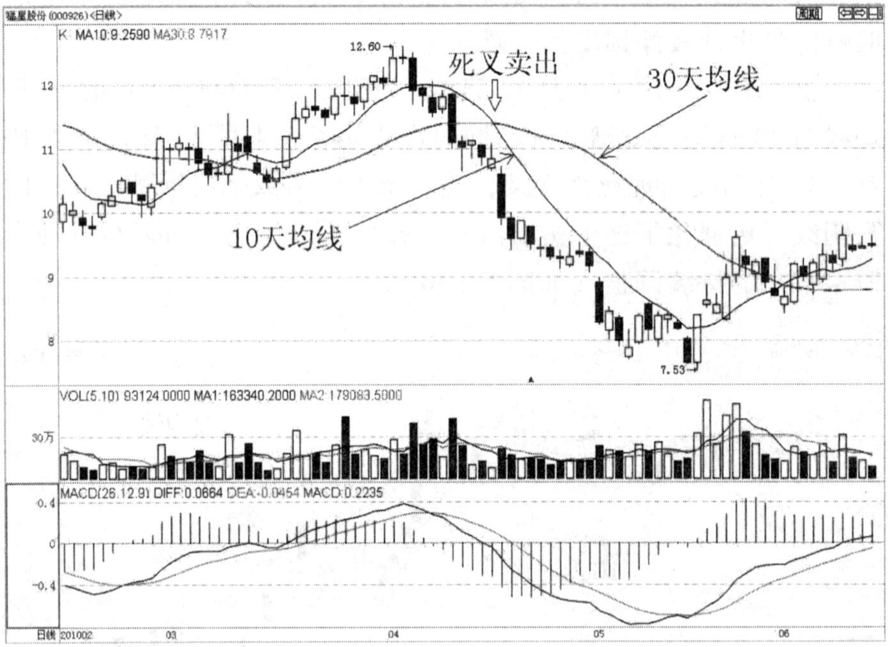

图 5－37

三、多头排列

多头排列是指所选取的几条均线都处于上行状态，并且按时间级别以由短到长、由上至下的顺序排列在 K 线图表上。

前面讲过，均线上行对股价有助涨的作用。多条不同级别均线共同发挥助涨作用，其效果显然会被放大。在这种情况之下，市场局势就会被多头掌控，后期股价将继续上涨，而且是比较确定的上涨。

当多头排列出现后，要注意以下几个要点。

① 只要多头排列没有发生改变，每次调整都是买进的机会。

② 均线上行的角度反映了股价上涨的速度，角度上翘越大，上涨速度越快。如果均线开始走平，则要提防上涨行情结束。

③ 均线发散程度决定上涨的稳定性。如果多头排列的各条均线之间距离保持相对稳定，这样的上涨持续性也会很好，行情将依托均线震荡盘升，上涨过程显得不温不火，有张有弛，操作上也容易把握。当股价加速上涨时，势必将短期均线拉起，此时如果其他均线能随同上行，上涨力度将大大加强。但是，如果短期均线远离了长期均线，即长期均线并没有跟随上行，那么原来距离较近的短、中、长期均线，就会出现明显的发散，这时虽然股价进入了加速上涨的阶段，但这种上涨的同时，股价也可能正面临着快速回落的风险。此时，投资者还应小心是否出现头部的K线组合或者反转形态。

④ 各条均线向一起靠拢叫做均线的收敛。明显发散的多头排列均线出现收敛时，如果中长期均线仍在上行，说明股价只是阶段性地修复上涨速率，上涨行情并无大碍。如果收敛之后均线走平，特别是长期均线走平，常常意味着上涨乏力，需要小心行情终结。

例1：2006年10月初，上证综合指数5日、10日、20日、30日、60日均线形成了多头排列，并一直延续到年底。多头排列出现之后，该指数震荡上行的趋势始终保持完好，市场多头稳扎稳打，步步为营，均线角度越走越陡，上涨力度越来越大，压制市场6年之久的历史大顶2245点，在这样的涨势中形同虚设，一轮史上波澜壮阔的牛市行情渐入佳境（如图5-38）。

例2：亚厦股份（002375）从2010年8月开始，5日、10日、20日、30日、60日均线进入多头排列状态。在接下来的两个月时间里，随着均线的逐渐发散，该股涨幅也有所扩大，股价不断刷新历史纪录，强势特征极为明显，参考均线始终持股者收益颇丰（如图5-39）。

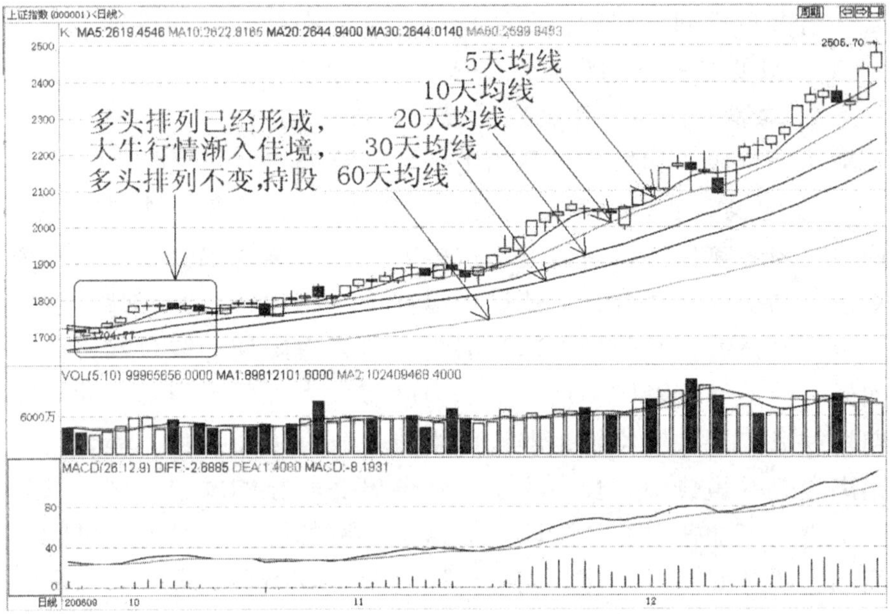
多头排列已经形成，
大牛行情渐入佳境，
多头排列不变,持股
5天均线
10天均线
20天均线
30天均线
60天均线

图5－38

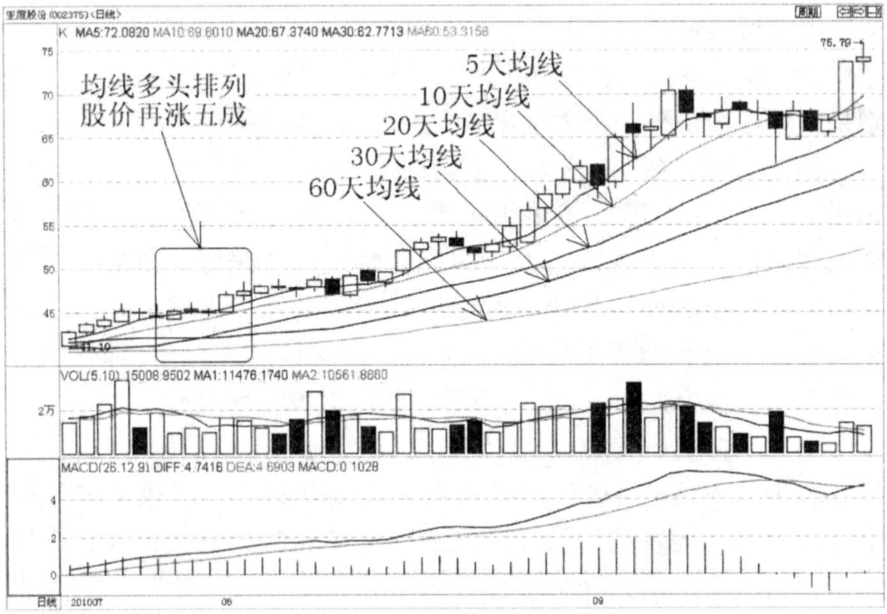
均线多头排列
股价再涨五成
5天均线
10天均线
20天均线
30天均线
60天均线

图5－39

四、空头排列

空头排列是指所选取的几条均线都处于下行状态，并且按时间级别以由短到长、由下至上的顺序排列在 K 线图表上。

一条短期均线的下行，已经可以对股价产生助跌的作用，那么多条不同级别的均线共同发挥助跌作用，股价的运行结果可想而知。在空头排列的情况下，市场空头完全控制了局势，股价将进入绵绵下跌的阶段，短期之内很难有起色。

当空头排列出现后，要注意以下几点。

① 只要空头排列没有发生实质性的改变，股价的每次反弹都是逢高减仓的机会。

② 均线下行的角度反映股价下跌的速度，均线向下倾斜角度越陡峭，股价下跌的速度就越快。

③ 均线向下发散的程度反映股价所处的下跌阶段。如果空头排列的各条均线之间距离保持相对稳定，将会维持一段绵绵不绝的跌势，即人们通常说的阴跌阶段：股价每天的跌幅虽然不大，但总是新低不断。这段时间最好的操作策略就是持币。当股价加速下跌时，势必会将短期均线快速下拉，此时如果其他中长期均线也在同步下行，下跌的力度将大大加强。但是，如果短期均线远离了长期均线，那么原来距离较近的短、中、长期均线，就会出现明显的发散，这时虽然股价进入了加速下跌的阶段，但下跌的同时，可能也正在酝酿着快速反弹的机会。在这种情况下，投资者应注意走势上是否出现底部的 K 线组合，或者是底部反转形态，一旦发现底部信号出现，就要做好入场的准备。

④ 当明显发散的空头排列均线出现收敛时，如果中长期均线仍在下行，说明股价只是在进行超跌后的技术反弹，之后还会继续下跌。如果收敛之后均线走平，特别是长期均线开始走平，常常意味着下跌动力已经不足，市场机会即将出现。

例 1：2010 年 4 月中旬，海通证券（600837）的股价在维持了两个月的平台整理之后，主力已无力继续苦苦支撑，股价重心有所下移。当 5 日、10 日、20 日、30 日、60 日均线出现空头排列之后，主力见大势已去，不得不全面放弃防守，甚至加入了杀跌的阵营，使股价大幅下挫，均线向下运行的角度明显加大。虽然之后发散的均线偶有收敛，但也只是下跌途中的弱势反弹，熊市行情远未完结（如图 5－40）。

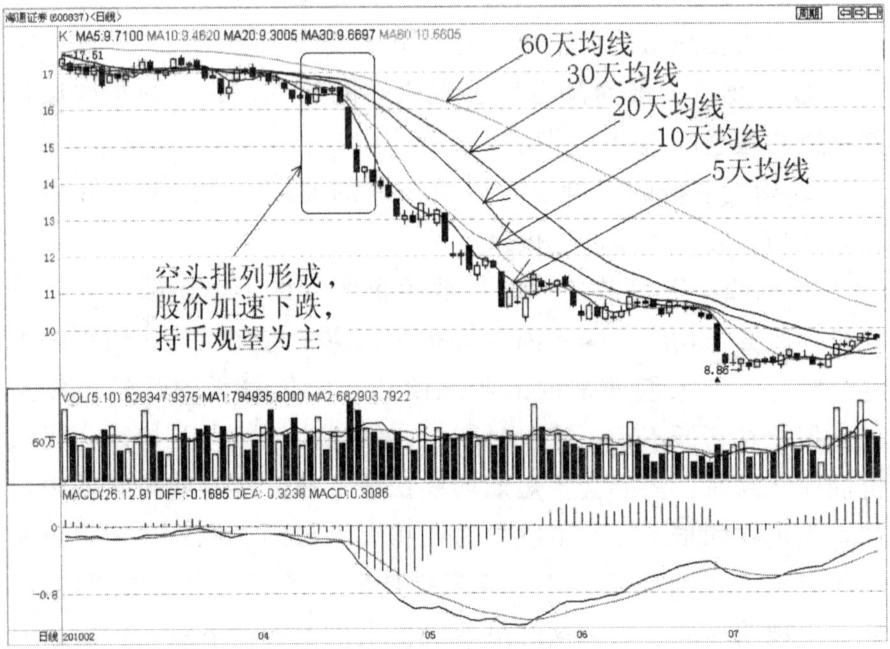

图 5－40

例 2：和海通证券的走势一样，招商证券（600999）也是在 2010 年 4 月中旬破位大跌，5 日、10 日、20 日、30 日、60 日等短中期均线形成标准的空头排列，并快速向下发散，K 线图上长阴频现，股价的阶段跌幅巨大。前期入场的“投机者”，如果能在出现空头排列之时拿出壮士断腕的勇气割肉出局，认赌服输，将躲过这波该股上市以来最为惨烈的下跌。而那些死扛到底的“投资者”，则不得不接受该股深度破发和自己深度被套的尴尬现实（如图5-41）。

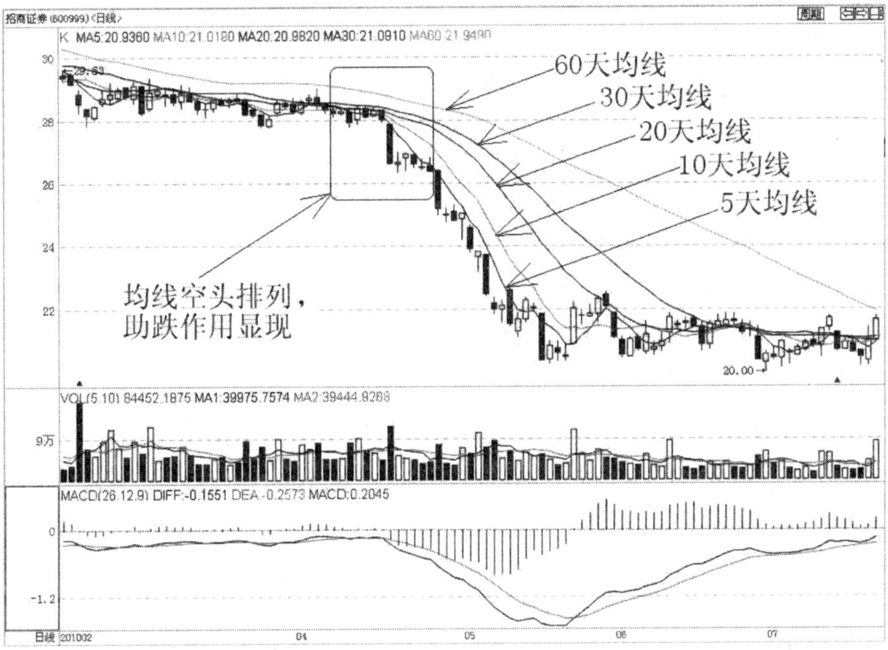

图5-41

五、移动平均线小结

均线是非常直观简洁的技术分析方法，它的用法和趋势线比较类似，只是趋势线是直线，而均线是曲线。趋势线更注重大的趋势，而均线在注重趋势的同时，还能很好地跟踪股价的中短期波动。对于这两种分析方法，投资者在具体操作时可以相互印证，综合运用。

均线指标简单明了，实用性强，有很高的参考价值。也正是由于这个原因，几乎所有的股票分析软件，都把均线放在主图上。

通过对大盘和个股的观察可以发现，所有股票的走势都分为三种大的走势，即上涨、下跌和震荡（整理和准备阶段）。在上涨阶段的主升浪以及下跌阶段的主跌浪中，均线系统分别表现为多头排列和空头排列。遇到这两种排列时，操作中投资者应该选择那些多头排列的个股积极做多，在空头排列的个股上反复做空（融券或做空期指）。

事实上，除了上涨和下跌这两种走势之外，个股大部分时间是处于消化被套筹码和获利盘的震荡、整理、蓄势、准备、清理浮筹状态，也就是震荡整理阶段。在这期间，均线系统会如同一堆乱麻一样纠结在一起，短、中、长期均线上下穿梭、缠绕，让人无法看清股价未来的发展方向。在这个阶段，投资者即使对某只股票心仪已久，也没有必要过早地介入，避免忍受漫长的股价震荡整理的煎熬。只有当均线系统被梳理得有条不紊，涨跌趋势逐渐明朗之时，再决定如何操作。

前面还讲到了均线对股价的支撑和压制作用。从表面上看，似乎是均线在影响着股价，其实这样讲只是让大家在分析时更加直观。事实上，从本质上来说，均线的数值完全是股价变化的结果。明天的均线能否支撑住股价，能否对股价构成压力，完全取决于明天股价的涨跌，再有用的均线，也只是参考工具而已，不要对其过分迷信。对于投资者来说，这一点非常重要。

均线有很多的优点，但同样也存在一些不足。比如，如果参数取值太短，均线基本上与股价重合，分析均线就失去了意义。如果参数设置时间过长，得到的均线就会对股价的变动具有很明显的滞后性。特别是在股价原有趋势发生快速反转时，均线的行动往往过于迟缓。

另外，在单纯的均线分析中，股价与均线的偏离度无法量化。上涨时股价远离均线要卖出，下跌时股价远离均线要买进，但是这个“远”和“近”的标准是什么，均线理论并不能予以明确。在极端行情中，这种模糊的结论很容易造成投资者提前买进或过早卖出。下面我们将介绍一些其他的指标，用以弥补均线分析的不足。

第六章　技术指标分析

第一节　技术指标概论

曾几何时，中国股民十分热衷于对技术指标的追捧，介绍技术指标的书籍颇受欢迎，各种有关技术指标的用法在市场上广为流传。然而经历了几次牛熊轮回之后，很多人不仅没有通过使用技术指标获得收益，相反却有越来越多的人抱怨技术指标无用，并最终选择了放弃。

技术指标真的无用吗？当然不是。所有技术手段都只能对分析行情起到辅助的作用，如果对技术指标过分迷信，其结果一定是大失所望。另外，再好的技术指标，在使用的时候也要看场合，不能滥用。技术指标各有各的用处，各有各的奥秒，但尺有所短，寸有所长。张飞的丈八蛇矛枪在野外使用起来可以随心所欲，但是在黑夜的巷战中则显然不如短刀更加灵巧实用。李元霸的双锤威震天下，勇猛无敌，可是如果是在水中作战，这两把大锤只能变成负担。技术指标同样如此，工具不分好坏，只要用在合适的地方，合适的时机，就可以收到事半功倍的效果。

道理虽然如此，但是如何做到恰到好处地选择和使用技术指标，确实是个难题。首先，市场中能见到的技术指标千差万别，数量众多。钱龙动态系统中就有 40 多个指标，而在各种网络版的股票分析软件中，技术指标更是多如牛毛，让人无所适从。

其次，很多人在应用这些指标时也进入了误区，本来具有理论依据并且经过长期实践证明是相对可靠的指标或指标参数，却被一些人任意修改或调整，目的是为了追求更准确和可靠。很好的指标或参数被改得面目皆非，体无完肤，这样的“技术指标”会有用吗？

某些行情分析软件推出的大量“特色指标”，更是被吹得天花乱坠，神乎其神。讲的人云山雾罩，不知所云，听的人也是莫名其妙，一头雾水。但为了求得打开财富之门的金钥匙，很多人受不了诱惑而购买使用。用了一段时间之后，他们才发现这些被神化的技术指标，根本没有宣传的那样神奇有效，相反却加大了投资者的亏损。从这里也可以看出，很多投资者对技术指标的态度需要反思。炒股可能需要一点运气和灵气，但投资更是一门科学，需要有科学的方法和科学的态度。同时，炒股也是一项苦差事，需要投资者不断地向市场学习，并从中积累经验，总结教训，不断提高自己的操作水平。

常言道：大道至简。有些时候，越是简单的招术，可能越是有效的。在股市这个高风险的领域里，一般不允许投资者出现重大失误，否则就没有东山再起的机会了。如果你已经参与了股指期货交易，就更是如此。通过一些小技巧，偶尔可以收获一个窃喜，但想靠一招半式在股市这个险恶的江湖里生存并不断壮大，就要成为一个职业投资人和真正的股市高手，要把投资当做事业来经营。如果你想使用技术指标，就必须深入地研究技术指标的真谛，了解指标的来龙去脉，知道这些指标代表的意义，这样才能更好地通过指标数据或形态的变化，来理解指标反映的市场本质，从而在不同的行情中更灵活地应用这些技术指标，做到对行情的变化应对自如，这样才有可能在股市中获得不错的收益。

第一节　趋势为王——MACD

一、概念及算法

MACD 意为指数平滑异同平均线，它是一种利用短期（常用为 12 日）移动平均线与长期（常用为 26 日）移动平均线之间的聚合与分离状况，对买进、卖出时机作出研判的技术指标。

其计算方法如下。

计算移动平均值（EMA）：

EMA(12) = 前一日 EMA(12) × 11/13 + 今日收盘价 × 2/13

EMA(26) = 前一日 EMA(26) × 25/27 + 今日收盘价 × 2/27

计算这两条指数平滑移动平均线的离差值（DIF）：

DIF = 今日 EMA(12) − 今日 EMA(26)

根据离差值计算其 9 日的 EMA，离差平均值即是所求的 MACD 值，记为 DEA。MACD 通常绘制成围绕零轴线波动的柱形图。

辅助指标——BAR 柱状线，其计算公式为：BAR = 2 × (DIF − DEA)

二、应用原则及实战案例

1. DIF 与 DEA 均为正值，DIF 向上突破 DEA（黄金交叉）时买进。若成交量能够同时放大，效果更好。

例 1：2010 年 8 月 30 日，五矿发展（600058）的 DIF 与 DEA 均为正值，且 DIF 上穿 DEA 形成金叉，MACD 指标出现买进信号。同时，该股成交量明显放大，日 K 线收出一根向上跳空的大阳线，一举突破前期的整理平台，将所有中短期均线踩于脚下，均线系统呈明显的多头排列。种种迹象表明，该股在技术上已经开始强势突破，股价将加速上攻（如图 6－1）。

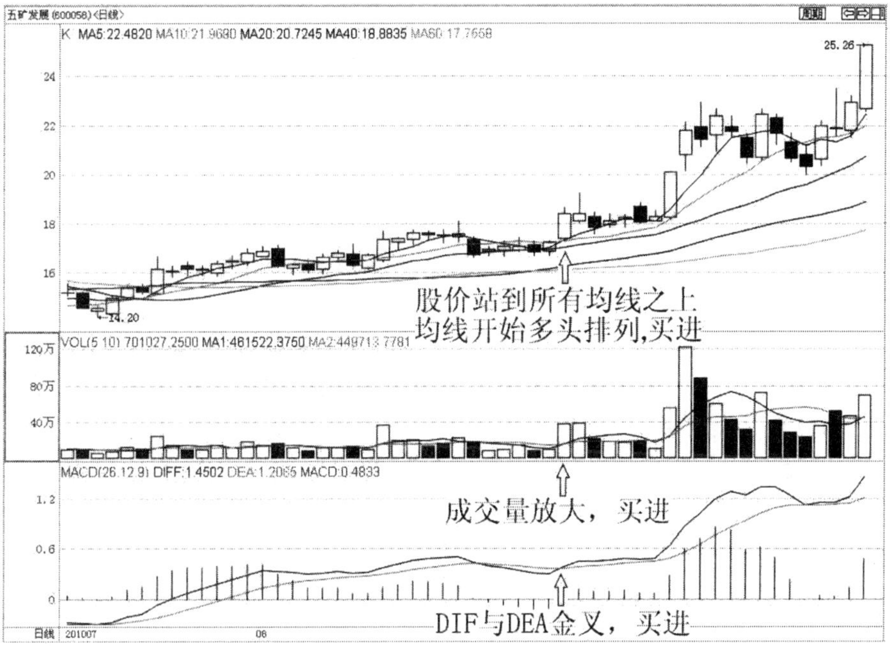

图 6－1

例 2：同样也是在 2010 年 8 月 30 日，与五矿发展同为稀土概念的广晟有色（600259）突然发力，强势涨停，一根长阳将所有均线的压力全部摆脱，成交量比前几个交易日成倍放大。同时，该股的 MACD 指标也给出了强烈的买进信号，DIF 在 0 轴之上向上突破 DEA，形成黄金交叉，主升浪行情呼之欲出（如图 6－2）。

2. DIF 与 DEA 均为负值，DIF 向下突破 DEA（死叉）时卖出。

例 1：2007 年 12 月，万科 A（000002）的 MACD 指标已经走到 0 轴之下，市场开始呈现弱市格局。12 月 12 日，该股的 DIF 向下突破 DEA 出现死叉，卖出信号明确。日 K 线的放量阴线，表明场内主力出逃的意愿极为坚决。由于指标由强势区进入

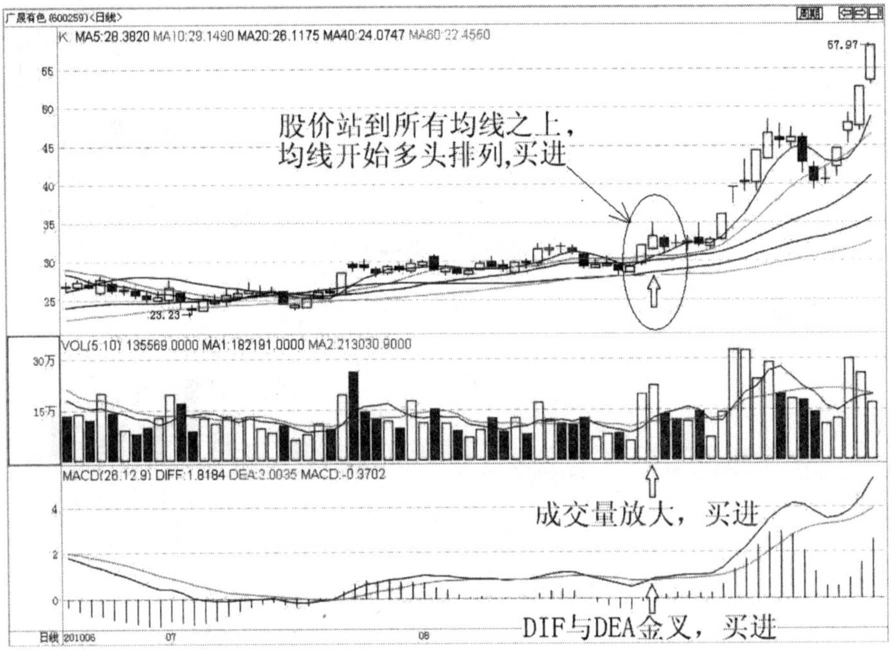

图6-2

弱势区需要一个过程，所以当DIF与DEA均为负值并出现死叉时，通常股价已经下跌了一段时间。和前面出现高点的时间相比，这时给出的卖出信号显得有些迟钝和滞后，但是这个出现在弱势格局中的信号可以明确地告诉我们，此时出逃仍是明智之举，后面将会有更惨烈的下跌，因此操作策略是尽快了断，以绝后患。

为避免上面说到的信号滞后问题，在实战中，投资者可以采用这样的方法：在0轴之上，可以用多种方法相结合去寻找卖点，而在0轴之下，仅凭MACD这一个卖出信号，就可以执行卖出操作（如图6-3）。

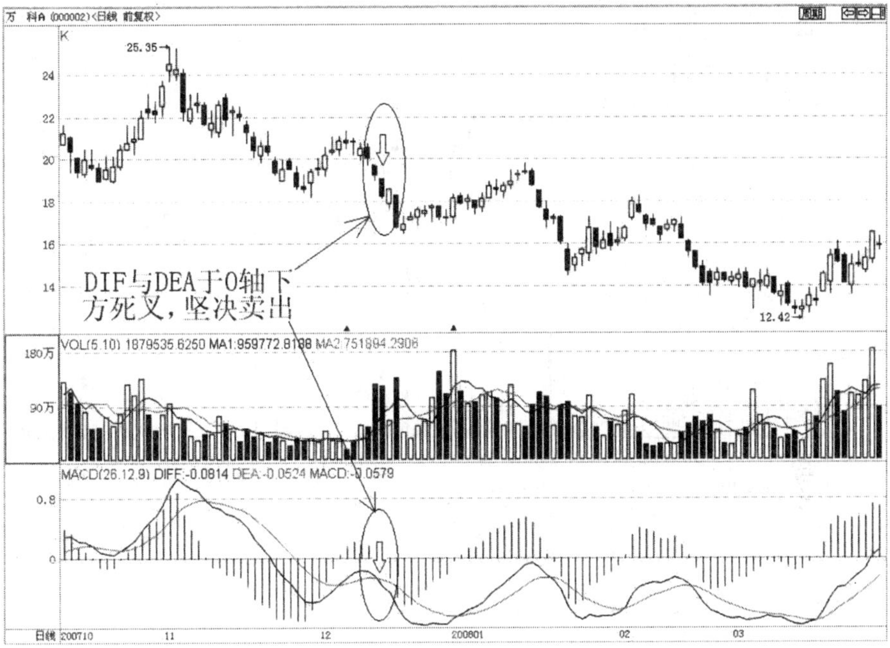

图6－3

例2：2008年3月13日，深天地（000023）的DIF向下突破DEA，此时DIF和DEA均为负值。此时的突破使本已对股价构成反压的各条均线形成空头排列，此后一轮更加凶猛的下跌拉开帷幕。事实证明，这个卖出信号具有较高的可信度（如图6－4）。

3．DIF与DEA出现第二次交叉时，信号的可信度较高，股价的涨跌幅度也会更大。

例1：中纺投资（600061）在2010年5月末曾经出现过一次MACD指标的金叉，股价也走出了一波反弹行情。股价随后却重新回落并逼近了前期低点，MACD指标也回到0轴之下。7月13日，伴随着股价的再度反弹，该股DIF再次向上突破DEA，形成了二次金叉，这是一个十分明确的买进信号。接下来的这波反弹与上一波相比上涨幅度更大，持续时间更长（如图6－5）。

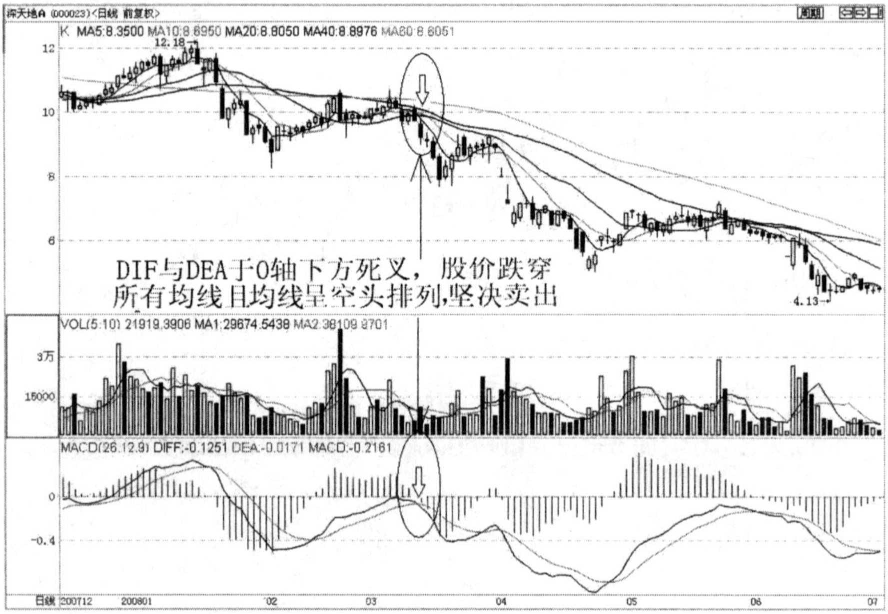
深天地A (000023)<日线 前复权>
K MA5:8.3500 MA10:8.6950 MA20:8.8050 MA40:8.8976 MA80:8.6051
12.18
4.13
DIF与DEA于0轴下方死叉，股价跌穿
所有均线且均线呈空头排列,坚决卖出
VOL(5.10) 21919.3906 MA1:29674.5438 MA2:38109.8701
MACD(26.12.9) DIFF:-0.1251 DEA:-0.0171 MACD:-0.2161

图 6-4

中纺投资 (600061)<日线>
12.18
8.54
DIF与DEA二次金叉，
买进后获利概率较大
VOL(5.10) 170062.1562 MA1:89711.8047 MA2:56575.3475
MACD(26.12.9) DIFF:-0.0272 DEA:-0.0788 MACD:0.1033

图 6-5

例2：冠城大通（600067）MACD指标分别于2010年5月18日和7月9日两次出现了DIF向上突破DEA的黄金交叉，特别是第二次金叉出现在刚刚突破0轴之际，标志着该股已经摆脱弱势格局，进入了强势区（如图6-6）。

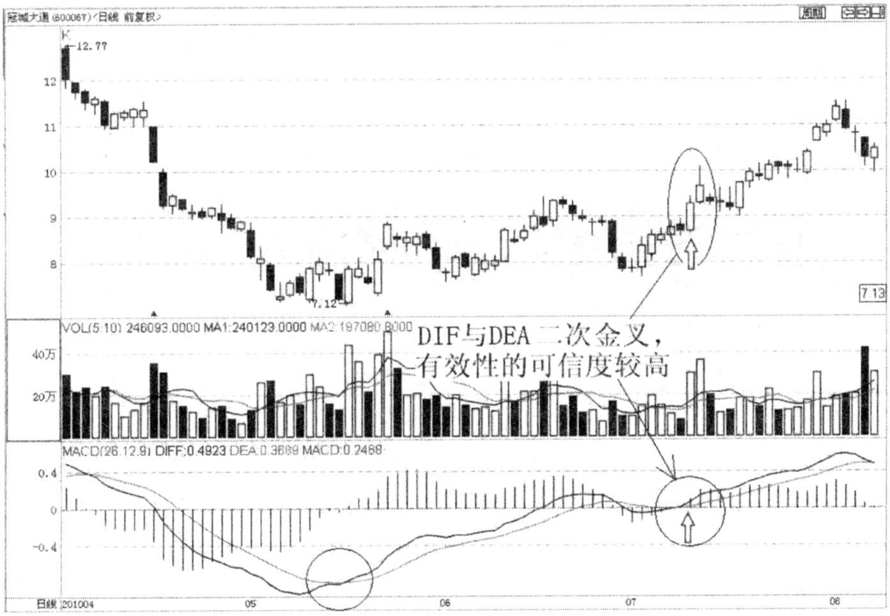

图6-6

例3：2009年2月23日和4月11日，岳阳兴长（000819）在0轴之上出现了两次DIF向下突破DEA的死叉动作。与某些股票MACD一次死叉后股价便一路狂跌相比，像岳阳兴长这种提供二次死叉逃命信号的股票，确实值得好好把握。另外，该股在MACD形成二次死叉之前，刚刚出现的阴包阳K线组合，与第一个头部出现过的阴包阳覆盖线遥相呼应，双头形态清晰可见。两个卖出信号先后出现，并且股价仍处于高位，这实在是持有该股的投资者出逃的绝佳时机（如图6-7）。

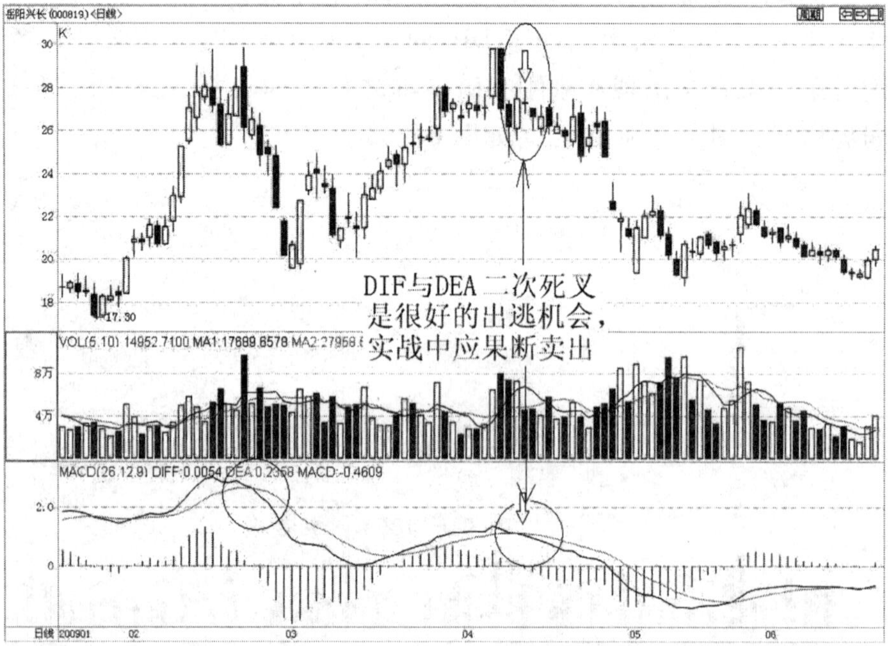

图6-7

例4：信雅达（600571）于2008年3月13日和4月1日两次出现DIF向下突破DEA的死亡交叉。特别是第二次出现死叉的同时，指标向下突破0轴，这标志着该股已经进入了弱势区。虽然二次死叉信号发出之时，该股股价已经低于前期高点，但即使在此时卖出，仍能躲过后面更大的跌幅（如图6-8）。

4. 当DEA线与K线趋势发生背离时为股价反转信号。具体为：股价创出了新高，但是指标没能随之创出新高，称为顶背离；股价创新低，而指标不创新低，称为底背离。

例1：2010年9月初，葛洲坝（600068）的股价创出了本轮反弹新高，但DIF和DEA指标却都没能突前期高点。这种顶背离现象的出现，说明此时该股已经上涨乏力，量能的递减也反映出反弹已经是强弩之末。虽然从K线组合和形态上根本看不出该

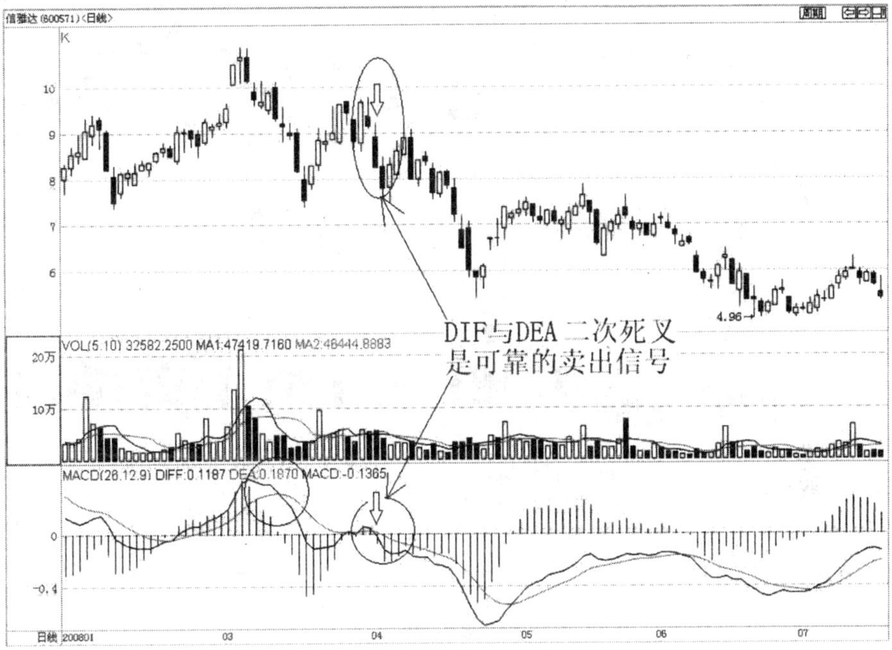

图6－8

股有做头的迹象，但却没能躲过 MACD 的法眼。9 月 8 日，DIF 向下突破 DEA，这是近期该指标出现的第二次死叉，是一个标准的卖出信号。接下来，该股的技术性调整便如约而至（如图6－9）。

例2：2010 年 4 月中旬，ST 汇源（000586）的股价突破了前一波反弹的高点，创出了年内新高，但此时的 MACD 指标并没有与股价同步创出新高。4 月 19 日，该股突现放量中阴，同时 DIF 向下突破 DEA，这是继 3 月 11 日之后形成的第二次死叉，是标准的顶背离卖出信号，随后该股便展开了当年幅度最深的一波调整行情。通过以上这两个实例可以清楚地看出，该指标的顶背离卖出信号及时、准确，可信度高，按此操作，可以使投资者在一个相对高位抛出股票，及时回避股价下跌的风险（如图6－10）。

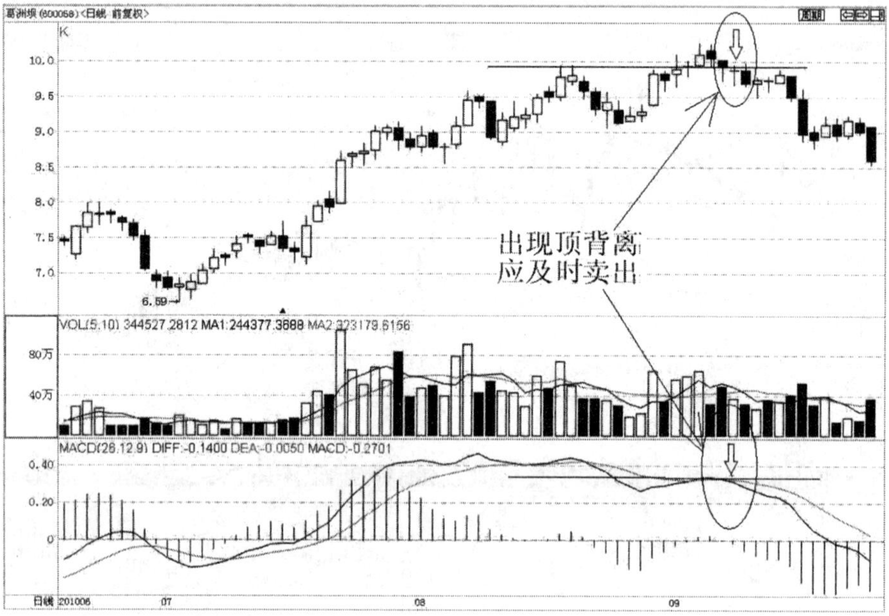
葛洲坝(600068)<日线 前复权>
出现顶背离
应及时卖出
6.59
VOL(5,10) 344527.2812 MA1:244377.3688 MA2:323179.6156
MACD(26,12,9) DIFF:-0.1400 DEA:-0.0050 MACD:-0.2701

图 6－9

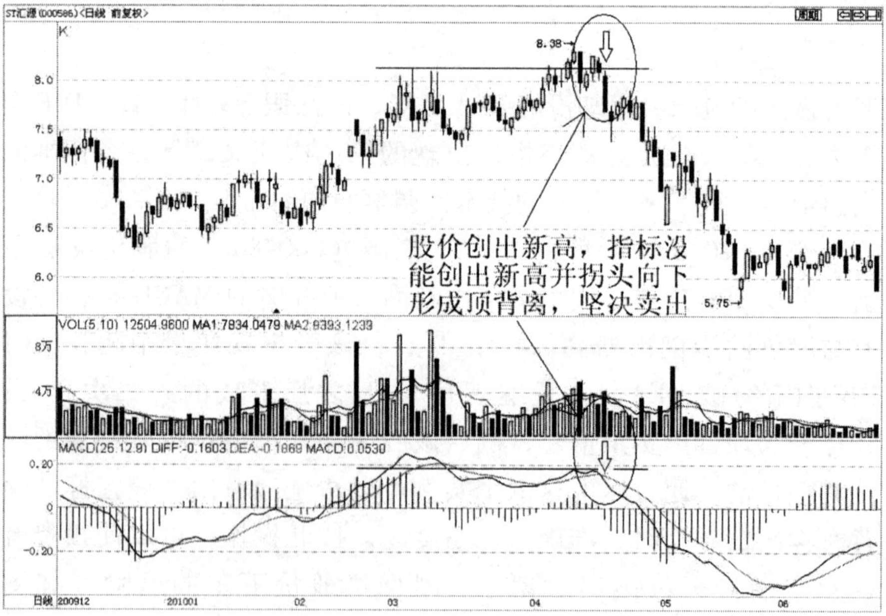
ST汇源(000586)<日线 前复权>
8.38
股价创出新高，指标没
能创出新高并拐头向下
形成顶背离，坚决卖出
5.75
VOL(5,10) 12504.9600 MA1:7834.0479 MA2:8393.1233
MACD(26,12,9) DIFF:-0.1603 DEA:-0.1869 MACD:0.0530

图 6－10

例3：经过了一段快速下跌之后，辽通化工（000059）于2010年5月21日出现技术性反弹，27日DIF与DEA出现金叉，但随后该股的反弹不但没有延续，反而出现快速下挫，最低点比前期低点跌去了近20%。不过这时的MACD指标却没有再创新低，而是略作下探。7月12日，该股DIF与DEA出现了第二次金叉，这是该股一年半以来首次出现底背离金叉的买进信号，机会十分难得（如图6－11）。

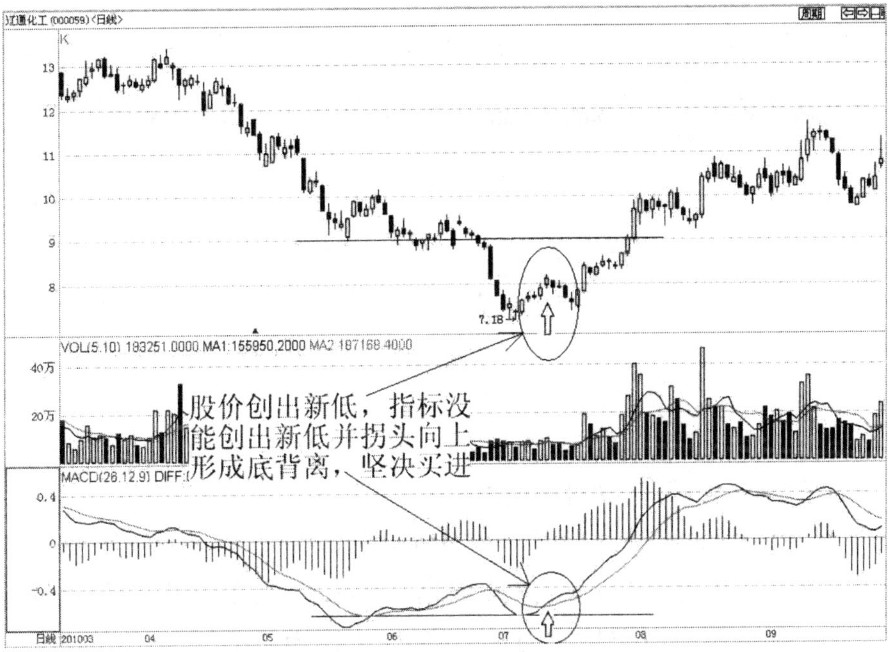

图6－11

例4：易食股份（000796）于2010年7月9日出现第二次DIF向上突破DEA的黄金交叉，虽然此时股价刚刚创出了新低，但DIF和DEA值均未低于前期低点，符合底背离特征，随后股价进入了上升通道。截至9月末，该股涨幅由二次金叉当日计算，上涨近40%（如图6－12）。

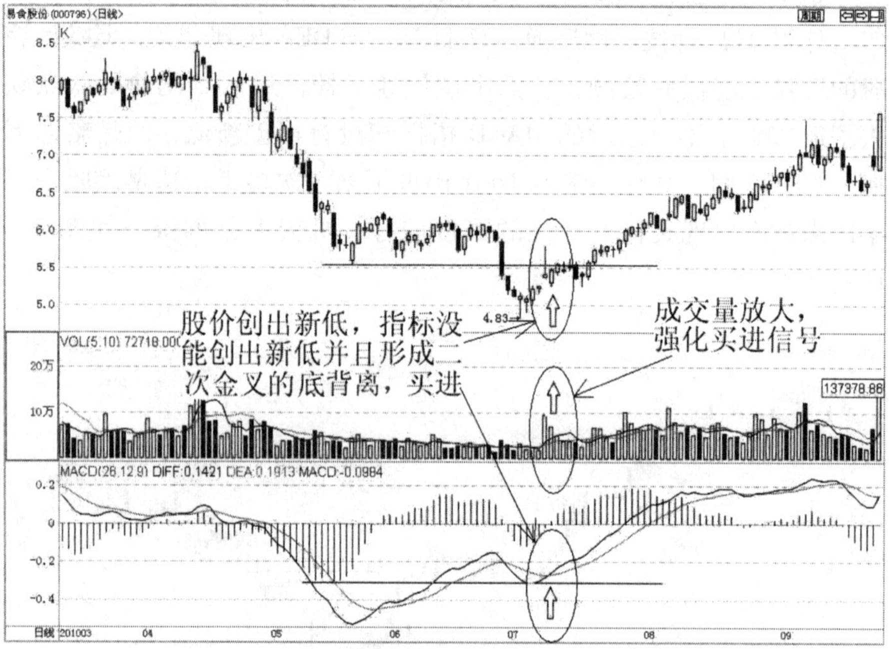

图 6－12

5．0 轴是市场强弱的分水岭。股价在 0 轴之上时，以做多为主，在 0 轴之下，宜保持谨慎。

6．根据指标设计原理，当 BAR 由负变正时，为买入信号，反之为卖出信号。实战中仅按该信号操作，效果并不是很理想，建议在应用前几项交易原则时，将 BAR 作为辅助指标。

三、小结

MACD 指标的优点是克服了移动平均线信号频繁的缺陷，在趋势明显时波段操作效果最好。

MACD 指标的缺点是，在牛皮盘整行情中，发出的信号频繁而且不准确。如果能确认当前的行情为窄幅震荡的牛皮市，应停止使用该指标。

MACD 的参数设置一般为 12、26、9，短线客可将日线图的参数改为 6、13、5，以提高指标的灵敏度，但通常不建议调整参数。

第二节　强弱分明——RSI

一、概念及算法

相对强弱指标 RSI 最早被用于期货交易中，后来人们发现用该指标来指导股票市场投资效果也不错，现在 RSI 已经成为投资者应用最广泛的技术指标之一。投资一般原理认为，投资者的买卖行为是各种因素综合作用的反映，行情的变化最终取决于供求关系。RSI 指标正是根据供求平衡的原理，通过测量某一个期间内股价上涨总幅度占股价变化总幅度平均值的百分比，来评估多空力量的强弱程度，进而提示具体的操作建议。RSI 的应用法则表面上比较复杂，包括了交叉、数值、形态和背离等多方面的判断原则。

其计算公式如下。

$RSI = 100 - 100/(1 + RS)$

RS = N 日内收盘价上涨幅度总和/ N 日内收盘价下跌幅度总和

RS 称为相对强弱值，强弱值的变化幅度限定在 0 ~ 100 之间。

在图表上，通常以三条 RSI 线来表现市场的强弱，参数分别为 6 日、12 日和 24 日。

RSI 指标反映了股价变动的四个因素，即上涨天数、下跌天数、上涨幅度、下跌幅度。根据正态分布理论，随机变数在靠近中心数值附近区域出现的机会最多，离中心数值越远，出现的机会就越小。

按照这一原理，股价的强弱值在 0 ~ 100 区间内的分布大致为：绝大多数时间介于 30 ~ 70，其中介于 40 ~ 60 的机会最多，超过80或者低于20的机会相对较少，高于90及低于10的机会最少。

二、应用原则及实战案例

1. RSI在50以下为弱势市场，宜选择做空策略。RSI在50以上为强势市场，应以做多为主。

2. 在RSI位于50以上时，使用其他指标提供交易信号，准确率一般较高。

3. 6日RSI值高于85，市场处于超买状态，出现M头可卖出。6日RSI低于15，市场处于超卖状态，出现W底可买进。

4. 盘整时，RSI一底比一底高，表示多头强势，后市可能再涨一段。反之，一底比一底低，是卖出信号。

5. 若股价尚处于盘整阶段，而RSI已经结束整理，则价位将随之突破整理区。

6. 当RSI与股价出现背离时，一般为转势信号，如看好后市，随时准备入场进行交易；如看淡后市，则随时准备离场。

7. 形态理论在RSI的形态上同样适用。

在传统的RSI指标使用方法中，人们像使用摆动指标和随机指标一样，通过指标的位置寻找低买高卖的机会，比如6日RSI向上突破12日RSI时买进，6日RSI向下跌破12日RSI卖出。按此操作，虽然有时也会有所收益，但很多时候效果并不理想。

从理论上讲，这种操作方法是对RSI指标的曲解。事实上，对于RSI指标的性质，其公式已经表述得非常清楚，该指标的计算因子是一段时期内收盘价上涨幅度的总和以及下跌幅度的总和，反映的核心问题是某段时期内市场的强弱程度。只要市场处于强势，操作上就应该采用相对积极的策略，而在弱势市场，就应该谨慎操作，甚至退出观望。具体操作时，最好把RSI作为判断市场强弱的温度计，而把交易指令交给其他指标。从这个意义上讲，RSI 更像是一个趋势指标。

例 1：选取上证综合指数 2009 年至 2010 年的走势图，来验证一下 RSI 与股指或价格的关系。从 2009 年 2 月到 8 月，股指基本处于单边上涨的行情中，此时 RSI 指标的数值除短暂下破 50 之外，绝大部分时间在 50～80 之间波动，说明当时的市场正值强势，可以坚定地持股或积极做多。股指见高 3478 点后出现快速调整，之后进入了宽幅震荡的格局，而此时的 RSI 指标也将波动幅度扩大至 20～80 之间，因此高抛低吸应是这一阶段的主要策略。2010 年 4 月中旬起，股指开始了新一轮下跌，在 RSI 指标上同样也得到清晰的体现。在这轮下跌的过程中，RSI 指标一直在 20～50 之间震荡，标志着市场进入了弱势格局，这期间最好的操作策略就是以持币为主（如图 6－13）。

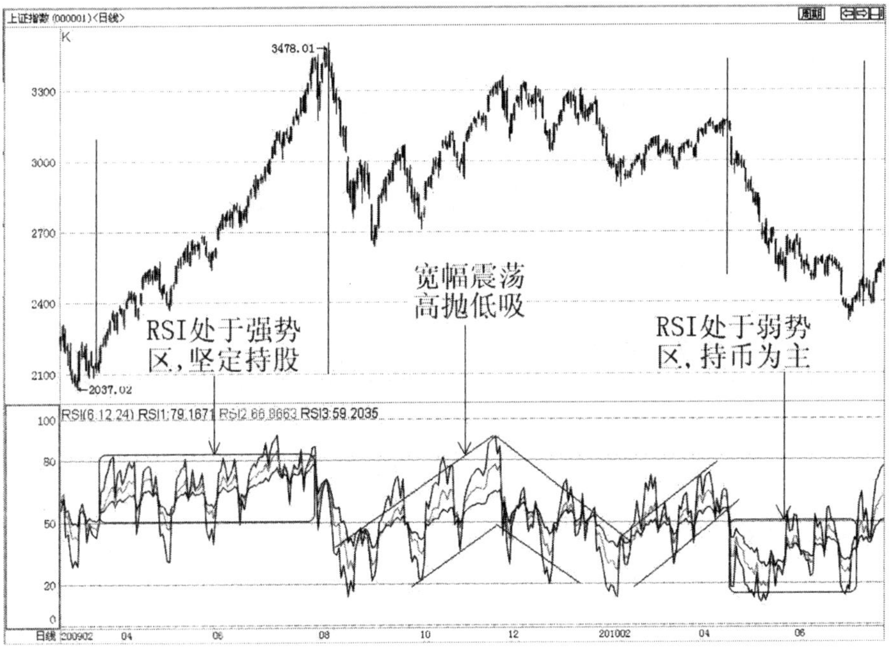

图 6－13

从该例可以看出，RSI 指标可以较为准确地反映出市场状态如何，是强势还是弱势，然后投资者可以根据不同的行情，制定不同的应对策略。

例 2：2010 年 4 月初开始，万科 A（000002）开始了新一轮的杀跌行情。RSI 指标经过半个月时间的钝化后，于 5 月 12 日难得地在 30 下方出现金叉。但接下来该股并没有出现很好的反弹行情，而仅是横盘震荡，最终选择向下破位。造成 RSI 买进信号失灵的原因在于，该指标始终在 50 下方徘徊，即市场处于弱势当中。由此也可以看出，RSI 更适合作为行情的温度计而非发令枪，流行的低买高卖的操作原则并不十分正确（如图 6－14）。

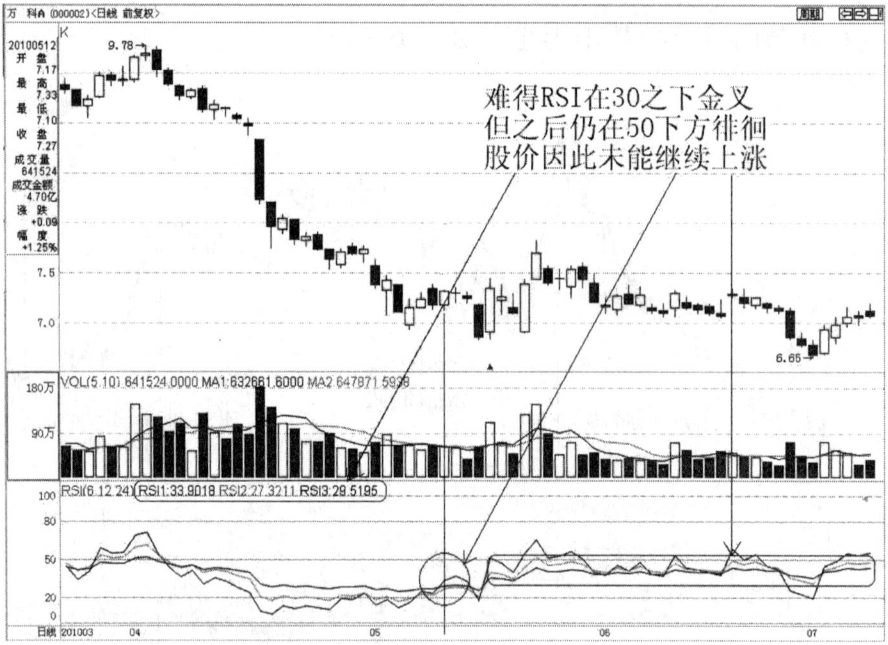

图 6－14

例 3：2009 年下半年，海信电器（600060）的股价出现了一波快速拉升之后，行情有所回落，RSI 指标也从 80 上方死叉向下。但是接下来，虽然该股股价的上升斜率有所减小，但仍在继续上涨。在股价重心上移的同时，RSI 指标却已经步入了下降通道，指标与股价形成背离，这意味着即使股价还在上涨，但力度会大大减弱，后期涨幅可能较为有限，市场不久将发生转势。随着 RSI 回落到 50 之下，标志着该股正式进入弱势，此时股价也跌破了上升趋势线的支撑，发出了明确的卖出信号（如图 6－15）。

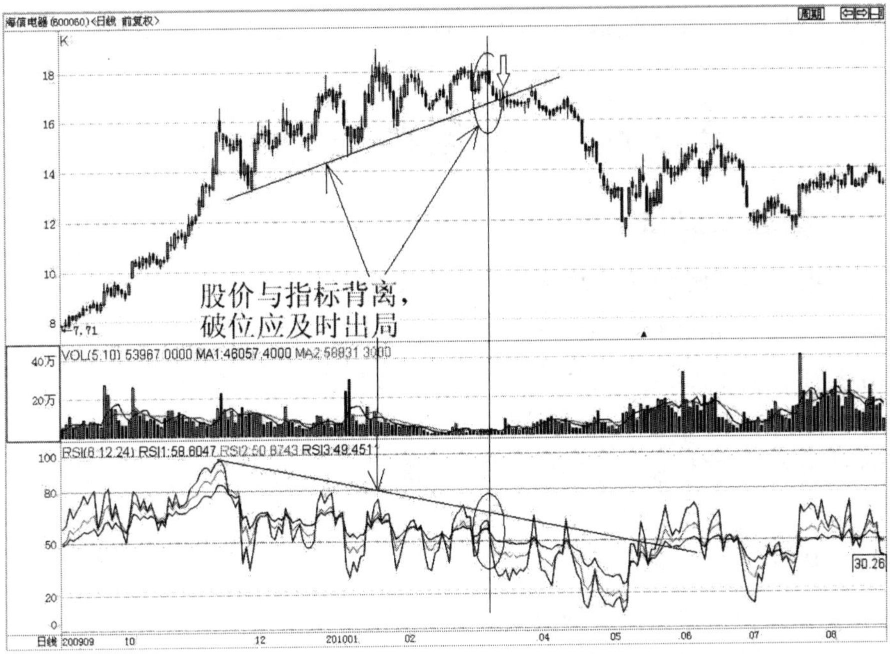

图 6－15

通过以上实例不难发现，股价真正的上涨不一定是 RSI 处于超卖区域，真正的下跌也不见得是在 RSI 处于超买区域。实战中，RSI 处于低位时买入，处于高位时卖出，并不是好的策略，甚至会导致亏损，原因就在于强势区会越卖越涨，而在弱势区可能会屡买屡套。

三、小结

RSI 指标的优点是能够比较直观地反映市场的强弱，有利于投资者判断市场的性质。缺点在于，在极强或极弱的行情中，即使 RSI 已经进入超买区或超卖区，股价通常仍会持续上涨或下跌，由于这时的 RSI 值只是微幅增减，形成钝化之势，因此按该指标操作，会造成过早出局或抄底被套。实战中，可以主要将 RSI 作为判断市场强弱的参考，具体买卖尽量依据其他指标。

第三节　行云流水——EXPMA

一、概念及算法

指数平均数 EXPMA 指标是一种趋向类指标，与平滑异同移动平均线（MACD）、平行线差指标（DMA）相比，EXPMA 指标由于在计算公式中着重考虑了价格形成当天（当期）行情的权重，因此在使用中可克服其他指标信号对于价格走势的滞后性。同时也在一定程度上消除了 DMA 指标在某些时候对于价格走势所产生的信号提前性，是一个非常有效的分析指标。

其计算方式如下。

该指标由两条 EXPMA 曲线组成：

第一条 EXPMA：$EXPMA_1 = (C - Xp) \times 0.15 + Xp$

第二条 EXPMA：$EXPMA_2 = (C - Xp) \times 0.04 + Xp$

其中：C = 当天的收盘价

Xp = 前一天的 EXPMA

参数值 N 一般设定为 12、50，首次计算时，Xp 用前一天的收盘价代替。

二、应用原则及实战案例

该指标的使用方法可以参照移动平均线部分。

买入条件：

1. 短期 EXPMA 由下向上穿过长期 EXPMA，买进。

2. 股价由上向下触及 EXPMA 遇支撑反弹，买进。

卖出条件：

1. 短期 EXPMA 由上向下跌破长期 EXPMA，卖出。

2. 股价由下向上触及 EXPMA 遇阻回落，卖出。

例 1：2008 年 12 月 10 日，中纺投资（600061）的 12 日 EXPMA 上穿 50 日 EXPMA，形成金叉买进信号。此后一年的时间里，不论大盘如何涨跌，个股怎样震荡，该股 EXPMA 根本不理会短线波动的影响，一直保持着多头排列的状态。按此操作，投资者获利将十分丰厚（如图 6－16）。

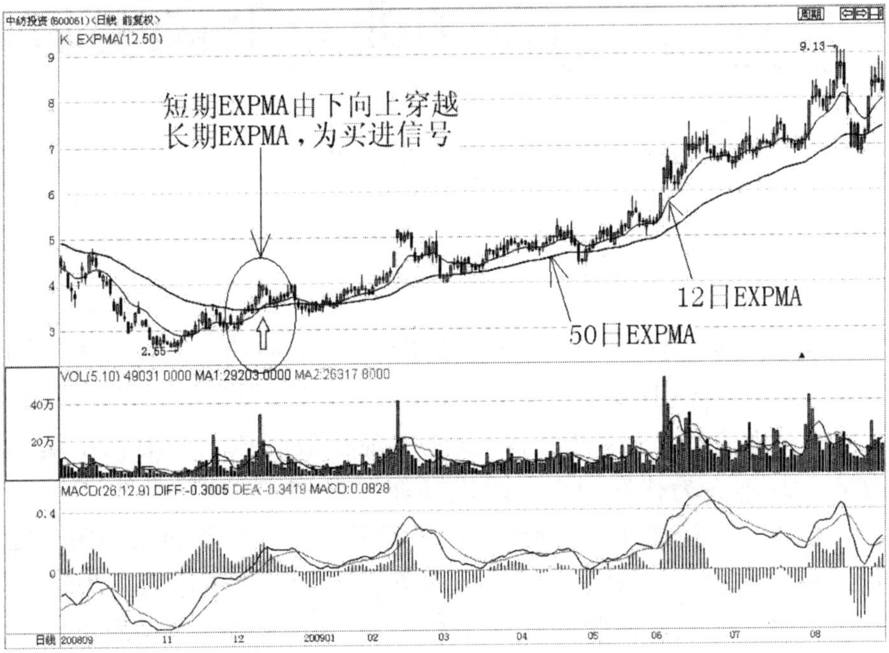

图 6－16

例 2：2009 年 10 月中旬至 2010 年 2 月，皖维高新（600063）的股价依托 50 日 EXPMA 向上盘升，EXPMA 形成了完美的上升通道。期间股价曾 3 次向下触及 EXPMA，均遇支撑反弹。这三次调整，恰恰是短线买进的最好时机（如图 6－17）。

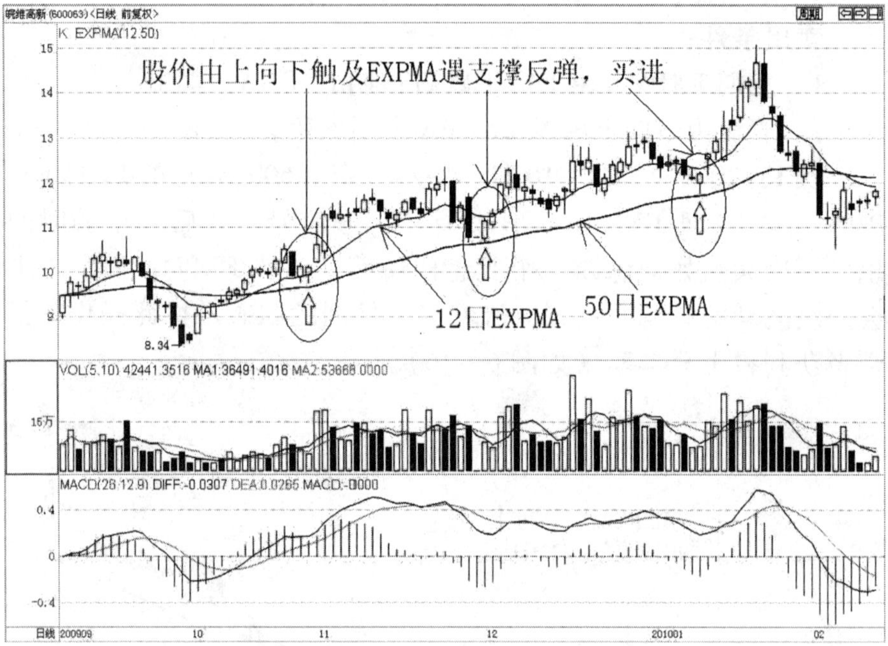

图 6－17

例 3：绵世股份（000609）的股价于 2009 年 11 月进入了调整波段，其后该股发出的两次 10 日 EXPMA 向下跌破 50 日 EXPMA 的卖出信号，虽然该信号没能出现在最高点上，但从中期角度看，均不失为很好的卖出时机（如图 6－18）。

例 4：天伦置业（000711）的股价从跌破 50 日 EXPMA 之后，便宣布进入了漫漫熊途，但多方仍幻想着有所作为。2008 年 5 月初和 7 月末，该股两次向上攻击 50 日 EXPMA，然而下跌趋势里的任何反弹，都是螳臂当车。在空方的顽强阻击之下，50 日 EXPMA 几乎成了天然的屏障，沉重的抛压使多方铩羽而归，两次反弹反而成了趁机卖出的机会（如图 6－19）。

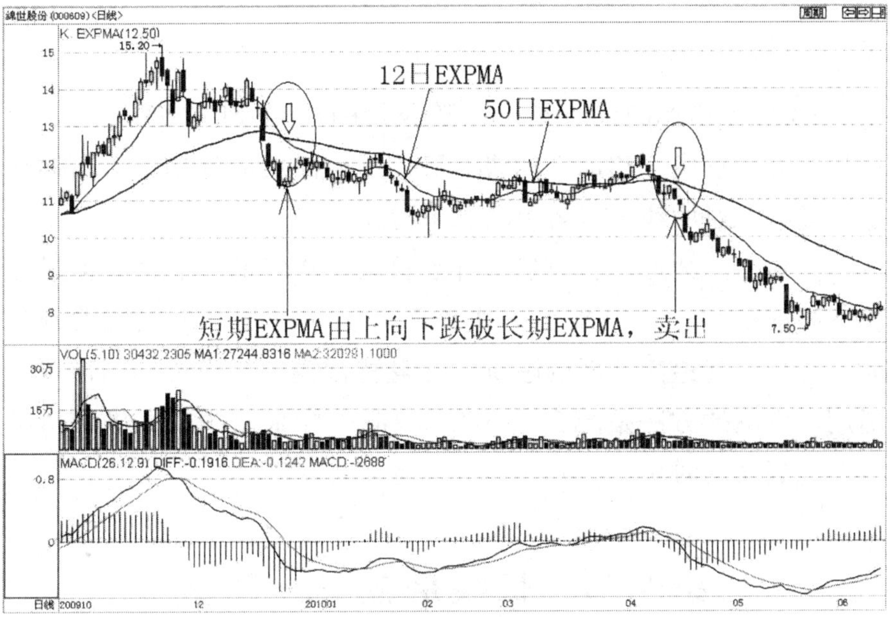
12日EXPMA
50日EXPMA
短期EXPMA由上向下跌破长期EXPMA，卖出

图 6－18

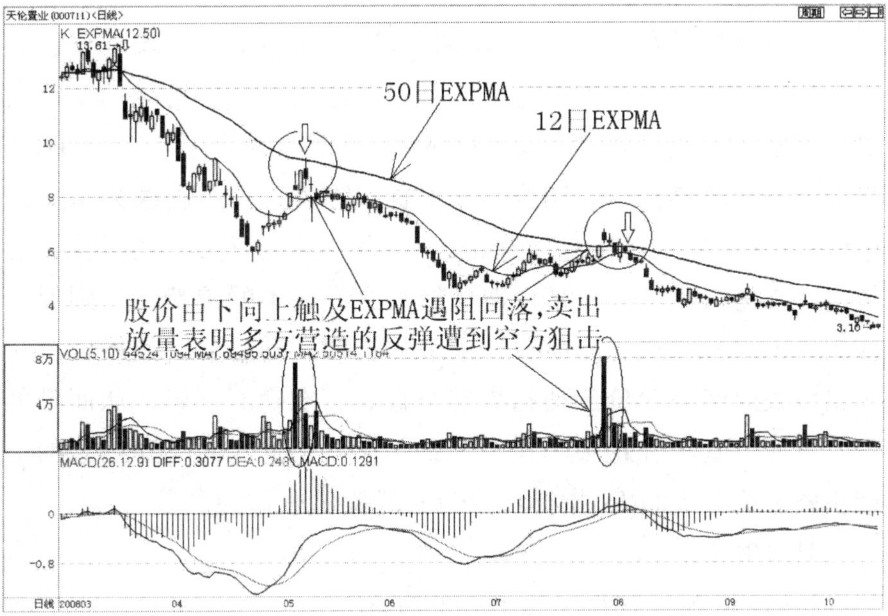
50日EXPMA
12日EXPMA
股价由下向上触及EXPMA遇阻回落,卖出
放量表明多方营造的反弹遭到空方狙击

图 6－19

三、小结

EXPMA 指标的优点是可以随股价的移动及时调整方向，这样就部分地解决了移动平均线对股价反应滞后的问题。该指标稳定性较好，对中线投资者更具参考意义。

该指标的缺点是，虽然弥补了移动平均线的滞后性，但过分注重当前价格，也带来了一些负面影响。在股价短线波动剧烈时，容易出现追高杀低的尴尬。在盘整行情中，该指标同样也不适用。解决的方法是配合 CCI 和 TOW 指标来使用，以确实市场强弱和买卖的时机。

第四节　长线是金——TRIX

一、概念及算法

三重指数平滑平均线 TRIX 指标是根据移动平均线理论，对一条平均线进行三次平滑处理，再根据这条移动平均线的变动情况来预测股价的长期走势。与 TRMA 等趋向类指标一样，TRIX 指标一方面忽略价格短期波动的干扰，除去移动平均线频繁发出假信号的缺陷，以最大可能地减少主力“骗线行为”的干扰，避免由于交易行为过于频繁而造成较大交易成本的浪费。二则保留移动平均线的效果，凸显股价未来的长期运动趋势，使投资者对未来较长时间内股价运动趋势有个直观、准确的了解，从而降低投资者深度套牢和跑丢“黑马”的风险。因此，对于稳健型的长期投资者来说，TRIX 指标可以对实战提供有益的参考。

其计算方法如下。

1. 计算 N 天收盘价的指数平均 AX

AX =(I 日)收盘价 * 2 /(N + 1) + (I - 1)日 AX(N - 1) *

(N+1)

2. 计算 N 天 AX 的指数平均 BX

BX =(I 日)AX * 2/(N+1)+(I-1)日 BX(N-1)*(N+1)

3. 计算 N 天 BX 的指数平均 TRIX

TRIX =(I 日)BX *2/(N+1)+(I-1)日 TRIX(N-1)*(N+1)

4. 计算 TRIX 的 M 日移动平均 TRMA

TMA = [I-M)日 TRIX 累加]/M 日

二、应用原则及实战案例

买入条件：

1. TRIX 向上交叉 TRMA 线，买进。低位时可信度更高。

2. TRIX 线和 TRMA 线同时向上运动时，预示着股价强势依旧，应持股待涨。

卖出条件：

1. 当 TRIX 线在高位走平或调头向下时，预示着股价强势特征即将结束。此时应密切注意股价的走势，一旦股价出现大跌迹象，应及时卖出股票。

2. 当 TRIX 线在高位向下突破 TRMA 线，形成死叉时，预示着股价强势上涨行情已经结束，应坚决卖出股票，及时离场观望。

例 1：绿大地（002200）2009 年 7 月至年底的上升波段 A，2010 年 7 至 9 月陡峭拉升的行情 B，以及 2010 年上半年的下跌趋势 C 中，TRIX 指标均给出了较为理想的买卖信号。对上述各波段内部的短线诱惑，该指标不为所动。只要 TRIX 线和 TRMA 线同时向上运动，说明股价保持着良好的强势特征，应持股待涨，投资者可尽享中长期持股的安然和洒脱。当 TRIX 线和 TR-MA 线出现死叉后，则要坚决卖出股票，及时离场观望。另外，通过此例可以看到，在 C、B 两波趋势行情中间的过渡阶段，

TRIX 指标的效果并不理想。可见 TRIX 指标只注重长期波动，对短期波动甚至个别的中期波动不很适用（如图 6－20）。

图 6－20

例 2：2009 年 1 月至 7 月，上证综合指数基本上是单边上涨的行情。但在见顶 3478 点之后，指数却一蹶不振，甚至重心下移，进入了为期一年多的震荡调整行情。其间的 TRIX 指标在上升趋势行情中的表现可称完美，但在震荡行情里，指标对指数的反映有些迟钝，效果并不理想，投资者在使用该指标时需要注意（如图 6－21）。

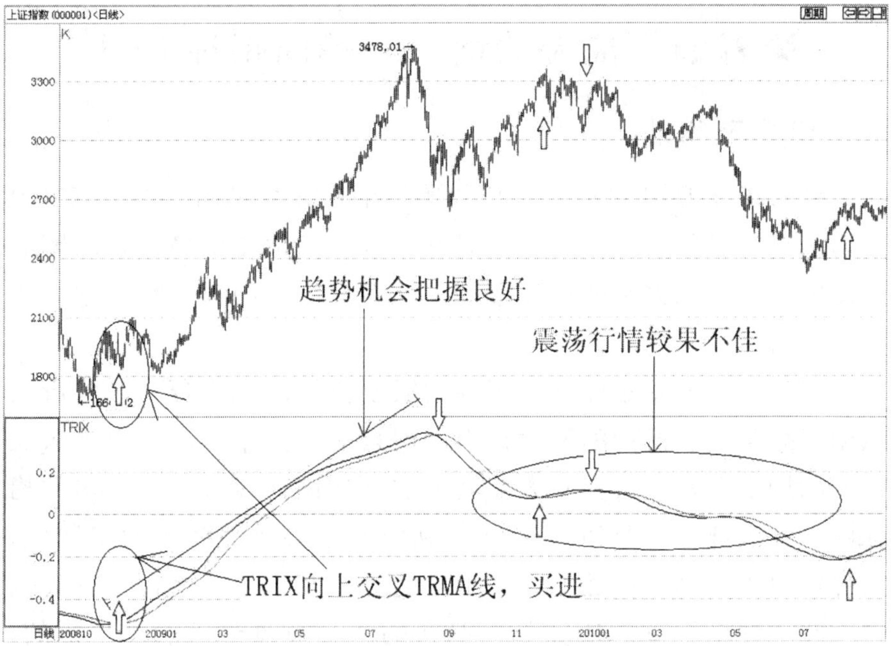

图6－21

三、小结

TRIX指标的优点是，使用该指标可以过滤掉许多不必要的短线波动，避免轻信短线虚假信号带来的投资损失，和交易次数过于频繁造成的无利润买卖及交易成本的支出，可以使投资者对未来股价运动的趋势有个相对直观和大致准确的了解，从而降低投资者深度被套和过早离场的风险。

缺点是，在盘整或短期波动较为剧烈的行情中，容易产生假信号，所以该指标在盘整行情中不适用。虽然理论上TRIX也有与K线的底背离和顶背离，但由于其反应迟缓，所以实际使用中效果并不明显。为了避免这一问题，可以结合MACD、TOW（周线）等指标进行综合判断。

第五节　惊天动地——趋向指标 DMI

一、概念及算法

趋向指标 DMI 是通过分析股票价格在涨跌过程中买卖双方力量均衡点的变化情况，即多空双方力量的变化受价格波动的影响而发生由均衡到失衡的循环过程，从而提供对趋势判断依据的一种技术指标。

DMI 指标的基本原理在于寻找股票价格涨跌过程中，股价藉以创新高价或新低价的能力，借以研判多空力量，进而寻求买卖双方的均衡点及股价在双方互动下波动的循环过程。在大多数指标中，绝大部分都是以每一日收盘价的走势及涨跌幅的累计数，来计算出不同的分析数据，其不足之处，在于忽略了每一日高低点之间的波动幅度。比如某只股票的两日收盘价可能是一样的，但其中一天上下波动的幅度不大，而另一天股价的振幅却在 10%以上，那么这两日的行情走势的分析意义绝然不同，这点在其他大多数指标中很难表现出来。而 DMI 指标则把每日的高低波动幅度因素计算在内，从而更加准确地反应行情的走势，更好地预测行情未来的发展变化。

其计算方式如下。

1. 确认基本趋向变动值（DM）是上涨还是下跌，分别以 + DM 和 - DM 来表示上升与下降的趋向变动值。

（1）无趋向：无趋向有两种情况，一种为内移日，一种为两力均衡日。今日最高价低于或等于昨日最高价，今日最低价高于或等于昨日最低价，即为内移日。若今日最高价高于昨日最高价，其差额绝对值刚好等于今日最低价与昨日最低价更低的差额绝对值，因此形成两力均衡走势，即为两力均衡日。

（2）上升趋向：今日最高价高于昨日最高价，今日最低价高于或等于昨日最低价，则出现上升趋向值。即：

+DM=今日最高价－昨日最高价

（3）下降趋向：今日最低价低于昨日最低价，今日最高价低于或等于昨日最高价，则出现下降趋向值。即：

－DM=昨日最低价－今日最低价

注意：负方向变动值在这里并不为负数，负号仅代表下跌的方向。

2. 找出真实波幅 TR（True Range）：

（1）. 当日最高价与当日最低价的差。

（2）. 当日最高价与昨日收盘价的差的绝对值。

（3）. 当日最低价与昨日收盘价的差的绝对值。

上面三个差中，数值最大者即为当日的真正波幅。

3. 找出方向线。方向线（DI）是探测价格涨跌的指标，包括上升方向线（+DI）及下跌方向线（－DI）。将 N 天内 +DM、－DM 及 TR 平均值，分别记为 +DMN、－DMN、TRN，则 N 天上升或下跌方向线的计算方法如下：

+DI= +DMN/TRN □100

－DI= －DMN/ TRN□100

N：待设定参数，缺省值为 7 或 14 日

+DI 和－DI 数值波动的区间在 0 至 100 之间。N 天上升方向线表示最近 N 天以来实际上涨力量的百分比。N 天下跌方向线表示最近 N 天以来实际下跌力量百分比。假设价格持续下跌，那么下降趋向变动值不断出现，将使下跌方向线的数值不断升高；相对的上涨方向线则呈下降的导向；当价格持续上涨，则上述情况的相反导向将出现在图形上。在盘整市（牛皮盘整）时，上升与下跌方向线差异将会很微小。

4. 趋向指标除了上升、下跌方向线外，另有一条指标为趋向平均线（ADX）。

在计算趋向平均线以前，需先计算出趋向值（DX）。

趋向值（DX）的计算方式为：

DX = DIDIF/ DISUM * 100

DIDIF = 上升方向线与下跌方向线的差的绝对值

DISUM = 上升方向线与下跌方向线的和

由于趋向值的变动性大，因此对它作 N_1 天指数平滑移动平均，即得到所要的趋向平均值（ADX）。N_1 的缺省值为 6。缺省时，系统会绘制四条线，分别为 14 日上升方向线 +DI，14 日下跌方向线 -DI，趋向平均值线 ADX，今日趋向平均值与 6 日前趋向平均值的平均值线 ADXR。

二、应用原则及实战案例

1. +DI 金叉 -DI 时，显示市场有新多头进场（由于有创新高的价格，使 +DI 上升，-DI 下降），因此为买进信号。若 +DI 同时高于 ADX、ADXR，且 ADX 与 ADXR 金叉，效果更好。

2. +DI 向下，-DI 向上，但尚未死叉，突然 +DI、-DI 同时转向运行，且 ADX、ADXR 均向右上方前进，可视为洗盘或短暂休整后的空中加油，股价有望展开新一轮升势。

3. -DI 从下向上突破 +DI，显示投资人愿意以更低的价格卖出，因此为卖出信号。

4. ADX 脱离 20~30 区域向上时，无论股价正在涨跌，都可认定将有上涨；ADX 在 50 上方拐头向下则相反。极强市中，ADX 回调到 40~60 之间后，随即再度回升将大涨。

5. 如果错过了 +DI 与 -DI 的金叉，ADX 金叉 ADXR 是又一个买进的机会。

6. 判断行情趋势：在行情为单边市时，无论其为涨跌，趋向平均值 ADX 都会逐渐增加。也就是说，当 ADX 值持续高于前日时，可以断定行情将持续上涨，或持续下跌。

7. 判断行情是否见顶或见底：无论是在上涨或是在下跌行情中，只要 ADX 值从上升转为下降，就预示着行情即将反转。

8. 判断行情是否为牛皮市：当行情进入无趋势的区间震荡时，ADX 会出现递减。因为这时价格虽然有新高出现，但同时会出现新低，这就会拉近 + DI 和 − DI 之间的距离，ADX 值也会趋于减少。当 ADX 值降低到 20 以下，且呈现横向运行时，基本可以断定市场进入了牛皮市。

9. ADX 和 ADXR 值为 20 以下，且在 + DI 和 − DI 下方时，果断退出不参与，并停止使用任何指标。

例 1：金证股份（600446）DMI 指标显示，2009 年 1 月 14 日 + DI 金叉 − DI，第一个买进信号出现。1 月 21 日，ADX 金叉 ADXR，二次买进的机会来临。次日该股大幅跳空高开，瞬间涨停，拉开了后期大涨的序幕。可见 DMI 指标虽然用的人不多，但

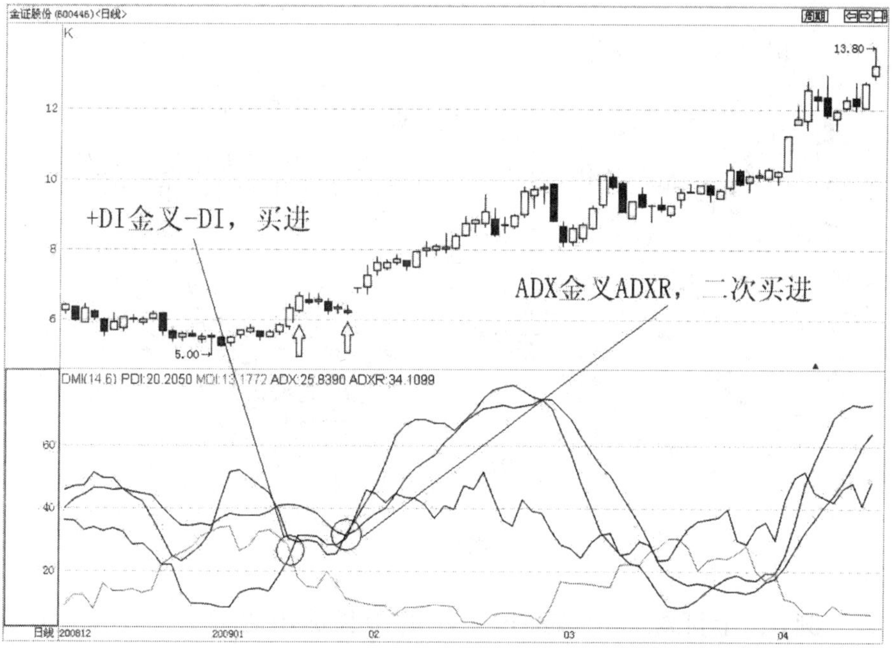

图 6 − 22

实际效果却十分理想（如图 6－22）。**例 2**：2010 年 7 月 19 日，东风科技（600081）DMI 指标中的＋DI 与－DI 出现金叉，这是第一个买进信号。7 月 27 日，ADX 金叉 ADXR，这个金叉恰逢涨停次日的小幅回调，因此是一个绝佳的买进时机。8 月 27 日，该股又一个买进机会不期而至，此时 DMI 指标正值＋DI 向下，－DI 向上，尚未死叉之际，突然该股强力拉升，直冲涨停，将＋DI 和－DI 同时向相反方向拉开，且 ADX、ADXR 也都在向右上方前进，这可视为洗盘结束或短暂休整后空中加油的开始。次日 ADX 金叉 ADXR，更强化了股价有望展开新一轮升势的预期，这些均为十分经典的买进信号（如图 6－23）。

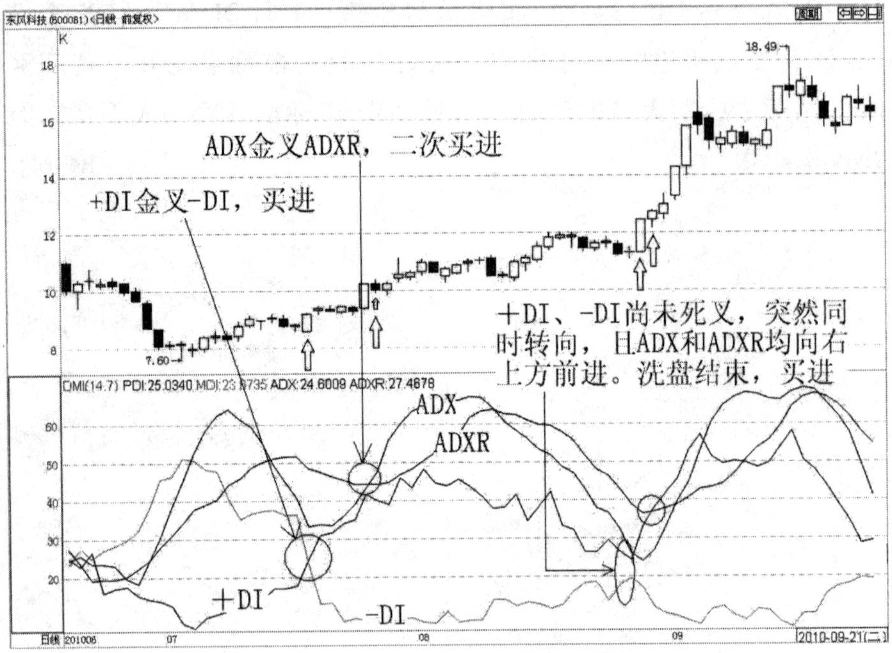

图 6－23

例 3：上证综合指数经过 4 年的漫长熊市之后，于 2005 年 6 月 6 日见底 998 点。之后的上涨行情初期，运行却一波三折，直到2005年年底，股指仍在1100点附近徘徊。不过此时的DMI指标却作出了方向性的提示：11月17日，+DI金叉-DI，这是第一个买进信号，说明股指已有转强迹象。12月6日，ADX金叉ADXR并逐渐加速上行，这是第二个买进信号。随后的大牛市行情由此正式展开（如图6-24）。

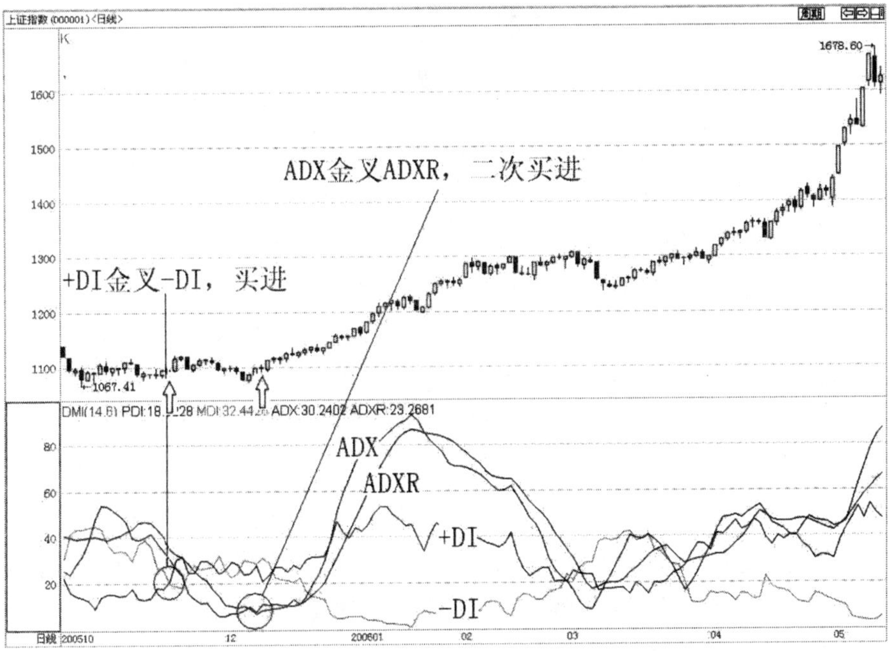

图6-24

例4：仍以上证综合指数为例。2009年8月7日，DMI指标中-DI向下刺穿+DI形成死叉，这个卖出信号非常及时准确。8月13日，ADX金叉ADXR，预示着市场大的上涨波段已经结束，下跌将成为后市的主趋势。后来的事实证明，3400点成了后市很长一段时间难以逾越的屏障（如图6-25）。

图 6－25

三、小结

趋向指标 DMI 的优点是，如果行情是一个非常明显的涨跌趋势，根据这个指标得到的买卖信号非常准确。

缺点是，由于该指标本身属于一个趋势判断系统，因此受到市场趋势是否明显的限制。牛皮市中应用效果就不是很理想。

需要注意的是，DMI 买进信号出现的同时，30 日均线走平或上行，效果最为理想。通过实践发现，DMI 给出的买进信号的质量，要高于卖出信号，因此买入时可以多参考该指标。卖出时，最好加入其他指标作为辅助。

表面看，该指标四条曲线上下穿梭，似乎杂乱无章，实则奥妙无穷，号称指标之王绝非浪得虚名，建议投资者认真揣摩。

第六节　潮起潮落——威廉指标 W%R

一、概念及算法

威廉指标（W %R）是一种利用振荡点来反映市场超买超卖现象，预测循环周期内的高点和低点，从而提出有效信号，来分析市场短期行情走势，判断市场强弱分界的技术指标。

其计算方法如下。

W%R＝100－100（C－Ln）／（Hn－Ln）

其中C：当日收盘价

　　Ln：n 日内最低价

　　Hn：n 日内最高价

威廉指标的波动范围在 0～100 之内（有的软件如本书举例所用软件，标志为－100～0，其意义相同）

威廉指标可按短、中、长选取参数（n 值），分别为：10、20、89，这样威廉指标在各周期图上均显示为 3 条威廉指标线，分别代表短期、中期和长期的摆动情况。但是由于股价在每全波段的震荡幅度很难一致，如果设定的周期太长，其参考意义会有所减弱，所以目前很多软件只把 10 作为威廉指标的默认值，通过对短期超买与超卖的研究来判断市场的强弱。

二、应用原则及实战案例

1. 指标以 50（或－50）为中轴线，高于 50（或－50）视为股价转强，低于 50（或－50）视为股价转弱。

2. 指标跌破 80（或－80）后，再度向上突破 80（或－80），买入。

例 1：2010 年 7 月 6 日，路翔股份（002192）一改前期调整的颓势，一根长阳拔地而起，股价强势涨停。同时，该股威廉指标跌破－80，触底之后上穿－80，发出买进信号。接下来股价沿上

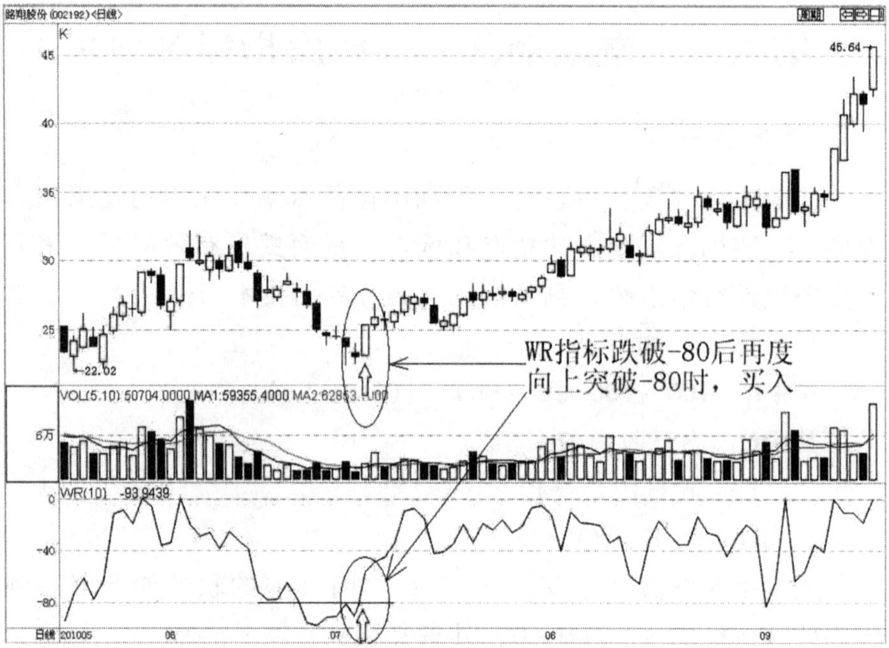

图 6－26

升通道节节攀升，按此信号操作，收益十分可观（如图 6－26）。

例 2：山东如意（002193）在 2009 年 9 月至 12 月期间，威廉指标出现三次跌破－80 后再度向上突破－80 的买入指令。从实际效果看，三次信号出现得非常及时、准确，利用该信号很好地捕捉到了每个波段的介入时机（如图 6－27）。

3. 指标突破 20（或－20）后，再度向下跌破 20（或－20），卖出。

例 1：2010 年 4 月至 7 月间，京东方（000725）的威廉指标两次出现突破－20 后再度向下跌破－20 的卖出信号。第二个信号出现时，虽然指标和前一个信号出现时处于同样的位置，但此时的股价却已大相径庭。不过，这时按信号卖出，仍然可以回避掉超过 30% 的下跌损失（如图 6－28）。

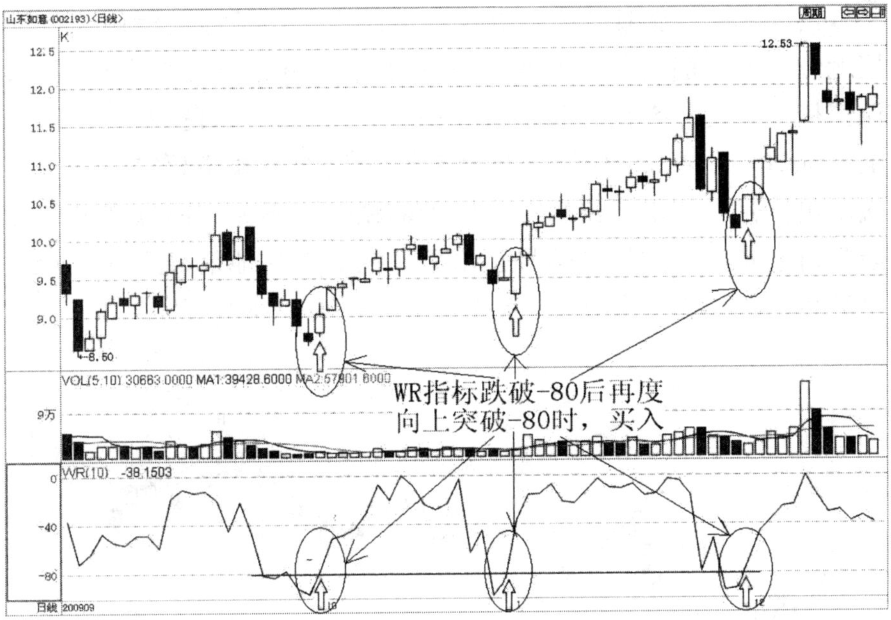
山东如意(002193)〈日线〉
12.53
8.50
VOL(5,10) 30663.0000 MA1:39428.6000 MA2:57801.6000
WR指标跌破-80后再度
向上突破-80时，买入
WR(10) -38.1503
日线 200909

图 6－27

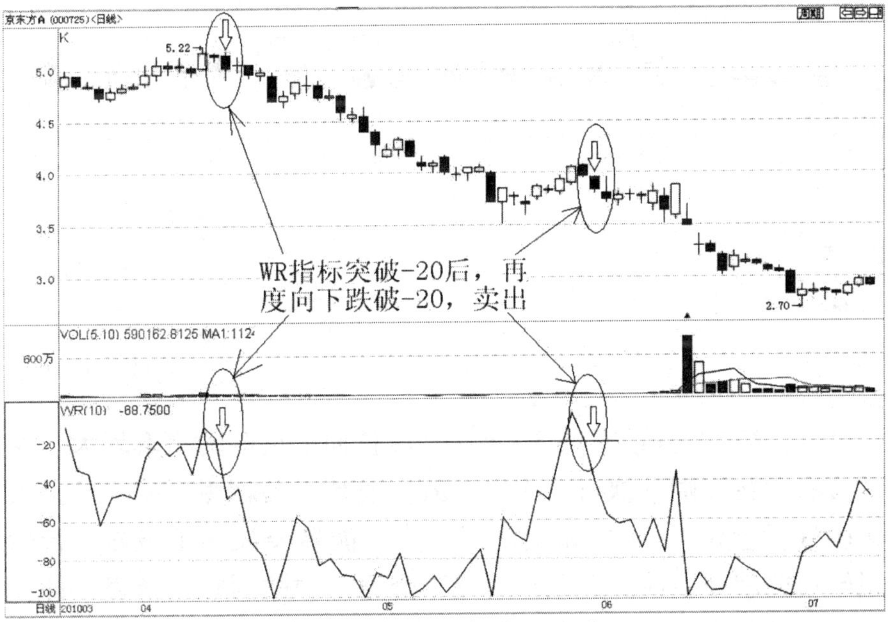
京东方A (000725)〈日线〉
5.22
2.70
WR指标突破-20后，再
度向下跌破-20，卖出
VOL(5,10) 590162.8125
WR(10) -88.7500
日线 201003

图 6－28

例 2：虽然威廉指标可以及时地给出卖出信号，但用在波动幅度较大的个股上效果较好。在牛皮盘整市道或是慢牛行情中，该指标发出的买卖信号数量会偏高，效果也会大打折扣。方正机电（002196）在 2010 年 7 月至 9 月之间，威廉指标共产生了 5 次卖出信号，但信号出现后，股价的跌幅都不大，而且在短期之内都再创新高。如果按信号卖出后，没有按其他信号买回，则很容易将牛股卖丢（如图 6－29）。

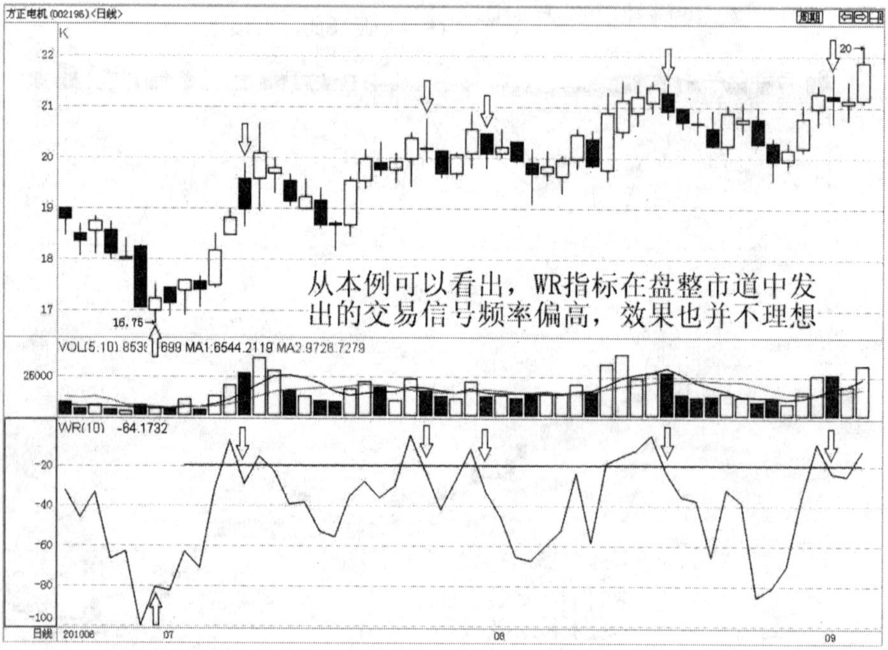

图 6－29

4. W%R 连续触底 3～4 次，股价向上反转的概率增大。这种方法用在极端下跌行情中的个股，或是宽幅震荡中的个股上效果较好，意为 3～4 次超卖之后，下跌能量释放到了极限，行情逆转可能就在眼前。但是在缓慢下降通道中的阴跌行情里，即使威廉指标值 5 次、6 次甚至更多次触底，股价仍不会出现反转。

例1：好当家（600467）的股价在2009年11月创出了11元的阶段新高之后，进入了箱形宽幅整理阶段。2010年6月下破箱底，作出假突破并创出7.38元的年内低点之后，迅速转身向上，大幅走高，股价由此走进了上升通道。在这一过程中，该股的威廉指标共4次触底，前3次触底后，股价只是小幅反弹，而在第4次触底之后，做空动能释放完毕，股价才真正迎来了反转行情（如图6-30）。

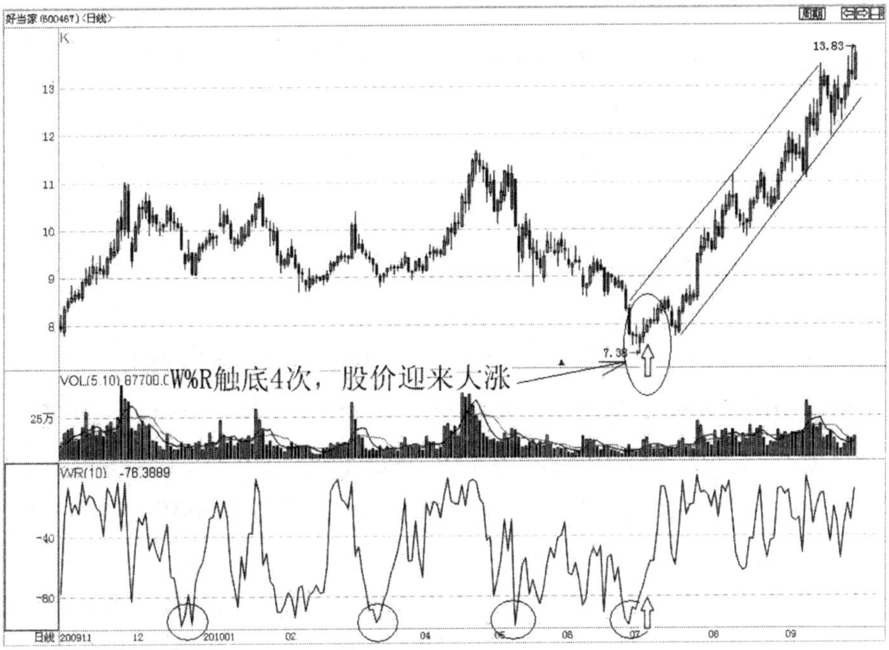

图6-30

例2：华东科技（000727）的股价在2008年8月至11月期间，走出了一个窄狭的下跌通道。虽然威廉指标在这段时间里曾经7次触底，并4次上穿-80，但都没能走出反转行情。可见，在漫漫阴跌的熊市行情中，威廉指标的买进信号并不适用（如图6-31）。

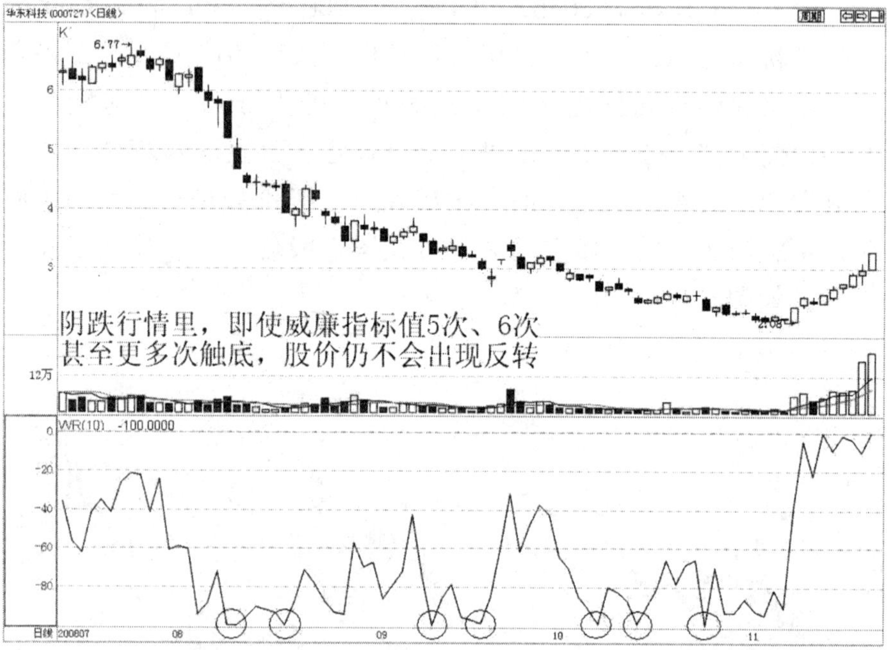

图6－31

5. W%R连续触顶3～4次，股价向下反转的概率增大。这种方法用在极端上涨行情的个股，或宽幅震荡的个股上效果较好，意为3～4次超买后，追买意愿已到极限，行情逆转可能就在眼前。但是在一波慢牛行情当中，即使威廉指标值达到5次、6次甚至更多次触顶，股价仍不会出现反转。

例1：得益于市场对海峡西岸经济区概念的追捧，漳州发展（000753）的股价从2009年12月至2010年3月大幅上涨，其中仅2月1日至3月1日之间的16个交易日，最大涨幅就超过了73%，成为这一阶段市场上最为强势的个股之一。从同期的威廉指标上看，共出现了3次触顶，特别是最后一次出现在股价短线急拉之后，说明市场的追买意愿已到极限，行情逆转就在眼前，随后股价见顶回落（如图6－32）。

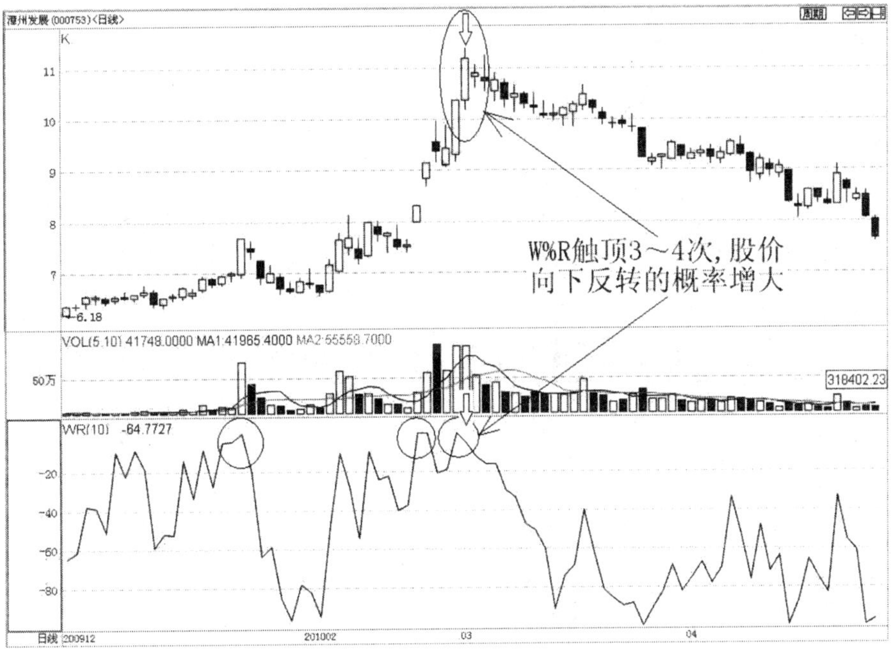

图 6－32

例 2：2009 年 3 月至 7 月，上证综合指数一路震荡攀升，虽然短线涨幅不大，但期间几乎没有出现像样的调整。威廉指标更是十余次触顶，但股指不为所动，仍旧延续慢牛行情。可见在波动很小的行情里，威廉指标几乎没有用武之地（如图 6－33）。

6. W%R 收盘值达到－100，次日再有低点，是短线抢反弹的好时机。从理论上讲，威廉指标达到极端值时，并不是买卖时机，它只代表买卖时机将至，这时还要考虑摆动的惯性。在一个极端的市场当中，股价会不断地创出新高或新低，只有当威廉指标发出转向信号时，才是相对安全的交易时机。所以在使用这一方法时，需要注意两点：一是要在非极端行情中寻找指标已到极限的机会；二是要突出一个“抢”字，既然是抢反弹，行动就要快，机会来临时及时买进，同时还要观察其他指标的变化。如果

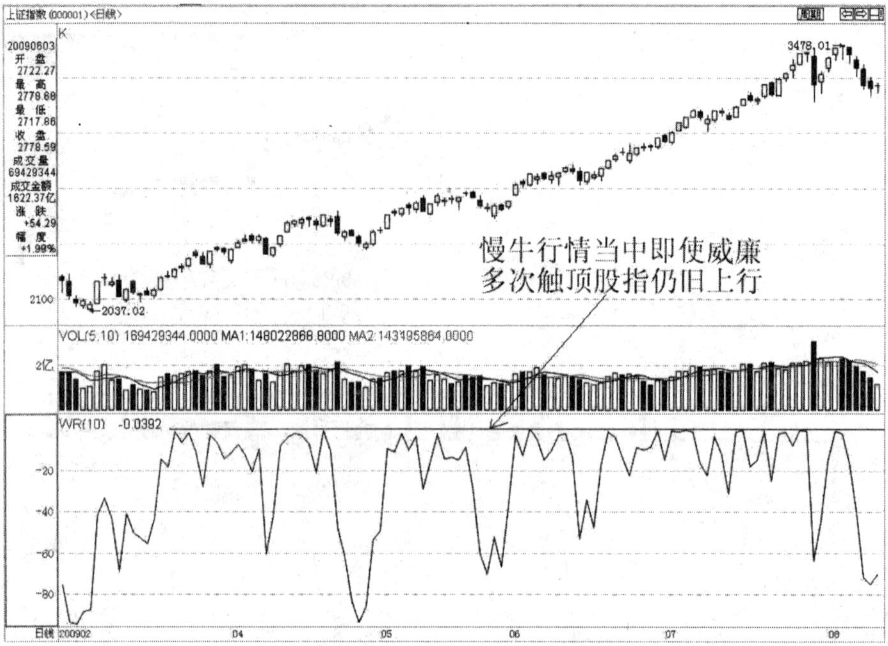

图 6-33

其他指标随后也出现了买入信号（比如宝塔线翻红），则继续持有或加仓。如果没有出现其他的买进信号，则获利了结或止损出局。由于此时的威廉指标已出现极值，实践证明，按此方法抄底的胜算相对较大。

例 1：2010 年 8 月 10 日，大族激光（002008）出现放量长阴，股价大跌近 7%。表面看短线似乎很不乐观，但当天收盘时，威廉指标已达极值 -100，次日下探即为短线买进时机。第二天，该股开盘后果然继续下跌，创出调整新低，但在 144 日均线处获得支撑，此时抄底恰到好处（如图 6-34）。

例 2：2009 年 8 月 19 日，凤凰光学（600071）的威廉指标在收盘时出现 -100 极值。次日虽然股价大幅低开并创出调整新低，但股价随即依托 144 日均线展开反弹。在 19 日低点之下价位买进，可轻松获得超过 20% 的短线利润（如图 6-35）。

大族激光(002008)<日线>
K MA10:13.6050 MA30:13.1787 MA144:12.3263
VOL(5,10) 120441.2188 MA1:124159.8156
WR(10) -100
W%R收盘值达到-100时，可于次日的低点短线介入抢反弹

图 6－34

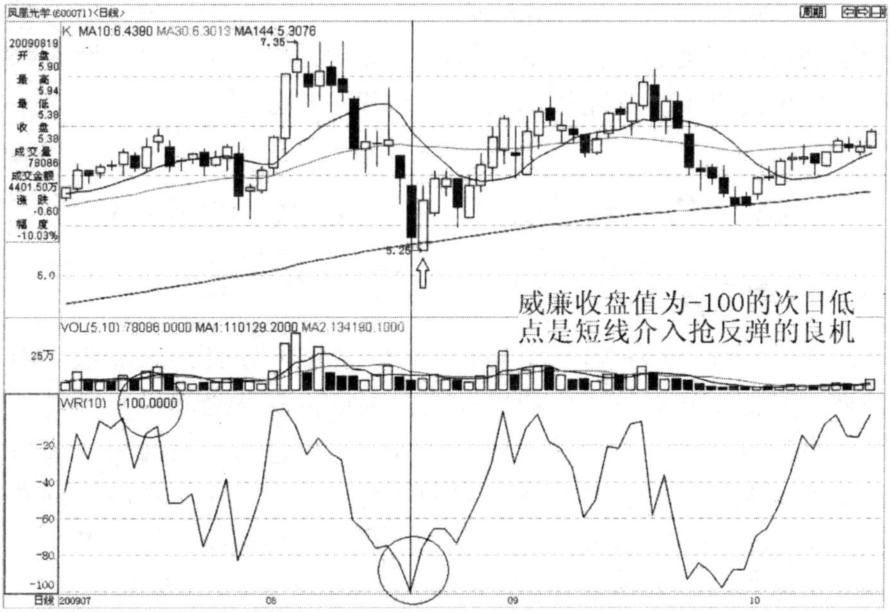

凤凰光学(600071)<日线>
K MA10:6.4380 MA30:6.3013 MA144:5.3076
VOL(5,10) 78086.0000 MA1:110129.2000 MA2:134190.1000
WR(10) -100.0000
威廉收盘值为-100的次日低点是短线介入抢反弹的良机

图 6－35

三、小结

威廉指标的 n 值越小，指标波动的频率就会越快，灵敏度也就越高。过于频繁地操作，不仅会提高交易成本，也会加大出错的概率。

n 值越大，指标波动频率越慢，对价格的灵敏度也会随之降低，导致错过最佳的买卖时机。

从该指标的设计理论来讲，高于 50 视为股价转强，低于 50 视为股价转弱，但在实战中仅凭这一点给出的结果却很不理想，建议最好参考 RSI 来确认行情转弱或转强的可靠性。

W%R 指标进入超买超卖区时，可视为预警信号，此时应参考 MACD 等指标。抄底后能否继续持股，可参考宝塔线。

总的来讲，威廉指标在窄幅波动的盘整行情中往往失灵，该指标更适合于应对急涨急跌后的短线操作，或用于捕捉强势股快速洗盘后的抄底机会。

威廉指标的核心是寻找超买与超卖带来的短线机会，只要股价摆动的幅度足够大，该指标的作用就会更加明显。而在慢涨或阴跌的单边市里，威廉指标几乎没有用武之地。

第七节　线中寻宝——TOW（TWR）

一、概念及算法

宝塔线（TOWER）是通过红绿棒线来区分股价的涨跌，用以研判股价未来运行趋势的指标。它也是将多空之间拼杀的过程与力量转变表现在图中，并且显示适当的买进与卖出时机。宝塔线不像 K 线那样记录股价每一时刻的变动过程，而是在股价创新高（或创新低）时才予以记录。宝塔线适合短线操作时参考。

宝塔线是在起始股价和当天收盘价之间画线，股价上涨时，画红色空心实体，股价下跌时，画绿色实心实体。若前一交易日是上涨红线，而次日下跌，股价未跌破前一天红线低点的那一部分跌幅仍画红线，跌破部分画绿线。若前一交易日为下跌绿线，而次日上涨，股价未涨过前一天绿线高点的那一部分涨幅仍画绿色实体，涨过部分画红线。

二、应用原则及实战案例

（一）买入条件

1. 宝塔线翻红，后市往往会延伸一段上升行情，视为买入信号。

2. 三平底翻红，说明股价由弱转强。这种买进信号较为稳定。

例1：2010年6月29日到7月1日，滨州活塞（600960）宝塔线出现了三平底翻红的买进信号，股价从此由弱转强，两个月的时间涨幅超过50%（如图6－36）。

图6－36

例 2：2010 年 7 月 2 日到 6 日，武汉中百（000759）股价探底回升，同时宝塔线指标出现三平底翻红买进信号，而底部的红三兵 K 线组合，更强化了这个买进信号的真实性。K 线和指标的买进信号相互印证，买进后成功的概率将大大提高（如图 6 - 37）。

图 6 - 37

3. 两平底翻红，代表股价由弱转强，买进。其技术意义与三平底翻红大致相同，只是这种情形的出现，往往伴随着股价下跌后的报复性快速拉升。

例：2010 年 5 月 5 日，四创电子（600990）在一根长于一根的五连阴之后，突然出现报复性反弹，K 线收出一根大大的阳线，将前一天的长阴实体全部吞掉，同时宝塔线指标出现了两平底翻红的买进信号，股价随后进入上升通道（如图 6 - 38）。

图 6－38

4. 五平底翻红，股价震荡筑底后酝酿反弹，买进。

例：2010 年 3 月底，大厦股份（600327）宝塔线指标惊现五平底翻红组合，这预示着跌无可跌的股价在完成了震荡筑底后，将有反弹行情出现，是一个很好的买进信号。这种组合出现的机会较少，可遇不可求，一旦出现要及时把握（如图 6－39）。

5. 八次、十次创新低，翻红，意味着股价将在严重超跌后出现转机，买进。

例 1：从 2010 年 5 月 31 日起，西北化工（000791）股价开始大幅下挫，宝塔线指标也随之翻绿下行。但是在创出八次新低之后，指标开始走平，并于 7 月 6 日翻红，出现久违了的买进信号。虽然这时的股价已经以一字线涨停上攻，但宝塔线八次创新低后翻红，意味着股价将在严重超跌后出现转机，操作上仍可追买（如图 6－40）。

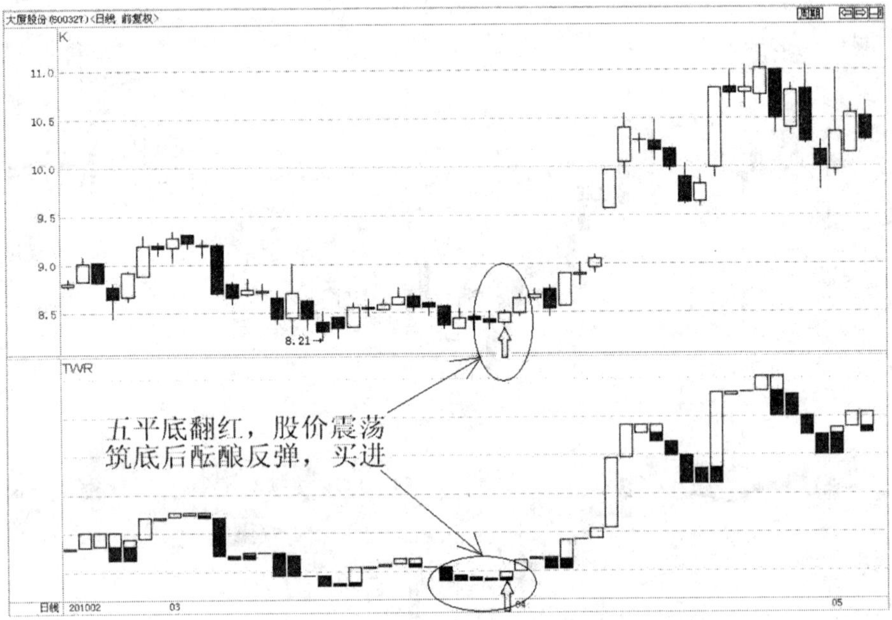
大厦股份(600327)<日线 前复权>
K
11.0
10.5
10.0
9.5
9.0
8.5
8.21
TWR
五平底翻红，股价震荡
筑底后酝酿反弹，买进
日线 201002
03
05

图 6－39

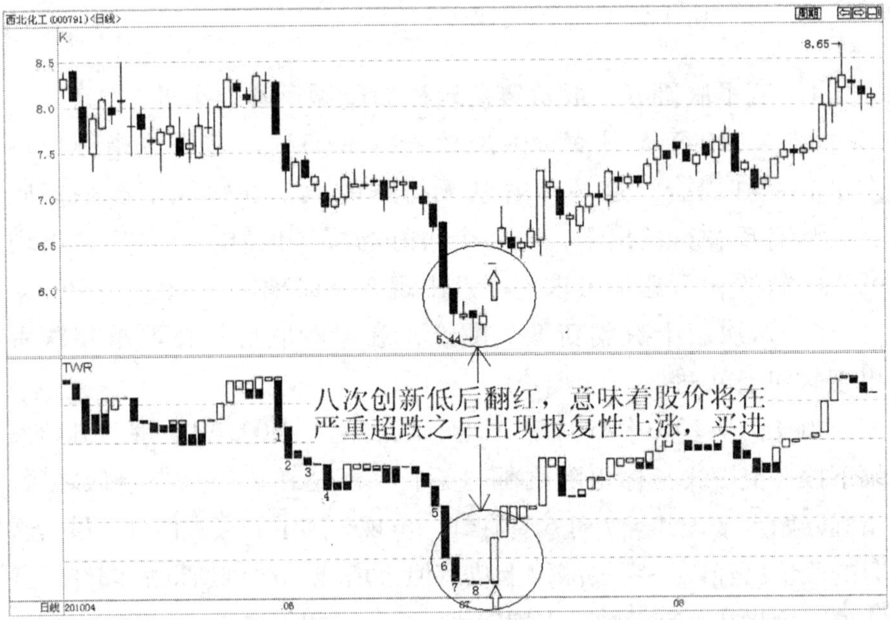
西北化工(000791)<日线>
K
8.65
8.5
8.0
7.5
7.0
6.5
6.0
5.44
TWR
八次创新低后翻红，意味着股价将在
严重超跌之后出现报复性上涨，买进
1
2
3
4
5
6
7
8
日线 201004
06
08

图 6－40

例2：四川湖山（000801）的股价从2010年4月中旬起随大盘快速下跌，宝塔线指标更是连创十次新低，但市场转机也正在酝酿。随着指标的翻红，该股终于在超跌之后出现了难得的买进信号。按宝塔线提示买进，虽然不能买到最低点，但脱离了最低点，实际上安全性更好（如图6－41）。

图6－41

6. 长阴过后一线红（第一天长阴，第二天一线，第三天翻红），将展开急跌后的修复行情，买进。

例：天利高新（600339）2009年4月27日至30日的宝塔线出现了长阴、一线、翻红的指标组合。这种情况往往出现在急跌之后，标志着修复行情刚刚展开，是短线买进的信号。K线组合的底部长下影十字星，则是另一个见底的标志（如图6－42）。

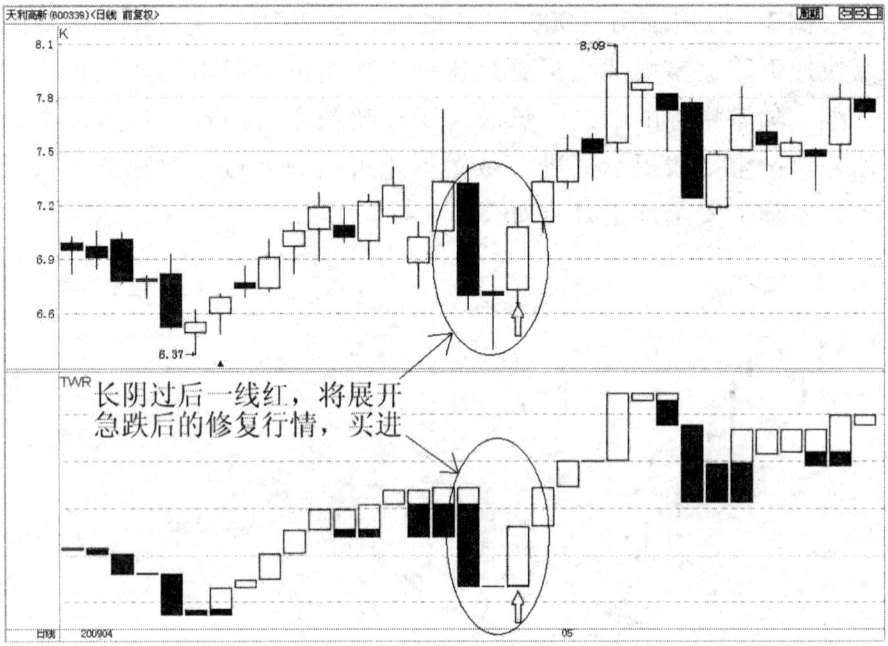

图 6－42

（二） 卖出条件

1. 宝塔线翻绿，后市通常延伸一段下跌行情，视为卖出信号。

2. 三平顶翻绿，说明股价将由强转弱，这种卖出信号较为稳定。

例 1：2010 年 4 月 27 日，岳阳纸业（600963）一根长阴如断头铡刀，刺破了各短中期均线，同时宝塔线指标出现了三平顶翻绿的组合，这是一个明确的卖出信号，应及时离场，方可回避下跌风险（如图 6－43）。

例 2：于 2010 年 4 月 15 日至 16 日，北方创业（600967）的宝塔线指标出现三平顶翻绿，翻绿当天，K 线组合收出孕育线，主图副图均为卖出信号。接下来该股在一个多月的时间里跌幅超过 50%，严格按宝塔线操作则幸运地躲过一劫（如图 6－44）。

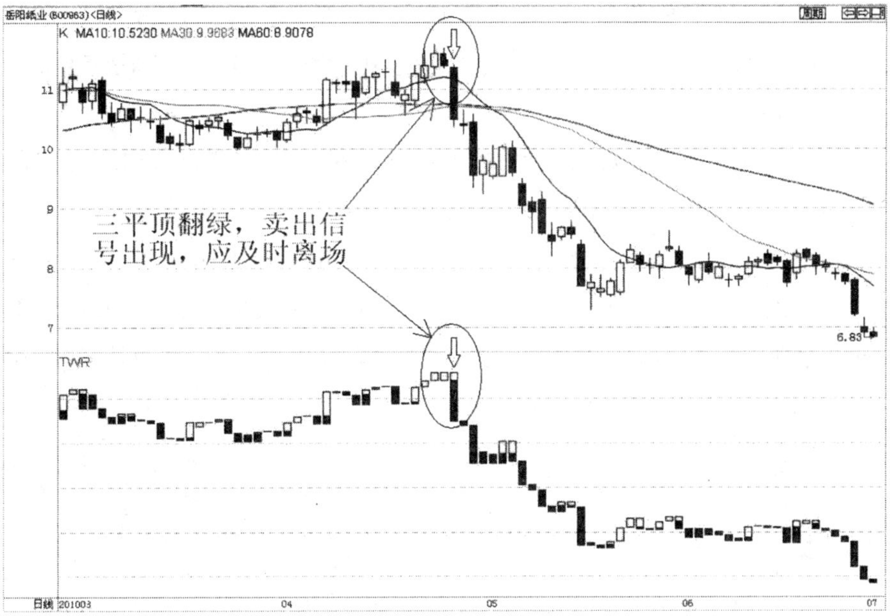
岳阳纸业(600963)<日线>
K MA10:10.5230 MA30:9.9683 MA60:8.9078
三平顶翻绿，卖出信号出现，应及时离场
6.83
TWR
日线 201003
04
05
06
07

图 6－43

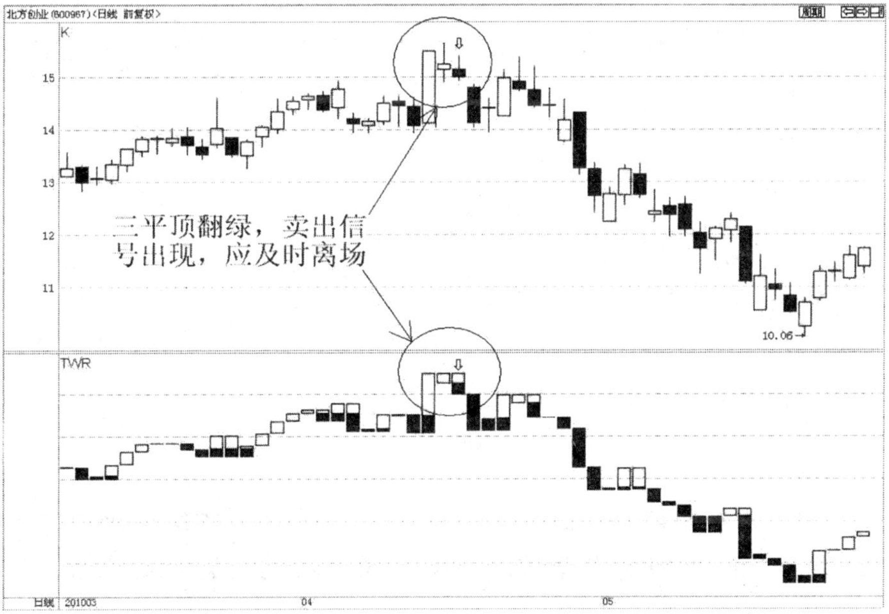
北方创业(600967)<日线 前复权>
K
三平顶翻绿，卖出信号出现，应及时离场
10.06
TWR
日线 201003
04
05

图 6－44

3．两平顶翻绿，代表股价由强转弱，卖出。其技术意义与三平顶翻绿大致相同，只是这种情形出现后，往往伴随着股价的快速下挫。

例：2007 年 10 月至 2008 年 6 月期间，盐田港（000088）的宝塔线指标多次出现两平顶翻绿的卖出信号。伴随着这些信号的出现，该股的 K 线组合大都是以阴包阳的方式快速下挫，接下来是一个波段的深幅调整，可见该指标的指示效果非常理想。这期间每个波段的下跌，都没能逃过宝塔线的法眼，因此每次卖出都是正确的抉择（如图 6－45）。

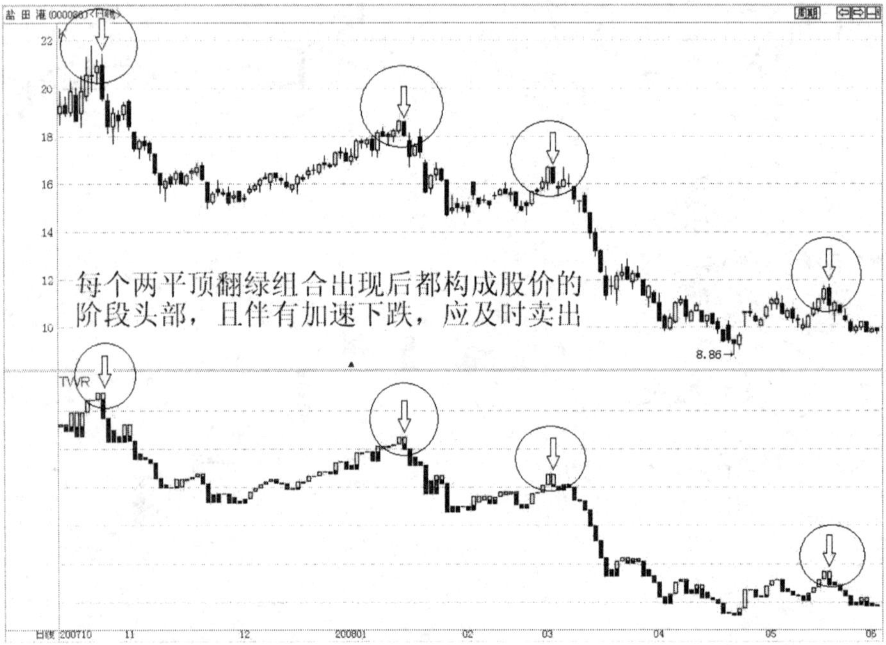

图 6－45

4．长红短红一线红（第一天长红，第二天短红，第三天一线红），意味着股价在急拉之后，短线上攻动力有衰竭之意，卖出。

例：2010 年 4 月 12 至 14 日，中材国际（600970）的宝塔线指标显示出长红短红一线红（第一天长红，第二天短红，第三天一线红）的卖出信号组合，这意味着该股本波段的上攻动力已有衰竭之意。这个信号正是该股由强转弱的分水岭，股价也从上升通道转跌形成下降通道（如图 6－46）。

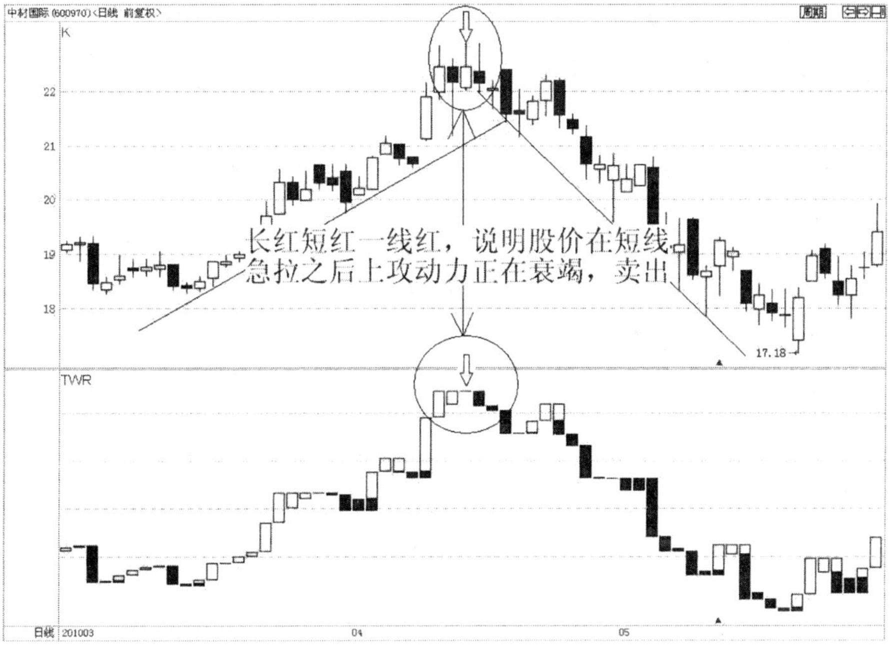

图 6－46

5. 红裙绿鞋（宝塔线为上红下绿，且前一天涨幅超过 3%），上涨后突然下挫，意味着空方打压力度不凡，或者前面的急升是多头陷阱，卖出。

例：2010 年 5 月 5 日，恒源煤电（600971）的股价与前一天相比涨幅为 4%，次日低开低走长阴报收，宝塔线出现红裙绿鞋（宝塔线上红下绿），卖出信号明确。虽然 5 月 5 日当天宝塔线也是上红下绿，但其前一天股价是下跌的，不符合涨幅超 3% 的条件，所以没有发出卖出信号。一旦该信号出现时，往往伴随着短线股价急跌，所以操作上需要果断卖出（如图 6－47）。

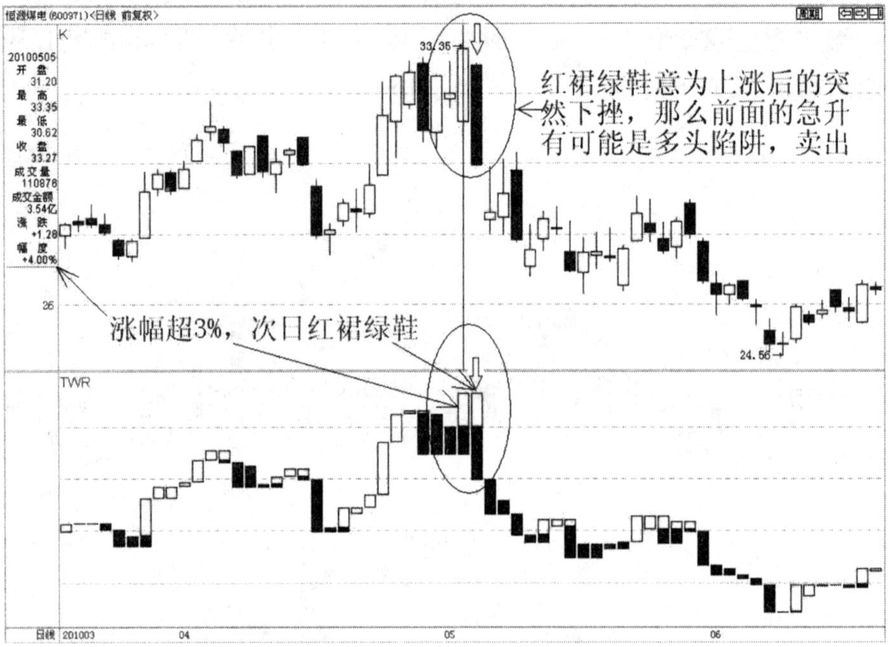

图 6－47

6．长红加一线，说明短线的急升难以持久，卖出。

例：2009 年 12 月 30 日和 31 日，宝钢股份（600019）的宝塔线为长红加一线，这是一个卖出信号组合。2010 年 1 月 4 日，是新年的首个交易日，该股收出一根实体较长的阴线，拉开了调整年的序幕，使长红加一线的卖出信号强化为三平顶翻绿，股价由此再上熊途。长红加一线与三平顶翻绿的指标线结构相似，市场意义也基本一致（如图 6－48）。

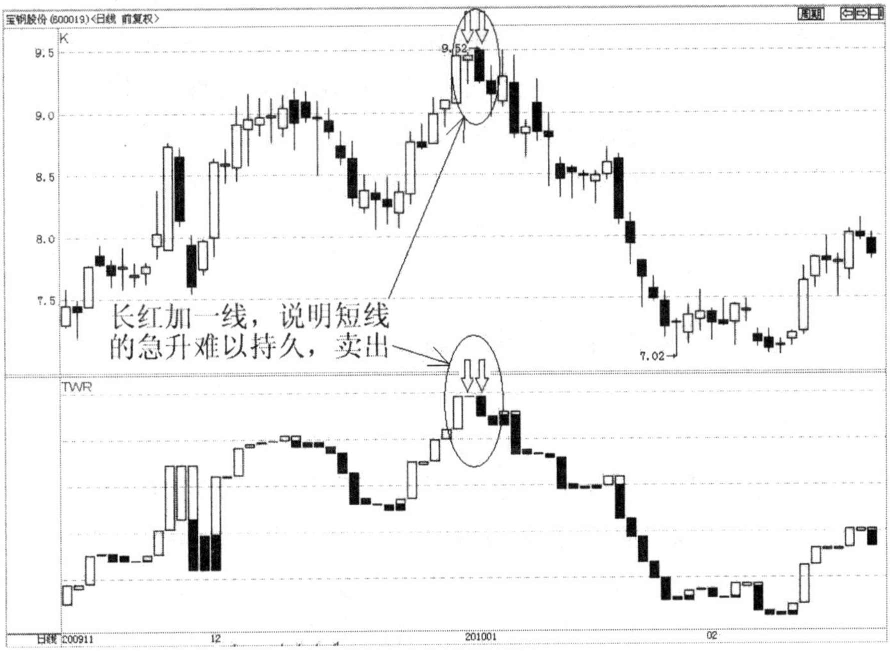

图 6－48

三、小结

宝塔线的优点是使用方法简单易懂，操作指向明确客观。宝塔线推崇“涨不言顶，跌不言底”的操作思路，不去主观、人为地预测股价的高点或低点，而是等待可能的高点或低点出现时，再采取相应的操作对策。

一般情况下，宝塔线指标给出的买卖信号，不会出现在绝对高点或绝对低点，而是出现在次高点和次低点。按该指标提示的方法去买卖股票，可能会损失小部分的利润，但采用这种方法，通常不会错过波段涨升的机会，也可以避免在下跌行情中造成重大损失。因此，与威廉指标更适合短线高抛低吸不同，宝塔线指标比较适合稳健的投资者使用。建议爱好威廉指标的投资者，同时多参考宝塔线，这样会产生更好的效果。

宝塔线指标的缺点是只注意股价涨跌的变化，不提示行情的发展趋势。比如面对上升途中的突然洗盘，宝塔线指标会给出卖出信号，而下跌途中的弱势反弹，宝塔线也会出现买进的提示。所以在使用宝塔线指标时，还要结合 K 线、移动平均线、趋势指标、成交量等指标，来弥补宝塔线的不足，尽量减少误判的可能。

第八节　顺势而为——CCI

一、概念及算法

顺势指标 CCI 用于测量股价是否已经超出常态分布范围，把握价格涨跌和物极必反带来的短线机会。与大多数单一利用股票收盘价、开盘价、最高价与最低价设计出的各种技术分析指标不同，CCI 指标是根据统计学原理，引进价格与固定期间的股价平均区间的偏离程度概念，强调股价平均绝对偏差在股市技术分析中的重要性，是一种比较独特的技术分析指标。

CCI 专门衡量股价是否超出常态分布范围，属于超买超卖类指标的一种，但与其他超买超卖类指标有不同之处。像 KDJ、W%R 等大多数超买超卖型指标都有 0～100 的上下界限，因此，它们对一般常态行情的研判比较适用，而对于那些短期内暴涨暴跌的股价走势，就可能会发生指标钝化现象。CCI 指标则波动于正负无穷大之间，因此不会出现指标钝化现象，这就有利于投资者更好地研判行情，特别是那些短期内暴涨暴跌的非常态行情，是追逐短线利润最好的指标之一。

其计算方法如下。

1. 计算 TP：TP =（最高价 + 最低价 + 收盘价）/ 3

2. 计算 MA：MA = 最近 N 日收盘价的累计和/ N

3. 计算 MD：MD = 最近 N 日（MA − 收盘价）累计和/ N

4. 计算 N 日 CCI：CCI ＝（TP－MA）／MD／0.015

二、应用原则及实战案例

买入条件：

1. CCI 由下往上突破＋100 时，追涨买进。
2. CCI 由下向上突破－100 时，抄底买进。

卖出条件：

1. CCI 由上向下跌破＋100 时，逢高卖出。
2. CCI 由上向下跌破－100 时，杀跌出局。

从保证资金安全和谨慎操作的角度考虑，除非在极强势行情中，可以在 CCI 由下往上突破＋100 时采取追涨买进的原则，其他情况下，严格执行其他三项交易原则，实际效果会更加理想。

例 1：这里以平煤股份（601666）2010 年 3 月至 8 月期间 CCI 给出的全部交易信号，来验证该指标的实战效果。从该股 K 线图中这段行情的走势来看，大部分时间处于下跌过程中，只是从 7 月初才出现了一波较强的反弹，整体表现偏弱。很明显，该股不属于超强个股，追涨策略很不可取。从实例可以看出，如果严格执行 CCI 由下向上突破＋100时买进，跌破＋100 时卖出的操作原则，在市场信号提供的 4 次交易机会中，投资者获将 2 胜 1 平 1 负的战绩，总体仍有获利。大部分的盈利主要来自于 7 月份的那次反弹，其他几次操作收效不大，而且还对投资者把握短线机会的能力提出了更高的要求。

如果在 CCI 由上向下跌破－100 时杀跌出局，CCI 由下向上突破－100 时重新买回，在出现的 4 次交易机会中，虽然前两次操作出现了小幅亏损，但后两次（圆圈处）都很好地回避了接踵而来的快速杀跌，说明只有及时出场，才具备抓住下一个机会的条件。

综合这几种买卖原则可以发现，如果仅执行 CCI 由下向上突

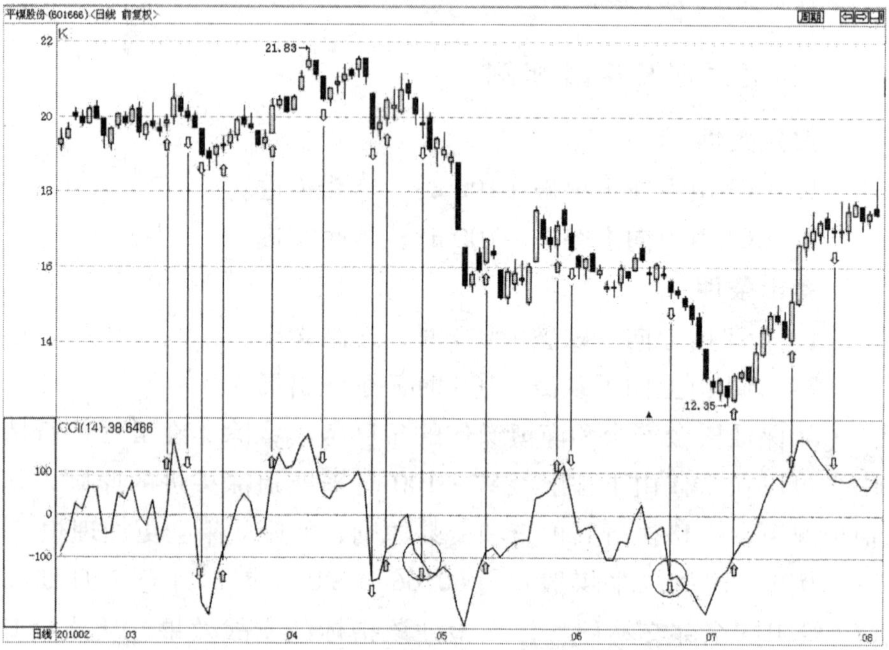

图 6－49

破－100 时抄底买进，CCI 由上向下跌破＋100 时逢高卖出，那么获利空间将大大提升（如图 6－49）。

例 2：这是上证综合指数 2010 年 6 月至 9 月的 K 线走势图。在始于 2319 点的这波反弹行情中，CCI 指标的神奇作用发挥得淋漓尽致：指标上穿－100，捕捉到的买进时机及时准确。指标下破＋100，提示的卖出信号恰到好处。而指标上穿＋100 追涨，配合下破＋100 卖出的操作策略，只有第一次（三角处）收益良好，而后两次（圆圈处）则都出现了小幅亏损。可见，有选择地执行 CCI 的买卖指令十分必要（如图 6－50）。

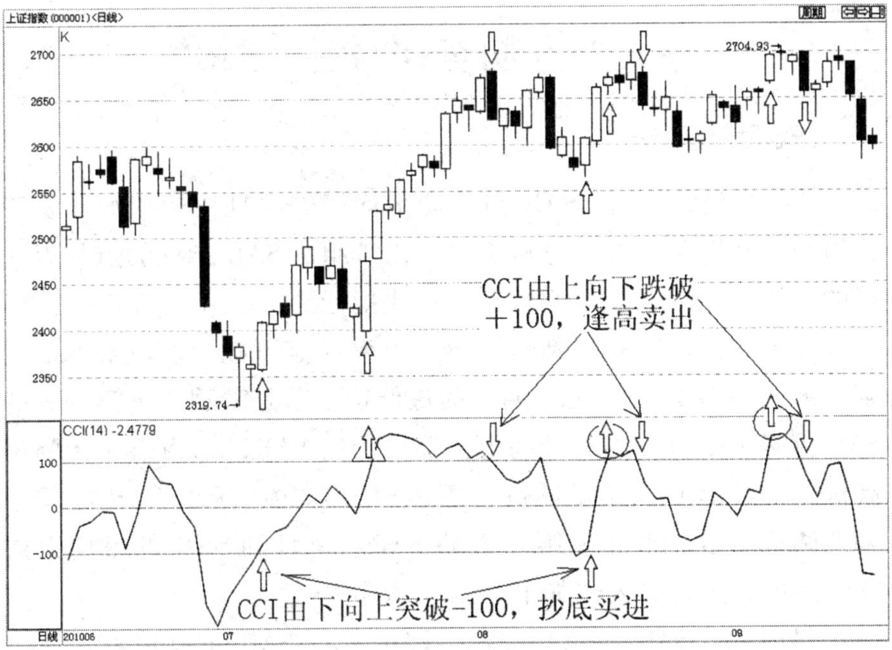

图 6－50

三、小结

顺势指标 CCI 的优点是简捷易行，提示的买卖信号及时准确。短线操作甚至不必理会其他指标，当 CCI 出现交易信号时，即刻亮剑杀出，力求速战速决。

缺点是，由于 CCI 是短线指标，所以无法追踪趋势，特别是强势股下破－100 的卖出，和弱市上破＋100 的追涨，在操作时都需要十分谨慎，并注意及时止损。虽然按 CCI 信号操作，一般获利的概率较大，但要求使用者动作迅速，反应敏捷，如果稍有迟疑，就可能遭受较大的损失。

第九节　明哲保身——SAR

一、概念及算法

停损点转向指标 SAR 与移动平均线的原理比较相似，属于价格与时间并重的技术分析工具。由于组成 SAR 指标的点是以弧形的方式移动的，故也称之为抛物线指标。

先选定一段时间，判断股价是上涨还是下跌。若是看涨，则第一天的 SAR 值必须是近期内的最低价；若是看跌，则第一天的 SAR 值必须是近期内的最高价。第二天的 SAR，则为第一天的最高价（看涨时）或是最低价（看跌时）与第一天的 SAR 的差距乘上调整系数，再加上第一天的 SAR。每日的 SAR 都可用上述方法类推，其计算公式如下。

$$SAR(n)=SAR(n-1)+AF\times[P(n-1)-SAR(n-1)]$$

其中 SAR（n）：第 n 日的 SAR 值

AF：调整系数

EP：极点价（最近数日的最高价或最低价）

若是看涨一段时期，则 EP 为这段期间的最高价；若是看跌一段时期，则 EP 为这段期间的最低价。EP(n－1)为第(n－1)日的 EP。

在看好买进期间，调整系数 AF 从 0.02 向上递增，每当股价创新高时，AF 递增 0.02，直到调整系数达到 0.2 止；在看跌卖出期间，调整系数 AF 从 0.02 向上递增，每当股价创新低时，AF 递增 0.02，直到调整系数达到 0.2 止。若是买进期间，计算出某日的 SAR 比当日或前一日的最低价还高，则应以当日或前一日的最低价为某日之 SAR。若是卖出期间，计算某日之 SAR 比当日或前一日的最高价低，则应以当日或前一日的最高价为某日的 SAR。

在一般的股票分析系统默认的 SAR 公式中，变量 STEP = 100 × AF，变量 MAXP = 100 × AF 的上限。缺省时，系统在主图上绘制 SAR 的“O”形点状线。

SAR 指标在图表上以美国线和 SAR 曲线组成。

二、应用原则及实战案例

买入条件：

1. 美国线在 SAR 曲线之上时，为多头市场。
2. 美国线由下向上突破 SAR 曲线时，为买进信号。

卖出条件：

1. 美国线在 SAR 曲线之下时，为空头市场。
2. 美国线由上向下跌破 SAR 曲线时，为卖出信号。

例 1：航天晨光（600501）2010 年 4 月至 9 月的 K 线走势图显示，如果按 SAR 提供的买卖条件进行交易，即当美国线由下向上突破 SAR 曲线时买进，由上向下跌破 SAR 曲线时卖出，那么每个小波段都可以尽在掌握，这段期间内的投资收益相当可观。即使该信号偶尔出现失误，比如刚刚提示卖出，紧接着又提示买进，但正是这种及时的改正，才不会使投资者错过大的机会，造成大的损失。特别是及时地提示卖出，可以让投资者很好地锁定利润，规避风险，这在股市投资中是最为重要的原则（如图 6－51）。

例 2：2010 年 5 月至 9 月间，厦门钨业（600549）的 SAR 指标同样发挥了很好的指示作用。特别是在 7 月份的买进信号出现后，不论股价怎样震荡，其美国线一直在 SAR 曲线之上运行，这说明目前处于一个多头市场，此时最好的操作策略就是持股不动。此后该股股价从 18 元一路攀升到 36 元，实现了翻倍行情。图中 SAR 提示的两次卖点比较及时，均成功地帮助投资者回避了下跌的风险（如图 6－52）。

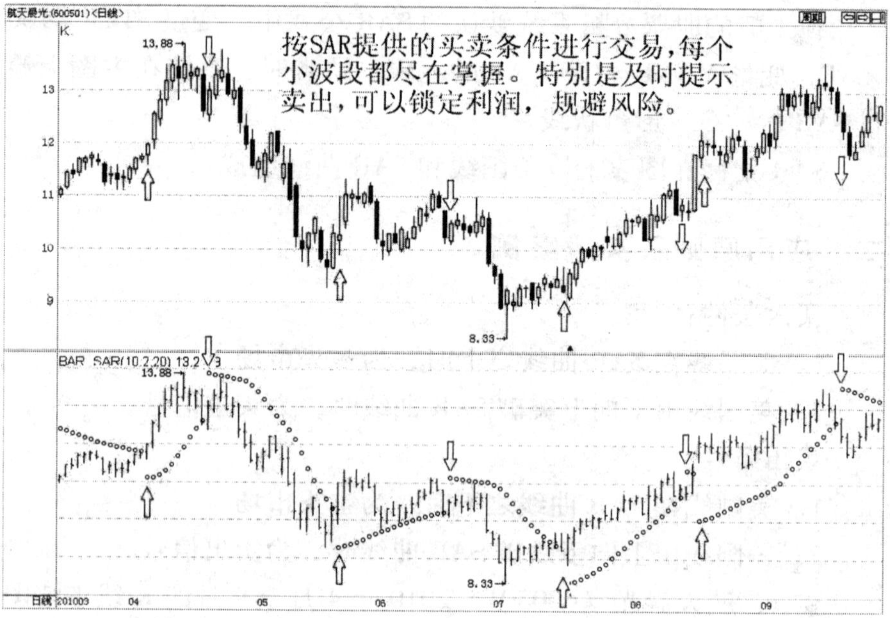
航天晨光(600501)<日线>
按SAR提供的买卖条件进行交易,每个小波段都尽在掌握。特别是及时提示卖出,可以锁定利润,规避风险。
13.88
8.33
BAR SAR(10,2,20) 13.2

图 6－51

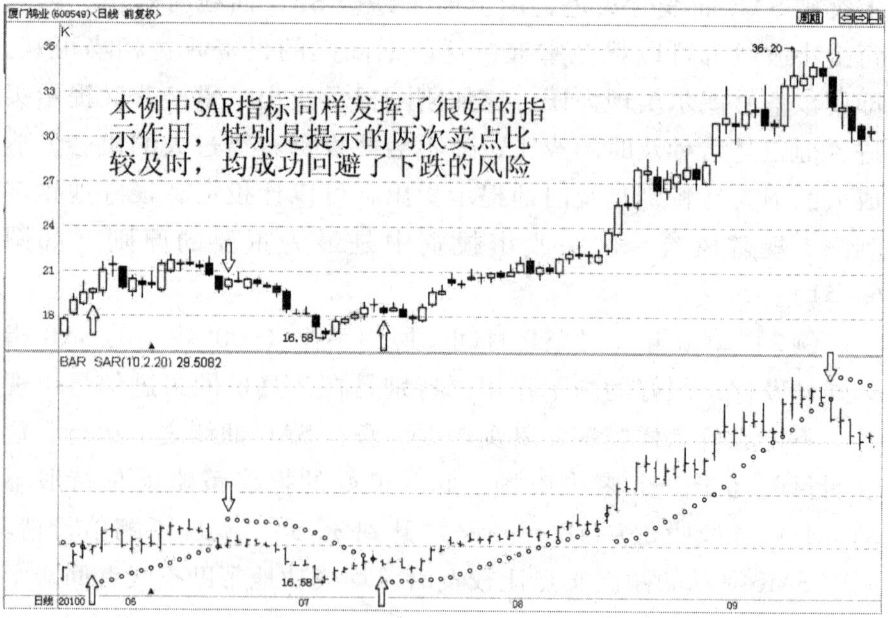
厦门钨业(600549)<日线 前复权>
本例中SAR指标同样发挥了很好的指示作用,特别是提示的两次卖点比较及时,均成功回避了下跌的风险
36.20
16.58
BAR SAR(10,2,20) 29.5082

图 6－52

例3：我们再来看看SAR指标2010年6月初到9月末在荣丰控股（000668）上的表现。在图表上按前面讲到的SAR指标的买卖原则作出标记，大家会惊奇地发现，不仅前两例中SAR的强大功效全无踪影，而且按其操作，基本上是屡买屡套，屡卖屡错，只能追高杀低割肉止损。在这段时间里，该股股价波动虽然不大，但按上述信号操作的累计亏损已经不小。

可能很多人会怪罪SAR无效，甚至是骗人的，进而对其他技术指标也一概否定。事实上，正如前面所讲，使用什么兵器，不仅要看所处的环境，还要看面对的是什么敌手，再好的武器，也都有破解之法，技术指标也同样如此。仔细观察本例的DMI指标就会发现，ADX和ADXR均在20附近低位徘徊，说明这段行情是一个牛皮市。SAR的最大弊病就是在盘局中失误率较高，所以当确认市场处于窄幅震荡盘整阶段时，就应该停止使用SAR，甚至离开市场观望，静待方向明确后再重新入市（如图6－53）。

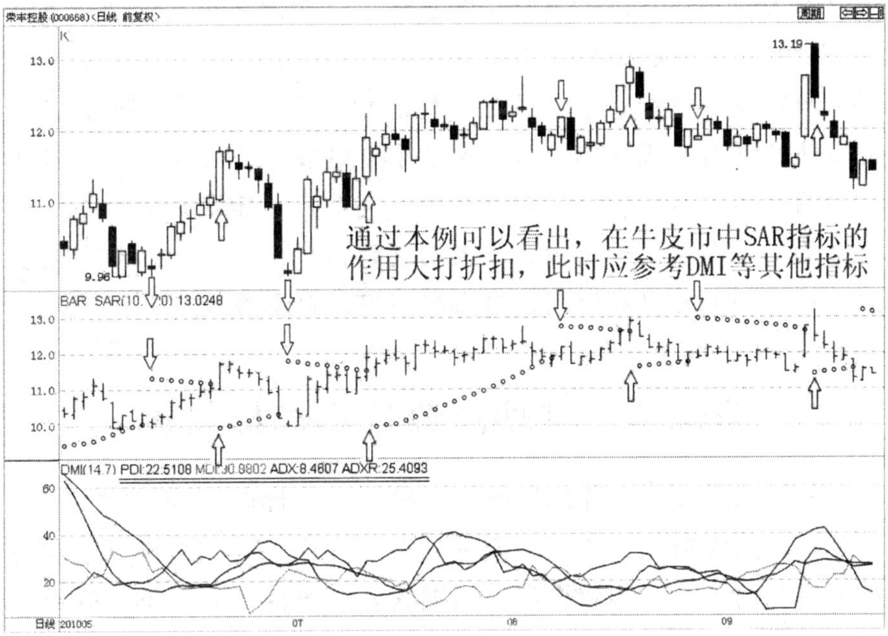

图6－53

三、小结

停损点转向指标SAR的优点是，与其他技术指标追随行情价格有所不同，SAR是在收到当天的数据后，给出次日的停损点，投资者可以在第二天密切关注这个点的得失，一旦跌破就立刻止损。投资者在买进股票时，可以将SAR搭配任何一种指标使用，但买入之后，就要全部按SAR指标来操作。把SAR的卖出信号当成获利点或应付突发事件的停损点，相当于为股票买下了一张保险单，这就是该指标的价值所在。

SAR指标的缺点是，当行情处于盘局时，失误率较高。解决这一问题的方法是观察其他指标，如DMI指标中ADX或ADXR的变化。

虽然这里把SAR放在本章的最后来讲解，但并不是说该指标不重要。投资股市就是投资未来，而未来又是不确定的，所以投资风险无处不在。在股票操作的实践中，卖出的重要性要远大于买进。投资者在股市里可以少赚钱甚至不赚钱，但一定要尽量做到不赔钱或少赔钱。只有及时顺利地卖出股票，锁定利润，才能把账面的财富变成现实，只有保证本金的安全，才有条件去捕捉更多的机会。所以投资者在进行交易之前，一定要做好计划，设定好买卖条件。买进之后，要密切观察行情的变化，一旦出现卖出信号，一定要果断退出，打得赢就打，打不赢就跑。

第十节　其他经典技术指标简述

前面通过实例，详细讲解了九种技术指标的原理、使用方法以及各自的优缺点。这几个指标简单、实用、直观、易学，堪称技术指标的经典。如果投资者能把这九个指标研习透彻，融会贯通，按照前面讲到的交易原则和方法，在实战中灵活运用，相信一定会取得令人满意的投资收益。

除了前面讲到的这些技术指标之外，还有很多技术指标深受投资者的青睐，在市场上也流行多年。仔细分析这些指标的公式可以发现，有些指标只是前面介绍过的某个指标的变形，其表现形式有所不同，但反映的内容是一样的。在机会稍纵即逝的市场上，同时观察这些重复的指标，只会影响投资者决策，导致贻误战机。有些指标则基本上是复制股价或指数，随机性太强，经不起反复推敲和实践的检验。使用这些指标，就不如直接观察价格的变化，或研读 K 线语言直接有效。

前面提到，不同类型的指标之间相互印证，取长补短，有利于提高操作的成功率。但有的指标需要搭配太多的其他指标才有意义，而过多的指标组合又会产生很多矛盾信号，让投资者无所适从，反而影响了指标使用效果。

当然，每一个技术指标都有其合理性和参考价值，但一些带有明显硬伤的指标，就需要投资者明辨。下面简单说一下几种常见技术指标的主要弊端，以便投资者酌情使用，趋利避害。

一、随机指标 KDJ

人们常用的随机指标 KDJ，其优点是比 RSI 的灵敏度高，并且有明确的买卖点提示，在“要求很高”的“常态”之下，按其信号操作效果尚可。但正是因为 KDJ 过于敏感，所以其显示的交叉往往会出现“骗线”的效果，即使放在周线图上，这种“骗线”也经常出现。大家可以很容易地在 K 线图表上找到其有效的实例，但在同样的指令之下，也有大量并不成功的例子，在这种情况下，该指标对于实战操作的指导意义将大打折扣。另外，当市场脱离“常态”，出现中等以上级别的上涨或下跌时，该指标钝化后的失灵问题，更是让投资者无法解决。

例 1： KDJ 基本的使用方法是：80 之上 K 值向下跌破 D 值

（死叉）卖出，20之下K值向上刺破D值（金叉）买进。以上证综合指数2006年8月到12月的走势为例，图中标出了这5个月的时间里，KDJ指标给出的所有交叉指令。假如投资者在第一个卖出信号出现时，即在80之上K值向下跌破D值出现死叉时卖出，之后持币等待指标在20之下金叉的买进机会，那么至少会错过图中显示的近千点的获利机会。事实上，从这里开始直到该股指达到6124点的历史高位，买进的信号也没有真正出现，只在2007年5·30之后，勉强有一次低位金叉（略在20上方）。如按此操作，一轮史上最大的牛市行情，将基本上与我们无缘。即使投资者在图中所示的每一个金叉处及时买回，追涨杀跌之后的利润也根本无法与持股相比（如图6－54）。

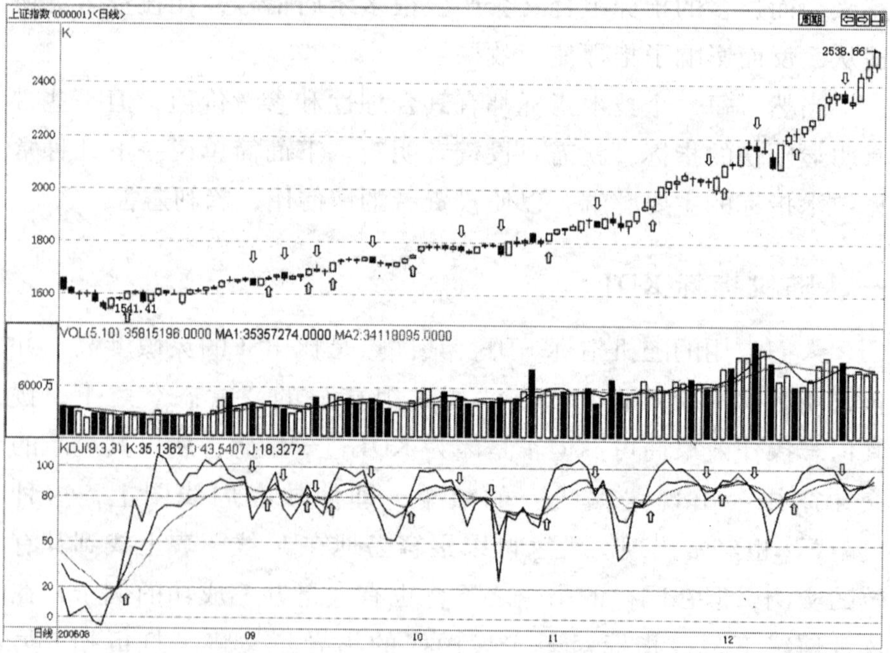

图6－54

例2：仍以上证综合指数为例。该指数在2010年4月中旬见高3181点之后，展开了一波下跌行情。进入5月份，KDJ指标在20之下出现4次K值上穿D值的买进信号，但前3次基本毫无作用，买进信号发出后，股指继续下行。虽然第4次金叉后，股指略有反弹，但之后仅是横盘整理，并且最终再创了新低（如图6－55）。

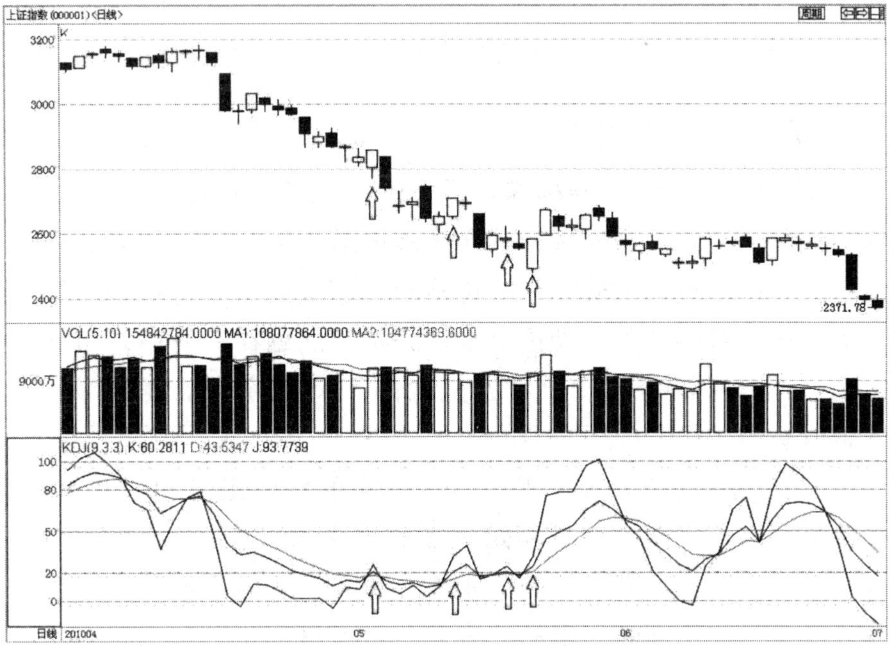

图6－55

二、布林线 BOLL

布林线BOLL是包括一些专业投资者经常使用的技术指标之一。其优点是指标具备了通道的性质，又克服了通道宽度不能变化的弱点，还可以显示超买、超卖及股价运行趋势，其功能较为全面。

在实际应用中大家会发现，打开以前的图表，可以通过布林线看到很好的买卖点。但实际操作时，受阻力线和支撑线的制约，在单边上涨的市道中，很容易过早地卖出。而在单边下跌的行情里，又会因为过早“抄底”而被套。

有人认为布林线的中轨作用很大。事实上，其中轨就是 20 日均线，并没有什么别的过人之处。所以单独使用这个指标，必然会觉得力不从心，最终导致始乱终弃。其实，布林线指标必须要和布林极限（BB）、极限宽（WISTH）构成一组指标群，这组指标群配合使用，才能获得不错的应用效果。在使用该指标群时，还要配合移动平均线、RSI 等指标，因此使用起来过于繁琐。

三、变动率指标 ROC

变动率指标 ROC 号称综合了 RSI、W%R、KDJ、CCI 四种指标的特性。究其设计原理，其实更多地借鉴了 W%R 和 CCI 两个指标，目的是更加准确地跟踪价格超买超卖后的交易机会。但是该指标在实践中却不如理论上来得先进，问题在于使用该指标的前提——ROC 是否波动于常态范围内，大家对于“常态”的标准难以确定。

即使按其设计原理，观察至少一年的价格走势和 ROC 波动的关系，也不可能准确地划定现在和未来 ROC 的“常态”波动区间。因为不仅不同个股的“常态”波动区间各不相同，就连同一只股票，在不同时间里的“常态”波动区间也不尽相同。

当然，在判断价格是否处于“常态”时，可以参考 BR、CR、VR 等指标，如果这几个指标没有出现异常上扬，基本上都属于“常态”行情。但这仍然无法解决 ROC 的固有问题，而且这几个指标本身也不同程度地存在无法界定什么是“常态”，以及何为极端异常等问题。

可以重视一下的是，当 CR 指标数值在 40 以下，VR 周线指标位于 45 以下（在分析大盘时效果更好）时，股价即将见底，可随时准备按其他指标的信号入场抄底操作。而在 CR 涨至 180，

VR 大于 350 时，见顶的概率将会大增，投资者可考虑先行回避。

多年的实战经验告诉我们，没有一种技术指标可以穷尽一切市场行为，也没有一个指标可以永远走在市场的前面而不发生错误。所有的技术指标都存在不同程度的滞后，一定是先有价格，后有指标信号。所有的指标都不可能完全准确地预测未来，区别只在于按“历史会重演”的假设，指标信号出现后，价格随之涨跌概率的大小不同而已。

本章只选取了 9 个指标进行了详细讲解，因为本书无意做成一本技术指标大全，而是希望通过作者的实践经验，和对技术指标的研究和理解，帮助大家找到切实可行的操作方法，做到从容应对市场涨跌，顺势逆势有章可循。另外，从很多大家熟知的技术指标的实际使用情况来看，由于效果并不令人满意，所以大家应该放弃那些不具有普遍性意义，对操作指导性不强，或似是而非，或繁而无用，或哗众取宠，或故弄玄虚的指标和方法。

书中为大家列出了几个指标的计算公式和推算过程。投资者没有必要把这些东西背得滚瓜烂熟，但一定要知道每个指标的计算因子，知道哪些数据在影响着指标数值的变化，这样才会更好地理解所谓的“骗线”和“做指标”，甚至可以知道当股价运行至某个价格时，技术指标会出现怎样的信号，从而提前作好应对的准备。

最后需要强调的是，既然研究和学习了技术指标，就要学以致用。利用指标指导操作，要做到知行合一，不要让太多主观的东西干扰了操作。当投资者买进一只股票并开始获利时，不必像有些人说的，到了自己的心理价位就急于出手，而是应该按照技术上的指示操作。只要技术上不出现卖出信号，赚得再多也要持有；一旦出现了卖出信号，不管有多大损失，也要先行撤出，以保证资金安全为首要任务。要想在股市中长久生存并有所斩获，就要严守操作纪律，既不贪婪也不恐惧，这样才能从容地把握市场中的投资机会。